現代世界経済
馬場経済学の射程

小澤健二・小林襄治
工藤　章・鈴木直次
著

御茶の水書房

現代世界経済
馬場経済学の射程

目　次

目　　次

序章　グローバル資本主義段階⋯⋯⋯⋯⋯⋯⋯⋯⋯⋯⋯⋯⋯⋯⋯⋯小林襄治　3

　1.　世界経済の歴史的展開過程⋯⋯⋯⋯⋯⋯⋯⋯⋯⋯⋯⋯⋯⋯⋯⋯⋯⋯⋯⋯⋯4
　　　（1）3つの「世界」と成長の時代：戦後から1960年代
　　　（2）スタグフレーション、自由化、対抗、多様化：1970〜1980年代
　　　（3）グローバル資本主義段階（アメリカの単独覇権、IT時代）
　　　　　 ：1990〜2008年

　2.　現代資本主義をめぐる諸言説⋯⋯⋯⋯⋯⋯⋯⋯⋯⋯⋯⋯⋯⋯⋯⋯⋯⋯⋯23
　　　（1）金融の不安定・暴走
　　　（2）市場原理主義・新自由主義批判
　　　（3）覇権安定論
　　　（4）負債膨張・信用創造の抑制
　　　（5）金融資本主義・グローバル資本主義
　　　（6）論点の整理

　3.　現代の世界経済（グローバル資本主義段階の現状）：2009年〜⋯⋯41
　　　（1）新興国の台頭、混迷する欧州、独善のアメリカ
　　　（2）負債の膨張
　　　（3）人口爆発、世界の農業、世界の石油
　　　（4）小括：グローバル資本主義の現状

第1章　馬場理論の形成と展開、深化・逍遥⋯⋯⋯⋯⋯⋯小林襄治　77

　はじめに⋯⋯⋯⋯⋯⋯⋯⋯⋯⋯⋯⋯⋯⋯⋯⋯⋯⋯⋯⋯⋯⋯⋯⋯⋯⋯⋯⋯⋯⋯78
　1.　馬場理論の形成：宇野三段階論と大内国家独占資本主義論の統合
　　　　　　　　　　 ──崩壊期資本主義の証明⋯⋯⋯⋯⋯⋯⋯⋯⋯⋯⋯83
　　　（1）世界経済論の対象
　　　（2）資本主義の腐朽化
　　　（3）不均等発展
　　　（4）株式会社
　　　（5）金融資本の蓄積様式
　　　（6）大内国家独占資本主義論

目 次

2．馬場理論の展開：富裕化・会社主義・新資本主義論⋯⋯⋯⋯⋯⋯⋯107
　　（1）資本主義的原理と社会原則
　　（2）富裕化
　　（3）会社主義
　　（4）『新資本主義論』（ミネルヴァ書房、1997年）

3．馬場理論の深化・逍遥：アメリカ中心の原理論・段階論⋯⋯⋯⋯⋯144
　　（1）宇野理論の歴史化と新段階論
　　（2）過剰富裕論の展開・深化・徹底
　　（3）語義探索：
　　　　社会科学、資本・資本家・資本主義、企業者、会社、経済
　　（4）経済学史逍遥

4．おわりに⋯⋯⋯⋯⋯⋯⋯⋯⋯⋯⋯⋯⋯⋯⋯⋯⋯⋯⋯⋯⋯⋯⋯⋯⋯⋯166

第2章　世界経済論と段階論——馬場段階論の検討⋯⋯⋯⋯⋯工藤 章　171

はじめに⋯⋯⋯⋯⋯⋯⋯⋯⋯⋯⋯⋯⋯⋯⋯⋯⋯⋯⋯⋯⋯⋯⋯⋯⋯⋯⋯171

Ⅰ　馬場段階論の成立とその背景⋯⋯⋯⋯⋯⋯⋯⋯⋯⋯⋯⋯⋯⋯⋯⋯⋯171

1．馬場段階論の成立⋯⋯⋯⋯⋯⋯⋯⋯⋯⋯⋯⋯⋯⋯⋯⋯⋯⋯⋯⋯⋯⋯173
　　（1）現状分析の視角の提示
　　（2）段階論の提示

2．馬場段階論成立の背景⋯⋯⋯⋯⋯⋯⋯⋯⋯⋯⋯⋯⋯⋯⋯⋯⋯⋯⋯⋯181
　　（1）宇野『経済政策論』の意義と問題点
　　（2）宇野段階論の拡充・修正の試みから代替案の提示へ

Ⅱ　馬場段階論の含意⋯⋯⋯⋯⋯⋯⋯⋯⋯⋯⋯⋯⋯⋯⋯⋯⋯⋯⋯⋯⋯189

1．馬場段階論の構図とその変容⋯⋯⋯⋯⋯⋯⋯⋯⋯⋯⋯⋯⋯⋯⋯⋯⋯189
　　（1）「小段階論」
　　（2）「二つの発展段階論」：
　　　　パクス・ブリタニカ／パクス・アメリカーナ

2．現状分析の総括としての段階論⋯⋯⋯⋯⋯⋯⋯⋯⋯⋯⋯⋯⋯⋯⋯⋯195

おわりに⋯⋯⋯⋯⋯⋯⋯⋯⋯⋯⋯⋯⋯⋯⋯⋯⋯⋯⋯⋯⋯⋯⋯⋯⋯⋯⋯197

第3章　アメリカ資本主義の歴史的特質
——馬場のアメリカ資本主義論 ……………………鈴木直次　201

はじめに………………………………………………………………201

1. 出発点としての1960年代………………………………………203
  - （1）『アメリカ農業問題の発生』
  - （2）両大戦間期のアメリカ貿易

2. 「アメリカ型生産力」と現代資本主義論………………………210
  - （1）「アメリカ型経済文明の終焉」
  - （2）「アメリカ型生産力」論の拡充
  - （3）「富裕化」論の展開

3. 「低位福祉国家」論………………………………………………217
  - （1）「ニューディール」
  - （2）「偉大な社会」
  - （3）「レーガン主義の文脈」

4. 「投機性」国家論…………………………………………………226
  - （1）「過剰商品化」論
  - （2）「アメリカ資本主義の投機性」

5. 「アメリカ帝国主義論・覇権論」………………………………230
  - （1）アメリカ帝国主義・覇権の特質
  - （2）「グローバル資本主義」論
  - （3）「活力ある独善的膨張主義」

6. 馬場段階論におけるアメリカ資本主義………………………236
  - （1）「大衆資本主義段階」と「アメリカ型生産力」
  - （2）「グローバル資本主義段階」とIT・ME産業

むすびに代えて——トランプ政権と馬場のアメリカ論…………242
  - （1）トランプ政権の通商政策
  - （2）トランプのアメリカと馬場の覇権国家像との距離
  - （3）馬場のアメリカ論の有効性

第4章　社会編成論としての馬場の現代資本主義論
——「外囲」、「周辺」、「外部性」を中心に…………小澤健二　257

はじめに………………………………………………………………257

I　主要著作にみる馬場の現代資本主義論の分析視点
　　──「外囲」、「周辺」、「外部性」を中心に……………………259

1.『世界経済──基軸と周辺』
　　──現代資本主義論の分析視点の提示……………………259
　　　　（1）「基軸」と「周辺」などの概念規定
　　　　（2）原理論レベルでの「周辺」、「外囲」、「外部性」などの概念規定
　　　　（3）現状分析の課題としての「周辺」

2.『現代資本主義の透視』──現代資本主義の二面性、多元理性（同権化）
　　とアメリカ的工業生産力の強靱性……………………264
　　　　（1）資本主義の多原理性と「周辺」、「外囲」との関係
　　　　（2）「基軸」としてのアメリカ型生産力の強靱性
　　　　（3）戦後資本主義体制の崩壊

3.『富裕化と金融資本』──『新資本主義論』への理論的序説……………267
　　　　（1）「経済学」のパラダイム転換
　　　　（2）「金融資本」の蓄積様式の再検討

4.『新資本主義論』における「周辺」、「外囲」、「外部性」……………269
　　　　（1）馬場原理論の特質
　　　　（2）「周辺」としての地理的障壁の溶解
　　　　（3）危機の本質としての社会編成論

5.『現代世界経済の構図』
　　──「周辺」の新たな位置づけ、辺境の消滅……………………275
　　　　（1）新三段階論の提唱とアメリカ資本主義の特質
　　　　（2）「再版本源的蓄積」による剰余価値率の引き上げ
　　　　（3）「再版本源的蓄積」にともなう「周辺」の位置づけ

6.その他の著作・論文にみる「周辺」、「外囲」および
　　社会変容論などへの論及 ……………………278
　　　　（1）「南北問題序論」
　　　　（2）『シリーズ世界経済　Ⅰ　国際的関連』
　　　　（3）『教育危機の経済学』

＊補遺　初期の著作『アメリカ農業問題の発生』にみる、
　　　　「周辺」への含意 ……………………284

Ⅱ　残されている若干の論点、課題 ……………………286

1.「周辺」、「外囲」、「外部性」、これら三者の関連
　　──社会編成論の視点から……………………286

2. 辺境の消滅と再版本源的蓄積
　　　──「周辺」の変容と関連して ································289
　3. 「外囲」の新たな意義とそれにともなう諸問題 ·······291
Ⅲ 「周辺」の変容 ──農業・食料問題の変容を中心に ·······293
　1. 農業問題の変容 ──アメリカを事例に ···············294
　2. 食料消費パターンの変化
　　　──1990年代以降のアメリカ、中国を事例に ·······298
　　　（1）アメリカの食料消費動向 ─1990年代以降の特徴
　　　（2）中国の食料消費動向

　3. 食生活の変容と社会構造の変化
　　　──農産品・食品のサプライチェーンを中心に ········303
　おわりに ································306

あとがき ································315

現代世界経済

馬場経済学の射程

序章　グローバル資本主義段階

小林襄治

　我々（ブラウン研究会メンバー）は、1990年以降の資本主義をグローバル資本主義段階として捉え、世界経済の構図を描いたことがある[1]。構図とは、世界経済における資本の運動を主導する支配的資本のタイプや基軸産業を確認しつつ、その運動を担う（ないし対抗する）政策やイデオロギーを展開する各国や地域の勢力関係を明らかにするものである。この理解は筆者のものであり、もとよりメンバー間でも厳密な一致があるわけではない。しかし、前掲書において馬場が提唱するグローバル資本主義段階の認識を大枠では共有するものである。すなわち、この段階とは、端的には1991年のソ連崩壊に示されるように旧社会主義国家の資本主義化であり、多くの発展途上国の資本主義的成長が軌道に乗ったことを含めて、資本主義の世界的な地理的拡大が達成され、かつアメリカが単独で世界に覇権を振るう段階を指している。そして、1970年代と1980年代には、日本や西ドイツの経済パフォーマンスがアメリカより良好であったが、1990年代以降にはアメリカ（とイギリス）が「復活」し、日本やドイツは相対的に低迷する。この経済的根拠には、いわゆるIT産業などの成長と経済の一段のグローバル化があり、これをとおして資本主義は新たな生産力を獲得したのである。

　1991年からすでに30年近くが経過している。また。この時期にパソコンとインターネット、そしてスマホの世界的普及が著しく、さまざまな領域で経済・社会を変えつつある。他方では、1990年代のヨーロッパ通貨危機、EUと共通通貨ユーロの誕生、アジア通貨危機、日本のバブル崩壊と金融危機、その後の長期低迷、2000年前後のネットバブルとその崩壊、2008年リーマンショックとその後のユーロ圏の動揺など金融危機等の連続の時代でもある。同時に、1990年以降の中国経済の成長は著しく、また一般に先進国よりも発展途上国の成長が著しく、世界経済の勢力図は変わりつつある。さらに、2017年のトランプ米

大統領の出現による「自国第一主義」の強まりやイギリスのEU離脱など、世界経済は対立と混迷の時代に入りそうである。

本書は、1章「馬場理論の形成と展開、深化・逍遥」（小林）、2章「世界経済論と段階論」（工藤）、3章「アメリカ資本主義の歴史的特質」（鈴木）、4章「社会編成論としての馬場の現代資本主義論」（小澤）の構成が示すように、馬場宏二の経済学研究について、世界経済論と段階論を中心に、その理論の紹介・検討と解明に力を入れている。この前提として、まず「グローバル資本主義段階」としての現代資本主義の特徴を見ておこう。本章では第二次大戦後の世界経済の特徴を「段階」（時期）ごとに簡単に確認する作業から始め（1節）、さらに最近の現代資本主義を巡るいくつかの見解を紹介・検討して論点を抽出し（2節）、それから、現段階の資本主義の特徴を確認することにしよう。

1. 世界経済の歴史的展開過程

資本主義の発達史や発達段階については多様な見解があるが、これらには立ち入らない。我々が出発点としたのは、宇野弘蔵の段階規程[2]である。宇野は、商人資本が活躍する重商主義段階、産業資本が活躍する自由主義段階、金融資本が活躍する帝国主義段階を提示し、その後は社会主義が優位に立つ時代として、資本主義の発達段階は問題とならず、現状分析の課題とした。宇野が現状分析とする時代を現代資本主義と呼ぶことも可能かもしれないが、既に出発点（第一次大戦後）から100年以上が経過し、この間に世界経済と資本主義は大きく変貌している。これらの点は本書の各章でも議論されるが、宇野の「社会主義優位論」は根拠がなくなっており、この100年間をいくつかの「段階」に分けて考察することが有益であろう。「段階」が必要なのは、宇野が主張したように、各国経済ないし個別経済を分析するには、世界がどのような発達段階にあるかを無視して、「原論」の命題に即して分析することなどできないからである。あるいは、各国の経済は世界経済の一部として存在しているからである。ただし、ここでは、便宜的に第二次大戦後の世界経済を対象に時期区分して、その特徴を捉えておくことにする[3]。

序章　グローバル資本主義段階　5

図表1　主要国の経済規模（GDP 1938〜1980年、10億ドル）

	1938	1948	1958	1970	1980
世界　計				3,136	11,439
先進資本主義				2,038	7,266
開発途上市場経済				385	2,144
中央計画経済				533	1,339
アメリカ	68	222	414	990	2,607
日本				204	1,041
ドイツ	19	9	51	185	815
フランス	10	18	50	141	654
イギリス	25	41	56	123	526
ソ連				322	713
中国				78	247

出所：馬場宏二「戦後資本主義」馬場宏二編著『シリーズ世界経済Ⅰ国際的連関』御茶の水書房、1986年第1章
　　　表1-1と表1-2より。
　　　先進資本主義国は、アメリカ、カナダ、主要西ヨーロッパ諸国、オーストラリア、日本等。
　　　中央計画経済、ソ連、中国は純物的生産。
　　　原資料はUN、*National Accounts Statistics*等。

（1）　3つの「世界」と成長の時代：戦後から1960年代

　西側資本主義諸国：アメリカ的生産力の普及・拡大　　世界第二次大戦終了時の世界経済は、ヨーロッパやアジアが戦争で疲弊したのに対し、アメリカが圧倒的な生産力と経済規模を誇るようになった（図表1参照）。アメリカの核とドルの傘の下で、西欧と日本はアメリカ的生産力を取り入れ、資本主義の道を進む。資本主義と言っても、独占段階の金融資本（あるいは寡占的大企業）が主導する資本主義であり、混合経済とか国家独占資本主義などとも言われたように国が財政金融政策などで介入する資本主義ではある。これらが「西」の世界である。そして、自動車や各種電気製品など耐久消費財の生産が主導して（化学繊維・樹脂・肥料等、飛行機と航空、コンピュータ、TVの普及等に伴うエンタテイメント産業等の多様な産業も無視できないが）復興と成長を遂げていく。成長の過程は賃金の上昇や生活水準の向上を伴い、福祉の充実ももたらした。そして、1960年代にもなるとドイツや日本の製造業はアメリカに競争を挑むし、EECのようにアメリカに「対抗」する動きが進む。これらはIMF体制と為替調整の問題を惹起する。また、賃金の上昇はインフレにつながっていく。

　ソ連型計画経済の社会主義諸国　　「東」ではソ連が戦後には東欧を傘下に収

め、1949年には中華人民共和国が成立し、1959年にはキューバ革命が生まれ、社会主義圏も拡大した。資本主義に対抗する社会主義勢力の拡大も世界経済の一面であり、冷戦と平和共存の時代であった。社会主義圏はソ連を盟主として集権的計画経済体制の下で戦後復興を果たし、成長を遂げるが、1960年代に入ると成長は行き詰まり、改革の動きが現れる。加えて、中ソ対立など社会主義国間の対立も露呈し、中国は1960年代に文化大革命に向かい、混乱の時代となる。

独立はしたけれど、発展途上諸国　　西と東の「中間」が「南」の発展途上国である。地域・歴史等が異なる多様な国々が存在するが、インドなど西欧の植民地であった多くの地域・国が独立した。しかし、経済的には植民地時代のモノカルチャー経済の遺産を脱却できず、低迷し、政治的にも不安定な国が多かったようである。19世紀前半に独立したブラジル、アルゼンチンなど中南米の国々では、1930年代に米欧経済が大恐慌で混乱する中で、輸入代替的製造業が成長していた。政治的にも、資源産業を基盤とする支配層に代わって、商工業主、労働者、ホワイトカラー層などの支援するポピュリズム政権が誕生した。しかし、輸入代替工業の市場は狭く、競争力にかけ、また工業化のためには機械等の輸入が不可欠であった。農産物や鉱物資源の輸出は先進国の農業保護や化繊等の代替物資の普及や景気動向に左右され不安定であった。このため、絶えず国際収支危機に直面し、為替切り下げ等が不可避となった。加えて、ポピュリスト政権は各種の補助金の支給や賃上げ、公務員職の拡大等に寛大であり、財政赤字とインフレがつきものであった。そして、インフレが激化し混乱すると軍部などによる独裁政権が誕生した。これら諸国も資本主義が浸透したとみなすか否かは議論がわかれよう。

（2）　スタグフレーション、自由化、対抗、多様化：1970〜1980年代

変動相場・石油ショック・スタグフレーション　　1971年夏には経常収支赤字が続くアメリカは金・ドル交換を停止し、為替相場の調整が行われる（スミソニアン・レート）が、固定相場の維持は不可能になり、変動相場の時代になる。1973年には、OPEC（石油輸出機構）は石油価格の大幅上昇をはかり、石油ショックが世界を襲う。先進資本主義国はインフレに見舞われ、スタグフレーションに陥る。アメリカでは、1960年代からのベトナム戦争や公民権運動を背景

とする福祉の拡大に伴う財政支出の拡大の影響が大きいが、鉄鋼や自動車など伝統的主要産業は不振に陥る。1970年代には株価（NYダウ平均）は1000ドルを天井とする変動を繰り返し、「株式の死」が叫ばれた。ベトナム戦争での敗北もアメリカの威信を低下させた。

金融システムの動揺と自由化　　1980年代に入るとマネーサプライの抑制によるインフレ退治や規制緩和、小さな政府を主張する新自由主義のレーガン政権が誕生する。FRB（アメリカの中央銀行）議長となったボルカーによる金融引締めでインフレは抑制されるが、為替相場や金利の変動は著しく、1980年代に金融システムは動揺する。1984年には大手銀行（コンチネンタル・イリノイ）が破綻し、住宅ローンの主要供給機関であったS&L（貯蓄貸付組合）の多くは、金利高騰と変動激化、業務規制緩和の中で破綻した。しかし、金融の世界は各種先物市場の創設・発展、MBS（住宅ローンなどの証券化商品）、MMMF（預金と競合することになる短期運用の投資信託、LBO（借入れによる買収）、ジャンク債（格付けの低い、又は格付けのない債券）など新商品を生み出し、同時に金利規制や州際業務規制、銀行と証券の分離規制の緩和・撤廃等の金融の自由化が進んでいく。航空等の分野でも規制緩和・自由化が進む。部門売却を含めてM&Aが大型化・活発化したのも80年代以降の特徴であり、石油や化学、鉄鋼、自動車など多くの産業で企業の再編が進められる。しかし、双子（財政と経常収支）の赤字の拡大が危惧され、1987年秋にはブラック・マンデーと言われる株価暴落に直面した。

マネタリズム・民営化・ビッグバン　　イギリスは国際競争力の低下が著しく、1967年にはポンドを切り下げに追い込まれ、その後もポンド防衛に苦労する。1970年代初めの成長政策も効果はとぼしく、ECへの加入（1973年）に活路を見出すが、1976年にはポンド危機に見舞われ、IMF融資に伴い、政策転換を強いられる。1979年にはマネーサプライの抑制によるインフレ退治と小さな政府を標榜する新自由主義のサッチャーが政権を握る。マネーサプライが主張通りに抑制されたわけではないが、高金利とポンド高による景気後退と失業の増加、労働組合対策等の効果もあってインフレは抑制された。電話会社やガス会社、政府保有の石油会社などの株式の放出による民営化がすすめられた。1986年秋にはビッグバン（手数料自由化、新売買制度など証券取引所の改革）が行われ、シティ（ロンドンの金融街）はウィンブルトン化（外国業者が主要プレーヤー

8

に）を伴いつつ、国際金融資本市場の中心として活躍する。1980年代後半には、市場統合の深化とEUへの発展を目指すECの動きへの対応を巡って政権内部でも対立が生じ、また金融政策を巡っても閣内対立が生まれた。インフレと財政赤字は抑制され、成長軌道を歩み出したが、失業率は高く、インフレ再燃懸念も生まれた。1990年にはサッチャーは退陣に追い込まれるが、この10年余の間、新自由主義イデオローグとしての彼女の存在感は非常に大きかった。

省エネ・日本的経営・バブル　　日本は第一次石油ショック等に伴い2桁インフレに見舞われ、1974年度には実質経済成長率はマイナスになるなど、惨憺たる状況となった。金融引き締めなど総需要抑制策でインフレを抑えたが、税収の落ち込みが激しく、国債の大量発行の時代へと進む。そして、省エネ技術やME（マイクロエレクトロニクス）化の普及もあって、重厚長大産業から自動車・電機等の組み立て型産業への移行など産業構造の変化が進み、高度成長の時代は終わったが、安定成長の時代になる。第二次オイルショックの影響は軽微で、1980年代初めには円安もあって輸出主導で成長をとげ、自動車生産ではアメリカを追い抜き、世界最大の生産国となる。半導体生産でも世界最大規模となった。日本的経営が評価され、「日本の時代」が強調されもした。世界的な自由主義の潮流にのって、行政改革や増税なき財政再建、規制緩和等が目指され、国鉄や電電公社などの民営化が行われ、1989年には消費税（3％）が導入された。1985年のプラザ合意で円高不況が懸念されたが、危惧に終わる。低金利による貸出増・財テクブームもあって、地価は高騰し、証券市場は発行市場、流通市場ともに大きく拡大した。バブルの時代となる。1980年代末には東京株式市場は時価総額と売買高で世界最大になり、世界時価総額ランキングでは多くの日本企業が上位を占めた。フローベースでは世界最大の資本輸出（対外投資・対外債権額）を記録した。

ヨーロッパ市場統合の拡大・深化　　西ドイツは第一次オイルショックに見舞われたが、緊縮的財政金融政策を堅持し、物価上昇率は相対的に低く（1974年7％）、それもすぐに鎮静化し、貿易収支は大幅黒字を継続した。しかし、失業は増大し、75年にはマイナス成長に陥った。このため、国債の発行を伴う財政による刺激政策（減税や投資補助金）がとられ、公債残高は増大したが、対GDP比での財政支出水準は75年以降には20％程度で横ばいにとどまった。そして健全な財政・金融政策を背景とするマルクの安定を武器に、ヨーロッパでの

通貨安定を図りつつ、ドイツ経済の成長を目指した。

　拡大した（1973年にイギリス、アイルランド、デンマーク加入）ECでは、1979年に欧州通貨制度（EMS）が発足し、マルクが基軸通貨としての役割を果たしつつ、ERM（為替相場メカニズム）によるヨーロッパ通貨間の安定が目指される。西ドイツは第2次オイルショックの衝撃が大きく、1980年代初頭には経常収支の赤字、アメリカの高金利の影響等によるマルクの軟化、マイナス成長と失業の増加にも見舞われた。しかし、石油価格の下落に助けられ、1982年には経常収支の黒字を取り戻し、80年代には高失業・低投資と言われながらも、物価は安定し、2〜3％程度の成長率を維持した。1982年にはコールが首相となり、財政再建やサプライサイドが強調された面はあるが、総じて「社会的市場経済」の理念が維持され、緊縮的財政金融政策が堅持された。重工業を含む製造業中心で、寡占企業が支配する産業構造が維持された。反面、先端産業への取り組みで遅れたとみる見方もある。ECは、1980年代初めのフランスのミッテラン大統領の政策転換もあって、パリ・ボン枢軸を核に1985年には「単一議定書」を成立させ、市場統合の深化（モノ、サービス、ヒト、カネの自由な移動）を目指すことになる。西ドイツは、強い通貨と強い製造業を武器に「ヨーロッパ市場統合の深化」の中で成長をはかろうとしたのである（1981年にはギリシャ、86年にはスペインとポルトガルがECに加入）。

　1970，80年代の先進資本主義国の動きを概観してきた。変動相場制への移行と二度のオイルショックで世界経済は大きく動揺する。この中で、アングロ・サクソン型資本主義ともいわれる英米に比べて、日本や西独（ライン型資本主義などと言われる）の経済パフォーマンスが相対的には良好で、資本主義発展の動力が英米から日独へ移行しつつあるかのように見えた時代である。

　停滞と改革（ペレストロイカ）、解体　　ソ連では、フルシチョフ体制の下で1960年代に経済改革の動きも見られたが、ブレジネフ体制（1964〜1982年書記長）は停滞の時代と言われる。それでも、オイルショックによる資源価格の高騰がソ連経済を潤し（石油・石炭等の輸出拡大、シベリア等での大規模資源開発）、農業の停滞・不振でも輸入を拡大できた。また、70年代の初めのデタント（国際関係の緊張緩和：西ドイツのブラント首相の東方政策、戦略兵器削減交渉など）で軍備拡張の負担を減らし、国内的には消費財重視の政策をとり、医療、教育、住宅、労働時間短縮などで国民生活の安定をはかることができた。

しかし、アフガニスタン侵攻を契機に米ソ軍拡競争は激化し、ソ連には負担が重くのしかかった。1985年にはゴルバチョフが書記長となり、グラスノスチ（情報公開）やペレストロイカ（改革）を主張し、経済改革を進めようとするが、東欧諸国の離反の動きや改革を巡る各種勢力の思惑の相違等から、混乱が続く。1990年にはロシア共和国が主権を宣言し、ソ連自体が91年には消滅する。旧ソ連はロシア共和国などいくつかの独立共和国に分かれ、独立国家共同体CISも形成されるが、各国が独自の市場経済化（資本主義化）を進めることになる。

文化大革命から改革・開放へ　中国は1966年に始まる文化大革命の過程で経済も混乱した。1972年のニクソン訪中や田中首相の訪中による日中国交正常化など国際関係の変化は著しいが、文化大革命の終了が宣言されるのは1977年の共産党11回全国代表大会であった。鄧小平が実質的に権力を掌握する中で1978年秋には改革・開放路線が提起され、市場経済化が進められていくことになる。1980年代に経済特区の設定や農家の生産責任制、国有企業の経営請負制などの改革を伴いつつ、2桁成長率の経済成長への道を歩み始める。しかし、まだ中国経済のGDP規模は小さく、世界経済に占める存在感は薄かった。また1989年の天安門事件に示されるように、改革路線への信頼が確立しているとは見えなかった。

発展途上国の多様化　南の発展途上国は「分極化」した。一部の産油国はオイルマネーで潤うが、国内の使途は限られ、オイルダラー等として「還流」した。香港や台湾、韓国など輸出主導型で新興工業国が誕生し、その存在が90年代初めには認知されるようになる（世界銀行『東アジアの奇跡』1993年）。また資源や農産物価格上昇を捉えて開発を急ぐ国々も現れた。過度の単純化であるが、伝統的な資源確保やプランテーション経営による収奪的結び付きを越えて、工業化を伴う資本主義が南の国々にも本格的に浸透し始めた、とみなせよう。だが、アフリカなどで貧困なまま取り残される国も少なくなかった。

ユーロ〈国際金融〉市場の拡大　この時期にユーロ市場が急拡大し、オイルダラーの「還流」に貢献した。ユーロ市場はもともとはアメリカの規制（資本移動や金利規制等）を嫌い、ロンドン等に預けられたドルが貸し出されたものである。これに、オイルマネーが加わり、国際収支難に苦しむ国々などへのシンジケートローンが拡大した。第二次大戦後の世界は、為替管理によって国際的資金移動が厳しく規制され、徐々に自由化されていくが、自由に国際的な資

金調達・運用を行える国際金融市場は存在しなかった。ようやく国際金融市場が誕生したともいえ、またこの存在が各国金融市場の自由化・国際化を促していくことになる。石油ショックに伴う世界の国際収支構造の変貌、つまり各国における経常収支の赤字・黒字幅の拡大という不均衡の拡大にかかわらず、世界経済が発展できたのは、ユーロ市場の生成・発展によるところが大きい。しかし、1980年代に入り、アメリカの金融引締めによる高金利時代の到来は、巨額のシンジケートローンを取り入れていた多くの途上国の負担を増し、途上国累積債務問題を引き起こし、これが先進国銀行にも跳ね返ることになる。

多国籍企業の発展　　今一つ注目しておくべきことは、多国籍企業の活躍である。「多国籍企業」という用語が使われ始めたのは1960年代初めごろからである。その定義や範囲については議論があり、また統計では、IMFの「国際収支統計」における「直接投資」が多国籍企業の活動を表すものとして使用されることが多い。実際、多国籍企業と言っても、古くから（19世紀）存在しているが、1960年代には「アメリカの挑戦」（1967年に出版されたフランス・ジャーナリストの本のタイトル）が話題になったように、アメリカの製造業大企業が主にヨーロッパに製造子会社を設けて進出する動きが活発化した。ヨーロッパにおける復興と通貨の交換性回復、EEC（後にEC）による広域市場の形成とその拡大等の中で、技術集約的ないし製品差別化の著しい自動車、電機、機械などの分野でアメリカ企業の直接投資が拡大した。1970年代にもなると欧州や日本の企業の直接投資も拡大する。アメリカでフォルクスワーゲンや日産、ホンダが自動車生産を開始するのは70年代末から80年代初めのことであった。多国籍企業と言っても、現実には石油など資源獲得型や食品・飲料等の企業など多様なタイプがあり、企業経営の多国籍化の目的あるいは要因は多様である。また、低賃金の利用とか関税の回避、さらには受入国政府の政策（補助金・税制等）の誘因もある。この点は、途上国にとっては特に重要であろう。だが、先端産業を含む主要産業を中心に先進国間で相互に直接投資が増大し、大企業が多国籍化していくのがこの時期以降の特徴である。これが、世界経済の国際化の進展の一側面である。

（3）　グローバル資本主義段階（アメリカの単独覇権、IT時代）：1990〜2008年

　グローバル資本主義段階とは、本章の冒頭でも述べたが、旧社会主義経済圏

が資本主義化し始め、多くの途上国でも資本主義化が進み、グローバルに資本主義が浸透したことを意味する。同時に、アメリカが世界の1強となり、単独で世界のアメリカ化を進めようとする段階である。もっとも、ベルリンの壁の崩壊が1989年、東西ドイツ統一が1990年、ソ連消滅が1991年である。中国の改革・開放路線は1970年代末から始まっている。1990年を区切りにとするのは、多分に便宜的なものである。

バブル崩壊・金融危機・国債累増・高齢化・停滞した日本経済　　1980年代の世界経済に大きな存在感を示したのが日本であった。しかし、1990年に入ると株価は暴落し、翌年には土地価格も長期下落傾向に転じた。バブル崩壊である。資産価格の崩壊は、銀行に不良債権を累積させた。加えて、日米貿易摩擦（日米構造協議SII）も影響して、90年代半ばには円高不況が深刻化した。各種の経済対策がとられ、財政支出が拡大したが、景気浮揚効果は小さく、国債残高は増大し続けた。1997年には消費税引き上げの影響もあってか、不況色を強め、秋には山一証券が破綻し、翌年には日本長期信用銀行の破綻など、金融危機に直面する。景気対策とともに、行政改革や規制緩和が進められ、1996年には日本版ビッグバンが提唱され、金融制度改革が進む。不良債権処理と金融危機の影響もあって、金融機関の合併等が進み、現在の3大メガバンク体制となる。業際規制（銀証分離等）は見直され、株式売買手数料は自由化された。だが、規制改革や金融改革の進展にかかわらず、日本経済は1990年以降に低迷を脱することはできなかった。高齢社会への移行にともなう労働力の不足・変質、需要の変化に対応できないからであった。そして、かつて称賛された日本的経営が国際環境や技術変化に対応できない影響も大きい。自動車産業のように海外直接投資を進め、競争力を維持している産業もあるが、電機・電子産業では一部の部品産業を除き、海外企業に敗北していく。半導体では、インテルやサムソンに圧倒される。総合電機企業や総合家電企業などとして、一時期世界に「君臨」した企業は、IT時代の専業企業のネットワークシステムに対抗できないためであろう。海外直接投資が増えれば、それに代わる産業が台頭しなければ、当然にも国内投資は減少する。構造改革が叫ばれ、日本的経営の見直しや大企業のリストラを含む合理化・再編と企業収益の回復はある程度進む。しかし、財政赤字は続き、国債の発行残高は累増する。景気対策としては金融政策への依存が高まり、ゼロ金利を含む超低金利状態が続く。成長という点では日本経

済は低迷状態にあるが、深刻な（大幅な）景気後退には落ち込まず、何とか経済規模を維持していることを評価すべきかもしれない。

市場統合の深化・EU・共通通貨ユーロ　ECは、1985年に『域内市場完成白書』を発表し、1992年までに市場統合の深化（単一市場の完成）を目指した。関税同盟の枠を超えて非関税障壁をなくし、「財、サービス、人、資本」の自由な移動を実現し、停滞した経済の活性化を図るものであった。1980年代末からは「92年フィーバー」ともいわれた市場統合ブームもあって、日米からの直接投資の拡大を伴うEC企業を対象とするM&Aは活発化し、EC大企業等の合理化・効率化（最適生産地への工場の集約、合併・買収による企業数の減少等）が進んだ。域内・域外からの直接投資を含め、設備投資がこの時期に大きく拡大し、その恩恵はEC周辺国にも及んだ。

　市場統合の進展とともに、経済通貨統合（EMU）を目指す動きも加速し、1988年にはドロール委員会が発足し、翌年に同報告が欧州理事会で承認され、通貨統合（単一通貨ないし共通通貨の導入）へ向かい、マーストリヒト条約（ECはEUとなる）が1992年に調印された（発効は1993年）。この過程では、通貨統合に反対するイギリスのサッチャー首相が抵抗したが、サッチャーは1990年には退陣に追い込まれ、イギリスは通貨統合に参加しない選択権（オプトアウト）を盛り込むことで条約を承認した。1992年のヨーロッパ通貨危機（為替相場安定メカニズムERMからのポンド等の離脱）などの混乱も見られたが、共通通貨導入とそのための中央銀行設立の動きは順調に進んだ。1998年には11か国が共通通貨ユーロへの参加を決定し、ユーロ中央銀行制度（ユーロシステム）とECB（ヨーロッパ中央銀行）が設立された。1999年にはユーロが導入され、2002年には現金（銀行券とコイン）が流通し始め、ユーロ参加国ではユーロのみが通貨となった。EUは拡大し、1995年にスウェーデンなど3か国、2004年に東欧諸国など10か国が加入し、2013年には28か国となった。ユーロ参加国も拡大し、2014年までに18か国に増えた。この数字を見れば、EUの発展は素晴らしく見える。しかし、その過程は必ずしも順調とは言えないものでもあった。

ドイツ統一、ドイツ経済の変調と改革・復活　1989年にベルリンの壁が崩れ、1990年に東西ドイツは統一した。統一は西ドイツの制度への統合であり、この過程で東と西の通貨は1対1の比率で交換された。この交換比率は実勢為替相場（1対3～4と言われた）を無視し、政治的配慮を優先したものであった。

このため、東側国有企業は民営化されても、賃金等の上昇の影響も加わり、競争力を失い、破綻し、失業が増加した。ドイツ政府は巨額の資金を東の道路・鉄道・通信設備等のインフラや、住宅建設や社会保障（失業手当、年金等）につぎ込まざるを得なかった。ドイツ企業は市場統合の完成（域内単一市場）に合わせ、またEU加盟に向かう東欧諸国に向けて直接投資を増やしていた。東西統一後のドイツは、1990年代半ばから低成長、インフレ、経済収支赤字と強かった西独経済と真逆の状況に陥った。2000年代初めには失業率が2ケタに達し、EUの安定成長協定に違反する財政赤字3％（対GDP比）超が4年間も続いた。このため、さまざまな改革が行われた。職業紹介・斡旋制度の改革や失業保険等の給付水準の引き下げ、ワークシェアリングの導入などが実施される。大企業や大銀行では、EU域内のみならず、グローバルな競争に直面して、労使共同決定法に見られるような従業員の利益にも配慮した経営よりも、アメリカ型の株主重視の経営へ転換する企業が増えた。ドイツ最大のドイツ銀行は投資銀行化を目指すようになる。「資本市場振興法」が制定され、証券取引のグローバル標準化や活性化が図られ、また、新興（ヴェンチャー）企業向けの「ノイア・マルクト」が創設された（1997年開設されたが、ITバブル崩壊後に閉鎖）。

　1990年代初めのドイツ統一とEU市場統合の深化に伴うブーム後のドイツ経済は、統一に伴う負担と域内・域外でのグローバルな競争激化のなかで、さまざまな改革を迫られ、高失業に悩み、低迷したとは言えそうである。しかし、市場統合、ユーロ導入、東欧へのEU拡大の過程は、域内地域間の貿易・投資を著しく拡大させ、「EU経済のリージョナル化の発展」（田中素香）をもたらした。具体的には、東欧への西欧・北欧からの企業進出をともなう「新興国ブーム」、南欧を中心とする（スペイン、イタリア、ギリシャ、ポルトガル、アイルランド）「消費、不動産ブーム」であり、ドイツ等は製品輸出によって、イギリスは金融センターとして、ブームの恩恵を享受できた。ブーム国では共通通貨ユーロの低金利がブームの一因であったが、相対的に物価や賃金は高くなっていく。だがドイツは、住宅・不動産バブルは免れ、安定的な物価・賃金の下で競争力を強めていく。イギリスは、シティ（金融センター）の繁栄が住宅・不動産バブルを引き起こしていく。

　長期的安定成長・住宅バブル・金融危機　　イギリスは、1980年代にはマネーサプライの抑制、民営化、小さな政府、労働組合対策などの政策と、シティの

改革（ビッグバン）でインフレを抑制し、成長軌道に乗ったかに見えた。1980年代末から90年代初頭にかけて、インフレ率が上昇に転じ、金融政策やEUへの対応を巡り政権内部の対立が顕在化した。サッチャーは1990年末に退陣し、メージャー政権となった。ERMには1990年秋に参加したが、1992年には投資家ソロス等のポンド売りに抗せず、離脱する。その後、イングランド銀行は、政府が決めるインフレ率目標を中央銀行が独自に政策手段を選択してその達成を図るインフレ目標の金融政策を展開する。ERM離脱はポンド安と金利低下の効果もあってイギリス経済を成長軌道に乗せた。1997年には保守党からブレアの率いる労働党に政権が交代した。ブレアの政策は「第3の道」ともいわれ、国有化による社会主義を否定し、労働組合依存から脱却し、「福祉から労働へ」のスローガンに見られように福祉依存の国家は否定した。しかし、市場競争万能のサッチャー的資本主義による不平等や社会的排除を否定し、教育・職業教育等の公共サービスの充実を図りつつ「社会的包摂」を目指した。理念はともかく、現実の政策では、インフレ目標の金融政策を引き継ぐとともに、イングランド銀行内に金融政策（Monetary Policy）委員会MPCを設け、MPCに政策運営の権限を与え、同時に説明責任を義務化し、強化した。中央銀行の独立性の強化と言われる。また、金融機関の監督に関して、金融機関のコングロ化（同一機関ないしグループが銀行、証券、保険など多様な業務を営む）の流れに対応して、従来の業種別の規制・監督、自主規制に依存する要素の強い制度は不十分として、2000年金融サービス市場法を制定し、金融の一元的監督をはかった（金融サービス機構FSAの設立。なお、イングランド銀行は銀行の監督権限をFSAに移管させられた）。財政政策では、財政赤字には慎重で、赤字は投資（資本支出）の範囲内とし、かつ需要管理ないし景気や雇用刺激のための財政政策を否定し、国債残高の削減（対GDP比）も目指した。このような財政金融政策は、ケインズ的需要管理政策の否定であり、サッチャーの小さな政府を継承するものともいえる。ともあれ、イギリスは、1990年代半ばからリーマンショックの2008年までの10年余、先進国では相対的に高い安定的な経済成長率を遂げ、2000年代半ばには先進国の中では最低水準（5％未満）の失業率であり、物価も安定している、と政府が自慢するようになった。好調なイギリス経済を背景に、当初は条件が整えば共通通貨ユーロへの参加も検討するとしていたイギリス政府は、2003年には参加を否定した。そして、拡大するEUを批判した。EU

は内部の市場、通貨、財政政策等の「統一」に注力し、内向きでありすぎる。世界の経済成長の軸心は中国、インド等の新興国へ移りつつあるから、これら諸国との連携を強化するべきである、と。

　イギリス経済が長期に順調であった背景には、シティの繁栄に加えて、薬品や食品、石油などにおける世界的大企業の存在、自動車のように日独からの直接投資など多様な要因が影響している。そして、イギリス経済の金融を含むサービス産業化がこの時期に一段と進んだ。同時に、1990年代末から住宅価格の上昇が顕著になり、2007年までの10年間で住宅価格は3倍になった。家計部門への銀行貸出残高（住宅ローンが大半）は対GDP比60％から90％へと増大した。住宅ローン・ブームが21世紀初頭の好景気を大きく支えていたのである。だが、証券化を武器に急拡大していた中堅銀行のノーザンロックは取り付け騒ぎを起こして2007年には破綻し国有化され、リーマンショック直後には住宅ローン最大手のHBOS銀行（ロイズTBS銀行に救済合併されるが、合併したロイズ・グループが破綻することになる）とM&Aで英国最大手（資産規模）の地位を狙っていたRBS銀行の破綻が明らかになり、公的資金が注入され、実質国有化された。預金を上回る貸出しなど卸売金融市場での短期性資金調達への依存や、不良債権・不良トレーディング資産の増加による破綻であった。イギリスでは大手4行のうち2行が破綻し、加えていくつかの中堅銀行（旧住宅金融組合）も破綻したから、本当に深刻な金融危機であった。

　「覇権国」アメリカ　　アメリカは、ソ連との戦略兵器削減条約の締結、NATOとワルシャワ条約機構の加盟諸国間の不戦条約や軍縮条約の調印などで冷戦構造を脱却するとともに、ソ連の崩壊と旧社会主義諸国の市場経済化のなかで、世界で唯一の超大国として「覇権国」となった。時に、単独で小国に武力介入することもあった（1989年のパナマ侵攻等）が、1991年には国連の決議を得て、多国籍軍として湾岸戦争に乗り出し、イラク軍をクウェートから駆逐した。日本から巨額の資金協力を得るなどしたが、アメリカに対抗できる大国は存在しなくなった。経済的には、1980年代には日本に自動車や半導体の生産で後塵を拝し、株式市場の規模（時価総額と売買高）でも追い抜かれた。しかし、日米構造協議等を通じて自動車の輸出規制と米国への直接投資、米製半導体の購入義務などを課し、かつ日本のバブル崩壊と不良債権問題、円高不況等で日本の「脅威」は消滅した。

IT産業の発展と「ニューエコノミー」、ネット・バブル　　1990年ごろのアメリカ経済は1987年株価暴落の後遺症が残り順調であったとはいえないが、しだいに、ITないしICT産業を軸にアメリカ経済の活性化が進んでいく。単純化すれば、パソコンとインターネットの普及であり、「ニューエコノミー」論が登場した。IT産業の成長は、情報の利用の在り方を変え、多くの産業等に経営の効率化をもたらし、経済成長をうながしたというのである。IT産業の定義・範囲等には立ち入れないが、一つは半導体の技術進歩であり、アメリカのインテル社を中心にMPU（マイクロプロセッサ）の性能やメモリー（DRM）の容量が飛躍的に拡大し、価格は低下した。次はパソコンである。大型汎用機であったコンピュータ市場に君臨していたIBMがパソコンを売り出すのは1980年代初めだが、その際にオープン・アーキテクチャー戦略（IBM自身が基本ソフトOSやMPUなど基幹部品を外部から調達するとともに、技術情報を公開して周辺機器やソフトウェアの供給を促す）を採用した。当初はIBMがパソコン市場でも優位に立ったが、多数のヴェンチャー企業がIBM互換機を製作し、IBMからシェアを奪うようになった。1990年代にはダウンサイジングの動きが強まり、パソコンの性能の向上と価格低下が加速し、周辺機器の調達と最終製品の組み立てを東アジアで行うようになった。アメリカでのパソコン出荷台数は80年代には50万台であったが、90年代には900万台、1999年には4300万台（世帯普及率53%）と伸びた。（なお、日本では国内出荷台数が1984年に100万台を超し、1990年200万台、2000年1200万台と急増した）。同時に、インターネットの普及がコンピュータのネットワーク化を進め、情報機器とソフトウェアの巨大市場を生み出した。軍用や学術研究のためのデータ送信技術が1980年代半ばまでに生み出されていたが、1990年代に入るとその商用化や利用を容易にする技術（新しいコンピュータ言語やデータベース、閲覧ソフトや検索ソフト等）の開発が進み、インターネットの利用を加速させた。加えて、クリントン政権の下でゴア副大統領を中心に「情報スーパーハイウェイ構想」が打ち出された。インターネットの普及には大量のデータを瞬時に配信できる通信インフラの整備が不可欠であった（光ファイバーによる基幹通信網に加えて、無線ネットワークの拡張やデジタル化）。このため、通信の規制緩和を伴って、新規参入が促され、通信機械設備への投資は1990年代後半には年率25%の勢いで増大した。携帯電話など移動体通信の加入者は1990年の530万人から2000年の1.1億人へと増大した。

IT産業の発展を担った企業には、IBMやAT&Tなどの伝統的巨大企業も含まれるが、半導体のインテルや基本ソフト（OS）のマイクロソフトなど新興企業が主役となった。また、インターネットと通信インフラの整備は、オンライン・ビジネスともよばれる多くの新たなビジネスを生み出した。たとえば、検索サービスやネット証券、ネットバンキング、Eコマース、さらには各種のコンテント配信サービス、SNS等である。多くのヴェンチャー企業が生まれ、その中から大企業へ成長したものが少なくない。シリコンバレー企業などともいわれるが、このような新興企業を育成・発展させるメカニズムが生成・発展していることにも注目する必要がある。創業者は自らの資金や家族や友人の支援を得て起業するが、エンジェル（多くは成功した起業家や退職した大企業役員、オーナー企業経営者等）とヴェンチャー・キャピタルVC（機関投資家から出資を得るケース、金融機関自身が運営するケースもある）、そして株式公開IPOのための市場（アメリカでは主にナスダックNASDAQ市場）の存在である。一般的には、エンジェルがスタートアップ段階から、VCは事業の拡大過程から投資するとされるがその境界は重なる。2009年ではエンジェルが約5.7万件に計176億ドル、VCが約3000件弱に計177億ドルを投資した[4]といわれる。IPO市場はエンジェルやVCにとって投下資金の回収の場であるが、企業にとっては資金調達の場ともなる。

このようなIT産業の発展は、株式市場の熱狂を生み出した。とくに新興のIT企業の上場が多いナスダック市場で見れば、その総合株価指数は1995年に1000を突破し、99年以降にとくに上昇が加速し、2000年には5000を突破した。だが、同年春には下落に転じ、2002年には1500を下回った。この過程での代表的銘柄がアマゾン株であり、最高値の112ドルが2001年には15ドルにまで下落した。ネット・バブルの崩壊である。株価の急落は楽観的な需要予測や過度の期待に基づくIT企業の活動を暴露し、IPOや社債発行、銀行借入れを制限し、少なからぬ企業を破綻させた。加えて総合エネルギー会社として上位にランクされたエンロン社やワールドコム社の破綻と不正会計処理も露呈した。このため、2002年にはサーベイ・オックスレー法（企業改革法）が制定され、監査制度の改革、企業の内部統制の改善、財務開示の強化、アナリストの利益相反問題等に規制・改革が加えられた。

サブプライム・ローン、巨大銀行、シャドーバンク、2008年金融危機　　ネット・

バブルの崩壊を機にアメリカ経済は不況局面に移ったが、FRB（中央銀行）は政策金利を大幅に下げた（00年初めの6.5%が、2001年1.75%、04年1%）。金利の低下は借入れをうながし、とくに住宅ローンは著しく拡大した。なかでもサブプライム・ローン（定義としては信用スコアで判定される信用度の低い人向けの貸出）が急増し、このローンは大半が証券化され（ローンをまとめて、そのキャッシュフローにしたがって、いくつかの信用度を異にする区分に分け、それぞれを格付けの異なる証券とする）、販売された。サブプライム・ローンはかなり前から存在するが、住宅ローンの中で増えるのは2000年以降であり、新規住宅ローンに占めるサブプライムの割合は20%にも上った。2000年3月を100とすれば住宅価格指数（ケース・シラー指数）は2006年には180に達した。単純化すると、住宅ローンの拡大を背景とする住宅ブームを中心にアメリカ経済は好調に推移した。輸入の増加に伴い経常収支の赤字が拡大したが、この時期に大きく輸出を増やし対米黒字を増大させていた中国は、1997年アジア通貨危機を「教訓」としてか、ドル準備の蓄積を重視した。このため、ドル資金はアメリカに還流し、赤字はさほど重視されなかった。

　ところで、サブプライム・ローンとその証券化の拡大を促した一因が金融システムあるいは銀行業務の変貌と大銀行間の競争激化であった。1980年代には、既述のように金融危機を伴いつつ金融革命が進展した。この過程で、破綻した銀行や投資銀行も少なくないが、州際業務や銀証分離の業務規制は緩和・撤廃されていくなかで、合併・買収による集中が進んだ。投資銀行（法律的には証券会社）は5大投資銀行に集約された。一部の有力投資銀行はスイスやドイツの大銀行などに買収された。商業銀行では1990年代には大手銀行同士の合併が進み、JPモーガン・チェース、バンク・オブ・アメリカ、シティ・グループが圧倒的地位を築くとともに、買収を含めて投資銀行部門の強化を図った。投資銀行業務は伝統的には証券発行のアレンジ・引受やM&Aのアドバイザリー業務を中心としたが、1980年代以降には各種のトレーディング（証券の売買）業務やデリバティブ取引が急拡大した。アメリカの金融システム全体でも、預金―貸付けを中心とする商業銀行業務は伸び悩むのに対して、シャドーバンキングともいわれる、証券化ビジネスや証券のレポ取引と貸借取引が拡大し、MMFや各種投資信託も拡大した。加えてヘッジファンドや買収ファンドなどが投資家として証券市場での存在感を高めるとともに、投資銀行や商業銀行を

含めて資産運用業者の資産運用額が巨大化していった。

2005年に連邦準備が政策金利の引き上げに転じ、2006年には5％を超え、住宅価格も下落し始めた。金利の上昇は住宅ローンの供給を減らしたが、同時に借り手の債務返済の遅延・不履行を増やし始めた。定義からしてサブプライム・ローンは信用度の低い者への融資であるから、遅延・不履行が増えても不思議でない。また、急速に新たに拡大したローンであるから、遅延・不履行の予想割合に関する信頼できるデータは存在しなかった。遅延・不履行の拡大によってローンを供与した金融機関が窮地に陥り、破綻するはずであるが、サブプライム・ローンの大半は証券化され、投資家に販売されていた。証券化された商品（MBS）の価値が明らかにならなくなり、売れなくなり、また証券化商品を既に保有する投資家はその売却を急ぐようになる。このような状況で証券化商品を組成・販売し、同時にその流通市場を形成していた大投資銀行（証券会社）や大銀行の投資銀行部門が窮地に陥り、2008年秋には大手投資銀行リーマンやシティなど大銀行の破綻で金融危機に陥る。危機は公的資金の供給や連邦準備による巨額の資金供給で救われるが、大幅な景気後退に陥った。この過程で、外部からの資金援助で生き残った投資銀行は金融持株会社化（法律的には銀行）し、ベア・スターンズとメリルは大商業銀行に買収された。そしてアメリカ銀行界は4大銀行（J.P.モーガン・チェース、バンク・オブ・アメリカ、シティ・グループ、ウェルズ・ファーゴ）と2大投資銀行（ゴールドマン・サックス、モーガン・スタンレー）が銀行資産の約半分を占めるようになる。

アメリカ自動車産業　　アメリカの主要産業の動向を見る余裕はないので、20世紀アメリカ経済を主導した最大規模の産業である自動車産業について、その特徴を述べておこう。1960年代半ばから生産台数を減らし、1980年代に生産台数が世界一の座を日本に奪われたアメリカにおける自動車生産は1980年代半ばごろから回復し、減少した年もあるが、2000年までは増加傾向をたどり、世界一の座を取り戻した（後掲　図表9と10参照）。1980年代初めと1990年代初めに大手3社（GM、フォード、クライスラー）が赤字に陥るなど苦境に陥ったが、80年代前半の大手3社の合理化（40工場が閉鎖され、約30万人が失職。関連サプライヤーでも40～50万人が失職）によるコスト削減の効果、景気回復による販売増、円高等による日系メーカーの競争力弱化がその大きな要因となる。しかし同時に、この時期には石油価格の「安定」を背景に、「小型トラック」

と総称されるピックアップトラック、バン、SUVなどの通常の乗用車とは区別される、高収益の「大型」車の拡大によるところが大きかった。また、1980年代以降、日本やドイツ、韓国の自動車メーカーのアメリカでの生産が本格化した。これら外資系メーカーは伝統的な自動車生産の拠点地域のデトロイトを離れた地域で労働組合の力を削いで現地生産を行い、アメリカでの生産に占めるシェアが1990年には約15％、2000年には50％弱を占めるようになった（ニュー・ドメスティクスと言われる）。世界の主要自動車メーカーは、米系企業も含めて外国メーカーとの連携を深め、グローバルなネットワークの下で生産・販売を展開するようになる。2000年以降では、生産台数と販売台数ともに低落傾向をたどり、リーマンショックで大きく低下し、GMやクライスラーが破綻する。これには、自動車販売がローンに支えられた面も影響しているようであり、新車ローンの残高は95年の3000億ドルが2005年には8000億ドルと急増していた。

　1990年代以降のアメリカ経済は1990年代のITバブル、2000年代初頭の証券化バブルで特徴づけることが可能である。バブルの生成と崩壊を繰り返す金融システムに問題を見ることができる。だがそれでも、IT産業が大きく成長してグローバルに展開し、自動車のような旧産業では直接投資を受け入れて国内生産を増やし、グローバルな競争関係の中で動いているのである。

ロシアと東欧：資本主義移行期の苦難と「復興」　　1990年前後から東欧とロシアなど旧ソ連圏諸国は市場経済化ないし資本主義化の道を歩み始めるが、政権の不安定、財政システムの不備等もあり、通貨は下落し、インフレに見舞われるなど苦難が続いた。それでも、民営化を進め、資本主義化してゆくが、1998年にロシアは国債がデフォルトする（元利払いの停止）など混乱した。しかし、2000年代にもなると、プーチン大統領の下で政権が安定し、資源価格の高騰の恩恵を受けて、資源開発と輸出を通じて経済成長を遂げていく。東欧諸国は1990年代の移行期にはインフレや国際収支難に苦しみ、IMF等による緊縮的財政と金融引締めによる物価・為替安定を優先する政策に批判を高めた。そして、東欧諸国はEUへ加盟し、ヨーロッパ統一市場への参加による市場の拡大と投資の流入を期待した。2000年代に多くの国がEUに加盟し、ユーロにも参加する。東欧諸国へはドイツ等から直接投資が増大し、また就学や就業を希望して「出稼ぎ」に行く者が増えたようである。これらはEU加盟のメリットと言えそうである。

「製造大国」・輸出拡大へ向かう中国　　1989年には天安門事件があったが、1992年鄧小平の「南巡講話」で改革・開放路線を確認し、1993年には共産党中央が「社会主義的市場経済」の確立を表明する。1994年には為替相場の一元化を達成し、90年代後半に国有企業の改革が本格化し、2001年にはWTOに加盟した。1980年以降リーマンショックに至るまでほぼ2ケタの成長率を達成し、鉄鋼や多くの家電製品の生産で世界最大規模を誇るようになり、「世界の工場」となった。1990年代には外貨準備は少なく、輸入難が成長の制約となることが懸念された。しかし、1990年代後半以降の輸出の伸びは著しく、加えて直接投資を含む資本流入も続いた。外貨準備は急増し、2006年には1兆ドルを超えた。1990年ごろの中国経済の世界経済に占める規模（世界のGDPや輸出入に占める中国のシェアは90年代半ばで3％程度）は小さく、急成長しても全体への影響は小さかった。しかし、2000年代には存在感を示し、中国の動向が大きく注目されるようになり、アメリカの貿易赤字の半分を中国が占めるようになる。

通貨危機、成長を続ける途上国　　アジアNIEsやアセアン諸国はオイルショックを克服し、好調な経済成長を続けた。世界銀行は1993年「東アジアの奇跡」と題した報告を出した。輸入代替工業化戦略をとったラテンアメリカ諸国に比べて、輸出主導型工業化戦略の優位が明らかになった。しかし、1997年に突如通貨・金融危機に直面し、為替相場は暴落し、経済混乱に陥った。この危機は伝統的な財政危機や経常収支危機と異なり、固定相場制の下での過剰な短資流入に支えられた経済が、資本流出に見舞われ、銀行等の破綻で混乱したものである。IMF等からの融資で危機は比較的短期間に収束され、再び経済成長を向かうが、この過程でIMF等から緊縮的財政金融政策や民営化など構造改革を迫られた。そして、多くの国が変動相場に向かい、資本市場の整備や金融システムの強化策が図られた。

　　サウディアラビアやドバイなどの産油国は石油で稼いだ資金を運用するだけでなく、貿易や商業、金融、交通、観光等のための大規模な都市建設にも乗り出し、移民ないし出稼ぎ人の労働力に依存する国になっていく。建設活動が地域や労働力供給国の経済に恩恵を与えているようである。他方、ラテンアメリカなどの資源や農産物輸出国では、輸出価格の高騰に恵まれて資源開発や工業化でかなりの成長を遂げる時期がある。しかし、輸入の増大にともなう国際収支難や放漫財政から危機を招いて経済が混乱する状況が生まれ、政権交代を繰

り返しているようである。最大規模の人口を有するインドも成長軌道に乗ったようである。「南」とか発展途上国とかつていわれた国々を、このような範疇で括れなくなっている。21世紀には新興国と途上国が分けられ、ブラジル、ロシア、インド、中国がBRICsとして一括されるようになった。世界経済において、これら国々の存在感が高まっているのである。

　2008年秋のアメリカの投資銀行リーマンの破綻は世界的金融危機を引き起こし、2009年には米欧日の先進資本主義国は大幅な（3～5%）マイナス成長となった。しかし、2009年でもアジアの新興国と途上国は7.5%の成長率を記録した。その後の現在に至るまでの成長率を見れば（2010～17年の単純平均）、先進国が2%程度なのに対して、新興国と途上国は約5%と高い。世界経済の成長の中心が中国やインド等に移りつつある。2008年金融危機（リーマンショック）後の世界の特徴については3節「グローバル資本主義段階の現状」で見ることにして、その前に現代資本主義を巡る諸言説を検討し、現状を見る視角を明らかにしておこう。

2. 現代資本主義をめぐる諸言説

　現代の世界経済を、グローバル資本主義や金融（化）資本主義と捉えて、さまざまな理論や見解（これらをここでは言説と呼ぶ）が展開されている。その全貌を把握しているわけでないが、これらの言説うち、筆者の目にした範囲でいくつかをとりあげよう。ここではそれらを次の5つに分けて紹介・考察する。①金融の不安定・暴走を批判するストレンジ等の言説、②不平等や格差・貧困の拡大、これらをもたらすイデオロギーとしての市場原理主義を批判するソロスやスティグリッツの言説、③負債の膨張の抑制を主張する、イギリスの金融当局のトップであったターナーやキング等の言説（金融政策の議論でもある）、④覇権安定論として知られるギルピンの言説、⑤広い意味でマルクス経済学、狭い意味では宇野経済学を意識して「段階論」の観点から現代世界経済をグローバル資本主義や金融化資本主義として捉えるラパヴィツァス、河村、馬場、および柄谷らの言説。5つに分けたが、言説は相互に関連し、書かれた時期もかなり異なる。加えて各氏の言説は多様な要素を含んでいる。各氏の言説の正確な伝達を意図したものでなく、それらから筆者の判断によって特定の要素を

抽出し、現代世界経済を解明する視角を見つけようとするものである。このために、本節の最後で各氏の「比較」を行う。

（1） 金融の不安定・暴走

スーザン・ストレンジ[5] は1970～80年代前半における為替や金利やインフレ率の変動激化、国際収支不均衡の拡大、貿易摩擦、途上国債務問題、アメリカの双子の赤字、ヨーロッパにおける失業などの問題から世界経済の不安定さを懸念し、他方での金融革命の進展と為替取引や金融・証券取引の驚くほどの拡大を問題にする。そして、貨幣・金融の世界をコントロールして国際金融システムを改革し、途上国債務危機の改善を訴え、このためのアメリカの行動に期待する。早い時期に（1980年代半ば）現代資本主義を「カジノ資本主義」と特徴づけ[6]、金融の暴走がもたらす危険を指摘したことは彼女の貢献である。同時に彼女の議論は、経済に対する政治ないし国家の優位を指摘しており、グローバル化する金融・経済活動に対して国民国家とその政治システムが無力化していることを問題視する。この点は後の著作で鮮明になり、「国家はもはや経済を指揮できない」[7] や『国家の退場』[8] といったタイトルから明らかである。また、『マッドマネー』[9] を発表して、世界恐慌発生の危機を予言・警告している。

ロナルド・ドーア[10] は金融化を英米資本主義モデルの勝利、金融業者への利潤配分の増加と捉える。そして、資本市場の拡大は投資とギャンブルの絡み合い、経営者資本主義から投資家資本主義への移行とみなし、証券文化の勃興や金融化が社会や政治、教育等を変え、好ましくない結果をもたらしているとする。しかも、2008年金融危機後にも世界経済の仕組みは変わっていないのである。

ここではストレンジとドーアの議論を紹介したが、貨幣ないし金融の暴走を指摘する議論は他の多くの論者にも共通する。ただし、各氏の力点は異なる。

（2） 市場原理主義・新自由主義批判

グローバリズムや新自由主義に対する批判は多々あるが、ここでは下記の2点を取り上げる。

ジョージ・ソロス[11] は「開かれた社会」という独自の哲学を展開しつつ、1997年アジア通貨危機と1998年のロシアのメルトダウンの反省を提起する。そ

して金融のエクスポージャーの連鎖はどこかの破綻で全面的な投資や融資の削減をもたらし、破綻を広げる。このような危機に対してIMFや各国金融当局は無能であり、周辺国市場はグローバル資本主義システムから撤退させられる。金融市場はもともと暴走と暴落を繰り返す不安定なものであり、市場原理主義に任せるわけにいかない。グローバル経済と国家の枠内にある政治・経済組織には矛盾があり、加えて金融センターと周辺国、債務者と債権者は不平等な関係にある。ソロスはヘッジファンドの運用に携わるなど投機家としても名声を博した人物であり、金融の不安定性の指摘は説得力がある。そして世界や社会が対等なプレーヤー同士で成り立っているのでなく、不平等な関係の上にあることを指摘し、市場原理主義等を批判する。

ジョセフ・E・スティグリッツ[12] は米大統領経済諮問員会の委員（1993〜97、95〜委員長）や世界銀行のチーフ・エコノミスト（1997〜2000）を勤めた人物である。ここでの経験に基づいて書かれた本で、主にIMFや世界銀行が介入したアジア、ロシア、東欧、アフリカ等の諸国で起きた問題を示しつつ、緊縮的財政金融政策や構造改革（民営化等）を強いるIMF等の方策が、世界経済の安定や途上国の成長につながっていないことを糾弾し、グローバリズムを批判する。合わせて、アメリカ財務省の偽善を指摘し、市場の効率性等を主張する新自由主義や経済学の誤りを批判する。自らの経験と途上国への国際機関の投融資の実体を踏まえた彼の主張には説得力がある。

（3） 覇権安定論

C.P.キンドルバーガー[13] は、1930年代の大不況に関連して、アメリカがその力を持ちながらかも覇権国になる意志と責任を持たず、世界経済にリーダーシップを発揮しなかったことを大不況の主要な要因にあげた。言い換えれば、覇権国の不在が大不況を招いた、とする見解である。パクス・ロマーナやパクス・ブリタニカと言われたように、強い巨大な帝国が支配していた時にその領域は安定し、繁栄したといわれる。これがどこまで真実であったかは検証する必要がある。とくに帝国の生成過程は戦争と侵略・併合の歴史であった。この点はともかく、「覇権」国による秩序形成による安定を望む声は強いようである。

ロバート・ギルピン[14] は、政治学者であるが、第二次大戦後の世界をグローバリゼーション第2期と捉え（第1期は19世紀半ばから第一次大戦まで）、資

本主義の第2の興隆期とする。そして、開放的で安定的な国際経済には1つないし複数の国家がリーダーシップを発揮して、安定的な国際通貨、自由貿易、国際通商の公正なルールを保証する必要を強調する。そして、冷戦終了後の世界では、米日欧の協力よりも地域主義、保護主義、反グローバリズムの勢力が台頭し、金融は不安定化していると認識し、米国がリーダーシップを取り戻す必要を強調する。覇権安定論、すなわち大国のリーダーシップによる安定を定式化した点でギルピンの言説は注目される。現実感覚の鋭いギルピンは、著書のなかでも日米貿易摩擦についてかなりのページを割くなどして、「覇権国」に対しては対抗勢力が存在する事実を認識している。しかし、「安定通貨、自由貿易、公正なルール」はもっともらしく見えるが、その中身が問題である。世界は「対等な国々」で構成されているわけではないし、歴史や宗教が違い、また貧富の差があり、産業・就業構造等も大きく異なる国々が存在する。大国のリーダーシップは所詮大国の利益に過ぎないのであり、協調や協力には新たな発想が必要であろう。

　世界史からの筆者の「教訓」を付け加えておこう。世界最初の大帝国ペルシャ帝国は辺境の貧しい国マケドニアの若い王によって滅ぼされた。（西）ローマ帝国は貧しかった蛮族ゲルマンの侵攻によって解体した。7世紀に成立するイスラム教はビサンツ帝国とササン朝ペルシャに挟まれた貧しい、「国」を持たなかったアラブ人等の膨張をもたらし、スペインから中央アジアまでの領域にウマイヤ朝やアッバス朝などイスラム教国家を樹立した。モンゴルによるユーラシア制覇、セルジューク・トルコによるアナトリア支配、オスマン・トルコによるアナトリア・バルカン支配、女真（満州）族による清帝国、これらは辺境の「蛮族」が、豊かな大国を奪う過程でもある。また、ロシアは「タタールのくびき」から解放されるのがイヴァン大帝の時代（在位1462-1505）であり、もともとのモスクワは辺境の小さな町にすぎなかった。1871年にドイツ帝国を誕生させる原動力となるプロイセンももともとはドイツの辺境の貧しい地域であった。大帝国の生成過程とその支配の実態については検証が必要であるものの、大帝国の支配は、領域の拡大による富の拡大が、中核地域への富の集中をもたらして繁栄を招いたとしても、周辺から見れば富の収奪に過ぎなかったようである。そして、帝国はその領域の拡大を求めるが、辺境や領域の外部は豊かな富を求めて帝国への「攻撃」を始める。世界史はこのことも教えてくれる。

（4）　負債膨張・信用創造の抑制

　為替危機や金融危機が生じる背景には、あるいは生じる過程では、信用（貸付）の異常なほどの拡大がみられる。金融政策や金融システムの在り方の問題ともいえるが、信用の抑制によって金融危機を抑えられるという言説が生まれる。信用とは広義の貸付けのことであり、負債と言い換えられる。したがって、負債の拡大に依存する経済の仕組みの改革が主張される。負債が返済されなければならないとすれば、負債の増大は返済できない負債の増大となって、どこかで破綻するからである。

　アデア・ターナー[15]は、イギリスのFSA（日本の金融監督庁に当たる）長官（2008-2013年）を勤め、その後はソロスが設立し、スティグリッツ等も加わったシンクタンクの所長を勤め、精力的に活動している。FSA時代にリーマンショックの原因を分析した『ターナーレヴュー』でも知られたが、ここで取り上げた彼の著書では、ヘリコプターマネーを提唱して注目された。債務が増大している事実（金融の肥大化）、かつ危険な（過剰な）債務が多いことなどを指摘し、わかりやすく叙述していることが特徴である。株式市場の役割があまり分析されていない点を別にすると、事実認識にとくに異論はない。彼の主張は、債務負担のないヘリコプターマネーの供給によって（具体的には、中央銀行が無利子・無期限の国債を引き受け、政府が公共投資等を行うか、国民に分配する）、過大となっている国の債務負担を抑制し、景気回復や拡大につなげようとするものである。一定の規模で実験してみる価値はあるかもしれないが、負担はなくとも国の債務が増える点は変わらない。

　マーヴィン・キング[16]はイングランド銀行総裁であった（2003〜2013年）。中央銀行総裁としての経験を踏まえて支配的な経済・金融理論を批判的に紹介している点で便利である。彼の主張は、不均衡、不確実性、協力の困難、信頼、を4つのキーワードとして分析する。そして、負債の膨張と破綻につながる貨幣と銀行の錬金術（信用創造）を批判し、中央銀行ないし政策当局による不均衡の根底にある不確実性への対処を重視する。金融危機の再来を危惧するのであるが、具体的な方策を提示するわけでない。単純化すれば、さまざまな不均衡、あるいは急速な拡大・膨張に注意しつつ、さまざまな対処能力を持つことの重要性の指摘である。

ジョン・ケイ[17]は大企業取締役の経験も持つジャーナリスト・学者である。コーポレート・ガバナンス問題に詳しく、資産運用会社（あるいは機関投資家）のスチュワードシップ（企業の投資や経営戦略への関与・監督）の重要性を強調する。そして、金融の行き過ぎや肥大化を批判し、金融の基本的機能（決済、仲介、資産管理、リスク制御）に即した金融の簡素化・単純化を主張している。

　2008年のリーマンショック時の金融監督と金融政策の責任者であった者たちが負債の肥大化を指摘し、その抑制を提唱している点が興味深い。だが、処方箋は異なる。ターナーのヘリコプターマネーは奇抜な逆転の発想であり、日本における超低金利での国債の発行は彼の処方箋に近いものかもしれない。しかし、それが効果的と言えるかは疑問である。キングは処方箋というより、問題提起である。それでも、将来の不確実性を重視する視点は、具体的な政策や即効的な成果を生むものではないが、危機に際しての対応能力を増すことにはなろう。

　なお、アメリカでは、歴代のFRB議長や財務長官が「回顧録」を出している[18]。当時の考えや事情を知る上で非常に参考になるが、自賛ないし自慢話という性格が強い。

（5）　金融資本主義・グローバル資本主義

　五味久壽[19]は、早くから中国経済に着目し、「中国巨大資本主義の登場」を世界資本主義の新たな段階とみている。中国巨大資本主義は、多層的多次元的な産業構造を備え、重工業的資本主義や自動車産業を基軸とする資本主義と異なる生産力の質を持ち、21世紀の新資本主義の時代を切り開こうとしている。ITをはじめ最先端の生産力を持つ欧米日の代表的企業が中国市場に流れ込み、中国産業の急速な再編を加速し、これが21世紀の世界資本主義の再編の主役となっている、とみなしている。そして、この根拠を巨大であるだけでなく、中国製造業における情報革命は新産業革命であり、これを基盤とする新資本主義だからである、とみる。この点を具体的には、ハイテクディジタル産業の特徴、専門部品企業や専門組み立て企業の分散・並列・ネットワークシステムをグローバルに展開する点に見ている。これらは、伝統的なGMやIBMなどのアメリカ大企業の垂直統合型企業とも日本の機械機器・自動車・電機などの総合型大企業と異質なものである。このように専門企業の分散・並列・ネットワークの

グローバル展開を資本主義の新たな段階とみているのである。ただし、五味は明示的な発達段階論を提示しているわけでない。

　鈴木芳徳[20]は、ヒルファディングの『金融資本論』が最初に刊行された1909年から約100年後に「グローバル金融資本主義」になったとする。サブプライムローンのような新しい商品の出現、アメリカ離れやドル離れの動き、資本市場や投資家像の変貌、株式会社の変貌（投資ファンド化など）を指摘し、資本概念の再考を含めて「時代の潮流や声」の把握による既存概念の再検討を提起している。資本主義の脆さと金融・証券市場の統御困難に直面しているからである。

　ローザ・ルクセンブルグの『経済学入門』の新しい訳が出版された[21]。『資本蓄積論』と並ぶ彼女の代表作であり、戦前には佐野文夫訳、戦後には岡崎・時永訳もあったが、現在新しい翻訳が出たのには意味があるかもしれない。ローザは「国民経済」概念を否定し、世界経済の一部としてのみ「国民経済」は存在することを強調している。言い換えれば、世界経済が各国経済をどのように編成しているかが問題なのである。ローザの議論は段階論とは無縁であるが、グローバル化の意味を考えるうえでは参考になる。

　コスタス・ラパヴィツァス[22]は「金融化」を宇野「段階論」を継承して資本主義の発展段階を表す概念として使うとする。そして、金融化はアングロ・サクソンで始まったが、先進国共通の現象であり、1970年代以降の資本主義の

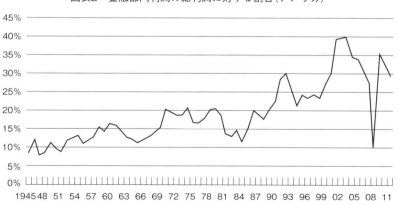

図表2　金融部門利潤の総利潤に対する割合（アメリカ）

出所：コスタス・ラパヴィツァス、斉藤美彦訳『金融化資本主義』日本経済評論社、2018年。図8-7。

行き詰まりを反映したものとする。この認識の妥当性はともかく、彼の議論は「金融化」を明確に定義していることである。「金融化」の定義は、筆者流の要約であるが、次の3点である。①大企業と大銀行の距離は拡大し、大商工業企業は実物投資をしないで貨幣資本を保有し、貨幣資本を金融利得の獲得に使用している、②銀行は金融市場取引や家計への貸出で利潤を得ている、③個人・家計の金融領域への関わりが増大している（住宅借入の増大と年金等の資産保有増）。ラパヴィツァスの著書のメリットは、たとえば図表2に見られるように、アメリカにおける金融業の利潤が利潤全体に占める割合が長期傾向として示されていることである。加えて、アメリカに限らず、イギリス、ドイツ、日本の動向も示されている。言い換えれば、実証性で優れている。彼はこのような傾向を、資本主義の行き詰まりの段階、歴史的衰退の尺度として「金融化資本主義段階」とみなしている。もっとも、リーマン後には状況は変化していることを彼は認めるが、それはともかく、IT企業や株式市場の拡大、政府債務（国債）の増大の問題が抜け落ちている。したがって、終章で銀行等を公有化して、信

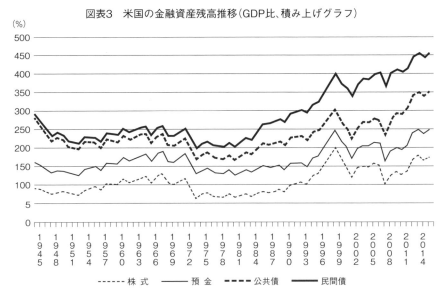

図表3　米国の金融資産残高推移（GDP比、積み上げグラフ）

出所：北原徹「ポスト・リーマンの米国金融と金融肥大化の終焉」、図表1より。『立教経済学研究』第71巻第2号、2017年10月。
（原資料）：FRB, *Financial Accounts of the United States*; Bureau of Economic Analysis. *National Income and Product Accounts.*

用を金融収奪のためでなく、社会的目的のために利用するべく、家計や企業への信用フローを公的に管理することを主張する。だが、誰が、いかに管理するかは不明である。旧社会主義経済の崩壊が示すことは、国有化だけでは何も問題が解決せず、官僚主義的弊害が大きいことである。

　北原徹[23]は、「段階論」的視点に立つわけでないが、「米国金融と金融肥大化の終焉」として1980年代以降の金融拡大の流れを、簡潔に実証的に見事に描いている。長期的な（1945～2014年）各種金融資産残高（図表3）や各経済部門の資産や負債、各種金融機関や年金資産の推移（図表4）である。また、年金収支や、内部資金（利潤・減価償却金）に対する配当や自社株買い、資本支出の割合といった貴重なデータも示されている。ここにはラパヴィツァスと同じになる図もあるが、うち2点を金融化の進展や特徴を示すものとして再掲した。北原は、債務の拡大、株式時価総額の増大、金融機関資産の拡大等を確認

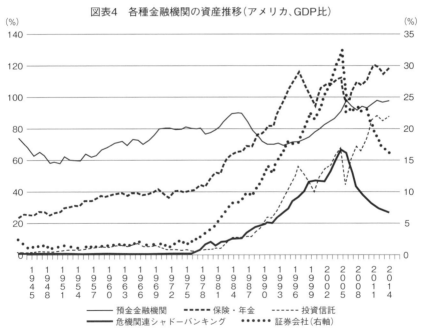

図表4　各種金融機関の資産推移（アメリカ、GDP比）

出所：出所：北原徹、図表3論文、図表14より。
(注)：危機関連シャドーバンキング：民間証券化・証券会社債権保有・MMF・証券貸借担保現金運用
(原資料)：FRB, *Financial Accounts of the United States*：*Bureau of Economic Analysis, National Income and Product Accounts.*

した後で、金融肥大化の要因を次の6つに整理している。すなわち、①企業の実物投資低迷・金余り、②金融の自由化・規制緩和、③人口構成変化と年金、④金利の長期的低下傾向、⑤金融技術革新（デリバティブと証券化）、⑥金融イノベーション。これらを丹念にたどった後で、①の要因が続くが、②と⑤、⑥はほぼ限界に達している。④の金利は下がる余地はない。③の年金基金は成熟段階で資産売却に転じている。したがって、金融肥大化の要因は消えつつあり、金融高成長の時代は終わった、と結論する。明快な結論であり、反論の余地もないが、コメントしておく。

　北原は株式時価総額の増大要因をPER、ROA、企業総資産に分けて分析する。PERの変動に基づく時価総額への影響が大きいが、PERの上昇は90年代のITブームによる成長期待、2010年代の超金融緩和によるとみる。そして大きな動きを捉えると、1980年代の債務拡大、1990年代の株式時価総額増大、金融危機までの債務拡大、以降の時価総額の増大を指摘する。これらの把握に異論があるのでないが、北原はこれらの金融肥大化が金融危機やバブルの崩壊をもたらした、とする。北原の議論は株式市場まで射程に取り込み、実証性にも優れている。しかし、問題は肥大化やバブルがどこからそうなるのか、それがあいまいな概念なことである。事後的に判断できても、規制や規則で定められるものではない。適切な情報開示と市場関係者（借り手、仲介機関、貸し手（投資家）、監督当局）の「知恵」と行動にゆだねるしかない。それでも、危機は生じるので、危機を繰り返すことを前提に、適切な破綻処理制度を構築し、危機や崩壊の影響を広がらないように努めることができるだけである。1980年代に破綻したS&Lはブローカーズ預金などに依拠し、無謀な投資にのめり込んだ組合が少なくなかった[24]。ジャンク債の過大な発行がどこかで破綻するのは当然であった。サブプライムローンは定義からして急激に拡大すれば破綻するはずであり、これが急激に大きく拡大したのは、これを助長する金融システムや政策、監督制度の問題である。ITバブルは、ナスダック指数の短期間での急騰と暴落、まさにバブルの発生と崩壊であるが、アマゾン社などはその後も成長していく。不法ないし不正な会計報告がバブルを助長したのは確かであり、エンロン社は破綻し、トランプ・ホテル社などでも不正会計と言われた[25]。株式バブルの生成が新興企業や産業への期待にあるとすれば、過剰な期待にならないような適切な情報提供は必要であるが、それを抑えるのは無理である。なお、株式バブ

ルの崩壊は、深刻な恐慌等（例えば1930年代の大不況、日本の90年代の不況等）のきっかけになったことは間違いないが、不況を深刻化・長期化させた主要な要因とみなせるかは疑問である。

　北原は投資の低迷・カネ余りで金融肥大化を説明している（ラパヴィツァスの議論にも共通する）。アメリカの自動車産業では、1970年代以降2000年まで販売台数はほぼ順調に伸びた（1970年約1000万台、2000年約2000万台、カナダを含む。後掲の図表10参照）が、生産の変動は大きく、伸びも小さかった（1970年1000万台強、2000年約1600万台。図表9参照）。販売と生産の差は輸入ということになるが、国内生産では米大手3社が低迷し、日系企業等による直接投資が増えている。グローバルに見れば、投資は増えており、米国内でも投資主体（企業）は変わっても、投資は続いている。どの国・地域で投資するかは、グローバル化した環境における企業の判断である。また、現在（2018年）マイクロソフトやアップルは20〜30兆円規模の「遊休」金融資産を保有している。これは投資を控えたためというより、急激な巨大な儲けに基づくものである。北原が述べているように、企業の総資産は伸びているが、実物資産（不動産を除く）は伸びず、保有不動産価値の増大と、対外直接投資、のれんや特許等の無形資産（株式も含む）の伸びが大きく、金融資産は一定である。北原が示す非金融企業債務（対GDP比）によると、90年以降法人企業借入金は低下しているが、法人企業債務証券は拡大している。両者を合わせれば、企業の債務が大きく減少しているわけでない。したがって、金融の肥大化の要因として、実物投資低迷・カネ余りがどこまで妥当かは疑問である。あるいは、肥大化、低迷、カネ余りといった表現が定義されているわけでないので、主観的判断にすぎない。IT企業を取り上げれば、多額の研究開発投資を行っているが、かつての重工業や電力等のように固定資産が大きいわけでない。産業の特徴からそうなるのであり、サービス化・情報化の進む経済では実物投資が大きく増えるとは限らない。加えて、グローバルに活動し、M&Aも活発である（のれんが拡大する要因となる）。

　馬場宏二[26] は、宇野段階論を継承しつつも、最終的にはそれをアメリカ中心史観に基づいて改造する観点を提起する。この点については、他の章で議論されている。そして、図表5に示す段階論を提起する。1970，80年代を助走期間とし、1990年以降をグローバル資本主義段階とするものである。アメリカが

34

図表5　馬場宏二段階論

	16—18世紀	19世紀	1870—1914	1918—1989	1990—
段　階	重商主義	自由主義	帝国主義	大衆資本主義	グローバル資本主義
基軸産業 支配的資本 政　策　等	羊毛 商人資本 保護主義 貿易独占	綿 産業資本 夜警国家 英海洋覇権	鉄鋼 金融資本 保護貿易 帝国主義	耐久消費財 経営者資本 財政・金融政策 雇用・福祉	ＩＴ 株価資本 市場原理 米単独覇権

出所：馬場宏二「現代世界の構図」馬場宏二・工藤章編著『現代世界の構図』（ミネルヴァ書房、2009年）序章より筆者作成。

　単独覇権を握り、新自由主義ないし市場原理主義のイデオロギーの下で世界全体をアメリカナイズしようとしている段階である。同時に社会主義国の資本主義経済化、途上国の多くの経済成長による資本主義化で、世界に資本主義が浸透した（搾取対象としての人口・労働力の拡大した）段階である。そして、資本主義世界の拡大による剰余価値の増大はアメリカに集中し、アメリカ経済の第三次産業化を進めている。基軸産業としてはIT産業をあげ、以前の段階（経営者資本主義）に代わる高株価資本主義の時代とみなす。もっとも、基軸産業の捉え方では馬場はアメリカの多軸的産業連関を強調し、IT自身の成長に加えて、情報普及の急速化や生産システムの改革による低賃金労働の利用等につながる波及効果を重視している。また、1980年代の金融経済化を強調し、反経営者革命（株主の叛乱）として、短期間最大限利潤を追求するものとして高株価資本主義を捉えている。

　馬場の議論で特徴的で独自の要素の一つは、覇権国アメリカの特質に対する弾劾である。地理的歴史的特性としては、原罪（先住民絶滅と土地略奪・分配等）、成功強迫症（競争至主義、飽くことなき金儲け・資本蓄積、強いアメリカ・軍備国家等）、自賛史観、潜在的差別・階級制（選良意識と移民流入順の上下関係）を指摘する。経済的特性としては、高成長の持続、多軸的産業連関と労働節約型・資源浪費型産業、株式制度の早期的採用と証券操作の「活用」（M&Aによる独占・利得機会の創出、そのグローバル化と社会・地域の破壊）、投機性と証券売買（早期から農地の売買、証券市場を利用した資金調達、活発な証券売買）を指摘する。そして、自由貿易論や通商政策を回顧して、アメリカの覇権の特性を「普遍性のない論理の力による強制」ととらえ、冷戦による抑制機能のなくなった世界でのアメリカの暴走への警戒を提起する。

序章　グローバル資本主義段階　35

図表6　柄谷行人段階論（資本主義の世界史的諸段階）

	1750—1810	1810—1870	1870—1930	1930—1990	1990—
世界資本主義 ヘゲモニー国家	重商主義	自由主義 イギリス	帝国主義	後期資本主義 アメリカ	新自由主義
経済政策	帝国主義的 商人資本	自由主義的 産業資本	帝国主義的 金融資本	自由主義的 国家独占資本	帝国主義的 多国籍資本
資　　本					
世界商品	繊維産業	軽 工 業	重 工 業	耐久消費財	情　　報
国　　家	絶対主義王権	国民国家	帝国主義	福祉国家	地域主義

出所：柄谷行人『世界史の構造』岩波書店、2010年、表1より。

　いま一つの馬場の独自性は「反」成長論である。グローバル資本主義となっても、世界全体ではかなり高い成長率が続き、アメリカを除く先進国では人口増は停滞しているが、途上国では爆発している。この人口増を支える食糧生産は可能か、また石油依存の経済は存続できるかを問い、食糧・エネルギーと環境問題を重視し、成長自体が目的となった資本主義体制を批判する。

　柄谷行人[27]は、生産様式（氏族社会、王—隷属農民、市民—奴隷、領主—農奴、資本—プロレタリアートで示される生産関係）ではなく交換様式（互酬：贈与と返礼、略取と再分配：支配と保護、商品交換：貨幣と商品）が経済的下部構造を形成すると考える。そして、この経済的下部構造の相違が異なるタイプの権力を生み出すとして、共同体、国家、国家間の法の性格の相違を指摘する。そして、国家やネーションが自立性をもつのは交換様式の相違によるとする。社会構成体の議論には立ち入らないが、柄谷はその歴史を踏まえて資本主義の世界史的諸段階を図表6のように描く。そしていくつかの注目するべき議論を展開する。自由主義はヘゲモニー国家の政策であり、ヘゲモニー国家は19世紀のイギリスと20世紀後半のアメリカだけである。そして、1990年以降を含めてそれ以外の時期はすべて、帝国主義の時代、言い換えればヘゲモニー国家に対して新興国が台頭して争う時代とみなす。国民国家の帝国主義的膨張が新たな国民国家を作り出すのであり、1990年以降はアメリカ「帝国」の確立でなく、多数の「帝国」の出現による帝国主義の時代とみなす。具体的には、アメリカに対抗する広域国家としてのEU，中国、インド、イスラム圏、ロシアなどの台頭である。1990年以降の現代をアメリカが覇権国として世界を「支配」する時代としてではなく、対抗勢力と競合する時代と見るのである。そして、資本蓄積の過程は、「自然」が無尽蔵、「人間的自然」が無尽蔵、技術革新が無限に進むという前提において成り立つ。しかし、中国やインドの発展は資源の

払底・自然環境の破壊を進め、また世界の農業人口の半分を有する両国の発展が新たなプロレタリアの源泉がなくなることを意味する、として世界資本主義の終焉の可能性を見出す。馬場のアメリカ覇権論とは対照的であるが、資本主義の自滅の可能性あるいは限界を見る点では共通する。もっとも、柄谷は「世界共和国」論で資本に対する対抗運動に期待している。

河村哲二[28] によると、1970年代を境に戦後の経済成長を支えたパックス・アメリカーナの資本蓄積体制が衰退し、アメリカ主要企業の海外生産が加速し、新興経済地域からの製品・部品等の輸入が拡大した。この過程で、グローバル化した主要企業の本社機能が主要都市で発展し、その連関がグローバル規模のネットワークを形成しながらアメリカの資本蓄積の主要な場として発展した(「グローバル・シティ」)。また、ニューヨークが国際基軸通貨ドルをベースに金融諸機能を集積し、グローバル・シティの中核となった(「新帝国循環」)。グローバル化資本主義の特徴は、アメリカを中心とする①企業・金融・情報のグローバル化と②政府機能の新自由主義的転換であり、この動きが他の先進諸国や新興経済諸国を巻き込んで世界的な成長の仕組み(「グローバル成長連関」)となった。

このような観点から、2008年世界金融危機とその後の政府機能の変貌に焦点を当てて分析する。金融危機を、①1970年代からのファイナンシャライゼーション(資本蓄積の金融化)、端的には金融の膨張、②アメリカ社会の特性(コミュニティ再投資法等)をも反映した住宅ブーム、③90年代の長期不況とITブームの崩壊、これらの延長線上にあると捉える。そして、これらを分かりやすく、簡潔に分析する。また、金融危機の過程における政府機能の変貌を、異例の規模の財政金融政策の発揮(公的資金の注入、中央銀行の非伝統的破綻防止策・金融政策、財政対策)を説明する。だが、恐慌対策としての国家機能は限界に達しているとして、財政赤字の増大、政府債務の累積を取り上げ、格差の拡大と社会の亀裂・分断、ユーロシステムの限界の露呈、日本の国債増加等を指摘する。

「グローバル成長連関」をキーワードに2008年金融危機をその発現と破綻とみなし、現代資本主義の変容を把握するのが、河村の特徴である。しかも「グローバル・シティ」と「グローバル成長連関」について見事な基本構図を示している。そして成長連関において、国際基軸通貨ドルと金融ファシリティの深さと広がりによって、グローバル金融センター・ニューヨークに集積するドル

資金をベースに、証券化メカニズムを中心とするシャドー・バンキングを通じた信用膨張のメカニズムが全体の拡大の動力であったとする。金融や信用の膨張、金融センター・ニューヨークに集積するドル資金を強調する（「新帝国循環」）点も河村の特徴である。IT産業の発展とグローバル化や株式市場で生じるITバブル、住宅ローンを軸とする証券化とその破綻、ニューヨークに集積するドル資金、これらを一つの図式にまとめたのが河村の特徴である。これにコメントすると、これらはそれぞれ独自の要因で動いているのでないか、ということである。IT産業の発展には技術革新背景とする新商品・サービスの提供という実態がある。住宅ローンの証券化とその拡大はIT産業とは別の要因である。グローバル・シティの発展に伴う住宅需要から住宅ローン市場が拡大したことは事実としても、それでサブプライムローン拡大の全体像を説明するのはいささか強引すぎる。「新帝国循環」といっても、直接投資の形でアメリカから出ていく資金と、準備や証券投資の形で流入する資金では動因がまったく異なる。中国は2000年代に外貨準備を急増させ（1999年末2000億ドル、2006年末1.1兆ドル）、アメリカの経常収支赤字をファイナンスした。しかし、中国は1997年のアジア通貨危機は乗り切ったが、2000年代初めまで外貨不足におびえていた。外貨準備は金融危機後も増え続け、2014年春には4兆ドルに達する。中国はこの年から対外投資を活発化させ、2年後には1兆ドル近くも外貨準備を減らす。これらには、中国独自の思惑と客観情勢があるとみるべきであろう。付言すると、アメリカ経済の好調が世界に恩恵を与えているのは確かである。しかし、EUは1990年代から2000年代にはEC市場統合の深化、EUと共通通貨ユーロの導入をすすめ、2004年に加盟国を増やした。これらはアメリカ経済とは直接には関係しない要因を軸に動いている。2010年からのユーロ危機もユーロシステムに内在する問題である。日本は1980年代にはライバル的性格を強めたが、1990年代には貿易摩擦で対立し、バブル崩壊と不良債権等で危機に陥った。河村の成長連関の図式は分かりやすいが、過度の単純化であり、対抗勢力を生み出す点などを見落とすことになっている。

　宮嵜晃臣[29] は、1733年以降からの独自の資本主義発展段階論を示している。1980年以降のグローバル資本主義段階に注目すれば、それは2008年を境に米主導の萌芽期と新興国に依存する形成期に分けている。そして、萌芽期を3つの構成要素に分けて説明する。まず、技術的基礎になるIT化を説明し、アメリカ

国防省によるネットワーク技術の冷戦終了後の開放、90年代半ばのNetscapeのブラウザ公開やWindows95の発売等でPCの使いやすさが向上し、インターネットブームを迎えた点を指摘する。つぎに、「産業のグローバリゼーション」として、グローバル企業がモジュラー型オープンアーキテクチャーを軸に国際水平分業を展開し、グローバル企業のファブレス化（製造工場をもたないこと）、製造を受託する巨大なEMSの出現、中国の生産基地化を説明する。宮嵜はこれらの過程をパソコン、液晶TV等に即し簡明に説明している。そして、第3の要素として金融のグローバリゼーションを指摘する。すなわち、クロスボーダー銀行取引の拡大と国際市場での債券発行の増大である。そして、アメリカにおける不動産担保関連証券の発行の急増と2003〜07年における対米証券（株式と社債）投資の増加に注目する。

中央銀行の「非伝統的金融政策」とその限界を論じたうえで、リーマンショック後の世界の大きな変化を指摘する。すなわち、G7の退潮とBRICsの台頭であり、世界のGDPに占めるシェアは2003年→2013年にG7が64%→47%に減少し、BRICsが9%→21%に上昇した。自動車の生産・販売では2009年以降に中国が世界一になった。世界経済は「新興国への依存」を強めているのである。これがグローバル資本主義「形成期」の意味である。この事態が「日本経済に及ぼす影響」を機械・電機・自動車産業について分析しているのが宮嵜の特徴でもある。モジュラー型オープンアーキテクチャーの意義を再確認しつつ、新興国が市場、生産拠点としてグローバル資本主義の不可欠の要となったと指摘する。だが同時に、これは産業空洞化の要因とも指摘し、本社機能や金融セクターがグローバル・シティに集中して「繁栄」するが、産業グローバリゼーションによって、地方量産工場の機能は新興国に移管し、地域経済は「疲弊」する、とみなしている。

（6）論点の整理

以上、何人かの研究者等の著作に基づいて、現代資本主義にかかわる諸言説を見てきた。書かれた時期が相違し、各氏の問題意識にも大きな相違がある。この点に留意しつつ、強引な整理ないし「分類」になるが、いくつかの問題を課題として抽出しておこう。

まず、金融の肥大化に注目し、金融を重視する見解である。「肥大化」は定

義されてはいないが、トレンドとして確認される。ラパヴィツァスや北原の研究に代表され、リーマンショック以降には肥大化は抑制されたとみなす。北原は米国に限定しての研究だが、ラパヴィツァスは金融化資本主義を資本主義の発展段階としてひろく捉える。両者とも実物投資よりも金融的利得が重視され、金融部門の利潤が非金融企業部門に比べて相対的に大きくなり、かつ家計部門の金融への関わりが大きくなった（住宅ローンや年金の拡大）段階とみている。グローバル資本主義やIT産業の発展による新たな生産力の形成という問題意識はあまり見られず、むしろ肥大化を先進国の共通の傾向とみている。なお、負債の拡大とそのリスクを指摘するターナーやキングの言説、金融の肥大化・暴走にともなう不安定等を指摘するストレンジやドーア等の議論も金融重視の見解である。ただし、彼らには資本主義の発展段階という問題意識はない。

　つぎに、IT産業の発展に注目し、グローバル企業の分散・並列・ネットワーク（五味）あるいはモジュラー型オープンアーキテクチャー（宮嵜）が資本主義の新たな生産力を形成し、かつグローバル化を進めたとみる見解である。五味はIT産業を新産業革命と見ている。馬場も同様であり、グローバル資本主義段階の基軸産業とみなし、馬場はそれを高株価資本主義と結びつける。河村は「グローバル成長連関」のグローバル企業のなかに金融もITも取り込むスタンスのようである。柄谷は情報産業を重視しているが、資本としては「多国籍資本」という概念を用いている。これはグローバル企業の資本という意味であろう。

　金融を重視するか、IT産業を重視するかは必ずしも矛盾・対立する問題ではないであろう。しかし、その背後には資本主義の発達段階をどう規定するかの考えの差がある。宇野段階論では支配的資本（商人資本、産業資本、金融資本）にしたがって段階が画され、その背後には基軸産業（羊毛工業、綿工業、重工業）があり、その上に政策（重商主義・保護貿易、自由貿易、帝国主義）が想定された。馬場はこの規定を一応は受け継いでいるといえるが、柄谷は、国家と資本を二つの能動的主体としてみる視点を強調する。この相違を反映してか、1917年以降の時期区分や国家、政策の捉え方ではかなりの相違が生じる。河村は、鈴木・岩田の世界資本主義論を継承する立場から段階を考える。したがって、世界経済ないし世界資本主義の編成ないし統合の軸となる機構ないし制度を重視し、支配的資本がそれを生み出すとしても、国際通貨体制とこれを支える金融機構を強調する。したがって、段階論と言っても、世界経済は金本位の

ポンドによるパクス・ブリタニカとドル体制のパクス・アメリカーナの二段階
に区切られ、それぞれの生成・確立・変質が議論されることになる。そして、
1980年以降がパクス・アメリカーナ段階の変質局面としてグローバル資本主義
の展開を述べる。この意味では、1990年以降のグローバル資本主義を新たな資
本主義の段階とみているわけではない。

　国家やヘゲモニー国家、対外政策の捉え方では各氏の考えの相違は大きい。
ギルピンなどの覇権安定論は、強大国が公正で平等な国際取引のルールを定め、
各国が従えば安定するとみなすものであり、強大国ないし帝国を弁護するイデ
オロギーに過ぎない。しかし、アメリカの単独行動主義などのように、この試
みは根強い。ストレンジやソロスが指摘したように、さらに古くは多国籍企業
論でレイモンド・バーノン[30]も述べていたが、グローバルに展開する企業活
動や資本の移動が国民国家と衝突する点を問題にした議論がある。このため、
各種の国際機関や機構が作られているわけだが、その権限は弱い。国民国家を
超える枠組みとしてEUのような動きがあるが、国民国家を超える「国家」と
は何かはまだわからない。柄谷が構想する「世界共和国」は一つのアイデアで
あるが、当面の実現可能性はない。やや話が飛んだが、もとに戻そう。柄谷は、
自由主義がヘゲモニー国家の政策とみなし、他はすべて帝国主義的とみる。そ
して、国民国家の帝国主義的膨張が新たに国民国家を作り出す、とする。した
がって1990年以降は、アメリカ「帝国」の確立や支配でなく、新たな「帝国」（EU、
中国、インド等）の出現の時代であり、帝国主義の時代とみなす。馬場はアメ
リカの単独覇権、ないしアメリカ帝国の膨張論であり、柄谷とは対照的である。
また、河村の「グローバル成長連関」も結局は国際通貨ドルによる世界経済の
支配・再編成とみなせば、アメリカ膨張論であり、柄谷とは対照的である。

　国家論ないし国家観の相違は、グローバル資本主義を、資本主義がグローバ
ルに浸透した段階とみる観点（馬場）や国民国家の膨張が抗争を進める時代と
見る観点（柄谷）では、資本主義の将来は、戦争に向かう危機や帝国支配に対
抗する勢力の動向に規定されることにもなる。だが同時に、両氏は資本が生産
できない自然や人間の存在の「破壊」につながることを強調する。環境問題や
農業、途上国の人口爆発が重大な問題になる。他方、国家の介入（財政金融政
策）に現代資本主義の特徴を見ることでは、ほとんどの論者が共通であるが、
財政の膨張と国債累積、超低金利・量的緩和の金融の限界をどこに見るかでは、

一致点はない。

　以上のような相違は、さらには、国家（政治・民主主義、安全保障、行政）、経済（市場、生産、貨幣・資本）、社会（家族、コミュニティ、教育）、宗教（イデオロギー、価値観）、知識（情報）をいかにとらえるか、どのように関連しているかを巡る考えの相違にもつながる。この点を整理する能力はないので、最後に、この点を指摘するだけにしておく。

3．現代の世界経済（グローバル資本主義段階の現状）：2009年～

（1）新興国の台頭、混迷する欧州、独善のアメリカ

図表7　世界主要国のGDP
(2017年、1990年。単位10億ドル)

	2017年	1990年
アメリカ	19,391	5,980
中国	12,014	399
日本	4,872	3,133
ドイツ	3,685	1,593
イギリス	2,625	1,193
インド	2,621	327
フランス	2,584	1,279
ブラジル	2,055	455
イタリア	1,938	1,170
カナダ	1,652	594
韓国	1,538	279
ロシア	1,527	
オーストラリア	1,379	323
スペイン	1,314	534
メキシコ	1,149	290
インドネシア	1,015	
トルコ	849	207
オランダ	826	314
サウジアラビア	684	
スイス	679	258
アルゼンチン	638	
イラン		575
スウェーデン		256
ベルギー		201
オーストリア		167
合計	79,767	22,428

出所：「世界経済のネタ帳」2018.4.19最終更新。
　　　上位21社の数字、合計は他を含む。
　　　なお、原データは世界銀行のデータである。

図表8　世界貿易に占める主要国のシェア
(1995年、2017年。単位%)

	1995年		2017年	
	輸出	輸入	輸出	輸入
中国	2.9	2.6	13.0	10.3
アメリカ	11.5	15.0	8.8	13.2
日本	8.7	6.6	4.0	3.8
ドイツ	10.0	8.6	8.3	6.6

出所：『通商白書』2018。

中国経済の台頭　　世界のGDPは1990年の約22兆ドルが2017年には約80兆ドルへと3.6倍も伸びたが、中国は30倍、インドは8倍と驚異的な伸びを示した（図表7）。アメリカは3倍強の伸びでトップの地位を維持しているが、ヨーロッパの先進国や日本に比べて新興国の伸びが著しいことは明らかである。とくに中国は2010年までには日本を追い越して、世界2位の地位を占め、2017年には日本の2倍以上、アメリカの60％以上に達したのである。BRICs4か国（中国、インド、ブラジル、ロシア）の合計で見れば、1990年にはアメリカの4分の1程度の規模が、2017年にほぼ匹敵する規模に迫っている[31]。また、世界貿易に占めるシェアを見ても、輸出では中国が最大のシェアを占め、輸入でもアメリカに迫りつつある（図表8）。世界経済の勢力図は中国の急成長によって1990年代初めの状況とは大きく変わったのである。そして、中国はリーマンショックで米欧日が2009年にマイナス成長に陥ったのにもかかわらず、4兆元（約60兆円）といわれる景気対策を実施し、高い成長率を維持した。成長率はしだいに下がりつつあるが、2018年でも7％弱と高い率を記録している。リーマンショック後の世界経済の回復を支えたのが中国経済の成長と言ってもよいであろう。

　世界最大の自動車市場　　自動車の販売、生産でも中国は2010年までにアメリカを抜く最大の市場となった（図表9と図表10参照）。2018年の自動車の市場規模（販売台数で）は中国2700万台、アメリカ1800万台、生産規模は中国2700万台、アメリカ1300万台と言ったところであろう。市場・生産規模で中国がアメリカを大きく上回っている。この状況は1980年代の日米経済摩擦を想起させる。1980年代の日本はGDPでアメリカの半分以上を占め、最大の自動車生産国となっていた。2018年の米中貿易戦争もこの文脈でも予想されるものである。追いつかれ、追い抜かれたアメリカの「反撃」でもある。現在の自動車産業はガソリンから電気（電池）自動車へ、自動運転化を巡って激しい競争が展開されている。この動きがどのように進むのかはわからないが、世界の自動車市場の動向を決めるのが最大規模となった中国自動車市場とみてよいであろう。とはいえ、中国は自動車の基幹部品のかなりを輸入に依存しており、外資系（合弁を含む）企業による生産がまだ中心である。中国企業が世界の主要メーカーとして登場するまでには至っていない。

　粗鋼（世界生産の約半分）やアルミ（世界生産の過半）などの素材生産、多くの家電製品等で世界最大の生産基地になっていることも周知のとおりである。

序章　グローバル資本主義段階　43

図表9　世界の自動車生産台数（1930～2013年）

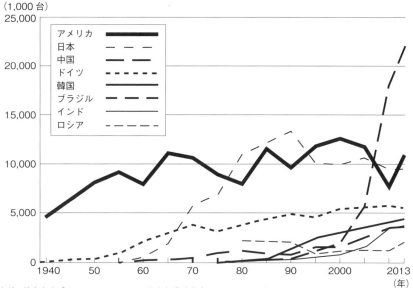

出所：鈴木直次『モータリゼーションの世紀』岩波書店2016、図0-2より。

図表10　世界の主要地域別自動車販売（新車登録）台数（1940～2013年）

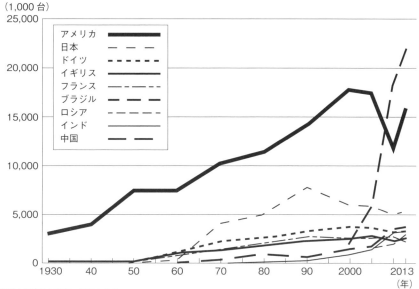

出所：図表9と同じ、図0-1より。

また、パソコンやスマホの生産（組み立て）の多くは中国で行われている。技術力や個別企業の力を評価する能力はないし、変動の激しい点に留意する必要があるが、パソコンの世界出荷台数でみれば、最近ではレノボ（IBMパソコン部門を買収した中国企業）を最大（シェア25％）として、HPとデル（米企業）の計3社で3分の2、これにアップルとエイサー（台湾）を加えれば75％以上のシェアになる[32]。スマホの生産ではサムソン（韓国）とアップルが2強であったが、最近ではファーウェイ（華為）やシャオミ（小米）などの中国企業が急速にシェアを伸ばしている[33]。とはいえ、中国企業はCPUなど基幹部品は輸入に頼っている。中国の半導体自給率はまだ10％程度に過ぎず、世界に伍する半導体メーカーはまだ存在しない[34]。

　しばらく前に「新常態」論が提起されたように、中国経済の2桁成長からの減速は大国化した経済にとって当然の流れであり、投資主導の経済からの脱却も課題であった。しかし、2009年経済対策が大きな問題を残したことも事実である。世界粗鋼生産の半分を占める鉄鋼業などのように過剰な生産能力が形成されている分野が少なくないようである。また、企業部門（国有企業を含む）の負債は急速に拡大し、対GDP比では08年の100％が16年には160％に増えている[35]。また、中央政府の債務（国債）が特に増えているわけでないが、地方政府の債務の拡大が続いている。金融負債の中では、シャドーバンク（影子銀行）[36]の負債（信託会社を通じる融資や先進国の証券化商品に対応する理財商品）が増えている。また、15年には株式価格の暴騰と暴落が生じている（上海証券取引所指数は2月の約2000が6月高値5166を記録したが、9月には約3000となった）。これらは、直ちに中国経済の危機を示すものではないが、多くの問題があることは理解しておく必要がある。

　「一帯一路」・「製造強国」　2013年に国家主席になった習近平は「一帯一路」構想を打ち出し、2015年末には米日を除く主要国の参加を得てアジアインフラ投資銀行（AIIB）を発足させた。中国からヨーロッパ（アフリカも含む）に至る既存の陸海の貿易ルートを整備・発展させるものに過ぎないともいえるが、中国が輸送ルートを整備・支配して周辺国との関係を一段と強化し、影響力を強めようとしているのである。道路・鉄道・港湾・空港等のインフラが未発達な国々にとって、この構想は魅力的であろう。実際、資本輸入国であった中国は2014年以降に資本輸出を増やし、2014年春に4兆ドルに達した外貨準備が16

年末には3兆ドルにまで減少した（このため、流出規制措置が取られた。なお、この頃より中国企業の外国企業の買収が増えている）。観点を変えれば、伝統的な欧米を中心とする大西洋貿易よりも、ユーラシア貿易を中心とする世界を構想しているのかもしれない。さらに、中国政府は2015年には「中国製造2025」を発表し、労働力密集型の大量生産品供給の経済（「製造大国」）から、IT・ロボット・AI活用の技術密集型・知能集合型の経済への転換を訴え、2025年までに「製造強国」となり、2045年までに「製造強国」のトップレベルを目指すことを明らかにした。2009年には深圳証券取引所に新興企業向けの創業板市場が開設され、急速に拡大したが、近年では取引所上場前のスタートアップ企業による国内外のヴェンチャーキャピタルVCからの資金調達も増えている。1918年前半には1000以上の投資案件に3680億元（6.1兆円）の資金がVCから投下されたという。なお、アメリカのVCの2017年の投資実績は840億ドル（9.4兆円）である。また、ユニコーン企業（上場すると時価総額が10億ドルに達すると予想される未上場企業）が76社ある（アメリカ119社）といわれる[37]。これらは「製造強国」への道が順調に進みつつあることを示しているようである。「一帯一路」や「製造強国」がどのようにどこまで進展するかはわからないが、中国経済が量から質への転換を要請されていることは明らかであり、同時に好むと好まないにかかわらず、経済大国となった中国と向き合うことなしに世界経済の進展はあり得ない。だが、中国自身が大国化し、成長率は減速し、複雑化した経済の舵取りが難しくなっていることは確かである。

GAFA時代のアメリカ（IT企業の躍進）　　アメリカはリーマンショックの震源地であり、大手金融機関の破綻が相次ぎ、加えてGMとクライスラーの大手自動車会社2社も破綻するなど深刻な経済危機に見舞われた。2008年にリーマン社をなぜ「救済」しなかったのかに疑問が残るとしても、公的資金の注入とFRB（中央銀行）による超低金利と資産（国債とMBS）購入、減税を含む景気対策などで、早期に金融危機を収束させた。2010年にはドッド・フランク法を制定し、金融安定監督カウンシル（FSOC）の設置や大手金融機関の破綻処理制度の構築を進めた。拡大したFRBのバランスシートの縮小は進んでいないが、0.25%にまで下げられた政策金利は15年末から引き上げに転じ、18年末には2.5%にまで上昇した。2010年以降にはほぼ2～3%の経済成長を遂げ、2010年に10%に達した失業率は16年には4%にまで減少した。貧富の格差の拡大、財

政赤字の拡大など問題はあるが、先進国の中では好調な経済と言える。

　このような状況を支える大きな要因の一つがIT企業の躍進である。最近では GAFA（グーグル、アップル、フェイスブック、アマゾン）の時代と言われるが、これら企業が存在感を増し、株式市場に占める地位を大きく伸ばすのはリーマン以降の2010年代である（グーグルの株式市場上場は2004年、アップルの iPhoneの販売は07年から、フェイスブックの上場は2012年。アマゾンは97年に上場して2000年ITバブルの主役となるが、売上高が100億ドルを超すのは2006年。なお、インテルやマイクロソフトは1990年代から大企業である）。何を基準に大企業と判定するかは厄介な問題だが、企業価値の判断基準として株式時価総額をとれば、2018年夏には世界ランキング50社のうち上位5社を占めたのはGAFAとマイクロソフトであった（他にIT企業として、アリババ、テンセント、サムソン、インテル、TSMC、シスコ、オラクル、ネットフェリックス）[38]。また、同年にはアップルとアマゾンが1兆ドル企業として（一時的だが）話題になりもした。変動の大きい株価動向に左右される時価総額を基準にするのには問題は残るが、少なくとも時代を映す鏡である。付け加えておけば、2017年の世界の企業の研究開発費ランキング上位10社（10位で約100億ドル）では、6社（アマゾン、グーグル、サムソン、インテル、マイクロソフト、アップル）がIT企業、他には自動車（VWとトヨタ）、薬品（ロッシェとJ&J）であった[39]。アメリカ経済をIT企業だけで見るのは超単純化であるが、スマホやアマゾン（小売Eコマース）、ネット検索等（グーグル）、フェイスブック（SNS）等をみれば、実感的に見てもこれら企業が現在の経済を主導しているとみてよいであろう。

　パソコンとスマホの販売台数は図表11に示すとおりである。パソコンは2011年の3.5億台をピークに減少しつつある。スマホによる代替が減少の一因である。スマホは2016年の14億台強をピークに横ばい、ないし下落に向かっている。2014〜18年のスマホ販売高合計は約70億台になる。世界の人口75億人と比べても、ひとまずは飽和状態になったのであろう。高機能化と廉価製品への2極化の動きもみられるが、パソコンやスマホ自体というよりもIT産業全体にさまざまな問題が指摘されている。一つは独占の問題であり、通信や機器、OSの独占の問題がある。とくに顧客情報の囲い込みがプライバシー問題も絡んで厄介な問題になりつつある。また、グローバル化した企業への課税問題もある。

図表11　パソコンとスマホの世界販売台数

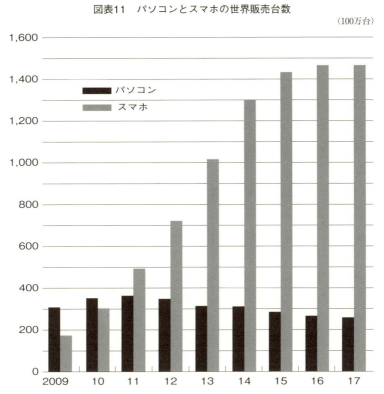

出所：IMF, *World Economic Outlook*, April 2018, Box1.1.

サイバーセキュリティに関する問題もある。SNSと絡んでフェイクニュースや好ましくない情報の提供を巡る政治・社会問題がある。加えて、IT企業の創業者や幹部の素行がコーポレート・ガバナンス問題として取り上げられることも少なくない。IT産業が曲がり角に立っていることも確かなようである。

株式市場の拡大　アメリカの株式市場（NYSEとナスダックの合計）の規模（国内株式時価総額、図表12参照）は1989年には東京市場に追い抜かれていたが、日本のバブル崩壊で地位を取り戻し、ITバブルの1999年末にはナスダック市場だけで東京を上回った。2008年末には11.5兆ドルまで落ち込むが（2006年20兆ドル）、2018年には33兆ドルへと増大した。株式市場では、1990年代以降売買システムのコンピュータ化が顕著となり、世界的に取引所の再編が進んでいる。

図表12 世界の主要証券取引所の規模

(国内株時価総額、単位兆ドル)

	1989年末	1999年末	2008年末	2018年
ニュヨーク	2.9	12.3	9.2	23.1
ナスダック	0.4	5.0	2.3	10.4
東京	4.3	4.5	3.1	6.3
上海	—		1.4	5.0
ユーロネクスト	0.5	2.2	2.1	4.6
ロンドン	0.8	3.0	1.8	4.6
香港	0.1	0.6	1.3	4.4
深圳	—			3.5
ドイツ	0.3	1.4	1.1	2.3
ボンベイ				2.3
インドナショナル				2.2
韓国	0.1	0.3		1.8

ユーロネクスト89年と99年はパリとアムステルダムの合計。
ドイツの89年はフランクフルト。
東京の18年は日本取引所。
出所：2008までは「東証要覧」。
　　　2018年はネット検索「時価総額」より。

加えて、同一の取引所でも複数の売買システムが稼働し、さらにアメリカでは
ダークプールと総称される特殊な売買システムを提供するサービスがかなり存
在する。コンピュータ化に伴ってHFT（高速・高頻度取引）と言われる1000分
の1秒を争う売買が増えている。以前から機関投資家の時代と言われているが、
最近では資産運用業者の巨大化が顕著である。大手3社（バンガード、ブラッ
クロック、ステート・ストリート）の株式運用額は1918年夏に8.8兆ドル（世
界の株式時価総額の10％強）にも達した[40]。アメリカの最大手銀行の資産額は
2兆ドル程度であるから、また株式市場の規模と比べても、その大きさがしれ
よう。加えて、各種のヘッジファンド、買収ファンド等が活躍している。

　株式市場（時価総額）の拡大は株式発行による資金調達の結果というより、
株価の上昇によるものである。たとえば、株式発行の多かった2014年の発行額
（優先株・IPOを含む）は約3000億ドルであったが、同年の時価総額は20兆ド
ルを超している。株式の発行による資金調達は新興企業や成長初期の過程では
重要であるが、成長し成熟した段階の企業では自社株買いが多くなる（なお、
2015〜17年における自社株購入額は年平均約5000億ドル程度であり、株式発行
による資金調達額を上回る）。また合併・買収も活発であり、近年（2014〜17年）
のグローバルな企業買収額は各年3兆ドルを超えている。国内の合併を加えれ

ば、株式市場の企業は金額では数%が毎年買収されていることになる。IT企業
5社（GAFAとマイクロソフト）は2017年までの17年間に600件約20兆円買収を
行った[41]。競争企業の台頭を抑えるためや、補完的部門の獲得、新規部門への
進出等のためである。

　アメリカ・ファースト　　2017年に誕生したトランプ政権は「アメリカ・フ
ァースト」の下で、国際的環境規制やTTPからの脱退、中国との貿易戦争（関
税引き上げ）などで、国際的対立をあおっている。また国内的にも、壁の建設
や社会保障政策（オバマケア等）で対立を助長させている。大幅な減税が財政
赤字を深刻化させつつある。さらに、北朝鮮をはじめ、対イラン、対ロシア等
にも難問がある。株式市場の好調がいつまでも続くわけではないし（2018年秋
には主要IT企業の株価は下落している）、先行きには不透明感が増している。

　低迷するEU　　欧州では、リーマンショックで、アメリカに進出して投資銀
行業務を行っていた大手銀行の破綻や証券化商品への投資での失敗が銀行間取
引を委縮させ、銀行危機の要因となった。同時に、住宅・不動産バブルの崩壊
が多くの国を襲い、銀行の不良債権を増大させた。またEU域内では南欧等に
貸し出されていた資金が独仏等の本国銀行へ還流し始めた。そして、2009年に
は多くの国で銀行の救済や不況対策から財政赤字が拡大した。2010年春にギリ
シャ国債のデフォルト懸念（財政赤字隠蔽の暴露が発端）が広まり、秋以降に
はアイルランド、ポルトガルも同様な事態になった。これらは欧州委員会、
ECB（ヨーロッパ中央銀行）とIMFが作成する金融支援措置で乗り切られた。
しかし、2011年にはギリシャのデフォルト危機が再燃し、国債残高の大きいイ
タリアとスペインの国債が急落し、これらを大量に抱えるヨーロッパの多くの
銀行が破綻する懸念も強まった。これは世界の金融市場にも飛び火し、ユーロ
崩壊論が強まった。この危機は「ドラギ・マジック」（ドラギはECB総裁）と
もいわれたが、ECBが多くの銀行へ1兆ユーロにのぼる資金を供給するなどし
て鎮静化した。だが、2012年には、ギリシャのユーロ圏離脱危機にスペインの
銀行危機が加わり、ユーロ圏は動揺した。このため、ユーロ圏首脳会議は、銀
行同盟（単一の銀行監督機構、銀行破綻処理制度、預金保険制度の強化）の創
設を決め、夏にはドラギ総裁が「ユーロを守るためECBは何でもやる」と発言
して事態の鎮静化をはかった。秋にはECBが短期国債を無制限に購入する措置
を設定すると発表し、ユーロ危機は沈静化した。

ユーロ危機が長引いた要因の一つにはECBが銀行や国家の救済をまったく想定せずに作られ、金融危機や国債のデフォルト危機に即座に対応できなかったことがある。このため、「バーゼルⅢ」という国際的銀行規制（自己資本比率の強化等）のEU版を導入するとともに、ユーロ圏における常設の金融支援機構（ESM）の設立や、銀行同盟、財政政策の監視・罰則、競争政策の改革等が図られている。これらがいかに機能するかはともかく、2010年代のEUをみれば、EUは求心力を失い地域ないし国ごとの「対立」が目立ち、自国優先主義が強まっているようである。周辺国から見れば、金融危機の後遺症でもあるが、財政政策は制約され、ユーロ圏では加盟国独自の金融政策はありえず、単一市場のメリットを享受できないからであろう。あるいは、単一市場の存在は中心国にはメリットでも、遅れている周辺国にとっては競争力のある産業が育たず、人材が流出し、不満がつのっているのであろう。とはいえ、EUやユーロ圏を離れて、単独で独自に経済成長をはかろうとしても、今日の世界でそれを可能にするだけの規模と力を持つ国がヨーロッパに存在するとは思えない。

　停滞が続く日本経済　　日本は90年代以降にバブル崩壊後の不良債権問題でつまずき、低迷した。リーマンショックの直接的影響（大銀行の破綻）はなかったが、超低金利が持続しても、低成長と財政赤字が続き、国債残高はGDPの2倍と世界最悪の水準である。おそらく、高齢社会化に伴う労働力の減少や需要構造の変化等が影響している。同時にIT時代への対応に遅れたことが大きな要因である。1990年代は初めには、世界企業の時価総額ランキングの上位の多くを日本企業が占めていたが、2018年には上位50社に入るのはトヨタ1社だけである。かつてのように、世界市場をリードする企業が減っている。また、IT分野などで新興企業の存在感が小さい。総合電機や総合家電などの総合主義、鉄鋼や自動車などの大企業を頂点とするピラミッド型の系列型子会社支配などの経営スタイルが、分散・並列的な専業企業のネットワークによるIT産業における経営に適応できないのであろう。第二次安倍政権（2012年末〜）は「三本の矢」（大胆な金融政策、機動的な財政政策、成長戦略）を打ち出し、2013年春の黒田日銀総裁の下での異次元金融緩和策（日銀による大量の国債等の購入等）が円安を誘導し、株価の上昇等と輸出を刺激し、企業業績の改善に貢献した。しかし、財政改革は進まず、成長戦略に見るべきものはない。それでも、失業率は低く、現状維持（ほぼゼロの成長）を果たしている。高齢社会と中国

経済の半分の規模になった世界経済における地位を見据え、進む道を考える時なのであろう。

新興国（中国を除く）の成長と挫折　　中国以外の新興諸国については筆者の能力を超えるが、いくつかの国について指摘しておこう。インドは1990年ごろから経済の自由化や金融の自由化を漸進的に進め、リーマン以降も好調な経済を続けているようである。人口増が続き、インフラはいまだ未整備であり、強力な有力な輸出産業に欠き、国際収支上の制約等からルピー（通貨）安になりやすいなどの問題がある。GDP規模では英仏に匹敵する世界6位の大国であるが、世界経済での存在感を示すには、もう少し時間がかかりそうである。ロシアは2000年代には資源価格の高騰の恩恵で経済も活性化したが、2009年以降に経済は低迷し、とくにクリミア併合後には欧米の経済制裁もあって苦しい時期のようである。人口は減りつつあり、工業化の進展がなかなか進まないのである。

　リーマン以降の石油や食料、金属などの資源価格の低下が新興国経済に深刻な影響を与えている。2014〜16年には、レアル（ブラジル）、ルピー（インド）、リラ（トルコ）、ランド（南ア）、ペソ（メキシコ）などの通貨が大きく下落した。その後石油価格の回復等で通貨安が是正されたところもある。資源価格だけで説明するには限界があるが、多くの新興国にとって国際収支の制約からする通貨安が経済運営の桎梏となる可能性が大きい。とくに外資に経済成長を依存している場合には、外資の内容にもよるが（直接投資、証券投資、銀行借り入れ等）、返済負担の問題にとどまらず、変動の大きい流入と流出（引き上げ）の影響が大きい。また、放漫財政からするインフレ体質の是正も課題である。そして、経済成長の道を歩みだした新興国では、特定の資源の輸出に頼る経済構造からの脱却を進める必要があろう。ベネズエラは石油価格の下落で経済は破綻した。サウジ・アラビアは経済が破綻したわけでないが、最近では財政赤字に陥り、政治的問題かもしれないが、いずれ苦難の時を迎えるかもしれない。ナイジェリアのように、石油生産が産油地の所在や利権を巡って地域間や部族間の対立・戦争を引き起こしかねない国もある。

　以上、大急ぎで主要国や新興国の動向を見てきた。アメリカが、GAFAに代表されるIT企業を中心とする先端産業と株式市場の拡大を軸に世界経済を引っ張っているといえる。が、中国が製造大国化し、アメリカに挑戦しだした、あるいはアメリカが中国の成長を「脅威」と感じ、封じ込めをはかり始めた「局

面」と言えそうである。「覇権争い」と言うには米中の力の差がまだ歴然としている。しかし、アメリカの「覇権」といっても、トランプ流「アメリカ・ファースト」戦略が、世界から支持されているわけではない。EUと日本は、新興国の台頭もあって、存在感を減らしている。中国を除く新興国の多くは、特定の資源の輸出に頼り、資源価格の動向に左右されている。工業化ないし経済構造の多様化をはかる諸国では、そのための技術・人材の育成に時間がかかるし、国際収支上の制約がまだ大きいようである。

以下では、これまで触れられなかった問題のいくつかをテーマに即してみておこう。

(2) 負債の膨張

先進国中央銀行の資産膨張と超低金利　既述したように、リーマンショック(2008年世界金融危機)に際して、中央銀行は銀行救済のため政策金利を引き下げ(ゼロ近辺、時にマイナスも)、同時に多額の資金供給を行った(量的緩和)。

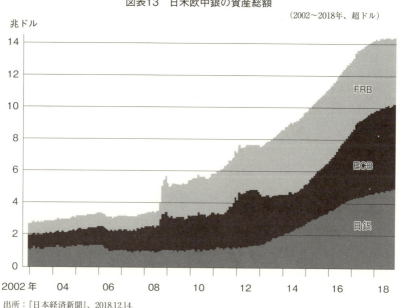

図表13　日米欧中銀の資産総額
(2002〜2018年、超ドル)

出所:『日本経済新聞』、2018.12.14.

各中央銀行の政策は必ずしも同じでないが、超低金利と量的緩和（資産購入）で特徴づけられる。当初は金融システムの崩壊を避けるためであったが、景気対策の面が強くなってくる。既に10年が経過するが、図表13に見られるように、日米欧の中央銀行の資産額は膨張し続けた。米欧では量的緩和の終了が既に決められ、FRB（アメリカの中央銀行）は2015年末から政策金利の引き上げに転じている。しかし、膨張した資産の縮小は進んでいない。これらの政策の効果をめぐっての議論は分かれるが、膨張した資産はすぐには縮小できないであろう。とすれば、これらがいかなる政策効果や弊害をもたらすかを見極める必要があろう。あるいは、膨張した資産が縮小していくとすれば、そのとき何が起こるかも未知数である。また、長期金利は、アメリカは反転しつつあるようだが、低下傾向ないし低い状態が続いている（図表14参照）。アメリカ金利の上昇が世界に厄介な問題（新興国等の為替市場の混乱、グローバルな資金移動の変化）を引き起こすかもしれないが、これには立ち入らない。しかし、低金利は、銀行等の資産運用を難しくし、収益力を低め、金融システムを脆弱化

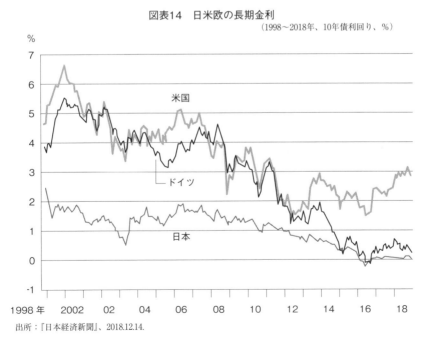

図表14　日米欧の長期金利
（1998～2018年、10年債利回り、％）

出所：『日本経済新聞』、2018.12.14.

させているようである。年金基金や学校等を含む各種財団や公益法人など非営利団体の運営を困難にして、社会システムを脆弱にしているかもしれない。そして、金利の「正常化」（超低金利からの脱却）が進むとすれば、その過程で資産価格が低下し、弊害をもたらす可能性も大きい。だが、いずれにせよ、このような超低金利政策と資産膨張に依存する中央銀行は、将来における政策発動の余地を狭め、将来の不確実性や危機への対応力を奪っていることは間違いない。

債務の拡大が続く世界　世界全体の債務は増加し続けている。図表15に示されるとおりである。国ごとのデータを採れば国ごとの相違は大きいし、先進国と新興国、途上国といった範疇でも相違は大きい。だがいずれにせよ、債務

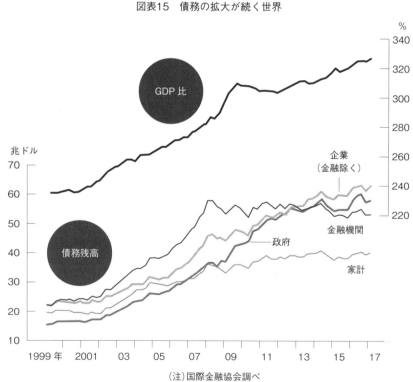

図表15　債務の拡大が続く世界

（注）国際金融協会調べ

出所：『日本経済新聞』、2018.1.9（「時論」：マーヴィン・キング（元イングランド銀行総裁）へのインタビュー記事）。

の拡大は債務不履行による金融危機のリスクを高めることになる。既述のようにターナーやキングなど金融当局の元幹部が債務の抑制を提言するわけである。だが、厄介な点は、債務がどれだけ増えれば債務履行が増大し、金融危機になるかは分からない点である。そして、図からわかることはまず、2000年以降には金融機関の債務が急拡大したが、2008年以降は横ばいになっていることである。これは主に先進国における銀行の状況を反映し、2008年金融危機以降の規制の強化（バーゼルⅢによる自己資本比率規制や流動性規制、およびトレーディング制限等）が機能しているからである。金融機関取引や卸売市場での資金調達に依存する銀行経営が抑制されているのである。あるいは、新興国では中国のように商業銀行よりもシャドーバンクの拡大が顕著なので、金融機関の拡大がデータとしては表面化していないのかもしれない。また、日欧のように、経済の低迷の反映であり、銀行等の体力が低下しているせいかもしれない。実際、世界の企業の時価総額ランキングにおいて、かつては銀行が上位に登場することが多かったが、最近では減少している[42]。家計部門の債務（住宅ローンが大半）の伸びは明らかに鈍化し、微増になっている。この債務の大半は住宅ローンであり、2008年に至る住宅・不動産バブルで膨張したローンがいまだ重圧となっているのであろう。あるいは、家計部門の債務増大に依存した経済が限界にきているのであろう。

債務が拡大し続けているのが企業（金融機関は除く）と政府である。企業の

図表16　財政赤字の推移

（2001〜2023年、対GDP比％）

出所：IMF, *World Economic Outlook*, October 2018.

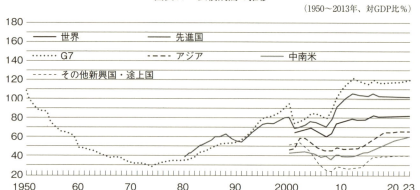

図表17　公債残高の推移

出所：IMF, *World Economic Outlook*, October 2018.

　債務が増大している要因の一つには、急成長しているIT企業の債務増大もあろう（ソフトバンク・グループはおそらく日本で最大規模の負債を抱える企業の一つである。なお、一般的に言ってもM&Aに伴って巨額の負債を抱える企業が多い）。マイクロソフトやアップルは膨大な金融資産をため込んでいるが、負債も絶対額では少なくない。あるいは、先進国の低金利が債務を増やさせているかもしれない。また、既述のように中国で企業部門の債務が増えているように、新興国の成長企業が債務を増やしているのかもしれない。これらを分析する余裕はないが、経済の停滞局面が続く時や金利上昇局面を迎える時、破綻する企業が増大するリスクは大きいとみておくべきであろう。

　政府の債務は国債の増加である。先進国では金融危機への対処とその後の景気対策から国債発行が増大した。その後、国ごとにかなりの相違はあるが、財政赤字の拡大や対GDP比で見た国債残高の水準の増加は抑えられている。しかし、財政赤字は続き、残高水準は高いままである。金利上昇などで、債務不履行に陥るか極端な引締め政策を要求される国が出てくるかもしれない。先進国より財政赤字幅が大きいが残高水準は低いのが新興国・途上国である。それでも、残高水準は増加しつつある。国債の厄介な問題は、国は容易に破綻しないことである。外貨建て債務であれば、外貨獲得能力に限度があり、支払い不能になることがある。新興国や途上国では国債に限らず、外貨建て債務の返済問題が経済運営の大きな問題となることが少なくない。しかし、国内通貨建て債

務であれば、中央銀行の支援で国債発行を継続できる（インフレになるケースが多いが）。中央銀行が独自の通貨発行権限を持たないユーロ圏諸国では問題が生じるが、これには立ち入らない。日本では、GDPの2倍にもなる国債残高となっても、低金利で利払い負担が少なく、財政赤字と国債発行が継続できている（日銀が量的緩和政策によって国債残高の半分を保有するようになっている）。アメリカでは2007会計年度には約9兆ドル（約1000兆円）であった連邦政府債務残高が2017会計年度（10月から9月）には20兆ドルを超えている[43]。大幅な減税や支出拡大の影響である。アメリカには法的に債務上限（政府の借入限度額）が定められているので、与野党の思惑も絡んで、一部の政府機関の閉鎖がしばしば行われている。

　このような日米をはじめとする巨額の国債残高と財政赤字の継続がどこまで続けられるのであろうか。この問題に一義的な回答は存在しない。すぐに解決できる妙案も存在しない。金利が上昇し、利払い負担が増えれば、深刻な問題が生じてくる。そして、金利機能が働かなくなる金融市場と大幅な財政赤字の継続は、中央銀行や国に対する信頼を失わせていくであろう。対外的にも信用を喪失するであろう。あるいは、深刻なインフレ状態に陥るかもしれない。大量の債務を抱えた国は、将来の大規模な自然災害などへの対応能力を減らし、また将来を見据えたインフラや科学技術・学問・文化の向上・人材の育成のための適切な政策をとれなくすることは明らかである。長期的な視野と展望にたった財政改革と国債の削減を着実に進めるしかないであろう。

（3）人口爆発、世界の農業、世界の石油

人口爆発　　世界の人口は1990年の50億人から2017年には74億人へと約50%も伸びた。各国ないし各地域における人口増の要因は政治・経済・社会構造の相違を反映して異なるが、大きくは先進国の停滞と新興国・途上国の大きな伸びが特徴である。世界人口に占める先進国（EUとアメリカ、日本）の割合は15%程度である。アメリカはこの間30%と先進国では高い伸び率を記録しているが、日独はほぼ停滞している。新興国・途上国では、人口減になったロシアを別にして、中国の伸びは20%強と相対的に穏やかだが、インドは50%以上の伸びであり、2倍前後の伸びになっている国が少なくない（パキスタン、ナイジェリア、バングラデッシュ、エジプト、エチオピア、コンゴ）。これらの人

図表18　世界の人口

(1990年と2017年、単位100万人)

	1990年	2017年
中国	1,143	1,390
インド	848	1,317
アメリカ	250	326
インドネシア	179	262
ブラジル	147	208
パキスタン	106	197
ナイジェリア	91	189
バングラデシュ	107	163
ロシア	148	144
日本	123	127
メキシコ	87	124
フィリピン	61	105
エジプト	51	95
ベトナム	66	94
エチオピア	47	93
コンゴ（旧ザイール）	40	87
ドイツ	79	83
イラン	54	81
トルコ	55	81
タイ	56	69
イギリス	57	66
フランス	57	65
イタリア	57	61
南アフリカ		57
韓国	43	
スペイン	39	
	4,938	7,372

出所：図表7と同じ。

口動態が今後どのように世界経済に影響を及ぼすかを述べる能力はないが、世界史の1側面は「貧しい蛮族」が「豊かな文明国」を滅ぼし、乗っ取る過程でもあった。自然災害、疫病、飢饉、戦争等が予期できない影響を及ぼすかもしれない。しかし、人口爆発が続く国では、生存のために経済成長を目指すであろうが、同時に多くの者が出稼ぎ者・移民・難民となって「先進国」へ向かうとみておくべきであろう。

　　第二次大戦後の食料生産　　人口爆発は生存のために食糧・衣料・住居・燃料等の確保のための経済活動を刺激する。まず、世界の食料問題を概観しておこう[44]（図表19参照）。第二次大戦直後には大戦での荒廃・疲弊した国土の回復を含めてほとんどの国々で農業生産の拡大が追求された。1950～70年に世界

序章　グローバル資本主義段階　59

図表19　世界の農業生産

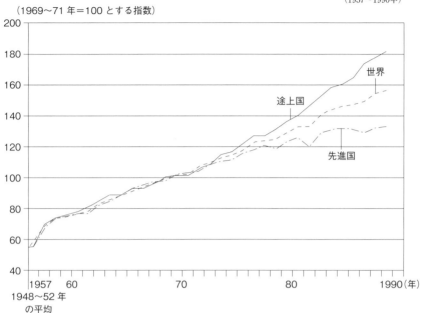

出所：小澤健二「世界の食料・農業問題の現段階」、馬場宏二・工藤章編著『現代世界経済構図』ミネルヴァ書房、2009年、第5章図5-1より。
（原資料）FAO, *Agricultural Year Book*の各年次によるものを集計。

の農業生産は約50%増加し、先進国では西欧と日本の増加率が大きく、途上国ではソ連・東欧の拡大が特に著しかった。1970年代も世界農業生産は60年代とほぼ同じ割合で伸びたが、途上国の増加率が先進国を上回り、かつ先進国、途上国それぞれで地域間のばらつきが顕著になった。ソ連・東欧圏の低迷と穀物輸出に支えられたアメリカの伸びが顕著であった。1980年代には農業生産の伸び率は先進国の10%に対し途上国の40%と相違が目立つようになる。先進国では農産物過剰問題が生まれ、生産調整策がとられるようになる。途上国では中国など東アジアの伸びが著しく、アフリカやソ連・東欧は低迷した。1950〜90年の世界の人口伸び率は年率2.8%なのに、世界の農業生産の増加率は4.5%であり、戦後懸念された植民地体制から解放された多くの途上国の食料不足問題は回避された。

　このような農業生産の増加は先進国の農業生産性の向上に多くを依存してい

た（1960〜90年の人口当たり農業生産は先進国で54%増大したが、途上国は7％にととまった）。先進国の農業技術革新は、主にアメリカの事例に基づくが、農業機械化（大型化・高性能化、綿花部門等へ収穫機械の導入、畜産における飼養・給餌の自動システムなど）、化学化（化学肥料や農薬の多投入）、品種改良による単収の増加によるものであった。このような結果、経営は大規模化、資本集約化し、畜産部門は装置産業化した。そして、農業経営が食品加工・流通業の動向と深く結びついていくようになる。だが、同時に機械化や化学化は、資源・環境保全上の問題を生み、1980年代初めまでに限界に達したといわれる。しかし、品種改良は、遺伝子組み換え作物としてますます深化している。独立を達成した多くの途上国では、食糧供給の確保が最優先の政策課題とされ、農業インフラの整備、農地の開発・改良、農地改革等が進められ、穀物増産が達成された。そして1960年代半ばからは東アジアを中心に「緑の革命」が進展した。これは、高収量品種の普及と化学肥料・農薬の多投入によるものであるが、その前提として灌漑施設の建設・改良を必要とし、行政、信用等の果たす役割も大きく、「農業近代化」でもあった。米の輸入国であった、フィリピン、韓国、インドネシアは1980代初頭までには自給化を達成し、中国では改革・開放路線による「生産請負制」の導入の効果もあって1970年代末から、インドでも1980年代には「緑の革命」が進展した。1980〜2000年に中国とインドの穀物生産は、それぞれ47%。72％増大した。

現代の農業生産　1990年代以降についてみると、世界の農業生産の増加率は前の時期に比べて全体では鈍化しつつあり、品目別の差異は大きい。穀物部門の増産傾向の頭打ちは顕著であるが、畜産と野菜・果物は伸びている（図表20参照）。また、地域別の差異も大きい。アジア、南米の農業生産の拡大は継続している。旧ソ連、東欧地域では1990年代には体制移行に伴う混乱等から農業生産は著しい不振に陥った。それでも2000年代以降には穀物生産を中心に農

図表20　世界の品目別農業生産動向

（単位：穀物100万トン、畜産物、野菜・果実は1000トン）

	1979〜84	1989〜91	1999〜2000	2003	2004
穀物	1,573	1,904	2,084	2,086	2,270
畜産物	136,219	179,648	234,671	253,688	260,098
野菜・果実	629,744	812,733	1,207,588	1,345,056	1,383,649

出所：図表19と同じ。

（原資料）：FAO, *Statistical Year Book 2005-2006*. pp. 62-77

業生産は拡大し、小麦輸出国になっている国もある。中東、アフリカのサヘル周辺地域等では地域の政治・経済的混乱もあって不振であった。先進国の農業生産はアメリカを例外として停滞色を強めている。もっとも、細かく見れば、中国やアメリカの穀物政策の動向（中国の輸入増への対応やWTO農業協定の発効にともなうアメリカの生産調整廃止等）が影響し、時期ごとにかなりの相違がある。このような政策的要因は別にして、これまでの農業生産の拡大を支えてきた機械化・化学化を中心とする農業技術革新が限界に達しているといわれる。また「緑の革命」も一巡化し、限界にぶつかったともいわれている。加えて、1990年代以降には異常気象の頻発が農業生産に少なからぬ影響を及ぼしている。

2007〜8年には主要穀物、大豆などの国際価格の急騰があり、世界的な食糧危機が懸念され、一部の最貧国では暴動が頻発した。コメ不足による輸出禁止

図表21　食料・石油価格の推移

（2011〜18年）

＊2014年を100とする指数。（アメリカ消費者物価指数を用いて修正したIMFスタッフの推計）。
出所：IMF, *World Economic Outlook*, October 2018。

の動きや小麦の世界的不作がみられた。また石油価格高騰に連動したバイオエタノールのブームも見られた。しかし、これらは一時的動きにとどまった。食料価格は品目ごとに相違があり、変動は激しいが、全体的には高位に安定し（図表21参照）、とくに石油価格と対比すると安定的である。2010年以降ではアジアを中心にコメの生産が、ウクライナやロシアにおける小麦の生産拡大が著しい。ブラジルを中心とする南米の大豆や穀物の増産は、中国の輸入増に伴う価格高騰を反映した動きだが、肥料の投入増加、高収量種子の普及などに支えられたものである。しかし、2014年以降には価格は下落傾向を強め、生産増は頭打ちになっている。トウモロコシと大豆の生産は2002〜16年に約1.5倍と顕著に伸びている（とくにブラジルでの大豆生産の増加が著しい）。畜産物需要の増加に伴う飼料需要の増大、食生活の変容による植物油や加工食品需要増に連動する動きである。しかし、世界の畜産物生産は、2006〜16年に1.6倍に伸びた鶏肉を別にすると、牛肉1.1倍、豚肉1.2倍程度である。

　地域や品目ごとに異なる複雑な動きとなるが、全体的に見ると、先進国の農業生産は停滞的である（ただし、アメリカを除く）。そして、穀物よりも畜産、野菜、果物への生産シフトが顕著であり、また素材よりも加工・調理食品への需要が増える傾向にある。農業生産が伸びているのは、人口が多く経済成長率も高い中国やインドなどの新興国である。これらの国々における消費が2010年代の食料品価格の高位安定を支えている。新興国でも穀物よりも、畜産や野菜・果実の生産増、加工食品の需要増がみられるが、国によっては宗教上の制約（インドでは牛肉を食べない、イスラム圏では豚肉を食べない）がある。

　食料貿易の動向　　食料貿易は先進国間貿易が一貫して中心（全体の70%程度）であるが、1960年代までは穀物、畜産物、熱帯産品（茶・コーヒー等）が中心で、途上国の輸出シェアがそれなりに大きかった（1960年37%）。しかし、価格低下の影響もあって、途上国のシェアは減り、経済成長率の高い西欧と日本の輸入が増えていた。1970年代には世界的に食料不足が懸念される中で、途上国とソ連を中心とする社会主義諸国の食料輸入が急増した（1980年輸入シェア37%）。しかし、1980年代には70年代に輸入を可能にした国際金融市場の拡大が反転したため（多くの途上国や東欧諸国での累積債務問題）、途上国と社会主義諸国の輸入は減少し、世界の食料貿易も大きく減少した。1980年代後半から世界の食料貿易は拡大に転じ、1997〜2000年には東アジア通貨危機の影響

ではやや減少するが、その後また急激に伸び、2004年には1990年の約2倍の水準にある。1980年代後半には日本（円高と自由化）やEC（統合の深化）の輸入の伸びが大きく、1990年代には中国を含む東アジア途上国の食料輸入増が大きい。先進国ではとくにEU域内、北米（NAFTAの発効が1994年）地域内の食料貿易の拡大が著しい。同時に、品目別構成を見れば、加工食品貿易の拡大が目立つ。これは先進諸国を中心とする食生活の変化、外食依存や家庭での加工・調理食品の消費増に対応するものであり、食品関連産業の変動を引き起こしている。

食品産業の集中と海外進出　アメリカを見れば、食品産業におけるM&Aが1980年代に活発化し、業績不振に陥っていた食品業界の再編が進み、巨大企業への生産集中が進んだ。上位4社への生産集中度は1977〜97年に食肉処理・加工業で21%から57%へ、製粉業では33%から48%へと高まり、大豆搾油では97年に72%である。穀物メジャー（カーギル、ADM、コナグラ）は集荷から最終加工までの集中度を高め、穀物取引における影響力を一段と強めるとともに、畜産部門等へも進出し、食品産業における市場支配力を増している。さらに。90年代以降にアメリカ食品企業の海外直接投資がカナダ、メキシコを中心に拡大している。労働集約産業としての性格が強い食品産業では、NAFTAによる恩恵を享受しているのである。また、ファーストフード外食企業の海外進出も加速しているようである。このような結果、アメリカへの農産物・加工食品の輸出が増え、かつて大幅な黒字であったアメリカの農産物貿易は2000年代半ばには黒字幅が激減している。なお、日本について一言すると、1980年代以降に「食の外部化、簡便化」を背景に冷凍食品、惣菜、レトルト食品等の出荷額が急増し、これに応じて畜産物、野菜、果実の輸入が大幅に増大している。また食品企業の海外進出も活発化し、原料農産物にとどまらず、加工・調理食品の輸入が急増している。食品産業の海外展開は貿易動向に影響するばかりでなく、食生活・食文化にも影響を与えている（例えば、東南アジア諸国や中国での即席麺、ファーストフードの展開）。

　素材よりも加工食品への需要が増え、多国籍大企業のプレゼンスが高まり、新興国や途上国への直接投資と先進国への輸出が増えているのである。同時に最近では、大手の農業資材や農業関連企業のM&A、たとえばバイエル（ドイツ化学企業）によるモンサント（アメリカ大手化学・農薬メーカー。枯葉剤や

除草剤、遺伝子組み換え種子も有名）の買収、ダウ・ケミカルとデュポンの農薬部門の統合、BASF（ドイツ化学・農薬メーカー）によるバイエル種子部門の買収等が伝えられている。中国企業による欧米メーカーの買収も見られる。これらが何を意味するのかはまだはっきりしないが、肥料や農薬を巡っても大きな変化が生まれている。

　　肥満、過剰、飢餓　　先進国での食生活における「外部化・サービス化・簡便化」の動きは肥満など重大な社会問題を起こしている。アメリカでの平均カロリー摂取量1980年3200キロカロリーが2004年には3900キロカロリーにまで上昇し、また2004年の全世帯の食料消費支出の46%が家庭外支出と言われる。他の先進国でも同様な傾向がみられる。定義はないが、肥満が問題とされるのは「過剰な」消費社会の病理である。中国の平均カロリー摂取量は21世紀初頭には1980年代初頭と比べて26%増加し、約3000キロカロリーに達する。主要穀物の消費量は1980年代末から減少しつつあるが、肉類、野菜、果実は2〜3倍に増えている。他の新興国や途上国の一部には同様な傾向がみられる。

　他方、アフリカ（サヘル以南）や中東、カリブ海諸島の国では、栄養不足人口比率40%以上の国が少なくとも12か国、30〜40%の国が11か国存在し、比率は上昇傾向にあるとするFAOの報告がある。穀物価格高騰は最貧途上国の食糧不足、飢餓問題を激化させ、政治危機ともつながっている。

　　石油とエネルギー[45]　　世界の最終エネルギー消費は1973〜2004年に1.6倍に伸びているが、その過半を満たしたのが石油である。運輸部門では石油がほぼ独占的なエネルギー源である（最近では電動車も登場しているが）。石油以外では電力の伸びが大きいが、燃料別発電量をみると2004年で約半分が石炭、20%が原子力、天然ガス15%であり、石炭と原子力への依存が大きい。原油生産量で見れば、ガソリンなどとして運輸部門に58%、産業部門に10%、その他（家庭等）に16%が向かい、残りは石油化学向けである。視点を変えて、一次エネルギーの消費構造としてみると、1973年→2007年に、石油は48%→36%、天然ガスは19%→24%、石炭は28%→29%、原子力1%→6%、水力5%→6%に変化した。絶対量（石油換算）では57億トンから111億トンへと約2倍の伸びであり、原子力と天然ガスへの依存を強めたのである。1973年のオイルショック後の世界は、石油依存を減らしはしたが、環境負荷の大きい（二酸化炭素排出量や汚染物質の排出で石油より悪い）石炭への依存を減らさず、チェルノブイリや福

島が示すように事故の被害がとてつもなく大きく、かつ廃棄物処理の問題を残す原子力への依存を高めてきたのである。

メジャーズの後退と産油動向　オイルショック後に石油価格は4倍に跳ね上がり、1980年代初頭には1バレル36ドルまで上昇した。その後2000年ごろまで下落に転じたが、2000年代には上昇に転じ、2008年には1バレル147ドルにまで急騰する。しかし、リーマンショック後には下落に転じ、2008年末には50ドルにまで下落した。石油価格の変動が世界経済に与えた影響は計り知れないが、この過程は産油国と消費国それぞれの変化を伴い、同時に石油産業の構造を変えるものであった。

石油危機以前の石油産業はメジャーズ7社（スタンダード石油、ロイヤル・ダッチ・シェル等の欧米資本）による寡占体制が世界を支配していた。中東地域等の英米による政治的支配を背景に、産油国との排他的利権協定による原油

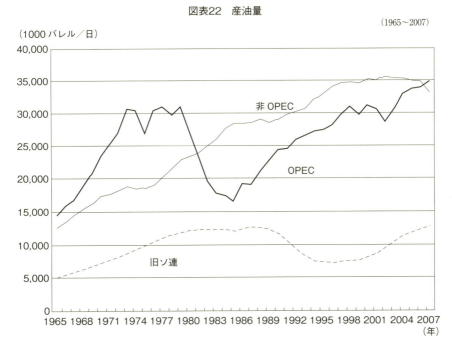

図表22　産油量 (1965〜2007)

出所：飯山豊「石油危機後の国際石油産業の構造変化」、馬場宏二・工藤章編著『現代世界経済構図』ミネルヴァ書房2009年、第4章図4-2より。
（注1）旧ソ連は非OPECには含まれていない。

支配、7社の協調体制、各社の世界規模での一貫総合体制（産油・精製・販売）とそれぞれにおける高い集中度が特徴であった。この寡占体制の下で、1930年代以降、ほぼ安定的な価格で1960年代まで資本主義世界が必要とした石油を供給できたのであった。しかし、1970年代初頭から中東や北アフリカの産油国で原油部門の国有化が始まり、1980年代までに完了した。そして1979年のイラン革命を契機に、主要産油国はメジャーズとの販売協定を破棄し、石油市場での販売を行うようになり、原油市場の構造は一変する。メジャーズの世界産油量シェアは1970年の61％から1986年の20％へと激減し、精製能力も54％から32％へと縮小した。

　主要産油国は1960年にOPECを形成していたが、OPEC産油量の増大を背景に（非社会主義圏の産油量に占めるOPECシェアは1965〜73年に47％から65％へ上昇。なお、ソ連の産油量は1973年でOPECの3分の1）、価格引き上げをはかり、成功した。だがこの頃より非OPEC諸国とソ連の原油生産量が拡大する。価格上昇が増産を促した面もあるが、1980年代には北海石油が稼働した。ソ連は1989年まで増産を続け、非OPECの産油量は2000年頃まで増え続ける。1970年代には増産を避けて産油量を維持していたOPECは、1980年代に入ると大幅な減産で価格維持をはかろうとするが、非OPECの産油量が増える中では効果はなかった。1980年代半ばになるとOPECは増産に転じ、石油価格は暴落した。1990年代にはソ連の解体に伴う混乱で旧ソ連の産油量は減少したが、非OPECとOPECの増産は続いた（図表22参照）。しかし、石油価格は2000年ごろまで、総じて1バレル20ドルの水準で安定的に推移した。2000年代には、非OPECの生産が停滞する（北海石油の枯渇、新規油田の減少等が指摘されている）が、OPECの増産が続き、ロシアが復活して増産する。この状況で2004年頃から石油価格は急騰し、2008年夏には1バレル150ドルまで上昇する。この急騰を巡っては、中国、インド等の新興国の需要増を指摘する向きもあるが、商品先物取引などを利用した投機的資金の流入を契機とする投機的な金融現象と指摘する者もいる。その後リーマンショックの影響をうけて石油価格は急落し、2014年にも急落する。2016〜17年にはほぼ1バレル50ドル程度の水準である。そして、一時はバイオエタノール（トウモロコシ燃料油）がもてはやされたりもしたが、アメリカでは2010年代にはシェールオイルの開発が進展し、2018年までにはアメリカは石油の輸入額と輸出額が均衡する「自給」国となる。なお、

2017年における石油生産量のシェアはアメリカとサウジが13％、ロシア12％、サウジを除くOPECが29％である。

規制緩和、民営化、海外直接投資　1980年代には規制緩和や民営化の動きが強まり、石油産業や電力業に大きな影響が及ぶ。アメリカでは1981年に原油価格規制やガソリン割当制が撤廃され、89年には天然ガス価格規制も撤廃された。ヨーロッパでは、国有石油会社の民営化が進む。通信分野にも共通するが、天然ガスや電力では、輸送・送電部門をコモンキャリア化するかオープン・アクセスを保証し、生産・発電部門や卸売・小売部門を分離するなどの方針がとられた。垂直的統合を水平に分離し、市場を導入し、新規参入を促し、競争促進がはかられたのである。この結果、例えばアメリカでは1995～2006年に発電量に占める既存電力会社のシェアは92％から58％にまで低下した。途上国でもサウジやクウェートなどの国有石油会社は別にして、多くの国で民営化や規制緩和の動きが進んだ。とくに注目しておきたいのは、外資導入の動きである。多くの途上国では将来の需要の伸びを満たすために大規模な設備投資を外資で賄う方針がとられたのである。1990年代はラテンアメリカの産油量の伸びが大きかったが、アメリカを中心に外資が流入していた。また、電力消費の伸びが大きかったのはアジアであり、1980～2004年に電力消費量は中国で13倍、非OECDアジアで10倍も伸びた。世銀やアジア開銀の圧力の下で法整備・制度改革を進めるとともに、石油メジャーズをはじめ、電力会社、建設会社、発電機メーカー等の出資を得て電力会社等が設立されていった。この過程は、エネルギー間の競争激化でもあり、ビジネスチャンスを狙う外資が、伝統的な枠を超えて合従連衡をはかり、M&Aを繰り返している。ロシアは石油、天然ガスの埋蔵量が世界最大規模で世界最大のエネルギー資源大国と言われる。石油生産でも世界のトップに匹敵し、天然ガスでは最大である。1993年までに石油ガス工業省から11の石油ガス会社が設立されたが、財政破綻の影響で民営化された。ただし、世界最大の天然ガス会社ガスプロムは政府が過半の株式を握る国営企業である。1990年代末から生産量が回復しているが、2000年代初めには石油の54％を主にヨーロッパに輸出し、天然ガスも36％が輸出である。技術的にも、資金面でも遅れているといわれるが、国家主義的政策の担い手としての性格も強まっている。現在はウクライナ併合後の制裁などで苦難な状況にある。しかし、資源大国の潜在的強みは消えない。中国は、石炭埋蔵量は大きく（世界3位、

13.5%)、石炭生産では世界の40%を占める。石油資源には恵まれず（産油量の世界シェアは5％、天然ガス3％程度）、海外資源確保に向けて活発な動きを示している。エネルギー大消費国であり、成長率も高いから、関係者からは注目されるが、国家の「戦略」も強く働くようである。

　石油業界の変貌　　規制緩和や民営化、グローバル化（海外直接投資等の進展）の中で、アメリカの石油会社の地位や競争関係は大きく変わった。売上高ランキング等では石油会社がかつては上位を占めたが（1984年に上位20社12社）、1999年には4社にまで減少した。石油会社は、産油部門投資の拡大、精製部門の過剰能力整理、関連部門（石炭、ウラン鉱）への進出、合併等の戦略でM&Aを展開した。しかし、産油量の上位8社の集中度は若干上昇しただけ（1990年で41％）で、特に増えていない。精製能力では1990年代にはいって大手石油会社のシェア低下が著しく、メジャーズの精製能力シェアは1985～1999年に65％から36％へ激減した。90年代末から2000年代初頭にはエクソンとモービルの合併などメジャー同士の合併を含む大型合併が進行する。BPとアモコのような国際的合併も行われた。それでも、最大手のエクソン・モービルのシェアは、国内で産油量9％、精製能力13％、小売店舗9％であり、世界で産油量3％、精製能力（アメリカを除く）7％にすぎない。アメリカの主要エネルギー企業（当局に財務報告提出義務のある大企業）は1980年に26社で、このうち24社が垂直型統合企業であった。2000年には垂直統合型企業は10社に減り、産油・産ガス専業が7社、精製・販売専業10社と、サービス会社4社となっている。なお、最近ではメジャーズといわれる石油会社でも「脱石油会社」の動きが（再生可能エネルギーへの投資拡大）強まっているようである[46]。

　産油国国営石油会社の脆弱性　　世界の石油企業の構造は変わりつつあるが、産油部門をみれば、いぜんとして国営石油会社が支配的である。2007年の世界石油企業トップ50社のうち、100％国有会社18社、過半数政府保有会社6社、一部政府保有5社、純粋民間会社21社である。産油量では、上位10社のうち7社が国営会社であり、世界シェアの37％を握っている。メジャーズ3社（エクソン・モービル、BP、ロイヤル・ダッチ・シェル）の産油量シェアは9％にすぎない。

　産油部門で支配的地位にある国営石油会社には次のような問題が指摘されている。まず、石油収入が国家財政の大半を占め、石油収入の確保と配分が社会の安定と権力維持の基盤になっている国々では、国営石油会社にはつねに政治

的性格が付きまとう。産油量、輸出量、輸出先、投資など重要な決定が政治的に判断され、国営石油会社は外交政策の手段とされる。また、国内的にも雇用政策や安価な石油製品の供給といった社会政策的配慮が優先されてしまう。つぎに、投資不足になりがちである。利潤の大半は政府に吸い上げられ、油田開発などの投資資金は財政支出に依存することになる。多くの産油国では、人口増もあり、体制安定のための財政支出は欠かせず、石油投資に回す資金は不足している。さらに、国営石油会社の多くは技術力不足と言われる。探査・掘削や油田管理の先端技術を有する会社は少なく、あっても技術者や熟練労働力不足である。したがって、ごく一部の国営石油会社を除いて、生産性は欧米の大石油会社に比べてかなり低いといわれる。

　石油産業の問題は、石油に限らずエネルギー産業として捉えるべきである。この意味で不十分な展開となるが、これからの課題として次のことを指摘しておこう。成長率の高い中国やインドなどでの需要は増え続けるであろうが、石油の供給には不安定要因が大きい。中東の地政学リスクはいうまでもないが、ロシアとイランに対する制裁の行方も不明である。上述したように、国営石油会社の多くでは投資不足・技術不足である。また近年ではサウジの財政赤字拡大が伝えられ、これが今後の石油供給にどのような影響を与えるかは不明である。また、石油「自給」国となったアメリカの対外石油政策に不透明な要素が残る。中国は石油資源確保に乗り出しているが、石炭依存から脱却できるかは不透明である。

（4）小括：グローバル資本主義の現状

　2008年の金融危機の衝撃と、2017年の自国優先主義を掲げる米トランプ大統領の登場は、グローバル資本主義段階が変質した、あるいは新たな局面に入ったことを示唆するように見える。資本主義がソ連圏ないし旧社会主義圏の自滅、多くの途上国の経済成長等によってグローバルに浸透し、その運動を展開している、という点では何も変化していない。アメリカが最大・最強の経済大国であることに変わりはない。だが、アメリカの「覇権」は世界の安定をもたらしたとはいえず、ロシアやイランとの対立、イラクやシリア等の破壊と中東地域の不安定、中国との貿易戦争など、安定というより対立をあおっている。アメリカはEUやユーロ圏の問題に直接に介入できるわけでもないし、トランプに

よるパリ協定（環境問題）や自由貿易協定（TPP等）からの離脱はアメリカが国際秩序の構築に失敗したことの表れである。このような事態の背景にあるのは、経済成長の軸心が、欧米日の先進国より、中国・インド等の新興国に移りつつあることである。グローバル資本主義は意外と早くアメリカに対する「対抗勢力」を生み出したのである。もっとも、「対抗勢力」がアメリカにすぐに代わる力を持っているわけではないし、アメリカにとって中国等の経済成長が「脅威」に見えだしたというにすぎないが。米中貿易戦争の行方を論じる能力はないが、減速したとはいえ高い成長率を続ける大国となった中国とどのような関係を構築できるかが、世界経済の喫緊の課題である。なお、EUは、ドイツとその他の国々、とくに南欧や新規に加入した東欧諸国等との利害関係が錯綜し、またブレグジットの不透明さが加わり、求心力を欠き、世界をリードする力はない。日本は対米追随を続けるようである。

　2019年春まで米中貿易戦争は一段とエスカレートしている。両国はほぼ全商品を対象として高率（25％）関税を課そうとし、アメリカは中国大手IT企業ファーウェイとの取引を禁止する措置をとった。また、アメリカはEUや日本へも貿易不均衡の是正を要求している。これらにはトランプ流の交渉戦術の要素もあろうが、世界で最大・最強・最富裕の国が、自国の利益を最優先に、独善的な論理を押し付けようとしている。経済問題を安全保障問題に置き換え、対抗（競争）的ないし敵対〈非協力〉的勢力に制裁を科すことで世界経済から排除し、無力化しようとするものである。だが、世界最大の輸出国、中国を全面的に排除することはできないであろうし、排除の代償も大きいであろう。世界経済は分断され、帝国主義の時代あるいは冷戦時代の再来になるかもしれない。

　グローバル化した世界では「モノ、サービス、ヒト、貨幣・資本」は自由に動き回る。日本の自動車メーカーのほとんどは国内生産よりも海外生産の方がはるかに大きい。パソコンやスマホは、生産（組立て）のほとんどは東アジア（中国中心）であるが、部品は各地から調達され、製品は世界中で販売される。多国籍企業の登場と成長から始まったこのようなグローバル化の動きをとめることはできない。これらの動きは「国民経済」を至上のものとする観点からは、「国益」に反するように見える。しかし、歴史的に見れば、多国籍化せずに国内のみに留まる企業は、成長の機会を失い、没落している。

　グローバル化を押し進める基軸産業としてITないしICT産業を新たな生産力

を体現するものとみることも妥当であろう。これはIT企業が企業規模（売上高、資産規模、時価総額、投資額、研究開発支出）等を急速に拡大しているからである。もとより、経済はIT産業だけで成り立つわけでない。しかし、AIがどこまで進展するかは不明だが、自動車の電動化や自動運転化等に見られるようにIT産業は他産業への影響が大きい。固定資本の巨大化で金融資本が誕生したというかつての議論と対比すれば、「固定資本」の性格が全く異なる。知識や技術の「独占」と早期の市場囲い込み（デファクト・スタンダード）で成立する企業である。加えて、伝統的な垂直統合型大企業と異なる、専業企業の分散・並列ネットワーク型を軸とする産業構造である。プラットフォーマーともいわれる企業は伝統的固定資本概念や企業・経営概念を変える必要を提起しているかもしれない。ただし、現時点では、独占や課税問題、セキュリティ対策、情報独占とフェイク報道等でさまざまな問題を抱え、IT産業は曲がり角に立っているかもしれない。

　グローバル化に関して、とくに2008年金融危機の原因をめぐって、金融化や証券化の問題が重視され、グローバル化の推進者としての金融ないし金融業者の存在が悪者として強調されることが多い。また、1970年代以降の金融危機の連続は金融の不安定や暴走の結果として金融化や証券化を批判する声を強めている。金融市場や金融機関の規制や監督に関する問題もある。これらを否定するものではない。実際、アメリカでは、企業利益（税引前）に占める金融業の割合は1980年代後半から上昇し、ピークからは減少したが、2010年以降でも20％強とかつてより高い水準にある。注意するべき点は、金融資産（＝金融負債）が増え続けていることである（図表3、図表4、図表15参照）。現代の経済は膨大な金融資産の上に成り立つものであり、これはさまざまな金融業者の介在によって成り立っている。そして、金融システムは、自由化やグローバル化を通して大きく変貌した。伝統的な預金−貸付けの商業銀行を中核とするシステムに加えて、証券化商品等を含む証券（株式・債券）市場が大きく存在し、さらに、シャドー・バンキング、デリバティブ取引、証券のレポ・貸借取引、トレーディング等の金融取引が拡大したシステムに代わっている。ヘッジファンドや買収ファンド、各種資産運用業者が活躍する世界にもなっている。2008年金融危機以後の規制強化と低金利状態の継続が金融機関の体力を奪うかもしれないし、債務の拡大が限界に達して破綻と混乱が生じるかもしれない。複雑

化したシステムは思わぬほころびで破綻するかもしれない。あるいは、キャッシュレス化やAIの活用等のフィンテックが新しいシステムを生むかもしれない。だがいずれにせよ、金融資産＝負債の拡大が続く限り金融業者の拡大も続くであろう。

　多くの国で財政赤字が増え続け、国債残高が増大している。先進国の中央銀行は超低金利を維持し、中央銀行が保有する国債等の資産は膨張したままである。国債の増加がどこまで可能かは分からないが、どこかで財政破綻と債務不履行が生まれ、金融危機が広がる可能性がある、と見ておくべきであろう。そして、インフレーションによる債務の「減価」が生じるかもしれない。あるいは、膨大な国債残高の圧力で日本のように、超低金利が続き、経済も低迷する状況が長く続くかもしれない。新興国・途上国では、先進国に比べると対GDP比でみた残高水準は低いが、国債残高は増え続けている。経済成長率が高い国の返済能力は高いといえるが、財政基盤の弱い国も多い点に注意は必要であろう。また、新興国や途上国の対外借り入れは、経済発展に不可欠なものと言えるが、過大な借入れになりやすく、かつ景気変動と資本の流出入で増幅される。周期的な為替安をともなう金融不安は避けられない。

　民間債務は世界全体では膨張し続けている。先進国では、家計部門の住宅ローンの伸びは金融危機以後に抑制されているが、残高がおおきく減少しているわけでない。M&Aに伴う借り入れが増えているかもしれないが、日欧では企業部門の借入の伸びは低金利にかかわらず、停滞している。ゾンビ企業の存続、新規開業の減少といった要因も影響していようが、低成長ないし停滞的経済では投資先が限られるからであろう。成長率の高い新興国や途上国では企業部門の債務の拡大が続いている。これが、世界の企業債務の増大の要因のひとつであろう。アメリカでは、2014年頃から好調な景気を反映してか、企業債務の増大が続き、2018年には対GDP比で過去最高水準（2008年）を超えたようである。信用力の低い企業向けのレバレッジドローンの増加を警戒する声が上がっている。だが、債務の拡大はどこかで限界に達するし、とくに景気減速等にともなって債務不履行が増え、金融危機の再発となる可能性は大きい。

　世界の人口爆発について述べた。アフリカや南アジアでは人口増が続き、これが世界をどのような変化させるかに注意する必要がある。また、一方での飽食と肥満の拡大、他方での栄養不足人口の増大といった問題もある。これまで

序章　グローバル資本主義段階　73

農業生産の拡大を支えてきた、大量の化学肥料と農薬の投与による農業生産の拡大が限界に達しつつある、あるいはその弊害（土壌の疲弊等）が拡大しつつある。多収量特定品種の普及は時に弊害をもたらすかもしれないし（病害等に際して全滅の可能性）、遺伝子組み換え作物等がどこまで安全なものかにも注意が必要であろう。新興国・途上国での都市化と農業人口の減少は農業生産にマイナスに作用するかもしれない。地球の温暖化や自然災害の増大が農業地図を大きく変えるかもしれない。性格は異なるが、加工食品の普及と加工業者等の農業生産進出等の動きも、資本の農業支配を拡大し、農業や食品業・飲食業の在り方を変えるかもしれない。そして、当面は食生活の変貌で社会を変えてゆくであろう。だがこれは、スローフードやスローライフといった対抗的動きを強めるであろう。

　石油の問題は、エネルギー問題として石炭、電力、原子力等と関連して議論するべき問題であろう。石油危機以降、一次エネルギー消費としては石油よりも天然ガス、石炭、原子力への依存を高めているのが世界の現状である。リスクの大きい原子力や汚染被害（CO_2排出や汚染物質）の大きい石炭依存からの脱却が喫緊の課題である。しかし、そのことは、石油や天然ガスへの依存を高めることになるかもしれない。自動車の電動化で石油消費は大きく減る可能性はあるが、時間はかかろう。だが注意するべきことは、中東の地政学的リスクやロシア、イラン問題に加えて、アメリカを別にして多くの産油国は不安定な状態にあり（国家財政との一体化を含めて）、かつ技術的能力にも問題があることである。この点では、安定的な石油供給が保証されているわけではない。むしろ、安価な石炭等への依存を高めるところが増えるかもしれない。

　最後に、要約しておこう。グローバル資本主義段階とは世界が資本主義化した段階だが、2008年金融危機以降はアメリカ単独覇権というより、中国等の新興国の台頭にともなって、競争・対抗的要素が強くなった局面である。IT産業の発展はパソコン・スマホの普及一巡と情報独占等の問題から一つの転機を迎えているかもしれない。しかし、自動車の自動運転化など多くの産業にIT化の影響を強めつつある。他方、財政赤字と国債残高の累積、企業債務の増大、高水準の家計債務残高の存続など債務へ依存した世界は、金融部門を拡大させ、金融不安・危機の再発の可能性を秘めている。食糧（農業）とエネルギー（石油）の供給にも不安要因がいっぱいである。環境問題については、農業と石油

に関連して簡単に触れただけだが、温暖化にともなう農業生産への影響にとどまらず、自然災害の大規模化、大気汚染・海洋汚染・有害廃棄物の堆積等の問題の深刻化等が、グローバルに解決しなければなら喫緊の課題となっているが、対策は進んでいない。

1）馬場宏二・工藤章編著『現代世界経済の構図』ミネルヴァ書房、2009年。
2）『経済政策論』弘文堂、1954年。
3）以下の展開に注を付けないが、ブラウン研究会メンバーによる以下の著述によっている（解釈は筆者のものであるが）。馬場宏二編著『シリーズ　世界経済Ⅰ　国際連関——焦点と回路』、『Ⅱ　アメリカ——基軸国の盛衰』、『Ⅲ　ヨーロッパ——独自の軌跡』、『Ⅳ　日本——盲目的成長の軌跡』御茶の水書房、1986～89年。馬場宏二『新資本主義論——視角転換の経済学』名古屋大学出版会、1997。馬場宏二・工藤章編著『現代世界経済の構図』ミネルヴァ書房、2008年。その他では主に下記の著作を利用した。橋本寿朗・長谷川信・宮島英昭著『現代日本経済』有斐閣、1998年。田中素香・長部重康・久保広正・岩田健治著『現代ヨーロッパ経済』有斐閣、初版2001年、第4版2014年。中山弘正・他『現代ロシア経済』岩波書店、2001年。
4）忽那憲治編著『ベンチャーキャピタルによる新産業創造』中央経済社、2011年。
5）拙訳『カジノの資本主義』岩波書店、1988年、原書1986年、岩波現代文庫版、2007年。
6）「カジノ」とは、偶然に賭けることで刹那的な僥倖に期待する短期志向を意味しているが、胴元は常に利益を上げる仕組みでもある。利益が得られなければ、カジノは開設されない点も留意する必要がある。
7）拙訳『世界』1996年3月号。なお、元タイトルはHow the World has changed：1945-1995であり、タイトルは編集部による。ここではとくに技術変化の加速（パソコン、携帯電話の普及等）が強調されている。
8）櫻井公人訳　岩波書店、1988年。他にストレンジの著作では、『国家と市場』（西川・佐藤訳『国際政治経済学入門』東洋経済、1994年）が彼女の方法論を説明している。ここでは世界を4つの構造、すなわち、安全保障、生産、金融、知識（情報）の絡み合いでとらえる視点を説明し、国家によってどれを重視するかによって異なる世界が生まれていることを指摘している。
9）櫻井ほか訳『マッドマネー』岩波書店、1999年。
10）『金融が乗っ取る世界経済——21世紀の憂鬱』中公新書、2011年。
11）大原進訳『グローバル資本主義の危機』日本経済新聞社、1999年。
12）鈴木主税訳『世界を不幸にしたグローバリズムの正体』徳間書店、2002年。
13）石崎昭彦・木村一郎訳『大不況下の世界1929-1939』東京大学出版会、1982年（原書は1973年）。
14）古城佳子訳『グローバル資本主義——危機か繁栄か』東洋経済、2001年。
15）高遠裕子訳『債務、さもなくば悪魔』日経BP社、2016年。
16）遠藤真美訳『錬金術の終わり』日本経済新聞社、2017年。
17）藪井真澄訳『金融に未来はあるのか』ダイヤモンド社、2017年。
18）アラン・グリーンスパン（1987～2006年FRB議長）、山岡洋一・高遠裕子訳『波乱の時

代　上：わが半生とFRB　下：世界と経済のゆくえ』日本経済新聞社、2007年。

　　ベン・バーナンキ（2006～2014年、FRB議長）、小此木潔監訳、『危機と決断　上・下』角川書店、2015年。

　　ロバート・E・ルービン（1995～99年財務長官）＆ジェイコブ・ワイズバーグ、古賀林幸・鈴木淑美訳『ルービン回顧録』日本経済新聞社、2005年。

　　ヘンリー・ポールソン（2006～09年財務長官）、有賀裕子訳『ポールソン回顧録』日本経済新聞社、2010年。

　　ティモシー・F・ガイトナー（2003～08年NY連銀総裁、2009～13年財務長官）、伏見威蕃訳『ガイトナー回顧録』日本経済新聞社、2015年。

19)『中国巨大資本主義の登場と世界資本主義』批評社、2005年。

20)『グローバル金融資本主義』白桃書房、2008年。

21) 保住敏彦・久間清俊・他訳『経済学入門』御茶の水書房、2018年。

22) 斉藤美彦訳『金融化資本主義——生産なき利潤と金融による搾取』日本経済評論社、2018年（原書は2013年）。

23)「ポスト・リーマンの米国金融と金融肥大化の終焉」『立教経済学研究』71巻2号、2017年10月。

24) M．メイヤー著　篠原成子訳『こうして銀行はつぶれた——米国S&L崩壊』日本経済新聞社、1993年。

25) アーサー・レビット（1993～2001年SEC委員長）、小川敏子訳『ウォール街の大罪』日本経済新聞、2003年。

26)「現代世界の構図」（馬場宏二・工藤章編著『現代世界経済の構図』ミネルヴァ書房2009年所収。なお、馬場宏二『宇野理論とアメリカ資本主義』御茶の水書房、2011年にも再録、同書に関連論文もある。

27)『世界史の構造』岩波書店、2010年。

28)「グローバル資本主義の転換と中心部経済」、「アメリカ発のグローバル金融危機・経済危機とグローバル資本主義の不安定性」、SGCIME編『グローバル資本主義の変容と中心部経済』日本経済評論社、2015年所収（序章と第1章）。

29)「グローバル資本主義の変容と日本経済」、SGCIME編『グローバル資本主義の変容と中心部経済』第7章、日本経済評論社、2015年。

30) 霍見芳浩訳『多国籍企業の新展開——追いつめられる国家主権』ダイヤモンド社、1978年。

31) なお、IMFは購買力平価ベースのGDPを発表しているが、これによれば2017年の主要国シェアは、中国18.2％、アメリカ15.3％、インド7.4％、日本4.3％、ドイツ3.3％、ブラジル2.3％、イギリス2.3％であり、中国が最大である。

32)『日本経済新聞』2019.2.22。

33)『日本経済新聞』2019.1.9。

34)『日本経済新聞』2018.11.7。『日本経済新聞』2018.6.6の記事は世界の主要半導体メーカー10社の売上高を伝えているが、ここに中国メーカーは登場していいない。

35)『日本経済新聞』2018.10.19。

36) 李立栄「中国のシャドーバンキング（影子銀行）の形成と金融システム改革の課題」、証券経営研究会編『資本市場の変貌と証券ビジネス』第5章、日本証券経済研究所、2015年。

37)『日本経済新聞』2018.7.21。

38)『週刊ダイヤモンド　2018.8.25』。

39）『日本経済新聞』2018.5.3。

40）『日本経済新聞』2018.10.24。

41）『日本経済新聞』2018.2.12。

42）たとえば、『日本経済新聞』2017.6.2は「時価総額の上位は資源・銀行からIT勢に」というタイトルで、2017年5月と10年前の時価総額上位10社の比較を載せている。

43）『日本経済新聞』2019.3.2。

44）ここでの叙述は小澤健二「世界の食料・農業問題の現段階」、馬場宏二・工藤章編著『現代世界の構図』ミネルヴァ書房、2009年、第5章、および小澤氏からの情報に基づく。ただし、ここでの叙述は筆者の責任である。

45）館山豊「石油危機後の国際石油産業の構造変化」、馬場宏二・工藤章編著『現代世界経済の構図』ミネルヴァ書房、2009年第4章。なお、館山は「アメリカの世界戦略と石油」についても詳述し、アメリカが中東産油国等に力を行使してまで強要しようとした9・11以後の「力の政策」が破綻していることを示している。本稿ではこの点を取り上げていないので、是非参照してほしい。

46）『日本経済新聞』2018.11.29。「英蘭シェル『脱石油会社』」の記事など。

第1章　馬場理論の形成と展開、深化・逍遥

小林襄治

　以下の叙述では、馬場宏二の著作を紹介や引用することが多い。著書のフルネームを使うのは煩瑣になるので、主要著作については、以下の略称を使う。なお、馬場の著作については、戸塚茂雄氏が目録を作成し、馬場宏二『神長倉真民論』（開成出版、2013）に収録されているのでそれを参照していただきたい。馬場の論文の数は多いが、その主要分のほとんどは単著に採録されており、本稿では基本的に単著と編著にある論文に即して議論する。

　　『基軸と周辺』：『世界経済——基軸と周辺』東京大学出版会、1973年。
　　『透視』：『現代資本主義の透視』東京大学出版会、1981年。
　　『富裕化』：『富裕化と金融資本』ミネルヴァ書房、1986年。
　　『教育危機』：『教育危機の経済学』御茶の水書房、1988年。
　　『新資本主義論』：『新資本主義論——視角転換の経済学』名古屋大学出版会、1997年。
　　『活き方』：『マルクス経済学の活き方——批判と好奇心』御茶の水書房、2003年。
　　『もう一つ』：『もう一つの経済学——批判と好奇心』御茶の水書房、2005年。
　　『古典探索』：『経済学古典探索——批判と好奇心』御茶の水書房、2008年。
　　『宇野』：『宇野理論とアメリカ資本主義』御茶の水書房、2011年。

　なお、引用や紹介に際して、馬場の表現をそのまま使うべきかもしれないが、擡頭や賃銀など、初期には旧字を使っているが、晩年には新字を用いており、ここではすべて原則として新字を用いる。著書での章には、漢数字が使われるが、本稿ではアラビア数字とする。引用に際しては、出典のページ数を示すべきかもしれないが、本稿では論文を特定したうえでその主旨の把握を意図しているので、ページは示さない。なお、馬場が参照している文献や関連する文献については注で示すべきかもしれないが、本稿では本文に組み込み、注は付さないことにした。

はじめに

　馬場宏二氏とは40年以上のつきあいになった。私にとって大学院以来の師であり（大学院では、全共闘のストライキ期間が長く、また馬場は交通事故で休んでいた期間があった。戸原・馬場共同ゼミに参加した記憶があるが、実質的には大学院終了時からのブラウン研究会でのつきあいである）、多くのことを学んできた。本稿のテーマは「馬場理論の形成と展開、深化・逍遥」であるが、馬場理論と言っても、馬場の多面的な研究領域からすれば、即座にそれをイメージできる人は少ないであろう。過剰富裕論や会社主義論、反成長論に共鳴する読者は少なくないようだが、いわゆる経済学者、とりわけ馬場が所属するとみなされていた宇野学派の中では、とくに晩年には、馬場の学識の広さ、論法の鋭さ、文献探索能力等では一目置きながらも、馬場の主張や仕事は偏見に満ちた毒舌であり、語源探索の好事家とみる者が多かったようである。馬場の著書の多くは、エッセイ的論文や書評を含む論文集的性格が強く、著書からは個々の論点は別にして、馬場の真意ないし全体像をつかみにくいことは否定できない。繰り返しも多く、時論的論文も多い。

　しかし、馬場が生涯をかけて一貫して追及してきたのは、原理論―段階論―現状分析という宇野三段階論に即しての現代資本主義の分析であり、資本主義の根源的批判であった。とはいえ、馬場自身が現状分析を行うことは少なく、分析というより分析のための方法論や枠組みないし理論の模索と言った方が適切かもしれない。また、「一貫して」といっても、時代の変化とともに問題意識や研究対象は明らかに変化している。しかし、晩年の三つの著書（『活き方』、『もう一つ』、『古典探索』）に共通の副題「批判と好奇心」をつけ、「経済学は社会科学であり、資本主義社会の根源的分析であった。少なくともそうであるべきだった。」（『もう一つ』序文）として「時代批判」を貫徹する姿勢は一貫した。加えて、アメリカ資本主義中心の「新段階論」とアメリカモデルの「原理論」を提唱し（『古典探索』はしがき）、明示的に「宇野理論の歴史化」（『宇野』第一部のタイトル）を主張することで、宇野三段階論の継承を意図していることも明らかである。

　一人の人間の思想や理論を解明しようとすれば、その者が生きた時代背景を

的確にとらえ、その者の生活環境、家族・友人関係、職場等での仕事・人間関係、各種の交友関係等々を追う必要があろう。とりわけ、どのような時代意識を有し、どのような情報を取得していたか（文献等を読んでいたか、海外滞在研究を含む各種見聞等）が重要となろう。幼少期を台湾で過ごした経験が大きな影響を与えているかもしれない。しかし、そこまで手を広げる余裕はない。本稿は、馬場の主要著書に示される議論を分類・整理しながら、馬場理論の主要部分を時期に分けて把握し、紹介し、コメントするものである。もとより、筆者が馬場をどこまで的確に理解しているかは問題であり、この解釈は筆者の関心や問題意識にしたがって勝手に理解したものである。長い付き合いであるが、改めて著書を読むと、新たな発見も多い。現時点での解釈・評価であることは言うまでもない。

　結論を先取りすることにもなるが、馬場の仕事は3期に分けられる。最初は1980年ごろまでに書かれたものである。大学院入学（1957年）あたりを研究生活の出発点とみなせば、20年以上の期間である。この時期には、戦間期の農業（『アメリカ農業問題の発生』東京大学出版会、1969年）、貿易（『基軸と周辺』第三部「両大戦間の貿易」）、国際通貨問題（宇野弘蔵監修『講座　帝国主義2 世界経済』第2章「国際通貨問題」、青木書店、1975年）等の実証的研究論文も多いが、本稿で検討する馬場の主要な業績は、宇野理論と大内力の国家独占資本主義論の解釈・習得を通じた仕事である。ここで取り上げる主な論文は、『基軸と周辺』）の第一部「方法」の「第1章　世界経済論の対象」と『基軸と周辺』第二部第6章「資本主義の腐朽化」、および『富裕化』第二部「金融資本再考」に収録された3つの論文、「第3章　不均等発展の問題」、「第4章　株式会社の問題」、「第5章　金融資本の蓄積様式」である。これら3つの論文の初出は1980年の『社会科学研究』31巻6号、32巻1号、32巻3号であり、宇野弘蔵『経済政策論』（弘文堂、1954年）の検討が中心である。これらは、宇野段階論ないし宇野金融資本論の馬場による解釈となる。

　大内理論については、1981年刊行の『透視』「第1章　現代資本主義序説」を取り上げる。これは1981年に書かれているが、1975年の論文「国家独占資本主義論をめぐって」（『社会科学研究』27巻2号）や1980年の経済理論学会での報告などを基にした書下ろしである。「現代資本主義とは、社会構成原理としての資本主義が緩慢な崩壊過程に入った時代だという認識に、はじめから意図

したわけでもないのに、到達してしまった」（『透視』序）と述べているように、崩壊期資本主義という認識を背景にしている（もっとも、これには宇野・大内理論に基づくとそうなるという意味と馬場の時代認識・感覚がそうであったという意味の双方がある。ただし、馬場はこの同じ「序」の別の箇所では資本主義の強靭さや復元力も強調している）。そして、『透視』第1章で「宇野原論を現代資本主義に結ぶには多くの媒介が必要になる。ひとつは金融資本論であって、それは原理論における資本の商品化の規定と——これも宇野の叙述そのままでなくいくつかの補正を加えたうえで、それと——関連して解明しなければならない。もう一つは国家論であってこれも宇野の『経済政策論』の補充の上に構成されなければならない」と主張している。

　この時期の馬場理論といっても、それを簡潔に述べるのは難しい。独自の理論というより、宇野派の学者の多くと関心や問題意識を共有しつつ、宇野理論と大内理論との意義と限界を馬場流に明らかにして、「崩壊期資本主義」を「証明」しつつ、両理論を統合した金融資本概念と段階論の再構築による宇野方法論に基づく現状分析を提唱した、ということになろう。とはいえ、宇野や大内の理解の中に馬場の独自性が刻まれている。

　第2期は1980年代前半から1997年の『新資本主義論』（名古屋大学出版会）の刊行までの20年弱である。1980年代初めにはブラウン研究会での活動などを通じて、第二次大戦後の世界経済の現状分析への取り組みが行われ、馬場宏二編著『シリーズ世界経済Ⅰ　国際的連関——焦点と回路』、『Ⅱ　アメリカ——基軸国の盛衰』、『Ⅲ　ヨーロッパ——独自の軌跡』、「Ⅳ　日本——盲目的成長の軌跡」（御茶の水書房、1986~1989年）が刊行される。さらに、1980年前後あたりから日本経済（資本主義）へのエッセイ的評論や書評を含めての論文が増えてくる。そして、バブル時代を迎える1980年代の日本経済の観察・実感を反映して、日本資本主義の強さの秘密の把握として「会社主義」を提起する。富裕化はすでに1981年の『透視』のなかでも言及されているが、富裕化や会社主義を明示的に論じた論文は1980年代半ばであり、これらは1986年の『富裕化』と1988年の『教育危機』に収録されている。後者はすぐには理解しがたいタイトルであり、エッセイ集としての性格が強いが、主張は経済成長に伴う自然・家族・社会の崩壊・変質を指摘したものである。さらに付言すれば、この時期にはソ連圏や中国等の社会主義社会に対する批判が増えてくる。

富裕化論や会社主義を武器に「経済学の新しい体系」として登場したのが『新資本主義論――視角転換の経済学』（名古屋大学出版会、1997年）である。この本は他の著書がオムニバス的な論文集としての性格が強いのに比べて、一貫した方法でまとまり、馬場理論を集約したものである。「はしがき」に述べられているように、大内国家独占資本主義論と宇野三段階論の統合を目指した馬場の「一応の答え」であるが、「初めの予想とは全く異なるもの」であり、先生方［宇野弘蔵と大内力］にしては「そんなことを教えた覚えはない」として仰天するであろうものであった。それでも「資本主義一般と現代資本主義を貫串する、従来の資本主義批判とは全く異なる視角からする、根源的な資本主義批判になっているはず」のものである。この書の内容については後に検討するが、資本主義の腐朽や崩壊を論じていた者が、資本主義の成長がもたらす過剰富裕と人類存亡の危機を論じたのであるから、誤解も生まれ、違和感を抱くものが多かったようである。馬場が主催し、筆者も所属するブラウン研究会から経済成長志向が強いHとIが離れていったのもこの本の刊行後である。とはいえ、後に詳述するように、同書でも馬場の宇野三段階論を踏襲する方法と資本主義批判の精神は貫徹している。違うのは、通説（伝統的マルクス経済学）が資本主義の停滞や恐慌・不況等に伴う貧困・格差・不安定等の諸問題を批判するのに対し、視角を転換し、資本主義は成長を続ける（富裕化をもたらす）がゆえに滅亡する、と断じる点である。この観点から、独自の原理論や段階論の構築が課題になってくる。

　第3の時期は『新資本主義論』刊行後から亡くなるまでの約15年の期間である。この時期には『会社という言葉』（大東文化大学経営研究所、2001年）、『神長倉真民論』（開成出版、2013年）など派生的な著書もあるが、主要な業績は「批判と好奇心」の副題をつけて御茶の水書房から刊行された3冊の本、『活き方』（2003年）、『もう一つ』（2005年）、『古典探索』（2008年）、および『宇野』（2011年）である。いずれも論文集的性格が強く、一見すると経済学史の範疇に入る論文が多くなったという印象を与える。『経済学古典探索』という本のタイトルがそのことを示すし、部と章で構成される目次における部のタイトルで見ても、「経済学逍遥」と「『資本論』の周辺」（『活き方』と『もう一つ』の第二部と第三部）、「語義探索」（『もう一つ』第一部）、「経済学の流れ」と「再び流れを追って」（『古典探索』第一部と第五部）、「経済学史断片」（『宇野』第三部）

があり、経済学史にかかわる書物であるかの印象を与える。「逍遥」や「周辺」、「断片」、「流れ」、「語義探索」からは、経済学好事家的なイメージ生まれるのである。加えて、馬場による、学説ないし理論の継承関係、語義の変遷ないし語源の探索は執拗で徹底しており、好事家としても超一流となろう。これらの論文の中には、新渡戸稲造や夏目漱石と『資本論』の関係など、日本における「『資本論』研究史」の一側面として、あるいは新渡戸や漱石の研究の一側面として重要かもしれないものがあるが、馬場の経済学研究からすれば、文字通り「周辺」であり、これらはここでは無視する。しかし、多くの論文は、馬場が『古典探索』のはしがきで書いているように、「『新資本主義論』を過剰富裕化に絞り込む体系として書いた時……体系化のためには、不慣れでも原論まで自分なりに展開をせねばならない」と思い、その基盤を求めて『資本論』や『国富論』を参照し始めたが、「不審な記述が案外多いことに気付いたから」生まれたものであった。馬場原論の構築のためには、スミスであれ、マルクスであれ、宇野であれ、それぞれの著作の「聖典化」を拒否する姿勢が不可欠であり、新たな理論体系のために用語ないし概念の厳密化の作業が必要となったのである。

しかし、「批判と好奇心」の赴くままに、好事家的な学史探索に踏み込んだ成果をこの時期の主要な業績とみるわけにはいかない。重要なのが「新段階論の提唱」（『もう一つ』終章）と「宇野理論の歴史化」（『宇野』第一部、とくに第3章「宇野理論の究極の効用」）である。これらは重複するものでもあるが、イギリス中心史観（純粋な資本主義像）から決別し、アメリカ中心の原理論と新段階論の構築を提唱する。これは、馬場自身による宇野理論の「総括」でもあり、「宇野の歴史的制約を解除」した馬場自身による段階論と原理論のエッセンスが示されている。もっとも、アメリカモデルの導入は可能でもあり、必要でもあるとするが、「それで原理論が完成し得るかと問われると、それは無理かもしれない」と意味深長な禅問答的な答えを述べている。

アメリカ中心史観の提唱にともなって，投機性などアメリカ資本主義経済の特質が強調される。一面では『新資本主義論』の第Ⅱ部「現代資本主義概論」の補足・延長でもあり、「発展段階論とアメリカ」（『宇野』第二部、第9章から第13章）などの仕事がある。これらは馬場の新発展段階論の中身にかかわるが、段階論にこだわらないで、ひとつのアメリカ資本主義発達史やアメリカ経済・社会の特質を理解する論文としても読める。

さらに、「過剰富裕論の展開」(『活き方』第四部)、「過剰富裕論の深化」(『もう一つ』第四部)、「過剰富裕化論の徹底」(『宇野』第四部)があり、『新資本主義論』を前提に過剰富裕化論の展開・深化・徹底をはかっている。これらの展開・深化・徹底の諸論文は発展段階論を補足するものともいえるが、文明批評、アメリカ論、近代西欧思想批判としての色彩を強く帯びている。馬場の現代世界に対する危機感の表れであるが、人によっては偏見と毒舌の塊とも映ろう。しかし、自己のイデオロギーを離れて冷静に考えれば、馬場の主張を理解できるであろう。

1. 馬場理論の形成：宇野三段階論と大内国家独占資本主義論の統合─崩壊期資本主義の証明

馬場がなぜ宇野理論を信奉するようになったかは論じられない。推察するしかない。馬場が東大経済学部に入学するのが1953年であるが、大学生と大学院生であった1950年代は、宇野弘蔵が（1947年東京大学社会科学研究所教授に赴任、1958年定年退職）が陸続と主著を発表し（たとえば、『資本論入門』(1948年)、『経済原論　上下』(1950、1952年)、『価値論の研究』(1952年)、『恐慌論』(1953年)、『経済政策論』(1954年)、『マルクス経済学原理論研究』(1959年)、『経済学方法論』(1962年)など)、宇野説の信奉者を急速に増やしていた。馬場は宇野に大学院で直接に教わることはなかったが、この流れの中に身を投じていくことになる。1950年代は世界的には米ソ冷戦が激化した時代であるが、日本は戦後復興から高度成長に向かう時期である。戦後民主主義思想や核実験反対等の反戦・平和運動が学生にも浸透していたし、キューバ革命や植民地独立の動きがあり、ロシア革命後の世界は社会主義に向かっているとする「進歩主義」的歴史観が多くのインテリ層に受け入れられていた（もっともスターリン批判やハンガリー事件、ベルリンの壁、中ソ論争などソ連社会主義への疑問を提起する事件も生じ、「新左翼」も登場してくる）。馬場がこれらにどのようにかかわっていたかは知らないが、宇野の旺盛な知的活動と友人等の動きにも刺激され、研究生活に入ったのであろう。

(1) 世界経済論の対象

『アメリカ農業問題の発生』（東京大学出版会、1969年）が最初の単著である

が、これは博士論文でもあり（1967年学位取得）、大学院生時代の研究のまとめでもある。このテーマを選んだ理由は定かでないが、宇野や大内の農業問題への研究に刺激されたのかもしれないし、後知恵から判断すれば宇野が「世界経済論の焦点」として「世界農業問題」を指摘していたことに触発されたのかもしれない。農業問題は筆者の能力を超えるので、この本へのコメントできないが、馬場はまもなく宇野のこの考えを批判することになる。

　1973年刊行の『基軸と周辺』の第一部「方法」第1章「世界経済論の対象」は、初出が鈴木鴻一郎編『マルクス経済学の研究（宇野弘蔵先生古希記念）』（下）東京大学出版会（1968年）の論文である。宇野の「世界経済論の方法と目標」論文（『世界経済』誌、1950年7月号。宇野弘蔵『社会科学の根本問題』青木書店、1966年に再録）を現状分析の方法にかかわる積極的発言として評価しつつも、世界農業問題を世界経済論の焦点とする宇野の議論を批判する。馬場は、農業問題の本質について、宇野の議論を、①農業は資本家的生産に適さない、②資本主義国の外に押し出されがちになる、③農業恐慌は一般恐慌と独立に世界経済的関連のもとに発現する、④農業恐慌と一般恐慌はしだいに融合する傾向にある、の4点にまとめて紹介するが、説明不足として批判する。ついで、国際通貨問題も世界経済論の焦点になると主張する。この論拠は、第一次大戦後の世界経済での重大性、両者の密接な内的関連と共通の理論的根拠、とされる。ともに資本主義の根本的矛盾の外的表現であるする理論的根拠はいささか強引で生硬な書生的議論である。これらの点はともかく、つづいて「四　現状分析の目標の設定」を議論し、宇野の提唱した「原理論・段階論・現状分析という三段階論の体系は、経済学の分析が何よりも資本の運動から始められるべきものである」、「世界経済論が、資本の運動をそれこそ『焦点』として展開される」はずと主張する。

　宇野の焦点論を批判しているのであるが、「世界経済論の焦点」として農業問題だけでなく国際通貨問題も存在することを指摘する。おそらく、「農業問題」や「国際通貨問題」は重要な問題であっても、それらは焦点となる支配的資本の運動から展開される問題して把握するべきということであろう。だが、宇野の焦点論を批判する馬場が、新たな焦点を提唱する論法は理解しがたいものでもある。

　この認識の上で、「世界資本主義とは支配的資本の外延的展開にほかならず、

別のいい方をすれば世界市場ないし世界経済にほかならない」として、世界経済と国民経済の区別を議論する。ここでの議論は段階論や世界経済論というより、原理論にかかわるものである。労働力や資本の移動が国境によって制約されるから、区別はあるが、「この区別も、絶対的・質的なものというよりも、相対的・量的なものである」と重要な主張を行っている。そして、移民や資本移動が現実に果たした役割を指摘し、さらに外国貿易が存在する意義を強調する。宇野の議論を敷衍して、「資本は生産力的に有利な部門を自ら掌握するとともに、再生産にとって不可欠であっても自ら生産することが不利な部門を外部ないし外国に移譲するのである」。ここで、外部ないし外国とは、「資本の原理的解明をふまえていえば」、「法的な国境の外の意でなく、資本の外部すなわち資本と商品交換関係を結ぶあらゆる非資本主義的生産関係の意である」と指摘する。したがって、「資本の運動にとっては、はじめから、「有機的全体」をなす国民経済と、そうでない世界経済、という質的区別はないのであった」。「資本化社会にとっては、あるのは個々の資本の運動の交錯によって創出される共通の市場圏と、それ自体の構造はどうでもよいその外部の非資本家的生産関係の区別でしかない」。「経済の主体である資本にとっては、国境の内と外との区別は、単に価格体系内部にある量的差異の一つの場合にすぎない」。「資本は、移民によって直接に、貿易を通じた利潤率の上昇によって間接に、この制約［国境の］を可能な限り処理してしまう」のである。これらはいささか難解な表現であるが、馬場にあっては「資本と国家を区別する」視点がはっきりしている。この点は、榎本正敏の批判に対して『基軸と周辺』の論文の追記でなされた反批判でより明瞭にされている。「氏［榎本］のいうように『一つの社会としては全体として再生産し社会成員を維持してゆかなければならない』のはブルジョワ権力によって総括されるいわゆる国民国家であって資本ではないであろう」となる。

　資本と国家の区別の視角は了解できるが、「世界的ひろがりをもつ資本の運動を、その使用価値的特殊性を極限まで捨象して得られる世界像が、原理論の対象である純粋資本主義に他ならない」として、これに対して「世界経済論は、根本的には原理論によって認識される資本の運動を、原理論の展開範囲にわたってその具体的姿態において叙述するもの」とされる。ここに原理論と世界経済論の関係が示されているのだが、抽象的で難解である。この論文の「むすび」

においては、「恐慌の必然性、戦争の必然性、革命の必然性」を「原理論、段階論、現状分析」のおのおのの目標に関連させようとするが、ここでの議論も難解である。

同時に、「世界経済論の対象が、宇野氏の『政策論』における「産業資本としてのイギリス綿工業」や「金融資本の諸相」に該当する部分である……それが動態化され、段階論の中心部分にすえられねばならない」とされる。これは、基軸（常識的には世界経済の発展の中心国）における支配的資本の蓄積様式ないし運動の解明を段階論の核心とするという意味であろう。この限り明快な主張である。だが、どこまでが段階論であり、どこからが世界経済論なのかは不明である。

（2）資本主義の腐朽化

「資本主義の腐朽化」（『基軸と周辺』第二部第6章）は初出が『情況』（1971年10月号）であり、初期の論文である。馬場は、「資本主義の腐朽が、すでに誰の眼にも明らかなところまで進んできている」としながらも、「腐朽化」が繰り返し述べられても、その概念が真正面から議論されることはなかったとして、レーニン『帝国主義論』（第8章「寄生性と資本主義の腐朽性」）における腐朽化の概念を検討し、現代資本主義の腐朽化の解明につなげようとしたのである。付言すれば、大内力が『国家独占資本主義』（1970年、東京大学出版会）第5章「国家独占資本主義の腐朽性」で問題を提起しても黙殺された、とこの論文で回顧している。レーニンの『帝国主義論』は学問的著述といより政治的プロパガンダの小冊子でもあるが、マルクス経済学（ソ連経済学を含む正統派に限らず、宇野派等も含む）では聖典化され、その論理や命題、実証分析が厳密に検討されることは少なかったようである。馬場は、レーニンの「腐朽化」のイメージが焦点を欠き、多面的であいまいなことを指摘する。そして、いくつもの次元にわたる論点が錯綜しているとして段階規定、生産力の停滞（独占）、寄生性、日和見主義の次元に分解して再構築をはかる。

レーニンは独占＝停滞説から腐朽＝寄生論を演繹する狙いだったようだが、独占停滞論は事実からみて破綻している。レーニンの叙述はホブソンの『帝国主義』に依拠しているのでイギリスの事例を中心に展開され、腐朽化の主内容としては海外投資収益への寄生が強調され、日和見主義論も海外投資収益によ

る「買収」を強調している。これらはデータ上も問題があり、金利生活者国家の過大評価である。このようなレーニン批判の上で腐朽化の歴史的展開を見る。まず、19世紀中葉のイギリスを対象に腐朽化を論じ、労使関係の緊迫の漸次的緩和、物価と賃金の趨勢的上昇を確認し、世界市場の独占が労働者階級に日和見主義を定着させたとみなす。つぎに、大不況期以降と20世紀初頭のイギリスとドイツを対象に古典的帝国主義時代の腐朽化を論じる。20世紀初頭のイギリスでは、名目賃金は上昇を続け、実質でもいぜんとしてドイツよりも高く、労働者階級の地位が向上した。このため、国際競争力の低下と国内投資の萎縮を招き、停滞・腐朽・寄生化と言われる傾向が生まれた。賃金騰貴に代表される労使関係の弛緩がイギリスの腐朽化の根源である．ドイツでは、重工業を先頭とする急速な工業化と独占形成という特徴を確認し、賃金は長期的上昇傾向にあり、しかも重工業独占体では全体的に高く、とくに熟練工は高く、賃金格差が拡大していたことを確認する。その上で、社会民主党や労働組合の動揺する動向を一瞥し、労働者階級の状態は金融資本的蓄積に包摂され、漸次的改善をみせていた、と指摘する。ここに労働者階級を基盤とする最大政党の社会民主党が排外主義に陥った根拠を求め、ドイツの腐朽化を見ている。論文の「むすび」で述べているように、馬場にあっては「腐朽化を労使関係の弛緩としてとらえ」、「われわれの腐朽化—端的には労賃騰貴と民主化との継続—は、資本の経済的・政治的支配力の、その社会編成力の全面的後退を意味する」と結んでいる。

　いささか政治的議論という印象をぬぐえないが、腐朽化や日和見主義の経済的根拠を探った論文である。馬場の後の会社主義の議論とも共通するが、資本がいかに労働者を包摂しているのか、あるいは労働者の「忠誠」を保っているのか（すなわち、安定的な労使関係を構築するか）を強調するのが馬場の視角であり、独自性でもある。しかし、腐朽化を労使関係の弛緩と言い換えただけという印象をぬぐえないし、「弛緩」をどのような基準で判断するかも難問となる。賃金騰貴の継続を腐朽化とするのもいささか短絡である。

（3）不均等発展

　「不均等発展の問題」（『富裕化』第6章、初出『社会科学研究』1980年3月）は、金融資本の蓄積様式の手掛かりを求めて書かれ、レーニン『帝国主義論』と宇

野『経済政策論』における不均等発展論を比較検討する。レーニンでは資本主義一般における商品経済の無政府性に由来する不均等発展と、金融資本に基づく不均等発展が区別され、後者は力による再分割・戦争となる。レーニンは金融資本的蓄積の把握を問題にしていないが、列強間の生産力の不均等発展の帰結として戦争を直感的に把握した。宇野では不均等発展への言及は少なく、あっても原理論レベルの話である。しかし、『経済政策論』第三編「帝国主義」は事実としての不均等発展に着目して典型規定を導出しようとしたものであり、第1章「爛熟期の資本主義」において金融資本概念が抽象的にドイツに即して規定されている（ドイツ典型論）、とみなす。すなわち、支配権を握る大資本家が「再生産過程を、離れて、金融的に支配する。これが金融資本についての形態的規定の軸心である」と馬場は定義する。そして、金融資本の蓄積様式について、宇野の叙述は「難解であるが」と断りつつ、「不断に資本構成を高度化させ過剰人口を作り出しつつ同時に横への拡大を行う面と、もうひとつは、生産方法の改善の抑制や独占の作用で停滞的になる面」を抽出する。

　つぎに、第2章「金融資本の諸相」を検討し、第1章で規定した金融資本概念が、典型国ドイツのみならず、特殊国イギリスにも未完成国アメリカにも顕現したものとして、それぞれの特徴を対比的に示した叙述と解釈し、これを類型（タイプ）論とみなす。叙述は具体的で、国別になされ、発達史にもなっているが、レーニン的な不均等発展論が生かされていない、とコメントする。第3章「帝国主義の経済政策」の要旨は、ドイツが代表する保護関税、イギリスが代表する膨張政策、これらが次第に金融資本の政策として確立され、世界的な勢力圏再分割に帰着した、ことである。したがって、第三篇全体の最終目的は世界大戦論なのである、と解釈する。第3章第2節の最後はレーニン的不均等発展論に近い論理構成であり、第3章は総括論に近い。レーニンも宇野も「大戦に至る歴史的展開の運動軸は生産力の発展であり、それを担ったのは金融資本であった。レーニンは量的な不均等発展を重視し、宇野は類型としての質的差異を重視した」とまとめる。そして、世界大戦論を目標とすれば、レーニン的量的不均等発展が基本となるが、「経済学者であり原論学者でありすぎた」宇野の主目的は金融資本論であり、そのため不均等発展論は積極的に説かれなかった、と指摘する。言い換えれば、「大戦論を窮極目標としながらも、実際の作業はその原因とされる金融資本を明確にすることにほぼ限定され、列強経

第1章　馬場理論の形成と展開、深化・逍遥　89

済や世界経済そのものの総括に至らないままにとどめられた」と宇野の仕事を馬場は解釈する。

　この論文の意図は難解である。政治家レーニンと経済学者宇野弘蔵の対比として読めないこともない。しかし、不均等発展を根拠に世界大戦論を展開する議論と、不均等発展を引き起こす金融資本の蓄積様式ないし主要国における金融資本の存在形態の違いを議論する場合の、次元の相違の指摘と解釈しておこう。しかし、上述したように、この過程で馬場の金融資本概念の定義と2つの側面をもつ金融資本の蓄積様式が明らかにされている。

（4）株式会社

　「株式会社の問題」（『富裕化』第4章、初出『社会科学研究』1980年7月）は、「資本の商品化」概念の検討を通して、原理論における株式会社や株式資本の扱いと、ヒルファディングやレーニン、宇野における金融資本概念を検討したものである。まず、宇野原論における「労働力商品化の無理」の議論を手掛かりに、土地や資本など労働生産物でないものの商品化を議論する。土地は私有財産として売買し得るものになるが、土地所有権の売買は原理論的世界では困難である。土地購入資金はどこからくるのか、地代として利子相当分しか得られない土地を購入する現役の資本家はいない、資本市場並みの活発な市場が存在しなければ土地に遊休資金を投じることはできない、等である。要するに、土地の商品化には特殊性あるいは無理があるのである。コメントしておこう。純粋資本主義を厳格に想定すればこれら議論が成り立つかもしれないが、利潤の不確実性、引退する資本家、不純な要素等の存在を考慮すれば、この議論がすべて成り立つかは疑問である。

1）原理論と株式資本

　資本の商品化には無理がある（第1節「視角―資本商品化の無理」）。利潤をあげている資本家は企業を手放さないであろうし、買手も容易には現れないであろう。商品たる資本の価値の客観的評価は難しいなどが理由である。しかし、現実の資本主義は、企業から所有権を配当請求権として分離するなどして所有権を評価し商品化するのに適する制度を生み出した。これが株式会社であり、資本の商品化の無理を乗り越える形式である。ただし、その動力は純粋資本主

義からは生まれず、帝国主義段階への推転を通じてである。このため宇野経済学体系では株式会社制度の位置づけをめぐる難問が生じたとして、第2節「無理の例証—原理論と株式資本」を議論する。宇野『原論』（ここでの『原論』は旧『経済原論』とされる『経済原論　下』と全書版『経済原論』（岩波書店、1964年）の双方をさす）における問題点を考察する。さらに、宇野説の訂正の試みとして鈴木鴻一郎編『経済学原理論』（東京大学出版会、1962年）を検討する。馬場が述べているように、「宇野原理論における株式会社論には、はなはだ難解な、いわば論理の不自然さがつきまとう」ので、馬場の議論の紹介も容易ではない。問題は、純粋資本主義に現実の機構として存在しない株式会社をいかに処理するか、であった。馬場は、株式会社を全面的に取り込む方向にあるとして鈴木原理論を評価するが、株式会社の普及の前提となる「固定資本の巨大化」を原理論では説けない、とする。しかし、馬場は資本の商品化を原理論でも説くべきと主張する。もっともそれは「暫定的な仮設」であり、「原理論の世界に、共同出資や企業売買や資本市場といった現象が皆無だとはしないほうが素直」というものである。それらは資本主義の基本的傾向の部分的表現の意味を持っていたが、資本の商品化の無理に制約されて、再生産に重大な影響を及ぼすまでは発展しなかった。この制約は、産業資本の株式会社化によって乗り換えられることになるが、そのためには重工業的発展に基づく固定資本の巨大化が必要であった。「資本の商品化の普及化には、特殊な生産力の発達にもとづく固定資本の巨大化や景気循環の変形という歴史的過程が必要であった。この過程は原理論の外から来る。したがって資本の商品化は全面開花した形では原理論のなかに取り込めない。だが、その萌芽形態は、原理論に含まれるものとする必要がありはしないか」と言うのである。

　いささか歯切れの悪い主張であり、馬場はこの問題に晩年まで苦闘することになる。純粋資本主義に基づく原論という宇野方法論の呪縛が強かったかもしれない。後に「株式会社論の視角」（『古典探索』第7章）が発表されるが、ここでは原理論との関係は触れられない。筆者の見解では、株式資本や株式会社、資本市場が資本の運動の不可欠な存在となる以上、原理論にもしかるべき地位を占めるのが素直であろう。産業資本段階でも鉄道など巨大な固定資本を擁する産業は不可欠である。巨大固定資本の重工業が主導的産業となる時代と繊維を中心とする産業資本の時代が区別されるとしても、またすべての産業で一様

に固定資本の巨大化が生じるのでないとしても、「原理論の外から」固定資本
の巨大化が到来するとみなすのは疑問である。原理論のために純粋化傾向にこ
だわるのは、何のための原理論かと問われることになろう。なお、鈴木芳徳『信
用制度と株式会社』（新評論、1974年）が宇野株式会社論を批判している。鈴
木によれば、資本の集中と投資家層の存在が重要である。資本主義の一定の発
展段階では投資規模の拡大で投資できなくなる資本や競争に敗北する資本を想
定できる。同時に、大株式会社の形成には金融機関のかかわりが不可欠であり、
資金の集中の面でも大金融機関の存在が不可欠、と指摘する。

2）株式会社の普及

　第3節「株式会社の普及—その屈折と限界」は、歴史的分析でなく、普及の
条件を考察したものである。資本の商品化が完成するには、法的制度的（企業
会計、有限責任制、準則制等）整備、取引慣行・機構や株式企業に対する社会
的信頼の必要を指摘し、鉄道業等の社会資本がその実質的前提を形成した（馬
場によれば鉄道資本等は資本市場の周辺的地位を占めたとするが、この認識は
19世紀の先進国を見れば妥当でない）。そして、巨額の資本を必要とする重工
業の発達（固定資本の巨大化）が、株式会社の普及をさせたが、その普及は先
進国イギリスより後進国ドイツやアメリカでより早かった。また普及に際して
は先行した株式企業が有力な役割をはたした。同時に、株式会社化は企業の生
存能力を高めた（配当削減・減資・追加出資など財務改善が容易。買収等の集
中合併による過剰整理によって規模の利益や合理化が達成され、独占による利
潤率の改善がはかられる等）。株式産業企業が支配的部門を掌握するに至った
が、資本の商品化には限界があった。株式会社化は産業部門ごとに偏りがあり、
巨大企業に限られ、圧倒的多数の資本は株式会社化しなかった。しかも証券市
場で日常的に売買される証券は発行された証券のごく一部に限られた。
　「屈折と限界」というこの項のサブタイトル、直ぐにはイメージしにくいが、
ドイツやアメリカが先行した事実が屈折であり、限界は資本の商品化、すなわ
ち株式会社化が一部の巨大企業に限られ、これが金融資本と重なることを意味
しているようである。株式会社の普及過程やその特徴の把握について異論はな
い。株式会社化が生産力の向上につながることを強調しているのが特徴でもあ
るが、同時に資本の商品化の限界を強調している。この「限界」（一部の産業

の巨大企業、一部の証券のみの売買）は、その後の歴史を見れば、拡大してい
るのであり、当時（金融資本成立期）の歴史的限界であっても、資本主義の限
界とみなせるかは議論の余地があろう。

3) 金融資本の概念規定

第4節「金融資本の概念規定―その形態と実態のズレ」は学説史を整理して
おり便利だが、難解である。ヒルファディングは『金融資本論』第14章で「か
ような仕方で現実には産業資本に転化されている銀行資本」とか、「銀行によ
って支配され産業家によって充用される資本」などと金融資本を定義する。原
理論と段階論の区別がなく、定義には株式会社が現れず銀行資本が主役なって
いるなどに問題を残すが、レーニンの定義に受け継がれることになる。レーニ
ンは「生産の集積、そこから発生する独占、銀行と産業の融合あるいは癒着」
と定義するが、これはヒルファディングに生産の集積・独占を付け加えたもの
に過ぎない。集積と独占が直結され、株式会社の意義が無視され、特殊ドイツ
的な独占や銀行資本の在り方には無自覚などの問題がある。さらに、銀行資本
の支配は過渡的な一時期のものであり、経営者支配を強調して、巨大な株式会
社を独占資本と規定し直すスウィージーを紹介する。

以上のように学説史の問題点を指摘したうえで、宇野『経済政策論』第三篇
「帝国主義」が検討される。特に第二節「株式会社の機能」が重視され、「株式
会社論の諸論点はほぼ網羅され、論理的には整序されて、金融資本概念の基礎
が与えられている。ただし、金融資本の定義が明確に文章化されているわけで
はない」。「つづめていえば、金融資本は、株式会社制度によって、再生産過程
を、離れて、金融的に支配するものだが、単に支配機構の形式ではなく、所有
と経営の分離、銀行と産業の関係、支配集中、独占といった実質をさまざまな
組合わせで、さらにいえば、その基礎になる重工業的な生産の集積と固定資本
の巨大化という生産力的発展を、内包するものとしてとらえられている」とみ
なす。このように高く評価するのだが、同時に、宇野の議論には「形態と実体
のズレ」を含んでいる、と指摘する。たとえば、イギリスは、再生産過程を離
れて金融的に支配する点では代表だが、重工業的発展や巨大株式会社、独占が
問題にならない海外投資が金融資本とされる。「ズレ」の例として、新産業によ
らない株式制度や株式形式をとらない巨大重工業の存在なども指摘されてい

る。宇野が第二節を「金融資本の諸相」としたのは、この「ズレ」を意識した
からと弁護・推測している。だが、この「ズレ」をめぐる議論は難解である。

4）金融資本の蓄積

「むすび―金融資本の蓄積」では、金融資本が資本主義の新たな段階を画す
ことが強調される。株式会社制度によって「生産の主体である資本を商品化す
る無理をのりこえ、資本自身の商品化を社会的に普及せしめえた」。資本の商
品化の完成は代表的産業の代表的企業に限られたが、再生産の基軸を握り、新
たな生産力を包摂することで資本主義の新たな段階になった。資本の商品化は、
産業資本には困難な、資本に対する社会性を付与するとして、資金の集積、企
業集中、生産組織の客観化や合理化、独占等の企業間組織の形成等に伴う社会
的組織性が、重工業など多様な新産業を資本のもとに包摂することを可能にし
た。これが金融資本の実体をなす。そして、極度の産業的発展と腐朽化を並行
させうる主体ともなる。

しかし、資本にまで商品化が及ぶのは商品経済関係の過剰浸透であり、資本
主義の爛熟であり、このため形態と実態のズレにもとづくいくつかの逸脱現象
を生み出す。資本増殖の場が、剰余価値の生産過程から離れて、金融上あるい
は流通上の操作による非生産的利得にひろげられ、金融寡頭集団はいくつかの
産業部門間に吸着と離脱を繰り返す。金融資本は投機性も腐朽性も含みうる。
なお、ここで投機性と腐朽性の概念は必ずしも定義されておらず、明快でない
が、「創業利得は、発行業者にとって投機的利得の機会である」とか「形態的
無害粘性＝個別非生産的増殖＝腐朽化と社会的停滞」とかいった表現からは創
業利得など非生産的利得を想定して、投機性や腐朽性を述べているようである。
コメントとなるが、非生産的利得がキャピタルゲインを意味するとすれば、そ
れと資本蓄積との関連を投機性や腐朽性の問題を含めて議論するべきであろ
う。株式市場（擬制資本）の存在が資本の投機的運動を促進することは言うま
でもないが、その運動が現実資本の運動にどのようにかかわるかが問題となる。
逸脱、投機性や腐朽性という言葉のイメージで分析が終わってしまう印象を与
える。なお、後述する後の論文「株式会社論の視角」（『古典探索』7章）では
株式評価益の役割が強調されている。

以上のように金融資本の蓄積の特徴と問題点を指摘したうえで、その蓄積が

もたらす不均等発展が指摘される。金融資本は、資本の商品化によって形態的にも実体的にも最高の資本となる。その蓄積過程はいわゆる不均等発展である。すなわち、「資本の商品化が産業資本を超えて展開する諸機構の組合せによって、企業別、産業別、国別に産業的発展の差を主内容とする多様な蓄積様式を示しうる」。また、株式会社制度は、表面的な利回りの均等化の陰に現実資本の利潤のより大きな不均等を隠蔽する機構であり、それは産業的発展の大きな不均等をもたらしうる。

（5）金融資本の蓄積様式

「金融資本の蓄積様式」（『富裕化』第5章、初出『社会科学研究』1980年11月）では、「既成の諸説の検討を主とするもの」にならざるを得なかったと述べ、その理由を「金融資本の蓄積様式を独自に定式化し、現代資本主義の経済的運動範囲について一つの基準を与え得たはずであった」が、「それはいちじるしく困難であることを改めて覚らざるをえなかった」。「定式化自体、絶望的に厄介な問題を含む」し「金融資本が現代資本主義の経済的運動軸であることは、結論的には肯定しうるにしても、それにもかなりの検討や留保が必要とする」からである。検討してきた3論文と比べても、最初から弁解があり、馬場の研究が「破綻した」ことの告白ともとらえられかねないかもしれないが、ともあれ、その内容を確認しておこう。

1）宇野弘蔵『経済政策論』（弘文堂、1954年）

宇野説の検討では、最初に宇野の議論（『経済政策論』第三篇第一章第一節）がヒルファディングの論理（『金融資本論』第三篇第11章）に近いことを確認する。すなわち、ヒルファディングの論理は「重工業の発展による固定資本の巨大化—資本移動の困難—利潤率の不均等の永続化—その克服として銀行主導による独占形成」であり、宇野では最後の部分が「株式会社に置き換えられたにすぎない」のである。この上で、宇野による「金融資本の蓄積様式」を見るのであるが、ここでは「難解である」という表現が頻出し、馬場が非常に苦労して解釈していることが明らかである。それでも、宇野の議論を次のように整理する。すなわち、商人資本や産業資本と対比して、金融資本の蓄積は最初から資本の集中による巨大な集積で行われる。重工業株式会社では、生産方法の

不断の改善によって労働力が不断に過剰化する面と、新技術を部分的に採用し、独占力で旧設備を稼働できる価格を維持したりして、旧来の固定設備を温存する面がある。したがって新旧設備を併用し、拡大過程では労働者が吸収されて過剰にならなくなり、労働力の枯渇に基づく労賃騰貴が蓄積を制約することは少なくなる。貨幣市場と直接に関連する資本市場の機構を通して、資金が社会的に配分されるようになり、資本過剰を利子率高騰で規制する過程が攪乱される。したがって、恐慌がなくなるわけでないが、金融資本は不断の過剰人口と不断の過剰商品を抱え、販路が重要な問題となる。産業資本的な恐慌の周期性が攪乱され、好況要因は外部に求められる。

　上述の議論を、イギリスとドイツの対比や独占論の観点で補足し、「叙述はかなり難解であり、解釈しきれない部分さえある。とりわけ全体像ははなはだあいまいである」とした上で、3つの観点からコメントする。まず、対象とされる金融資本はどの国のいつのものかを問い、ドイツのようでもあるが、ドイツとは断じ難く、宇野の金融資本は「株式会社形式をとる重工業」を指しており、ドイツに典型な組織的独占を入れていない。つぎの観点は、蓄積様式の分析にいかなる用具を用いられているかである。宇野は、株式会社の機能を資金集中と支配集中にみているが、企業売買も重視するべきである。独占への言及を避けていて金融資本の蓄積にとって独占の果たす役割は不明だが、景気変動における独占価格の役割、破産の回避や減資による財務整理、および旧設備の遊休化と好況期のその利用などは独占との関連で説くべきである。3つ目の観点は景気変動の態様であるが、これは「きわめてとらえ難い」。慢性不況説のようでもあるが、停滞説ではなさそうで、安定成長基調説のようでもある。景気の自律性は、原理的恐慌過程に比べれば著しく失われ、好況への反転は外部要因に依存するが、それを受けとめて自動的に運動する機構は存在し、かなりの好況も実現できる。しかし、いずれ過剰生産に行きつき、利益の見込み違いも起こり、貨幣市場に規制された株価崩落という自らの機構の発動によって恐慌に転じる。馬場が難解とする宇野の文章の解読を、筆者が「要約」しているので、不十分な説明になっているかもしれない。しかし、馬場が語るように「全体としてはなはだばくぜんとした規定になるに過ぎない」のである。このため、次に宇野説を継承した3つの試みを検討する。

2）大内力『農業恐慌』（有斐閣、1954年）

　同書は宇野『経済政策論』より早く出版されているが、宇野『経済原論』や『恐慌論』を継承し、さらに当時利用できる諸家の諸説を広く渉猟し、独自の説を提起したものとして、またのちに検討する大内力『国家独占資本主義論』につながるもとして、高く評価する。そして、大内の議論〈「第二章　帝国主義段階の恐慌の形態」〉を紹介する。恐慌がパニックの形を取らずに好況から不況への転化がなだらかになり（恐慌の緩和）、不況が慢性化し、景気回復力が弱く、繁栄期が持続性を失う。恐慌の緩和は、独占段階では商業の役割が小さくなり、交通・通信の発達で投機が減少したこと、および銀行の集中で信用の崩壊に対する抵抗力が高まったことから説明される（これ自体はトゥガン・バラノフスキーやヒルファディングの議論による）。慢性化は、独占資本の特徴（ヒルファディングとスウィージーの議論から）と宇野の資本過剰説恐慌論（利潤率低下説）を結合させた大内独自の理論である。すなわち、好況期には、独占資本は、生産制限・価格吊り上げで資本蓄積を進めるが、自己の部門への投資には供給増・利潤率低下を恐れて慎重になり、他部門への進出や不況に備えた内部留保、資本輸出を行う。非独占部門は独占による収奪で利潤率は低く、量でカバーするべく横への拡大を進める。拡大で労賃騰貴が生じてくると独占部門は労働力の吸収が少なく、独占利潤があるので対応可能である。だが、非独占部門では利潤が減少し、利子率が騰貴すると利潤率と衝突する。不況が慢性化するのは、独占体には恐慌に対する抵抗力がある（生産制限による価格維持や銀行との結合等）のに加えて、生産量を増やす新規投資は避け、低能率設備の休止で生産性は上がる。非独占部門では資本破壊も生じ、生産手段価格は独占によって吊り上げられたままであり、資本構成の高度化による回復は難しい。要するに「緩やかな恐慌、慢性的な不況、短く弱々しい繁栄」が大内説による独占段階の景気変動の特徴であり、それは「株式会社による重工業部門での独占体の成立、とりわけその生産制限によって」説明されるのである。

　上述の大内説に対する馬場のコメントは、独占を重視したことは宇野に比べて前進であるが、歴史的景気変動の実体と合致しないというものである。大内説は、恐慌や好況も否定しない慢性的不況説であるが、停滞説的要素が強い独占停滞説であり、大不況期や1930年代には合致するかもしれないが、20世紀初頭など急激な拡大期を説明できない。それは、大内に金融資本や独占体は好況

をもたらすという認識が欠落しているからである。

3) 岩田弘『世界資本主義』（未来社、1964年）

馬場は岩田の世界資本主義論を、既成の宇野理論継承者たちは拒絶反応を起こしたが、宇野説ではあまり重視されなかった側面を強調し、「粗削りながら魅力的な資本主義像をとり出していた」と評価する。とくに段階論部分では、景気循環における国際的連関、恐慌史や貿易と資本輸出や国際金本位制や資本市場の問題、帝国主義段階でのイギリスの実態などについてである。原理的恐慌論では労賃騰貴より固定資本処理を重視し、とくに恐慌と不況期における資本破壊の効果を重視する。株式会社の機能では資金集中より企業集中を、資本市場では発行市場よりも流通市場を重視する。このような特徴を指摘した上で、第4章「株式資本と金融資本」を要約・紹介する。まず、岩田による宇野説批判の要点として、次の諸点を指摘する。1890年代以降の金融資本的景気変動過程の内的関連を追及するべきである。金融資本でも市場は投資需要を通して産業蓄積自体によって造出されている。資本市場の拡大と産業的蓄積の拡大→貨幣市場から資本市場への資金流出→貨幣市場の利子率高騰→資金の還流による資本市場と産業的蓄積の収縮、がみられる。株式による集中合併が巨大産業会社を形成し、独占的市場分割戦（シェア競争）を引き起こし、その間には宇野説の不断の生産方法の改良と旧設備の利用の併存がみられるが、分割戦終了後は後者が支配的になる、などである。

岩田の主張する「一つの型ではない」金融資本の蓄積様式は、1873~95年の大不況期、1895~1907年の独占体成立期、1907~1913年の資本輸出に基づく特殊な金融資本的発展期に時期区分された3つの異なる資本蓄積様式になる。異なる蓄積様式をたどるのは、「資本主義がその生産力と生産関係の矛盾を周期的に解決する機構を失った結果である。この機構が失われたから、資本主義は世界戦争に突入せざるを得なかった」のである。この岩田説に対して、馬場は次のようにコメントする。宇野説より明快で、大内説より実証研究の成果を踏まえて具体性がある。景気の国際的連動を重視した時期別の総括、金融資本的蓄積の世界性・国際的連関に照明をあてたことを世界資本主義論の成果として高く評価する。しかし、実証素材の多くは大不況期の金融資本成立史である。細かい論点の実証に疑問が残ることは別にしても、景気の国際連動で金融資本

の動態を総括できるかは疑問である。第一次大戦に至る世界構造の大変動の経済的根拠は、列強金融資本の不均等発展である。岩田はなぜ不均等発展に注目しないのかと批判する。さらに、1907年恐慌について、時期区分とアメリカの恐慌の捉え方（新開性や投機性に由来する鉄道建設、移民と都市化、銀行制度の不備と貨幣市場の激動などの無視）、宇野のいう外部要因となるアメリカ以外の新開諸国での資本輸入・鉄道建設・農業的拡大等を指摘する。そして、金融資本の蓄積には、景気の国際的連動に代表される統一性の側面と対立性の側面があり、統一性の側面のみを重視したのは片手落ちと批判し、段階論を不要とする岩田には関係ないかもしれないが、「金融資本の蓄積様式の一般的把握」の可能性の追及を主張する。この「一般的把握」あるいは「統一性と対立性」の両面把握が馬場の意図である。

4）戸原四郎『恐慌論』（筑摩書房、1972年）

　戸原は第5章で「自由主義段階の恐慌」として1857年恐慌を、第6章で「帝国主義段階の恐慌」として1907年恐慌を分析している。自らの手による詳細な実証的な研究であり、恐慌史でもあるが、段階論としての恐慌論が意図されている。ここでは第6章が問題となる。「Ⅰ金融資本の史的展開」と「Ⅱ金融資本の再生産構造――ドイツ鉄鋼業を中心として――」を受けて「Ⅲ金融資本の蓄積様式――1907年恐慌を中心として――」が論じられる。戸原の分析は詳細で学ぶべき点は多いが、馬場が述べているように末尾に「総括」が付され、それは「実証を要約しつつ段階論次元の金融資本の蓄積様式の把握を示し」ている。

　すなわち、帝国主義段階の景気循環は「局面転換が連続的・漸進的である」。その理由は、銀行集中で信用の動揺が抑えられ、運輸通信の発達で農産物投機は縮減したのでパニックはなくなった。独占体の価格維持で恐慌期の価格崩落は歯止めがかけられ、生産制限で過剰設備を抱えつつも利潤減退は阻止されるが、設備更新・生産拡大の誘因は働かない。周辺（非独占）部門は価格関係が悪化し、一部は破産し、赤字解消に時間がかかる。このため、不況は長期化する。この議論は基本的に大内説を継承したものであり、独占にともなう「漸進性」を強調している。しかし、慢性不況に陥るとは限らないとする。財政支出や公共投資、個人住宅建築といった外的契機が働くからである。軍備拡大、都市化など利潤以外の動機に規定され、不況期の低金利や低価格を利用した反循

第1章　馬場理論の形成と展開、深化・逍遥　99

環的拡大も見られる。この要因が金融資本の自動回復力の弱化の中で特殊な意義を持つようになり、国家独占資本主義になれば意識的に強化される。アメリカでは金融資本の外の中小企業産業や農業の勃興が景気を回復させた。外部からの需要で販売増が利潤増につながるが、景気は不況部門が残るという跛行的になり、帝国主義段階の景気は、区分の明瞭でない好況と不況の交代の形を呈するようになる。外的契機、すなわち好況要因の外部化という点は宇野説の継承である。

　戸原の「総括」を要約した後で「はなはだ理詰めで明快であり、いささか素っ気ないくらいである。宇野説のあいまいさは払拭され、大内説の難点だった慢性不況説は否定されているから、両方の意味で前進である」と評価する。しかし、宇野は、恐慌がなくならないが、周期性や典型的過程がなくなるとして、恐慌について株式制度とくに資本市場の動揺を重視した。この点は岩田が強調する点でもあるが、戸原の「総括」で触れられない点に不満を表明する。さらに、宇野では株式制度—資本市場—貨幣市場の関連を重視し、投機的好況が起こりうることを認めているが、戸原は、景気態容の把握と説明の用具において、独占を重視し大内的、と指摘する。そして、好況要因の外部化という論点は、宇野に共通するが、岩田は消極的であった。この点を、実証をふまえてきわめて明確にされたのは戸原の重要な貢献と高く評価し、現代資本主義論に取り入れるべき論点と指摘する。このように戸原説を宇野、大内、岩田の説と対比しつつ整理したのであるが、馬場は同時に、戸原が『恐慌論』の実証分析では、アメリカの資本市場や国際資金移動による景気の変動という世界資本主義論者（岩田たち）が重視する論点がしかるべく位置づけられていることを指摘し、にもかかわらず「総括」でそれらが捨象される理由を「ドイツ典型論があまりに厳格に適用されたせいであろう」と指摘する。この点はさらに、宇野ではイギリスやアメリカを「金融資本の諸相」に取り込み、ひろがりをもっていたが、そのひろがりを切り落とすと、論理は整理されるが、金融資本の実体に偏り、それとズレる金融資本の形態の側面が軽視されることになる、と捕捉する。「実体と形態のズレ」（『富裕化』第4章の議論）は必ずしも明快ではないが、金融資本概念の定義はドイツ典型論では定義できない広がりを持つべきである、ということであろう。

5）大型好況の可能性

　3人の宇野理論の継承者の説を検討した後が「三　大型好況の可能性」の節となる。ここでは最初の部分で、これら（先学諸説）を「概括して一つの方向へ収斂させ、それにそって何らかの結論を導き出すことは不可能に近い」とする。しかし、前章（「株式会社の問題」）での考察から、「金融資本が内部に異質性、多様性を含むものであって、その動態としては不均等発展が不可避である」。したがって、金融資本の蓄積様式の把握には、その安定性や停滞や不況の長期化に限られず、大型好況ないし持続的高成長も含まれ、両者の併存の結果として不均等発展となるのである。岩田説には大型好況も激発性恐慌も含まれるが、岩田の把握は一過性の現象の歴史解釈にとどまっている。そして、宇野説では［先述のように大内、戸原でもほぼ同じ］不況現象の面を強調する傾向が強いが、金融資本の蓄積機構の中に長期的強蓄積をもたらしうる要素を指摘する。これが、この説のタイトルの意味である

　過剰人口を所与として、なし崩し的な生産方法の改善によって、旧設備と新設備をともに擁する金融資本が蓄積基軸になっている。外部から製品需要が与えられると、稼働率の上昇、独占価格維持、売り上げ増とコスト低下で利潤が増える。かかる過程が続けば設備投資が増し、産業連関を通じて投資が投資を呼ぶ拡大にもなる。労働力の制約は急激には来ないし、資金の制約も独占的利潤の増進に伴う豊富な内部資金、株式発行の可能性や銀行との癒着から容易には来ない。したがって、「ひとたび拡大基調に乗れば、商品市場、労働力、資金のいずれの面からも制約を受けずに、拡大を産業資本よりも長期的に持続しうる」。周辺の中小企業については、労働力や資金力の制約が生じやすく、これが金融資本の拡大の制限になるが、金融資本の側が相互拡大過程に入っていれば、この制約はあまり響かないかもしれない。したがって、「基本的には金融資本によるなしくずしの生産性上昇を基礎として、拡大は長期間持続しうる」。最後には労働量の制約につきあたるが、それが、どのような形となるか、中小企業の破綻、資本市場の崩壊、金融資本自身の市場梗塞による生産制限、それらの組合せ等は分からない。恐慌となるかもしれないが、その深度は一律ではない。したがって、「金融資本の蓄積様式を、その必然性を含むものとして一律に定型化することはできない」。漸次的局面転換を通じた安定型の変動、大型の長期的拡大も大型不況も可能である。

このように把握したうえで、産業構造と景気調節政策の意味に触れる。前者では、「金融資本の産業的基盤はドイツ重工業に限られない」。株式会社は、石油や電力といった新エネルギー産業、電気機器や化学、自動車等、第二次産業革命以来蔟生した新産業を漸次取り込み発展させた。「株式制度に基づく金融資本は、新産業を次々に取り込みながら自らの産業構造を複雑化させてゆく」。「逆にいえば、この種の、重工業的水準をこえる生産力の発現としての各種産業を支持拡大し、自らのうちに定着させてゆく資本形態こそ金融資本なのである」。「かかる発展の結果、産業的金融的連関をもつ巨大株式会社の諸集団が形成される」。それらは、「絶えず集団内の金融中枢によって統一的に支配されるとは限らない」。巨大産業株式会社の相対的自立性は強まるし、一企業内部においてさえ分権型経営組織の有利性さがいわれる。株式会社制度は、いわゆる所有と経営の分離をつうじて、弾力的で生産技術的に合理的な経営組織を作り出すための装置として機能する。「金融資本の基本的性格は重工業の発達のうちにほぼ表現されるとはいえ、そのひろがりや、弾力性はそこには尽くされないのである」。多くの産業を包摂する金融資本の蓄積動態は、各産業が発展期にあるか、安定期にあるか、停滞ないし衰退期にあるか、それらが全体としてどのように配置されているかで異なる。さらに、質・量両面での労働力供給の在り方、経済政策や国際環境という外部条件に規定される。

最後に、景気調節政策の意味を考察している。財政支出等の購買力増強政策は宇野の外部的好況要因、戸原の反循環要因に他ならない。その実際の投資促進効果は追加購買力の規模によるとして、インフレーションや実質賃金率の切り下げを経ずに景気回復をもたらしうる。その理由はすでに述べてきた市場拡大による生産増の効果である。そして、金本位制の廃止に伴う財政膨張や信用の基礎の拡大が、こうした景気調整策を取りやすくし大規模化する。これは、金融資本的蓄積の発展的側面に、大内力の国家独占資本主義論を接ぎ木したもの、と主張する。ただし、大内は、国家独占資本主義の本質として、金本位制廃止にもとづくインフレーションが実質賃金を切り下げるとした。だが、「本質」論としては、物価と賃金のどちらがヨリ早く上昇するかは需給関係しだいであると指摘し、その上で、スペンディング・ポリシーは金融資本的蓄積とヨリ深く関連させて説かれるべき、と主張する。

6）小括

4節が「むすびにかえて——金融資本の変質」である。これは、これまでの議論のまとめではなく、現代資本本主義の下での金融資本が各種の介入を受けてその蓄積に歪みが生じていることを指摘し、さらに国有化についても論じたものである。

総じて、金融資本の蓄積をめぐる馬場の議論は、学説史的検討を中心にして、各氏の説を整理し、それぞれの論理の意義と限界を確認する。各氏の議論を理解するには非常に参考になる。宇野の曖昧さと難解さ、大内の独占＝停滞論の一面性、岩田の景気の国際的連動による統一性の魅力と一面性（不均等発展に伴う対立の無視）、戸原の厳格なドイツ典型論による論理性と閉鎖性、などである。しかも、馬場は各氏の議論を批判しつつも、それらを自らの金融資本蓄積論の中に取り入れようとしている。おそらく、馬場の議論を魅力的にしているのはこの点でもある。言い換えれば、多くの議論を取り込みながら金融資本の蓄積様式の一般論の構築を目指しているのである。景気循環（恐慌、不況、好況）を伴うし、多くの産業を取り込むことも可能である。しかし、「金融資本は内部に異質性や多様性を含むもので、その動態としては不均等発展が不可避」とか「金融資本的蓄積様式を一律に定型化することはできない」とも指摘する。一般論の構築に水を差しているともいえるが、馬場は自らで金融資本の蓄積様式の実証分析を行うことはなかった。宇野のロシア革命後の世界が社会主義に向かうとした時代認識の呪縛が、その後の金融資本の実証的研究を妨げたのかもしれない。

（6）大内国家独占資本主義論

1）大内説

大内力『国家独占資本主義論』（東京大学出版会、1971年）を検討したのが、『透視』（1981年）の「第1章　現代資本主義序説」である。これは、1975年の論文「国家独占資本主義論をめぐって」（『社会科学研究』27巻2号）や1980年の経済理論学会での報告などを基にした書下ろしである。この序説では、まず国家独占資本主義という用語にまつわる語義上の疑義や用法の多様性を指摘し、次に学説整理（正統派、ツィーシャンク＝今井説、大内説）が行われる。大内は「失業の緩和を主目的とする金本位制の廃棄を前提としたフィスカル・

第1章　馬場理論の形成と展開、深化・逍遥　103

メカニズムをとって国家独占資本主義と規定した」が、レーニン以来、国家独占資本主義は国家の行政権力的な直接介入の意味で使われてきている。完全に適切な用語は見出し難いか、この難点を回避するために、馬場は「現代資本主義」を用いるとしている。そして、「現代資本主義を資本主義的な社会構成原理の崩壊過程にある時代」としてとらえている。この崩壊は、第一次大戦期以降にヨーロッパで始まる。したがって、現代資本主義は第一次大戦に始まり、「崩壊期資本主義と呼びかえられてもよい」のである。大内説の特徴は、労働力商品化論に立つ現代資本主義論であり、それゆえに根本的な正しさをもつものである。1970年代半ば以降に議論は多様化・複雑化し、新たな説明課題としてのスタグフレーションや国家論への関心の高まりが見えるが、スターリン的理解が力を失い、大内説がいくつかの変種を伴いつつも主軸を成している。

　大内説の背景にある歴史理解は、次のとおりである。1917年ロシア革命の衝撃によって資本主義は全般的危機に陥り、体制維持のために労働者宥和政策が不可避になった。とりわけ大量失業は回避されなければならない。こうした危機が1929年に始まる世界大恐慌で現実化し、金本位制が廃棄され、インフレ的な財政金融手段による景気回復策が世界各国で実施される。これが漸次洗練されて財政金融的諸手段が組み合わされたフィスカル・メカニズムが形成される。これが国家占資本主義の内実であり、世界史的には社会主義への過渡期に存続する資本主義である。金融資本に代わる支配的資本が形成されたわけでないから、資本主義の段階としては帝国主義段階に属するが、全般的危機や金本位制で区別すれば、後期の帝国主義段階である。大内説の機構論的説明は金本位廃棄から始まる。インフレ的財政金融政策は、労賃を上回る物価上昇を招き、実質賃金を切り下げる。恐慌に陥った資本主義は、この剰余価値率上昇によって回復の手がかりを得る。財政金融的手段が整備されれば、景気過熱の抑制で大恐慌は回避され、不況も深刻化しない。したがって、資本主義は激しい景気変動と大量失業を回避しうるようになる。これが国家独占資本主義であり、大恐慌期のインフレ的景気回復、戦後の安定成長期の景気変動の防止も、スタグフレーションの説明と景気政策の限界等、力点は変化するが、全体として一貫した説明となる。ただし、恐慌回避が焦点となり、その裏面として停滞論的色彩がまつわりついている。

　このように大内説を歴史的理解と機構論的説明の組合せとして紹介した後

で、コメントを加える。用語にまつわる問題を別にすると、まず、現代資本主義は労働者の発言権や社会的地位の上昇を公認している。第一次大戦を画期とする団体交渉権の付与や労働者政党の国政参加などである。労働組合の存在を現代資本主義の全体像の中に基本的要因として位置付けるべきである。宇野は「資本主義の組織化と民主主義」という小論文（初出『世界』1946年5月）で、労働者の組織化を現代資本主義の特徴としていた。つぎに、大内説は原理論的世界像による「本質」の説明であるが、機構論的説明としては、金融資本的蓄積機構から金本位制を撤去した世界像を対象とするべきである。大内の金融資本的蓄積論は結局独占停滞論に帰着し、金融資本が柔軟で合理的でかつ多様な生産力管理組織を形成しうる資本形態である点を十分に捉えていない。最後に、歴史認識にかかわる問題がある。再建金本位制の時期をどうとらえるかの問題もあるが、それ以上に、どの地域を焦点にするかが問題である。大内説は日本やアメリカに適合的なものとして構想されていたが、加藤栄一（「現代資本主義の歴史的位置」『経済セミナー』1974年2月）が再構成したように、ヨーロッパ中心に構築されるべきである。

　このようなコメントを加えるが、大内説の最大の貢献は現代資本主義の特徴を、金本位制廃棄という否定形でとらえた点が重要と指摘する。その意味は次のようである。金本位制は、資本主義の自己規律をなす価値法則を貫徹するための装置の結晶であるが、その廃棄は財政金融の運営の人為化・裁量化をつうじて資本蓄積を無規律化する。金融資本の無規律の蓄積は、大衆社会化に適合的な生産力と生活様式の発展をもたらすが、それは現代資本主義の下で資本主義的原理の崩壊が進むことを示す現象である。

　いささか原理論的次元の抽象的な生硬な議論である。無規律な資本蓄積をイメージするのは難しいし、ここでいう資本主義的原理の崩壊が具体的に何を指すのであろうか。大衆社会化が原理の崩壊なのであろうか？

2）歴史的展開

　用語と大内理論の検討の後で「歴史的展開」を（1）と（2）に時期区分して行い、最後に「崩壊期資本主義」の節でまとめを行っている。ここでは執筆当時の馬場の歴史・現状認識が示されている。内容紹介を行う余裕はないので、まず「歴史的展開」の小見出しを示しておこう。（1）は、第一次世界大戦一

現代資本主義の端緒、1920年代の跛行構造、大不況——一国的現代資本主義の整列。（2）は、第二次世界大戦——現代資本主義の戦争、戦後体制——現代資本主義の国際的組織化、安定成長——現代資本主義的生産力の充実、安定成長の終焉——現代資本主義の限界、である。第一次大戦以降の資本主義の概観であるが、結論は「歴史的展開」の後にくる「崩壊期資本主義」である。すなわち、序に述べられている「現代資本主義とは、社会構成の基軸をなした資本主義的関係が原理的に崩壊しつつある過程に他ならない」を確認するものである。戦間期には立ち入らないが、戦後資本主義は、アメリカを統一基軸とする核の傘・ドルの傘の国際体制の下で、安定成長の道を歩む。その蓄積基軸は各国の金融資本であるが、それは福祉国家体制と共存し、フィスカル・メカニズム（大内国家独占資本主義）を有力な補助装置とし、金融資本自身も部分的には変形した。この枠組みの中で金融資本は安定的蓄積を長期にわたって実現し、資本の支配力を増強した。その成果が史上未曾有の工業化であった。長期的安定成長は、雇用の増大と実質賃金=生活水準の上昇による政治的安定をもたらし、それが経済成長の条件ともなり、大衆社会化を実現した。対外的には水平分業による貿易拡大や多国籍企業の展開がみられ、「西」側諸国の国際協調も強化された。しかも「西」の工業的発展は、「東」と「南」も漸次巻き込むことになる。資本は政治面での譲歩にかかわらず、経済面での支配力をかなり復元できたのである。その根因はそれが擁する工業生産力であった。

3）スタグフレーション

安定成長によって資本主義体制の維持拡大に成功したが、資本主義諸国間の不均等発展を主経路として、アメリカの力は相対的に弱まり、戦後体制つまり蓄積の外枠を突き崩した。これは、1970年代のヴェトナム戦争におけるアメリカの敗北、金ドル交換停止によるIMF体制の解体、オイルショックに集約的に表現される。安定成長はまた蓄積基盤だった技術革新の可能性や労働力と天然資源［石油等］との賦存を掘り崩した。この帰結が日本を例外とするスタグフレーションである。そして、スタグフレーションの意味を馬場流の経済学で読み解くことになる。すなわち、安定成長は大衆的富裕化を実現し、富裕化は社会的統合の手段として機能したが、社会の解体の原因ともなった。具体的に述べると、富裕化は人々に生活目的を喪失させ、関心を非社会的にする。欲望は

私的に解放され、ヨリ大きく多様な欲望を引き起こす。社会的統合のコストは増大し、社会的秩序の面では応じきれないまでに膨張し、欲望充足に応じて悪循環に増大する。これを過保護社会化という。そして、アメリカを例に、犯罪の多発、麻薬の浸透、家族の解体、性的混乱、大衆の教育水準の低下を指摘する。労働規律の弛緩もその一環とする。さらに利害集団も小集団に細分化され多様化する。かかる事態の経済面における総括的表現がスタグフレーションである。財政面では社会保障費の無限の膨張につながる。富裕化が欲望解放社会をもたらし、社会の解体を導くとともに、欲望解放が物的生産や社会的秩序の維持を制約し、窮乏化をもたらすことにもなる。

　スタグフレーションを社会の解体としてとらえたのが、馬場の特徴であり、この点は1988年の『教育危機の経済学』の諸論文につながる。だが、『透視』1章の論文は「五　崩壊期資本主義」として総括されている。第一次大戦を機に資本主義は現代資本主義化の途に入り、資本主義的原理は漸次浸食され、その作用は制限されるに至った。しかし、その原理には強靭な抵抗力が残されていた。現代資本主義化に伴う変質は労働力の商品化を維持延命するための譲歩としての部分的崩壊である。現代資本主義は工業的生産力の発展を通じて自己を保存、強化拡大さえしており、その歴史は屈折と逆転を含む複雑かつ長期的なものになっているとして、その変質を次の4点にまとめている。まず、公的統制の強化や公企業や国有企業の増加等、行政的介入の増大。つぎに、労働者宥和であり、内容的には労資同権化（労働組合の公認、団体交渉権等）、最低労働基準（最低賃金、最長労働時間等）の法定、失業救済、社会保障）。第三に、金本位廃棄を前提とする景気調節機構の形成。第四に、生産力の発展とそれに伴う大衆消費社会化、である。そして、経済成長をつうじた資本主義社会の大衆的富裕化を伴う安定は、労働力と資源に対する資本の支配力の著しい弱化をもたらし、その資本蓄積面への反映がスタグフレーションとみなす。この過程は不可逆的であり、これは人類史的危機とも主張する。

　これらは、1970年代のアメリカを中心とする資本主義経済の危機に対する馬場の認識である。確かに1970年代は戦後アメリカの経済力が国際的には低下し、国内的にも自動車産業等の衰退が目立ち、転換を迫られた時期である。だが、1980年代には新保守主義とか新自由主義ともいわれる流れの中で、規制緩和や国際化の動きが強まり、インフレは抑制され、失業率は上昇し、企業体制や金

融システムの改革が進む。馬場の4つの指摘でみれば、行政的介入は減り、労働者宥和は縮小する。景気調節はより洗練され、とくにマネーサプライ抑制の金融政策はインフレ退治に成功する。1980年代のアメリカでは双子（財政と経常収支）の赤字など問題も大きいが、それなりの成長力を回復し、窮乏化は回避され、1990年代にはITブームに沸くことになる。西独と日本の1970、80年代年代の経済的パフォーマンスは良かった。西独はECの中核として共同市場の深化をはかり、EUとして経済通貨同盟を目指し、東西ドイツの統合を図ることになる。日本は1980年代にバブルを謳歌するが、1990年代以降には「自滅」し、ゼロ成長経済に入る。オイルショック後の世界の国際収支構造の激変の中で、途上国債務問題など厳しい状況もあったが、国際金融・資本市場は拡大し、新興工業国としてアジア4地域（韓国、台湾、シンガポール、香港）が躍進する。それよりも、ソ連経済の低迷と中国の文革による経済混乱とその終焉はかつての社会主義への憧憬への懐疑をつのらせ、1990年代のソ連の崩壊、旧社会主義国の資本主義化への道を切り開くことになる。後知恵になるし、後に馬場自身の認識も変化するが、資本主義の復元力ないし強靭さへの認識が、この当時では弱かったようである。あるいは、「崩壊期資本主義」の呪縛が強く残っていたのかもしれない。

　蛇足になるが、1980年代から日系自動車企業の対米直接投資が展開され、しだいに米国での自動車生産におけるシェアを伸ばすが、アメリカの日系自動車企業には労働組合は基本的に存在しない。また、90年代以降の米国経済を支えるIT企業でも、例えばマイクロソフトには労働組合は存在しない。馬場の指摘する「資本の支配力」は曖昧な概念である。「社会の解体」は現象的には理解できても、「資本の支配力」の弱化との関連はストレートには結びつかない。

2．馬場理論の展開：富裕化・会社主義・新資本主義論

　馬場理論の形成過程は、宇野三段階論と大内国家独占資本論を統合し、現代資本主義を分析することであった。その結論は「崩壊期資本主義」の証明であったが、「崩壊」の意味は資本主義的原理の後退、あるいは資本主義的規律の喪失である。後退や喪失は、具体的には、公的統制や行政的介入の増大、労働組合の公認や労働基準の法定、社会保障制度、金本位制廃棄による景気調節機

構の形成、大衆富裕化にともなう資本の支配力の低下などを指している。そして、このような段階の資本主義が帝国主義段階（厳密には後期帝国主義）の資本主義であり、その支配的資本が金融資本なのであった。したがって、段階論における金融資本概念のいっそうの精緻化、金融資本的蓄積様式の定式化を軸に現状分析を行うことが課題となった。だが、戦後資本主義の分析の進展とともに、また日本経済の高度成長の「実感」、さらにはソ連型社会主義経済の混迷とそれへの批判もあって、資本主義の「崩壊」というよりも資本主義の生産力上昇と強靭さを解明するための独自の概念を求め、富裕化と会社主義を用意するようになる。このためには伝統的なマルクス経済学の窮乏化論や社会主義優越論、日本後進国論からの明確な決別が必要であった。この成果が『新資本主義論』（1997年）であり、馬場の資本主義像が提示されている。本節はこの過程を振り返りつつ、馬場理論の展開を見ることにする。

（1）資本主義的原理と社会原則

資本主義の腐朽化や崩壊、規律の弛緩や喪失は馬場が良く使う概念であり、前節でも検討したが、必ずしも明快ではない。馬場の考えを見るうえで、富裕化や会社主義を理解するためには、回り道になるが、馬場のいう資本主義的原理や社会原則の概念を見ておく必要がある。このテーマを扱った論文が『透視』の「第2章 現代資本主義の多原理性」である。「多原理性」というのは誤解を与えるが、その冒頭で述べているように「現代資本主義は、資本主義的原理と『社会』主義的原理のいわば二本建て社会になっている」ことを指している。「『社会』主義的原理」は馬場が述べるようにいささか曖昧な概念であり、ポラニー（「カール・ポラニー　その擬制商品論を中心に」『教育危機』所収、初出『経済学論集』42巻2号　1976年7月）の議論や宇野の「経済原則」に刺激されて、使うようになった概念である。宇野の経済原則（後述）と同じ意味であり、馬場は「社会原則」とも呼び変えている。いささか紛らわしく、「『社会』主義的原理」という表現が使われることが多いが、ここではそれも社会原則に置き換えて、紹介する。

1）資本主義的原理
資本主義的原理の根本は、『資本論』や宇野『経済原論』で示されたように、

すべての経済関係が商品化され、生身の人間の能力である労働力まで商品化されることである。商品関係の展開形態である資本が経済過程の主体となり、生産と社会の主体である人間は資本に主体性を奪われ、自らの能力を商品と化して生産要素に転落する。いかなる社会形態をとるにせよ、一社会は、成員の労働を投入して一定量の生産物を獲得し、その一部を次の生産のための物的手段とし、他は成員の消費に充て、労働力を維持する。双方が結合されて再生産が行われ、社会が存続する。この過程が、宇野のいう経済原則である。この経済原則を自らの支配のもとに実現しうるものとして、資本主義社会はひとつの社会形態となる。

　資本主義的原理とは、この社会における人間関係のさしあたり経済的諸関係の運動の総体であり、経済法則ともいえるが、それは、ひとつ社会の原理としての規律の側面を持っている。この規律は、微視的には、より高い利潤を得るためにより安い商品を提供することであり、そのために資本家は、より安い生産手段と労働力を求め、より高能率の生産技術を用いて、より高い労働強度とより長い労働時間を労働者に要求する。こうした諸条件は競争によってほぼ均等になる。労働者は、雇用を得るには、並みの賃金で満足し、生産過程内では資本家に従属するしかない。規律は、巨視的には、恐慌の必然性という形で現れる。生産諸要素、とりわけ労働力に対する資本の過剰蓄積の帰結が恐慌であり、それは資本の利潤追求の行き過ぎに対する抑制の過程であり、過大な拡張再生産の抑制でもある。恐慌の過程で、物価は下落し生産は縮小し、破産と失業が集中的に生じる。恐慌に続く不況の過程では、資本は死活の競争戦を演じ、賃金切り下げや労働強化を試みるが、より高い生産性をもつ設備の導入が不況脱出の出発点となる。恐慌と不況の中で、資本家も労働者も、資本主義的原理を改めて集中的に叩き込まれる。人間の商品経済的陶冶は、日常の競争のなかでたえず行われ、景気循環のなかで時期的に集中し、資本主義的原理が自動的に維持される。この原理は、合理的・経済的であるが、冷酷で非人間的なものである。労働者の貧困や失業、資本家への従属もこの原理の必然の産物であるが、これらの悪が社会規律の手段になっているのである。これらの議論は、教科書的な資本主義的原理と恐慌の説明であるが、それを「社会規律」としても捉える点に馬場の特徴がある。

2) 社会原則

　上述の資本主義的原理に対置されるのが、社会原則である。これは宇野のいう経済原則と同じ意味とされ、また「『社会』主義的原理」とも表現されている。仮説として提示されているが、馬場理論を理解する上では重要な概念である。この原則とは、単純に言えば、社会が自らのうちに抱え込んだ人間について、そう簡単には見殺しにしないのでないか、ということである。歴史上大量死が生じたのは戦争や凶作やペストの流行といった非常事態のもとにおいてであり、社会が正常な状態にある限り、被支配階級が死に絶えるまで搾取されることはなかった、と馬場は考える。人類史全体としてみれば、人口は増え、生産力は上がり、生活水準も上がってきたからである。この認識を前提に、社会はいずれの形にせよ、労働能力を有する者（後継者を含む）については、巨視的にはその生存を保障する、と考える。さらに、労働能力のない者（老人、病人・廃疾者等）についても生活が保障されるかを問い、生産力の低い社会でも労働能力のない階層でも生活を保障されていたはず、と考える。したがって、資本主義社会においても、なんらかの形で個人の生活が保障されているとみなすが、それは資本主義的原理とは別のところにおいてであり、これが社会原則、すなわち「社会」主義的原理なのである。

　この社会原則の視点から、労働力の生産と消費の問題を考察する。まず、賃金について、その水準は弾力性のある上限と下限の間で定まる、とする。言い換えれば、賃金水準と生活水準はかなり弾力的なものである。つぎに、就労者は賃金で生活しうるとしても、児童の扶養・教育費、労働能力喪失者の生活費、失業者の生活費は、就労者の賃金には含まれないから、資本主義的原理では非就労者の生活を保証しないとみなす。したがって、非就労者の生活は、賃金と生活水準の弾力性によって支えられる、とするほかない。そして、家族内関係は商品品経済的な関係でないし、地域・近隣関係、労働組合の相互扶助、慈善事業や国家の救済事業、これらは資本主義的原理からは出てこない。こうした資本主義的原理の外に出る社会領域を想定しない限り、非就労者層の生活維持を論証することはできない。さらに、労働日や労働強度について考察し、これらも、社会的・地域的慣行、労働組合の規制、権力の介入等々の資本主義的原理以外の領域の諸事情が作用するとみなす。したがって、現実の資本主義が商品関係の徹底によって経済原則を実現し、一社会の基軸を形成するものでありな

がらも、商品関係の外になお維持される非商品的、すなわち共同体的ないし権力的関係が、社会の摩滅を防ぐ機構として発動し、資本主義を一社会たらしめる補助装置となっている、と主張する。

　レトリック的表現でわかりにくいが、資本主義はその原理の徹底による経済原則の実現を目指すが、社会原則が「社会の自己防衛」（ポラニー）や「人道的見地」（宇野）から働き、資本主義的原理の徹底には限界がある、ということである。筆者流に言い換えれば、馬場は「外囲」という表現を時に用いるが、資本主義は非資本主義的領域を残さざるを得ないということである。あるいは、労働力の商品化の矛盾、無理、限界などと言われるのは、資本が労働力を直接に再生産できないこと、また自然（土地等）も資本の産物でないことを意識してのことである。

3）社会原則の史的展開

　馬場はまず自由主義段階の社会原則（＝「社会」主義的原理）を次のように論じる。19世紀中葉のイギリスでは、歴史上もっとも純粋な資本主義に近い社会が成立したが、そこでも社会原則が厳しく制限されながら貫徹していた。事実として存在する共同体的関係や権力的関係に依存し、「不純」な要素も多く残っていた。非就労者の生活は、家族関係や貯金、近隣関係や慈善事業、同業組合や労働組合の相互扶助、農業等における非資本主義要素の存在、国外移住の可能性、権力の介入による失業対策事業や救貧事業等々で支えられた。だが、非資本主義的生産領域や共同体的関係はたえず商品経済的分解の危険にさらされ、権力の介入も自由主義的イデオロギーによって制約された。経済原則に応じた資本主義的原理が基軸、社会原則が周辺という明確な位置関係であり、そうである限り、その社会は健全な資本主義であった。

　19世紀末の金融資本の形成・発展と帝国主義、第一次大戦とロシア社会主義革命の衝撃によって、資本主義社会は変質し、上述の基軸と周辺の関係が変化する。社会原則がその地位を高め、資本主義的原理に比肩しうるまでに台頭した。その具体的表現として、金融資本（株式会社制度に基づく巨大独占体）の形成に由来する社会的組織化の意味を問う。金融資本は、経営形態の私的資本所有による制約から離れた合理的な経営組織を形成し、巨大な生産力を処理し、そのための組織的価格安定を達成する。労働者や農業生産者や中小企業の組織

化も進む。組織化の進展が現代資本主義の一大特徴であり、これは資本主義的原理を保持する側面と制約する側面を併せ持ち、それが労働大衆等の社会的弱者の地位向上に結び付くならば社会原則の実現機構としての意味をもつ。したがって、組織化を資本主義的原理と社会原則の間に介在する、もう一つの原理とすることが可能かもしれない、と指摘する。なお、この組織化の論点は、いささかレーニンの国家独占資本主義のイメージに近いと思われるが、その後あまり強調されることはないようである。この点は別にして、社会原則の地位向上について、社会主義の圧力を原因として指摘するが、この圧力の意味は、ロシア革命の影響に限定されず、さまざまな運動が社会原則の実現を要求するものであったからである。そして、この点を、商品経済的分解の過剰進行や資本主義の爛熟、すなわち非資本主義的生産や自然発生的な共同体的関係や慣行等の資本主義的原理によらない社会領域の消滅に対しての、社会原則の再生のためのもがき、と指摘する。こうした条件のもとでは、社会原則の発現は権力の介入による社会保障の制度化になるしかない、として福祉国家の形成を捉える。

　社会原則の主要な担い手が国家となれば、社会原則が資本主義的原理と抵触した場合、前者が後者をむしばむ力を持つに至る。失業救済や団体交渉が賃金の底上げをもたらし、資本蓄積を阻害する。また、資本による労働規律を弛緩させる。金本位制廃止によるスペンディング政策の展開は、資本と労働の利害を両立させる方法として現代資本主義の中枢的地位を占めるが、資本主義的自己規律装置の破壊でもある。金本位制の最大の機能は、信用の過剰膨張を抑制し、それをつうじて資本の過剰蓄積、過剰雇用、物価と労賃の過高を抑制することである。金本位制の廃止による恐慌の回避は資本主義的規律の弛緩をもたらした。インフレーションがその表れである。成長促進を伴うインフレ・メカニズムの長期的定着は、その帰結として1970年代初めに金・ドル交換の停止、二桁インフレ、石油危機等をもたらし、スタグフレーションとなった。資本主義的自己規律はそこまで麻痺したのである。

　とはいえ、馬場は、自己規律を失いつつある社会としての現代資本主義が歴史の一段階として長く続くかもしれないが、定着するとは考え難いとする。しかし、社会原則を体現した福祉国家も、一社会として完成しない。生産過程を掌握しうるものでなく、資本主義的原理の存続が前提だからである。労働者は生産の主体としてではなく、商品所有者として行動する。社会の構成員が社会

の主体として確立していないのである。主体性を回復した社会（社会主義社会）よりも、愚者の楽園としての現代資本主義の、自己規律の喪失に由来する気楽さが、容易に捨てがたいものである、とも論じる。

　傍観者的資本主義議論といった、批判が生じるかもしれない。この点はともかく、馬場は現代資本主義を資本主義的原理と社会原則のせめぎあいの過程と捉え、福祉国家段階では後者が前者を抑えるかのように捉えていた。だが、その後の歴史は、前者の巻き返しである。どちらかが一方的に勝利するとは言えないのであり、時にどちらかが優位に立ちつつも、当分はせめぎあいが続くと考えるべきであろう。

（2）富裕化

　富裕化という概念ないしキーワードは「現代資本主義はまた、富裕化社会の成立過程でもあった」（『透視』（1981年）の序文）で書かれているし、『透視』所収「第一章　現代資本主義序説」の中でも使われているが、『富裕化』の「第2章　付論一　富裕化論のすすめ」（初出1982年）で述べているように、読者等からの反応はまったくなかった。「富裕化論のすすめ」というタイトルの論文が登場するのは『現代と経済学の対話　2』（毎日新聞社、1984年8月）においてであるが、これは「富裕化と社会科学」とタイトルを変えて、『教育危機』（1988年）に収められている。なお、「富裕化」という表現は後に「過剰富裕」や「過剰富裕化」という表現に代わる。一定水準以上の富裕が過剰富裕であり、馬場が批判するのは富裕一般でなく、過剰富裕についてであることはいうまでもない。しかし、「富裕化」という表現を使い始めた時から、それは実質的に過剰富裕化を指しており、筆者の理解では両者を区別する意味はそれほどない。

1）富裕化と社会科学：新たなパラダイムを求めて
　「富裕化と社会科学」論文は、質問に答える形の対話形式の文章である。日本のマルクス経済学にとって、3つの論点でパラダイムの崩壊が進行し、危機に陥っている。すなわち、窮乏化論、社会主義優越論、日本後進国である。宇野体系は原理論での完成度が高く、歴史をとおした現状把握のための方法的基礎を与えたが、それを適用して現状を分析する面では不十分である。段階論は資本蓄積を軸にして世界史を把握する仕方を示し、さらに国家論や社会科学の

共同を提唱しているが、三つの現代(富裕化社会の「西」、スターリン主義の「東」、低開発の「南」)について[宇野理論は]ろくにものをいっていない(「マルクス経済学と三つの現代」『富裕化』第一章参照)。現代資本主義論について、宇野の著作や発言から訓詁学的議論を行っても無理である。大内国家独占資本主義論は大きな成果であるが、現代資本主義は、一方で商品経済をますます深化させるとともに、大衆的富裕化社会を作り出すほど強大な生産力を実現した。そして、東も南も、西が実現した高い生産力と生活水準に引きずられ、世界が再びそこへ収斂するような状況になっている。

　現代資本主義の変質は宇野原論の純粋資本主義を基準とするが、馬場は2段階の不純化を考える。第一段階は、帝国主義段階あるいは金融資本段階における不純化で、中間層分解が進まなくなり、また労働市場が内部労働市場化を起こして、外部労働市場と二重化した。これに応じて国家の介入が大きくなり、景気循環も変形した。第二段階は、資本主義が社会主義との対抗で変質したことである。ここでの社会主義の意味は社会原則の回復要求とでもいうべきものである(既述「(1)資本主義的原理と社会原則」参照)。第二段階の不純化を経て大衆民主主義化プラス大衆の富裕化社会ができた。政治的には普通選挙の一般化や労働者政党の政権掌握も。経済政策では、生存権の公認(失業救済、社会保障)、所得再分配、労使同権化(利害集団がそれぞれにプレッシャー・グループ化し、その間で取引)。これらは大内国家独占資本主義論のベースで議論できるが、大内説は生産力視点が弱く、停滞論的で、富裕化論が出てこない。

　金融資本は産業資本をこえる投機的な好況を作り出しうると宇野は言っているが、金融資本は産業資本をこえる本格的好況作り出しうるという論理を、金融資本論に入れたい。金融資本は株式会社だから横の拡大と縦の深化が同時にでき、大規模な経済規模の拡大が可能である。恐慌がなくても生産性は上げられる。資金的制約もなく、合併等による大型化・合理化もやりやすい。大型の長期好況が現実化する条件として、3つの条件がある。1つは商品の外部市場であるが、これは国家がフィスカル・ポリシーで作ってくれた。2つ目は技術革新の継続であるが、戦後の事実はそうであり、後発資本主義国としては技術導入によるキャッチアップが容易であった。3つめは、安い労働力の存在である。とすれば、第二次大戦後に資本主義国が成長するのは当たり前である。成長して生産力が上がれば、大衆的富裕化が起こる。大衆民主主義化のもとで失

業救済、所得分配、労資同権（団体交渉賃金等）等が展開される状況では、社会的改良と大衆富裕化が同時的に進行する。

歴史的には第一次大戦が転換点となる。ヨーロッパでは社会改良ないし大衆民主主義が強く、アメリカでは富裕化が強く現れた。1930年代にヨーロッパで富裕化が進み、アメリカでは社会改良が進んだ。第二次大戦後にはアメリカを軸にして両者が進行した。

金融資本の蓄積をきちんと整理し直す必要はあるが、大衆民主主義と富裕化の帰結の1つめが、成熟社会化であり、その中心は産業構造のサービス経済化である。高齢社会化、高学歴化、女性の労働力化が生じる。これらにともなって、国家の役割が増大し、公的介入も増える。2つめは、脱社会化であり、家庭の崩壊、犯罪増加、アブセンティズムの増加、麻薬の増加等であり、人間関係の過剰な商品経済的分解の帰結である。3つ目は、資源問題と環境問題である。これらは、資本主義的な規律の崩壊の問題としてとらえられる。この規律は、価値法則、規則的な景気循環あるいは金本位制と言い換えることができるが、資本蓄積を一定の枠に抑えるメカニズムであった。

資本主義の自己規律の弛緩にともなって、かつては伏在していた文化的な独自性が勝手に自己増殖し始めた。これらは経済学で解きようがなく、社会諸科学の共同が必要になるが、経済学との接点はある。まず、資本主義諸国間の不均等発展で世界体制が動揺している。つぎに、国際的連関が深化して、アラブや東のもともと資本主義と異質な原理で成り立っていた社会の動揺が資本主義の側にもきつく響いている。3番目は、19世紀以来の国民国家が解体現象を起こし始めている。これらは、資本主義的メカニズムによる統合の限界であり、社会科学の枠を広げて解明するしかない。

以上の紹介から明らかなように、この論文において馬場理論の骨格と目的ないし意図が端的に語られている。さらに、『富裕化』の「はしがき」において宇野理論との関連で富裕化論提唱の意味が簡潔に述べられている。「本書の基調は生産力重視である。人々の生活や意識や行動様式を、要するに社会や時代を規定する最大の要因は、つまるところ生産力でないか」と問い、これは唯物史観のおうむがえしかもしれないが、自らの研究に基づく発見でもあり、富裕化論の提唱になったと述べている。そして、宇野体系は生産関係を過剰に重視している。本書（『富裕化』）は宇野体系の発展段階論を生産力重視の観点から

洗い直したものである。そして、多分に直感的独断的と断りながら、次の3点を指摘している。

まず、段階論は、生産力の発展を基準として整序される。各段階における生産力の世界的基軸となる国が「指導的先進国」であり、それは「世界的な生産力配置の鳥瞰によって選ばれる」。宇野説の場合、原理論からの発想があまりにも強烈に投映され、生産関係の側面が独り歩きしがちである。生産力の発展は資本蓄積様式の自己展開として現れるが、生産関係の変容も生産力発展の発現形態として把握しなければならない。生産力は、生産を組織する企業の形態や流通上金融上の諸関係にも現れ、間接的には経済政策や法律など上部構造にも規定力を及ぼす。つぎに、帝国主義論におけるアメリカの地位をはるかに重視するべき、となる。アメリカはすでに世界の生産力的基軸になりつつあり、ことに後代で重要になる大量生産型産業ではその面が強かった。ドイツの事態を無限定的に典型とすることは論理的に安易に過ぎる。第3に、段階論を第一次大戦で終結させることが疑問となる。第一次大戦後、生産力的中心であったヨーロッパは後退し、政治的動揺の結果として資本主義も変質した。アメリカは過剰富裕化といった変質が現れはじめる。世界的な生産力基軸として定着したアメリカは、産業面でも企業形態面でも金融資本的蓄積をヨリ豊富に具現しつつ、指導的先進国として影響力を発揮し続ける。このアメリカの発展を段階論から切り落とすことはできない。

これらの議論を詰めていくことが、その後の馬場の研究の中心なるが、馬場の主張がこれほどまとめてストレートに明確に表明されることは意外と少ないようである。アメリカ資本主義中心史観がより鮮明になるのは晩年の著述である。

2)「富裕化の哲学」（『富裕化』1986年「序論」）

「富裕化の哲学」論文は、『富裕化』の序論として書かれたものである。「現代世界を規定する最大の動因は富裕化なのでなかろうか」の一句で始まる。米ソ軍事対立と富裕化を、現代史を規定する2要因としてみなしつつ、前者は一応の均衡状態に達したが、後者はそれ自身大衆的な過程であり、国際的伝播効果も強く、社会体制を変えるものとする。哲学というより歴史認識を示したといった方が良いかもしれないが、内容は「資本主義は生産力の累積的発展をも

たらす機構を持つ社会であった」として、生産力を軸にみた簡潔な資本主義発達史となる。「一　富裕化社会の到来」、「二　富裕化社会の普及」と歴史的過程を振り返り、「三　富裕化世界の構造で」で現代世界を三つ（西側先進工業国、東側の社会主義国、南の発展途上国）にわけ、それぞれの特徴を指摘する。「三」はいわば世界経済の鳥瞰図ないし構図を示したものでる。西、東、南のそれぞれの内部での相違にも触れているが、特徴的な議論は次の点である。まず、先進工業諸国は過剰富裕化の段階に達していると判断する。過剰富裕化は道義的判断ではないとしているが、価値判断が混入する危険を認めており、微妙な問題を含むが、現代社会を見るうえで重要な問題提起である。なお、富裕化が一人当たり所得を判断基準として示されるのは後述の『新資本主義論』においてである。東の社会主義諸国については、国有化と計画化を内容とする社会主義建設を進め、一定の成功と認めつつも、その後が問題とする。公式マルクス主義の指令経済は、計画的原始蓄積と鉄鋼業水準までの工業化には適合的であっても、それを超える耐久消費財以降の諸産業や農業といった、密度の高い生産管理を要する産業の発展には、現場の自発性を圧殺してしまうために不適合となる。南については、多様な地域を含み、一括して特徴づけられないとしたうえで、OPECとNICsに注目する。OPECは独占的油価設定で自らの富裕化を実現した。世界経済の混乱やその後のOPECの問題はともかく、巨額の資金を獲得した産油国がインフラ建設や工業化を移民の流入を伴いつつ進めているが、伝統的イデオロギーによる内部混乱を招いている点を指摘する。NICsの発展は富裕化論の文脈に接合する。後発資本主義国の特殊性に留意する必要はあるが、すでに先進工業国の下層の富裕化水準には達しつつある。そして、従属理論を批判しつつ、NICsは供給力や国際競争力を蓄えつつ台頭し、ASEAN諸国がこれに追随している。その多くの国々で、伝統的権威主義的支配体制か右翼軍事独裁から出発し、経済発展が進む中で民政化や自由化を引き起こしていることに注目する。最後に、アフリカ等の極貧地帯にも触れ、過剰富裕化が安易に進行すると、自然破壊や環境汚染等も進行するから、人類の存続が不可能になると警告する。

　馬場の警告は、自然・環境破壊など一面では妥当であるが、悲観的過ぎるともいえる。この点はともかく、この議論は、現代世界を規定する動因として富裕化を捉え、世界における生産力配置の構図から世界の動向を見ていくもので

ある。富裕化の背後にあって富裕化を推進しているのが金融資本的蓄積であり、金融資本的蓄積は西では過剰富裕の段階に進み、東や南までを射程に入れ始めたということである。国有化と計画経済の社会主義指令経済と南の軍事（開発）独裁体制については、ともに独裁体制の限界として大衆富裕化を基準に、言い換えれば生産力とそれを担う資本蓄積様式の問題として指摘しているのである。

（3）会社主義

「会社主義」は「富裕化」と並ぶ、馬場を理解する上で重要な概念である。「会社主義」の着想については、馬場自身が『教育危機』所収の論文「資本主義社会主義　会社主義」（初出「経済理論学会報告」1987年10月）において述べている。現代資本主義論を追求する過程で『透視』をまとめたが、日本例外説になった（この点は、既に述べたが、スタグフレーションに関連して「日本を例外とする」とか「健全な資本主義国日本」といった表現がある）。この点は『富裕化』所収の「第二章　現代資本主義の透視」（初出は『労働者自主管理研究』12号、1982年11月）においてより明瞭にしている。「会社主義」という用語自体が活字に登場するのは「日本会社主義への視点」（『教育危機』所収、初出は『エコノミスト』1984年春で、『現代経済学の対話2』毎日新聞社1984年8月に再録）と「会社主義の挑戦」（『教育危機』所収、初出『思想の科学』1985年10月号）あたりが最初であろう。そして、日本資本主義について発言することが少なかった馬場であるが、『富裕化』の第6章に「日本資本主義の特性」（初出：林建久・佐々木隆夫編『マルクス経済学・論理と分析』時潮社、1985年）、第7章に「傍観者風日本資本主義論」（『社会科学研究』36巻5号、1985年2月）を載せている。第6章の論文では、「会社主義」の表現を避けているが、日本の高度成長や好パフォーマンスを「後進性」による高成長と強投資の好循環とするマクロ的説明に満足できず、「企業内ないし企業間の、生産力的発展に適合的な組織化というミクロ的状況」に着目したとし、後にミクロ的状況を会社主義と呼ぶようになったと「資本主義、社会主義、会社主義」では述べている。用語がいつ誕生したかは確定できないが、話としてはこれらの前から使っていた。また馬場が述べているように、これらは小池和男の研究『職場の労働組合と参加』（東洋経済、1977年）等から学んだものでもある。

『富裕化』の第6章と第7章の論文のもう一つの要素が日本先進国説である。伝統的に（戦前から）日本資本主義の特殊性が指摘されてきたが、その特殊性は後進性の表れと捉えられていた。今日ではこの意味の特殊性は消滅しており、石油ショック以降ではむしろ日本資本主義の経済的先進性、強靭性が顕著である。これは、後発資本主義的強蓄積というマクロ的状況と企業内・企業間のミクロ的状況の合流の結果である。なお、ミクロ的状況は広くは所有と経営の関係、経営組織、企業内労使関係、企業と国家機構との関係等をすべて含むものであるが、知識不足から企業内労使関係に焦点を当てる、としている。同時に、日本を今や「指導的な先進国」として位置付けることが可能かと試論まで提起している。この点は第7章の論文でよりはっきりする。この論文自体は橋本寿朗『大恐慌期の日本資本主義』（東京大学出版会、1984年）の書評であるが、日本資本主義論の三類型を把握しようとする。まず、かつての労農派と講座派の（及びそれらにつながる）欧米モデル型単線史観。つぎに、大内力『日本経済論』的な後発国が先進国と異なった型の急速な発展を取りうるとする「側圧史観」（馬場の表現）。そして、第三に、日本「典型」論である。高度成長を経て、石油ショック後の世界で強靭性を示し、世界経済の主極の一つになった日本経済は、「指導的先進国」にあるのでないかと問い、日本モデルを普遍化しようとするものである。その内実として、会社主義とも呼ぶべき企業内集団の強さ、技術導入力や改良力の強さ、市場開発力の強さ、社会的安定性等を指摘している。これは学説史としての整理でなく、馬場の願望である（なお、後に、橋本寿朗が『日本経済論──二十世紀システムと日本経済』（ミネルヴァ書房、1991）において第4章「『会社主義』構造」を論じている。このオリジナルが馬場宏二編『シリーズ世界経済Ⅳ　日本』（御茶の水書房、1989年）の橋本論文である）。

　「会社主義」については、既述の「会社主義の挑戦」において定義されている。といって、その定義はかなりあいまいなものである。馬場は「会社主義」には二つの意味を込めているとする。ひとつはミクロレヴェルでの、企業・会社がその従業員に対してもつ統合力の強さ、逆にいうと従業員側の会社に対する忠誠心の高さとか帰属意識の強さ、である。この点はいかに測定するかに難問があるにせよ、理解可能な論点である。いまひとつが、すぐには理解不能な論点であり、会社の創設と拡大という形で行われた戦後日本の高度成長には、単純

な資本主義的関係とは言い切れない部分があり、それが体制の基軸となっている、というマクロの議論である。これらを前提に、会社主義の問題点を次の3点に求めている。まずは、労働疎外論の問題となるが、労働者の基軸的部分は、疎外されているとは思わず、一所懸命に働いている。つぎに、社外工、臨時工の問題がある。待遇も意識も異なり、会社主義の限界になっている。第三の、最大の問題が、会社主義の裏側で進む生活圏文化の空洞化である。具体的には、教育問題や地域コミュニティの問題を指摘する。これらの問題は感覚的に理解できる話であるが、前述のマクロの議論、すなわち日本経済が非資本主義的要素を基軸とする体制という意味は、次のような議論からの産物である。馬場は、日本経済のパフォーマンスの良さを日本の特殊性として説明する議論はヨーロッパ生まれの社会科学の伝統の限界があるとして、日本から普遍を考えるべきであると主張する。「日本の経験の普遍化」である。日本的特殊性としていわれてきたものの多くは歴史的伝統といわずに説明できるとして、ミクロ次元の戦後改革、「階級」概念の欧米との相違を指摘する。より具体的には、日本は純粋な資本主義の面と社会主義に近い面もミックスしており、所有を基準とする階級概念での分析に限界があることを指摘している。

　「日本会社主義への視点」は、既述の繰り返しになるが、日本資本主義の強靭さの説明としてミクロ的要因を重視するようになったことをまず述べている。具体的には、企業集団体制による経営の自主性や企業内労使関係、内部労働市場である。そして、これを馬場独自の世界史的な資本主義発展段階説にあてはめる。第一段階が重商主義から自由主義までのイギリス中心の機械製大工業で徒弟制の熟練工と不熟練工の時代。第二段階は、第二次産業革命か20世紀半ばまでの、巨大株式会社の金融資本が支配する、アメリカ中心の重化学工業と大量生産耐久消費財産業で、テーラー・システムと内部労働市場の時代。そして、日本資本主義はアメリカ的生産様式を改良して、日本の生産力と経営様式が世界をリードする「指導的先進国」の位置にあると想定する（これを「二段階半資本主義」と称したことがある）。日本はマクロで資本主義、ミクロで社会主義とも述べながら、総括的に「会社主義」という用語にするのである。そして、日本会社主義は富裕化社会を実現したが、文化荒廃、つまり文化的な面での窮乏化をもたらし、これが集中的に教育危機に現れている。高度成長の過程で子供は自然と労働と仲間を奪われたとして、社会崩壊からの防衛を提唱

する。それが、「消費過程の自主管理」であり、「生産力が行き過ぎた段階における人間がどういう主体的なきっかけを通じてそれを抑制していくいくのか」が重要なテーマとする。

後に『新資本主義論』において、馬場は「会社主義」を社会体制、資本の特徴、それに支えられた日常意識、この三つの貫串する語として造語したと述べている。さらに、金融資本論の一環であり、チャンドラー『経営者の時代』を参考に、所有者資本主義から所有と経営の分離による経営者資本主義へ、さらに労働者の参加を含む会社主義へとシェーマ化し、金融資本の一つの極限形態と主張している。馬場の「会社主義」をめぐる議論は、段階論ないし資本主義発達史における資本蓄積の問題をミクロ的次元にまで、つまり企業（経営）組織、労使関係、労働市場の構造等にまで掘り下げてみるものであり、画期的な仕事である。加えて、日本の経験の普遍化や欧米的概念の再考の必要性を指摘する主張は共鳴できる。会社主義に合理的な普遍的要素があることも確かである。だが同時に、それは普遍的といっても、一定の時期ないし段階の特定の産業や企業が特定の条件の下で、享受できる性格のものである。労働者の参加を含む会社主義が普遍的なものになるのか、さらに考究する必要があろう。後知恵であるが、その後の日本経済の歴史に照らせば、馬場は日本資本主義の強靭さを過大評価していたかもしれない。二段階半資本主義説はその後の馬場も積極的には提唱していない。富裕化論にも共通するが、会社主義に基づく資本主義体制への批判は、自然や社会（家族、共同体、地域等）の崩壊へと帰着する。これ自体は重要な指摘であり、また資本主義的原理と社会原則の対抗に現代資本主義の特徴を見る馬場の方法からすれば、当然であろう。とはいえ、自然はともかく、社会の在り方、つねに変化してきている。社会の崩壊と変化の区別は必要であろう。

（4）『新資本主義論』（ミネルヴァ書房、1997年）

「はしがき」を要約すれば次のように述べている。大衆的過剰富裕は現代資本主義に特有の現象であり、人類文明の全体を存亡の危機に引き込もうとしている。しかし、経済学の大抵の学説は、社会問題はすべて経済成長によって吸収解消できるとする成長万能論に陥っている。このような認識から、宇野理論体系の活性化によって根本的な資本主義批判の体系であるマルクス経済学を活

用するために書かれたのが、この本である。「大衆的過剰富裕に焦点を合わせた、経済学の新しい体系」であり、富裕化論を武器に視角を転換して書かれた、これまでの馬場の研究のまとめ的役割を果たす、あるいは馬場理論の一応の完成を示す著書である。以下に、内容を紹介し、最後に、6）でまとめてコメントを加える。

1）対象としての資本主義

「序論　対象としての資本主義」では、まず、経済学の対象が資本主義社会の経済現象であることを説明する。ついで、非常に簡潔に経済学の流れを追い、成長が万能薬になり、成長の促進を図る手段の発見するための学問となった経済学を批判し、過剰富裕と人類存続の危機を断罪する視角転換の経済学の意味を説明する。そして、資本主義という言葉を解説する。なお、資本主義ということばの厳密な歴史的ないし学説史的変遷等に関しては後の論文、「資本・資本家・資本主義」（『古典探索』）と「再論　資本主義」（『宇野』17章）も参照されたい。

2）異常に高い成長率、経済が目的になった社会

第Ⅱ部は「資本主義の基礎理論」である。第1章「歴史における資本主義―例外的成長体制」と第2章「経済が目的になった社会」において、馬場の資本主義像が示されている。資本主義という社会経済体制の人類史における、あるいは歴史的諸時代とくらべた量的特徴を第1章で、質的特徴を第2章で扱っている。第1章は人口の推移と経済（GDP）成長率から資本主義時代の規模拡大が異常に高かったことを示す。成長率はマディソンの数字（主要先進国の1820~1979年）を使うが、平均2.5%、1人当たり1.6%（差の約1%は人口増）は異常な速さであることを指摘する。2.5%は28年で2倍、1世紀で12倍、2世紀で140倍を超す数字であり、21世紀半ばには限界に達するであろうと推測する。人口の伸び率よりも経済成長率が高く、地理的拡大（資本家的生産を行う地域）も著しいことを確認し、資本主義圏（ほぼ先進国に同義）では英国の資本主義確立以降、175年間程度の間に人口は2000万人から8億強に（世界は9億から57億）と40倍であり、経済規模は640倍（人口40倍で、1人当たり成長率1.6%が175年で16倍）になっている、要するに異常な拡大である。

筆者の補足となるが、高い成長率に慣れ親しんだ者や高い成長率が良いと思う者にとって、2.5%という数字は低く映るかもしれない。しかし、50年、100年という期間をとれば、とてつもなく大きなものになる。19世紀以降の資本主義発展の時期は、人口と経済規模がとてつもなく急増しているのである。現代の経済学の教科書や入門書の多くでは、意外と人口の変遷や長期的成長の帰結が議論されることは少ない。これらの急増がこのまま続くと考えるか、限界にぶつかると考えるかが、視角転換の意味の一つである。

第2章は、前資本主義時代の社会（共同体の枠組みでの現物経済ととらえる）と対比して、資本主義社会の特性をみる。まず、商品経済による社会の分解として、イギリスを素材に資本主義の成立を説明する。つぎに、上部構造と市民社会の分離として、神権や王権の支配から自立した、私有財産所有者の集合としての市民社会の成立として、資本主義社会の特徴を描く。さらに、経済が自己目的化した社会として、私利追求が公益（社会の利益）の拡大につながる（アダム・スミス）とされる社会として、資本主義社会を描く。あるいは、私利追求が唯一の道徳的価値になる社会であり、もともと手段であった経済が転倒して目的になった社会として、資本主義社会を批判する。

第2章には馬場の社会観と歴史観が示されている。市民社会では、人々が神や王権から解放されて自由になり、自立し意志的で競争的で合理主義的な進歩的な社会に見える。しかし、それは「自由」によって弱肉強食を公認し、「進歩」によって人間が自然を征服できるという放漫な錯覚を抱き、人々の活きる目標を私有財産の維持増大（言い換えれば資本蓄積）のみに矮小化した社会体制と批判する。あるいは、宗教や権力のような、共同体社会に不可欠な統合機構が直接的支配力を失った社会とも表現している。

3）経済学原理論

第3章から第6章までは、原理論であり、基本的に宇野原論に依存したものである。宇野『経済原論』における、第一編「流通論」、第二編「生産論」、第三編「分配論」が、第3章「市場への登場者達」、第4章「生産と分配」、第5章「利潤・地代・利子」に置き換えられているが、基本は同じである。しかし、宇野が第三編の最後の「利子」の章を「資本主義社会の階級性」でくくっているのに対し、第6章を「資本蓄積の諸相——循環・成長・変容」として、宇野

の原理論的恐慌論の延長をはかっている。宇野以後の「宇野派」経済原論にお
いて、景気循環論を最後に置いて原論を総括する試みの一つともいえるが、馬
場は、景気循環が繰り返すというよりも、繰り返しは経済規模の拡大となり、
変質につながるとして、発展段階論への伏線ないしつながりを重視する。また、
動態論であることを強調し、「原論の範囲にありながら総括的動態論として独
立した領域たり得るゆえに、段階論の伏線に入り得る」とも述べている。後に
馬場が明確に主張するように、(循環の) 繰り返しで理論的完結性を重視する
より、動態ないし変容を射程に入れる態度である。なお、これまでの部分では、
資本の商品化や株式会社にかかわる部分は基本的にこの馬場原理論の試みから
は排除されている。

4) 段階論としての資本主義の歴史

第7章「資本主義の歴史」は、資本主義の成立自体は偶然の産物であったと
しつつも、歴史の主たる動力が生産力の急激な上昇を内包する資本蓄積であっ
たため、異常な拡大過程であった、として時代区分を中心に素描したものであ
る。宇野弘蔵『経済政策論』の発展段階論を指針とするが、それは第一次大戦
までの時代に限定されるので、その後の時代は「第Ⅱ部　現代資本主義概論」
で別に扱う。既成の段階論に遡及して訂正を必要とすることも生まれるが、新
たな段階論を提示する準備は今ないので、ここでは段階論として最低限必要な
資本主義発達史の時代区分の試みとする。

この章では馬場の歴史認識が示されるとみてよいが、資本主義発達史と段階
論との関係は必ずしもはっきりしない。第7章が「第Ⅰ部　資本主義の基礎理
論」に入っている以上、資本主義の歴史というよりも段階論としての理論的把
握をめざしたもの、といえるし、そのようにも読める。おそらく、原論からは
株式会社や金融資本が排除されているので、その後の歴史を見るうえでも、こ
れらに触れておくことが不可避になるから、(帝国主義ないし金融資本) 段階
論を導入しておくことが不可避となり、第7章が挿入されたのであろう。とは
いえ、この章を第一次大戦までの資本主義発達史としても読めるし、「Ⅱ部
現代資本主義概観 (8~14章+結論) も含めてすべて資本主義発達史として読
むことも可能である。

第7章「A　資本主義の発生期」は地理上の発見からイギリス産業革命まで

の約300年間の重商主義時代である。まず、17世紀後半までの準備期間における特徴（大航海と通商路の発見、新大陸の征服と金銀収奪、植民地形成、砂糖・タバコ等の新産物の栽培、黒人奴隷、香辛料・茶・絹製品・陶磁器・綿布等の東方物産の大量輸入等）を指摘する。資本主義が商品経済を通じて経済規模と勢力圏を拡大し、ヨーロッパ世界を確立した時期と位置づけている。つぎに、17世紀後半からは、資本主義社会への接近として、商人資本の下でのイギリス羊毛工業の展開を説明する。そして、支配的イデオロギーとしての重商主義をイギリス航海条例（1651年）や保護主義的関税政策などで説明する。

「B　資本主義の確立期」は、18世紀末のイギリス産業革命から、第二次産業革命の到来とイギリス工業独占の崩壊までの約1世紀の期間である。世界体制としては、ヨーロッパにおけるナポレオン戦争後のウィーン体制と、イギリスの世界的制海権把握の下での安定体制（パクス・ブリタニカ）とが続く。確立期の内容として、まず産業革命の過程を振り返る。つぎに、産業資本の特徴を、基軸的産業部門で機械体系による生産が一般化し、資本賃労働関係が不可逆的に確立した点に求める。そして、19世紀中葉の労働人口や職業分布等から、機械化部門最大の産業として綿工業を確認し、その地位（生産額や輸出入に占める割合、雇用人数別企業数等）を明らかにする。さらに、商業資本や信用、金融制度の特徴を示し、信用が金に制約される方式、国際関係に媒介された景気循環等を説明する。最後に、自由主義的政策として、自由貿易政策を中心に説明する。加えて、自由主義イデオロギーが国内政策を規定するとして、株式会社法の制定過程、労働政策（労働組合や争議権の容認等、救貧政策、工場法の制定）の特徴を指摘し、国家は「社会原則」を、多少は資本の利害に反してでも、制度化せざるを得ないことを述べる。

「C　資本主義の爛熟期」は、19世紀末から20世紀末までの1世紀間である。イギリスの工業独占が破れ、第二次産業革命が進む時代から、第三次産業革命の時代まである。いささか強引であるが、抽象的で肌理の粗い段階論的接近が必要だからである。「爛熟期」は宇野『経済政策論』からの借用だが、意味は異なり、「社会主義的圧力を吸収し内面化し得るまでに成熟した資本主義」の意味である。まず、世界体制について、覇権国の盛衰を短く語る。つぎに、（第一次）産業革命はひとつの生産様式として資本主義を成立させる画期であったが、産業相互の関連が比較的薄い産業構造であり、これを基盤としたのが産業

資本であった。第二次産業革命は、技術発展にともなって重工業を中心とするはるかに相互関連が濃密な産業構造を生み出し、金融資本を成立させる生産力的基盤となった。そして、ランデス（石坂昭雄・富岡庄一訳『西ヨーロッパ工業史Ⅰ』みすず書房1980年、原書は1969年）などによりつつ、鉄鋼業や化学工業の発展、電力や電動機、電機関連産業、金属加工の高速・精密化、規格型・部品互換型大量生産と自動車の発展等を指摘する。生産の量的拡大においてアメリカが速く、またアメリカは大量生産産業でははじめから優勢だったことを指摘する。ここに、馬場の独自性が端的に示されている。金融資本が支配的資本となったことを根拠に約1世紀間を「爛熟期」とみなし、その最初からアメリカの優位を指摘するのである。

　金融資本については、ドイツ典型論の限界を指摘し、アメリカ金融資本が古典的帝国主義時代からドイツをしのぐ生産力的・資本形態的発展を示し、その後の世界的発展の基軸となっている。そして、金融資本と生産力発展のアメリカ的特徴を論じる。「金融資本とは、株式会社形式を採る巨大企業ないし巨大企業群である」と簡潔に定義し、製造業に限らず。運輸・通信業、商業・金融業も含むものとする。その後は「株式会社論」の展開と言ってもよいが、株式会社は、企業の分割売買という形をとりながら、公衆の資金を容易に集め、また合併や買収も容易になり、急速に巨大企業を形成する手段となる。まとまった株を握れば、企業全体を支配できるし、株の売買や所有によってさまざまな価値増殖の手法を行使できる。これらの議論は必ずしもまとまって整理されているもの（後に「株式会社論の視角」『古典探索』第7章）でないが、銀行と産業の癒着、独占、財閥や企業集団、持株会社による支配権の集中等を、いずれも株式制度を利用した企業間関係の形成としてとらえ、この面でアメリカが最高の発展を示していると論じる。さらに、株式会社の効用として、企業内での意思統一や合理的経営組織の形成や技術的合理性の徹底を指摘する。この点はチャンドラーの経営者資本主義論の批判的摂取でもある。さらに、アメリカにおける生産力発展の特殊性について、フロンティアや移民の存在からアメリカを特殊な国として扱うことを批判し、むしろ、これらの条件（歴史的地理的特性）が、労働節約的・資源多消費的技術発展と大量生産を生み出し、アメリカが資本主義世界を主導する存在になったことを強調する。その労働編成における発現が、テイラー主義なしフォード・システムなのである。

要するに、金融資本を、単純化して株式会社形式を採る巨大企業としてとらえ、株式制度を利用して多様な価値増殖の方法を取り込み、20世紀の生産力の発展を担う資本として、アメリカを舞台に生成したことが強調されている。この金融資本の運動を軸に世界経済が再編成されることになるのである。

　コメントしておけば、多様な価値増殖を行う金融資本の一般論が強調され、「爛熟期」とされるが、1世紀もの間を一つの期間とみなすには違和感が残る。後に馬場自身も修正することになるが、多様な価値増殖といっても特定時期ごとに主導産業ないし産業構造や資本市場（端的には株価水準とその動向）の特質は異なる。また、世界経済の構図ないし勢力図、あるいは覇権国は時期によって大きく異なっている。より細かな議論が必要となろう。

5）現代資本主義概論

　第二部が「現代資本主義概論」として次の章と結論で構成されている。第8章「危機の三十年」〔戦間期〕、第9章「戦後史四十四年」、第10章「世界的経済成長」、第11章「スタグフレーション」、第12章「大衆資本主義」、第13章「地理的障壁の溶解」、第14章「会社主義」、結論「過剰富裕化時代の到来」。宇野理論に即せば、この概論が現状分析ということになるが、各章の叙述には通説と異なる馬場独自の視点が随所にみられる。「会社主義」に1章を割り当て、「過剰富裕時代の到来」を結論とするなど馬場の主張は明確である。後の「新三段階論の提唱」（『もう一つ』終章）では、宇野の発展段階論に即した、重商主義段階（パクス・ブリタニカ形成時代）、自由主義段階（パクス・ブリタニカ全盛時代）、（古典的）帝国主義段階（パクス・ブリタニカの形骸化時代）を大段階として、古典的帝国主義段階以降を小段階に括り直し、古典的帝国主義段階、ロシア革命と第一次大戦終結からベルリンの壁崩壊に至るまでの大衆資本主義段階、その後をグローバル資本主義段階としている。大段階の最後と小段階の冒頭が一致する議論は分かり難いが、イギリス中心史観の大段階論からアメリカ中心史観の小段階論への移行と説明されている。なお、グローバル資本主義の段階はソ連解体後を指すが、1973年IMF固定為替相場制の崩壊から始まる時期がその準備過程とされる。また、『宇野』第12章「世界経済の構図」では、アメリカの覇権国化過程の側面から、生産力的基軸国への台頭、資本主義圏内での覇権国化、単独覇権国化と説明している。イギリス中心史観からアメリカ

中心史観への移行のための苦心の努力と解せるが、『新資本主義論』の章構成と新段階論の相違も問題になろう。だが、まずは、各章の内容を紹介しておこう。そして、章構成にかかわる全体的コメントを6）でまとめて行うことにする。

① 戦間期と戦後史44年

第8章は、戦間期を対象とするが、ここでの叙述は、この時期の政治・経済史を確認したうえで、まず（A）で1920年代のドイツに収斂するヨーロッパの危機を述べる。つぎに（B）でアメリカを素材に世界大恐慌の過程をのべ、最後に（C）でアメリカにおける社会保障制度の導入と対外政策（覇権国化を巡る問題）を述べる。短い文章にこの複雑な歴史的激動の時期をまとめることに無理があり、ここの文章だけからは馬場の視点はつかみにくい。

第9章は、戦後史四四年と題され、1989年（天安門事件、ベルリンの壁崩壊等）までを概観する。経済史というより政治史である。「冷戦解消の時点から回顧すれば、戦後史は資本主義の安定と成長の時代に他ならない」、「戦後史は冷戦と経済成長の複合体の歴史」としてこの時期を整理する。「C　冷戦の推移と論理」では、「冷戦が現実政治というよりイデオロギー対立であった」、ソ連解体の物的根拠は軍事費負担であった、など興味深い指摘があるが、基調の議論は「冷戦は人類的愚行だった」である。冷戦と成長の複合という馬場の認識は重視したいが、10章以下で述べられる、西（先進資本主義国）、東（社会主義国）、南（途上国）それぞれの経済動向をみると、時期区分として44年間をまとめることに違和感が残る。

② 世界的経済成長と大衆資本主義

10章は、「世界的経済成長」と題され、大戦終了から第一次石油ショックまでの四半世紀の期間を対象に、「殆どあらゆる国が経済発展を志向し、地球規模での歴史的な経済拡大が実現した」として、その動機（成長志向）と結果を見たうえで、高速成長が生じた客観的条件（核の傘とドルの傘、戦後改革等を伴う金融資本の変形と持続、圧倒的なアメリカの生産力とアメリカ的技術の日欧への普及、潤沢な労働力と石油等の資源の存在）を分析している。そして、特殊アメリカ的社会が世界へ波及する過程として成長を捉える。アメリカ社会やその価値観が、その隔絶した豊かさの演示効果もあって、アメリカの歴史の特殊性を忘れて、日本やヨーロッパでも浸透した。アメリカにとってこれは、

国外でのフロンティア拡大であった。この成長を享受できたのは、第二次大戦までには金融資本を確立していた日欧の先進国であったが、豊かさの演示効果は「東」や「南」にも及ぶことになる。

　長期の経済成長の帰結が失業とインフレーションが併存するスタグフレーションであり、これが11章のタイトルとなる。この認識に異議はないが、経済成長の過程は資本主義国では12章で論じられる成長と福祉が共棲する「大衆資本主義」の時代でもあり、10章に続けるのが便利であろう。大衆資本主義とは、「大衆が資本蓄積を意識的に支持するようになった資本主義」と定義される。資本蓄積がもたらす社会破壊性は、社会主義や労働運動の圧力、人道主義やノーブレス・オブリージの主導で抑えられ、社会原則を確保し大衆の利害と資本蓄積を両立させようとする制度や政策が漸次形成されてきた。第一次大戦を契機とする大衆民主主義の進展やロシア革命の衝撃、第二次大戦後のさらなる民主主義と冷戦による社会主義の外圧、これらがこの種の制度・政策をさらに充実させた。そして、大衆の意識を資本の魂に同調させ、大衆の意向は経済成長の支持に向かった。大衆が、「資本蓄積に他ならない経済成長促進を支持する体制、これが大衆資本主義の語義である」。

　戦間期に福祉国家が模索されたが、定着する時間や思想的経済的ゆとりがなく、戦後の潤沢な供給条件のもとで初めて成長と福祉の共棲が実現した。「A　福祉国家の成立」で、大量失業時代の（つまり戦間期の）福祉制度の形成と、大戦直後の主にヨーロッパ諸国における福祉制度の特徴を概観する。「B　成長と福祉の幸福な共棲」では、その後にも福祉制度の拡充がはかられ、所得再分配的税制や社会保障水準の上昇、適格範囲の拡大、保障の重点の失業から年金への移行等を指摘する。そして、戦後経済には、石油ショックまで福祉と両立しうる条件があったことを説明する。すなわち、未曽有の長期高速成長で、雇用は拡大し所得水準は上昇し、成長が福祉でもあった。成長に伴う福祉財源の増加、貧富の格差の抑制、福祉制度がもたらす政治的安定による経済成長や消費需要を増やす効果、等々である。具体的には、アメリカにおける「偉大な社会」計画を素材にその展開をみる。

　12章では、「C　大衆資本主義」の節で、供給制約（労働力と石油等）によって成長（資本蓄積）と福祉の共棲が困難になり、福祉国家の転機について述べるが、これはスタグフレーションの問題である。

③ スタグフレーション

　11章である。1973年の石油ショックを機に世界経済全体はスタグフレーションの時代と捉える。この事態を、経済思潮の主流であったアメリカ・ケインジアンは理論的に解明できず、没落した。主流の座に就くことになるマネタリストは乱暴な政策提言が時代の保守化に便乗して一定の効果を示したが、理論的に説明できたわけでなかった。宇野恐慌論に従って説明すれば、資本の過剰蓄積である。経済規模の長期的拡大は、すぐには労賃高騰につながらなかったが、1960年代末には、日米欧における背景の相違はあるものの、ついに労働力の供給不足に陥り、賃金は急騰した。加えて、1960年に形成されたOPECはすぐには価格主導権を握れなかったが、石油需給は次第に引き締まり、石油価格は1973年の第4次中東戦争を機に大幅に引き上げられた。労働力と石油双方の供給に対する需要の過剰、つまり資本の過剰であり、双方の価格急騰で剰余価値率は低下した。これは恐慌や不況を引き起こす原因であるが、インフレ促進的機構に包摂されて、長期の世界的スタグフレーションとなった。

　固定相場制の崩壊による変動相場制の時代が、インフレ抑制のための強制力や客観的基準の喪失として、同時に基軸通貨ドルの規律喪失の公認として描かれる。これらがインフレーションの機構であり、ユーロダラー市場等の金融革新がインフレを加速したとみなす。また、雇用重視・インフレ軽視型の経済政策思潮をやり玉に挙げる。そして、恐慌となるはずの不均衡、すなわち資本賃労働関係の不均衡が一部はそのままに、一部はインフレに隠蔽された形で発現した。インフレによる隠蔽は、経済的崩壊（企業破産の連続や大量失業）を回避したが、事態を混乱させ、不均衡を長期化させた。そして、スタグフレーションへの突入は多くの国が同時であったが、その脱却過程は個別的であったとして、日米欧の状況を概観する。これらをまとめて（「C　資本主義の行き詰まり」）、先進諸国の減速成長、思想的混乱（ケインズ主義の権威失墜）、途上国累積債務を指摘する。

　スタグフレーションの時代になると、やがて高失業の再発と政治的保守化によって福祉国家は転機を迎えたとして、この点を第12章「C　大衆資本主義」の節で展開する。イギリスのサッチャー政権、アメリカのレーガン大統領など1980年代は世界的保守化の時代となった。資本蓄積の論理からすれば、供給制約が生じたのだから、労働力と石油を過剰化して、賃金と石油価格を引き下げ、

第1章　馬場理論の形成と展開、深化・逍遥　131

剰余価値率を回復する必要があった。総需要抑制のため、財政赤字や福祉政策を切り詰め、また民営化や規制緩和、減税によって競争促進的環境を作り、資本が自主的に生産性を引き上げることが期待され、その通りの事態が進行した。この過程を主要国について概観し、それぞれの特徴を確認する。アメリカが主導して大衆資本主義が強い影響力をもつ諸国の保守化を牽引し、スタグフレーション解消の意味を持ったと評価する。しかし、福祉国家の解体はできず、社会福祉給付がある程度抑制され、高率失業が労働組合対策として効果的だった、と評価する。そして、高齢化に伴う福祉国家の限界を指摘しつつ、大衆は既成の福祉国家の存続を前提に経済成長を選好しているとみなす。つまり、「資本の魂が大衆の魂を捕らえてしまった状態、これが大衆資本主義である」と主張する。

　ここに示されるスタグフレーション論は、その原因を巡っては同じだが、社会の解体を強調したかつての議論（崩壊期資本主義の認識を背景に、大内国家独占資本主義論を論じた「現代資本主義序説」、『透視』所収）とはやや趣きを異にする。供給制約によって、経済成長（資本蓄積）と福祉の共棲の条件がなくなった時でも、大衆は資本の論理（資本蓄積に有利な環境づくりとしての、福祉抑制を含む総需要抑制、および民営化や規制緩和等を含む競争促進策等）を受入れている、これを大衆資本主義とするのである。共棲が可能な時代と、その条件がなくなった時代でも、同じ「大衆資本主義」という用語を使うことに違和感があるが、馬場の議論は、資本がいかに労働者を包摂しているか、に焦点を当てるので、このようになるのであろう。

④　社会主義体制の解体

　第13章は、「地理的障壁の溶解」と題されているが、その意味は資本主義の地理的拡大の延長であり、冷戦の解消とアジア諸国の工業化によって資本主義の版図が地球のほぼ全域に及びつつあることを確認し、「資本主義の強靭性の現れ」を示すものである。内容的には「Ａ　社会主義体制の解体」と「Ｂ　南北問題の消滅」に分けて議論される。

　Ａではロシア革命以後のソヴィエト社会主義経済の特徴を歴史的に概観する。ソヴィエト初期の農業集団化や計画経済は一党独裁の国権主義のもとで農業収奪の成果を工業に投入して工業化を進める方式である。国家計画による資本の本源的蓄積でもある。後進資本主義国のロシアは工業化による経済発展が

必要であったが、独ソ戦に勝利し、戦後しばらくの間は国際的にも高い成長率が示され、これが社会主義経済の特性と優位性を示すものとみなされた。だがその経済発展は、人工衛星や軍事技術の発展はあっても、石炭・鉄鋼・鉄道中心の産業構造を横に拡大し続けるにとどまり、大量生産型の耐久消費財産業を形成できなかった。ソ連型計画経済が他の社会主義国にも強制ないし自発採用されたが、しだいに摩擦を生み、とくにソ連優先の社会主義国家間の経済関係は対立にもつながった。1953年のスターリン死後、非スターリン化が始まり、政治的には東欧での暴動・反乱も見られ、混乱も生じた。経済的には、農業の収奪は限界に直面していたので、処女地開拓・農産物価格引き上げ等の農業改革、利潤導入を中心とする経済・企業改革が試みられる。しかし、改革は権力基盤の喪失につながりかねないので、官僚層には不人気で、18年わたるブレジネフ長期政権の下で凍結された。それでも、1970年代以降のソ連は、金価格高騰と石油価格高騰のおかげで、穀物輸入や軍拡等をまかない、大衆向け消費材供給を増やすことで、問題を先送りできた。1985年に権力の座に就いたゴルバチョフは、米ソ接近による軍縮をはかり、ペレストロイカとグラスノスチを唱え改革を図るが、抵抗勢力は強く、1991年にはクーデターで失権し、同年末のソ連解体につながった。ソ連産業の生産力の遅れが、情報統制の閉鎖社会で大衆に知らされず、また知る機会のあるエリートや知識人は、保身のためにも、気づこうとしなかった。あるいは、軍事費の過重負担が体制をマヒさせていたのかもしれない。

　中東欧諸国では西欧からの情報がかなり流入し、またソ連への反発も強かった。このため、ソ連の権力が弱化する中でソ連よりいち早く旧体制を打破することになった。こうして、旧ソ連東欧地域は一斉に資本主義化の途を進むことになる。なお、中国は、建国後ソ連型社会主義の途を目指すが、すぐにソ連と対立する。大躍進政策とその後の調整、文化大革命による混乱等を経て、鄧小平が復権した後、1970年代末から改革・開放路線に転換し、鎖国的統制経済から共産党政権の下での市場型開放経済に移行することになる。

　これらには、馬場のソ連型社会主義社会論が示されている。工業化のためには、閉鎖（鎖国）経済では前近代的農業部門からの収奪で工業化を図らざるを得ないし、独裁体制はそれを効率的に行えるが、収奪には限界がある。ソ連が達成しえたのは、初期金融資本時代の石炭・鉄鋼・鉄道を軸とする生産力段階

までであった。これらの議論は馬場のオリジナルとは言えないが、生産力的観点からみたソ連型社会主義社会論である。そして、ソ連型社会主義の自滅は、資本主義の強靭さの現れとみるのである。

⑤　**途上国の資本主義化**

　第13章「B　南北問題とその消滅」では、非工業化社会への資本主義の浸透がもたらした問題（新大陸における先住民の絶滅等）への言及もあるが、アジア全体の工業化が展望されるに至った今、工業化の波及力が何故かくも強力になったのかと、問題を立てる。そして、南北問題が登場する1950年代半ば以降の展開を概観する。朝鮮戦争後に一次産品価格が下落し、外貨危機、人口爆発と食糧不足に直面した途上国の貧困問題が浮上した。この問題に西側諸国は注目するべきとして、途上国に国外からの援助があれば、自由な政治体制を維持しながら工業化ができるとした考えが台頭した。冷戦が平和共存に向かう流れの中で、1960年代には「国連開発の十年」が打ち出される。さらに途上国側は、先進国支配のIMFやGATTの枠組みでは途上国は不利になるとして、1国1票原則の国連を利用した。1964年には国連貿易開発会議（UNCTAD）が開かれ、プレビッシュ報告を基調に、援助目標の設定などと輸入代替型開発戦略の正当化、先進国の途上国への特恵供与を要求し、国際的にもこれが公認された。これら要求は、さらに資源主権論や多国籍企業規制論を含む新国際経済秩序（NIEO）宣言を1974年の国連総会で成立させた。だが、石油ショックの過程で一部の産油国は富裕化し、非産油途上国は一段と窮乏化した。加えて、1970年代終わりまでには、OECDの報告が明らかにしたように、新興工業国（NICs）と命名された一群の国々は、対外志向政策によって工業化を進め、強い発展力を示していた。この事実はUNCTADイデオロギーないし需要重視のプレビッシュ報告を否定するものであり衝撃を与えた。新興工業国には10か国が含まれていたが、石油ショックの影響もあり、南米と南欧の国々は巨額の対外債務を負い、1980年代には累積債務国として債務返済に追われ、経済規模は縮小する局面も迎えた。この結果アジア4か国（韓国、台湾、香港、シンガポール）のみが発展力を有する新興工業化経済（NIES）と呼ばれるようになる。NIES4か国に続いて、アセアン4か国、さらには中国が高成長を示すようになり、90年代にはインドやヴェトナムなど東南アジアや南アジアでも高成長がみられるようになる。そして、アメリカでの産業の中心がサンベルトへ移行したことも

あって、環太平洋経済圏が世界経済の主軸になった。馬場はこれを資本主義史における革命的変化の一つとみなす。

第二次大戦後の世界は冷戦と経済成長の複合を特徴としたが、冷戦は帝国主義を慎ませ、収奪に代わって援助を齎した。冷戦が終わると、世界は残る片割れの経済成長（今や工業化とも資本主義化とも同義になっている）に主力を注ぐことになる、と総括する。運輸通信手段の発展で生産力の移転は極めて容易かつ急速に行われ、製品・生産手段・人間・知識情報の国際移転は、安価に急速で大量に行え、生産力の発信源や伝達経路も多様化し、とくにアジアの工業化には有利に作用した。途上国の側の主体的条件も変わった。一般に政府が開発に熱心になり、国際交流が増え、先進国社会に関する知識が増え、民衆も工業化になじみやすくなった。テレビの普及に伴う演示効果も影響した。ある国の工業化が別の国の工業化を促す玉突き効果もアジアでは顕著であった。ただし、馬場は、これらの動きを次のように、諦観している。世界最大の人口を擁した、中国とインドの二大文明地域が資本主義化の波に曝されている。資本主義の側から見れば、最後の辺境の開拓だが、「文明史の側から見れば歴史ある文明の最後の拠点が、限りなき欲望解放と工業化の故に、資本主義の獰猛な破壊力の餌食になりつつある」、と。

⑥　会社主義

第14章が「会社主義」である。インフレと停滞が併存するスタグフレーションに陥った戦後資本主義であるが、大衆資本主義化が福祉増進要求を抑制し、演示効果が地理的障壁を溶解した。基軸の先進地域での経済復調は、新産業の発展とヨリ効率的な資本形態、つまり会社主義でもたらされたとする。「会社主義」は新産業を担う資本形態なのである。とはいえ、会社主義は、支配的資本形態としても、アメリカの覇権（世界体制）を日本が奪うほどのものではないから、世界的指導性の物的基礎をなすものとなっていない。しかし、スタグフレーションの脱却過程で、最も成績が良かったのは日本であり、とくに省力省エネを含む日本の生産性上昇が世界的スタグフレーション鎮静効果を持っていたことを強調し、これらの正当な評価を要求する。

具体的には、自動車や家電などの耐久消費財の大量生産を中心とする産業構造においては経営者資本主義がこの発展を支える企業＝資本形態であったが、「会社主義は戦後的諸産業を一回り高度化し洗練して、その延長線上に、第三

第1章　馬場理論の形成と展開、深化・逍遥　135

次産業革命の基盤となる半導体の生産と産業的利用を大発展させた」と主張する。日本は長期の高度成長過程で多くの主要産業で生産性と品質の両面で国際的水準に追いつき追い越したが、スタグフレーションへの対応過程の省力省エネ投資が、半導体産業の発展もあって、生産過程のME化をもたらし、各種耐久消費財の洗練や多様化をもたらした。この発展を支えた資本形態が会社主義であり、企業組織の在り方であり、より広い普遍性を持ち、時代を代表し得る。そして、コンピュータや半導体など電子産業の歴史的発展過程を概観し、電子産業も日本の外で成立しキャッチアップがなされたが、この過程はとくに速く、そこに会社主義と括りうる日本企業の特質が作用した、とみなす。

　最後に、「会社主義」の要点がまとめられる。この用語は、「現代日本社会を欧米諸国と比べて、ヨリ資本主義的とも言えるが社会主義的といえる面もあることを表現するために造語した」ものである。「社会のこの特徴は資本形態つまり企業の組織的特徴に由来」し、「この語は従業員の企業帰属意識を表現する」。したがって、「社会体制、資本の特徴、それに支えられた日常的社会意識、これら三つを貫串する語として社会科学の用語に含め得る」のである。また、チャンドラー流に表現すれば、所有者資本主義から経営者資本主義へ、後者が無視した労働者の参加を含む会社主義へ、となる。会社主義は金融資本のひとつの極限形態である、とも主張する。そして、この造語の成立史を説明し、構造と特質を語ったのちに、その普遍性を説明している。

　ここでの議論は、省力省エネ投資やME化が耐久消費財産業の洗練化・多様化に貢献したことを中心に、会社主義が最高の生産力発展機構となったと評価し、その証拠を日本経済のパフォーマンスの良さに見たものである。現時点から見れば、日本経済や企業の過大評価であったといえる。電子産業やIT産業、その構造や範囲をいかに把握するかも難問であるが、日本企業の競争力と革新性は馬場が主張するように正当に評価しなければならないが、その限界についても考慮する必要があろう。日本の自動車産業はいぜんとして国際競争力を有しているが、世界を席巻するとまでは言えないし、将来には不透明感もある（電気自動車や自動運転技術の問題）。しかし、家電産業などはほぼ崩壊している。IT産業では、いくつかの部品企業は強いが、日本企業がIT産業を主導しているとはいえない。同時に、やや気になることは、『教育危機』の諸論文では、会社主義のマイナス面として生活圏文化の空洞化（教育問題や地域コミュニテ

ィの問題等）や家族や社会の崩壊が指摘されていたが、これらの指摘がほとんど見られず、生産力的観点に議論が集中していることである。

⑦　**過剰富裕時代**

　第15章としてではなく、「結論」として最後の章が「過剰富裕時代の到来」である。これまでの議論をまとめるというよりも、恐るべき速度での経済成長の持続で、資本主義は、石油ショックの頃までには先進国が大衆的過剰富裕時代に突入し、その後も先進国では過剰富裕化がさらに進み、それ以外の国々にも波及しつつあるとして、地上の文明と人類の存続が危機に陥っていると主張する。富裕化ないし過剰富裕化論の再説であるが、具体的な数値を上げている点が特徴である。まず、過剰富裕の意味について論じる。人類の生命維持に必要な物資は農業によって供給されたが、工業生産物の多くは生活必需品というより便益品である。資本主義は本質的に奢侈品・便益品生産経済であるが、資本主義経済の自己増殖の結果、大衆が食うだけなら困らない状態が訪れた。これが過剰富裕であるとする。さらに、南北格差を指摘して、南が先進国並みの所得水準になると仮定すれば、世界経済の規模は現在の5倍となり、石油等の鉱物資源や、穀物、森林、魚類等の消費も5倍必要となる。これらは、環境破壊等を考慮すれば不可能な数字であり、産業廃棄物や生活ごみ、大気汚染等を考慮すれば、なおさらである。したがって、基準とした先進国の水準が明らかに過剰富裕とみなす。そして、1人当たりGDPが5000ドル（1982年基準）の目安を提唱し、主要国ではこの水準で、エンゲル係数30%、カロリー摂取量（2500キロカロリー）増加の鈍化、自動車の過半数世帯への普及が生じたと「証明」する。いささか乱暴な議論であり、反発も多いであろうが、冷静に考えれば、馬場の主張の狙いは理解できるであろう。

　危機の本質として、「人類という生物の生命維持志向と、人類が自らの生み出した資本主義が持つ社会破壊性との矛盾」を指摘する。危機を把握するには、原子論的な要素還元型の思考には頼ることができず、全体論的思考に依らなければならない。つまり、人口と経済規模の幾何級数的増加が続けば、いかなる選択によっても、人口と生活水準の急落に直面せざるを得ないのである。商品経済は直接的人間関係を分解し、個人同士の関係を切り離すから、教育危機、刹那型思考の蔓延、価値相対主義の結果としての虚無化等々、脱社会化をもたらす。社会規律・道徳・文化の類は、社会を維持安定させる装置なのだが、過

剰富裕化によって衰弱し摩滅しつつある。脱社会化が進むと、社会の安全は失われる。社会関係の希薄化の裏面には、満たされざる情念が残り、その不満と不安が非合理主義集団を作る基盤となると警告もする。そして、「無事に生きていくために」は、「社会的摩擦を極小化しながら生活水準を引き下げるにはどうした良いか、考え出さねばならない」のである。人類史、とくに近代史は拡大の歴史である。歴史学にも社会科学にも、縮小均衡は落ち着き場がない。縮小のメカニズムに現実性を付けようとすると、脱資本主義化が必要になる。しかも、成長主義の背後には自由と民主主義の神話がある。これは、人間を神と同様に、能力的にも道徳的にも完璧で主体的に全てを行いうる存在だと擬制したものである。神ならぬ人間の絶対的自由をいささか封じなければ、人類の存続を可能にする社会は構想できない。近代が絶対的でない以上、近代思想に由来する、自由、平等、進歩、国家主権、人権といった諸価値も絶対化しえない。

　生活水準の引き下げを主張する馬場の議論には、過剰富裕化の指摘以上に反発があるであろう。また、自由、平等、進歩等の近代思想への懐疑には、さらに一層の反発があるかもしれない。しかし、有限の地球の上で生活する限り、人類が利用できる資源に限界があり、また人類だけが生物でない以上、生物との共生も課題になる。馬場の予言通り、成長が人類の滅亡への道となると断定できるかはわからないが、社会的規律の喪失ないし脱社会化がさまざまな問題を生みつつあるのは確かである。生活水準の引き下げ、縮小均衡、脱資本主義化には抵抗が大きく、進むか否かはわからない。しかし、近代の人間中心主義を否定し、新しい人間観、世界観が必要な時代になっていることは確かである。

6）コメント：段階論と資本主義発達史

　内容紹介に重点を置きつつ馬場の議論を見てきた。まず、次の点を指摘しておこう。7章の段階論としての資本主義発達史と8～14章までの現代資本主義の歴史的展開を資本主義発達史として一つにまとめた方が、分かりやすいのでなかろうか。後にグローバル資本主義段階が加わり、新三段階論が提唱される（『宇野』2011年など。後述）ことになるが、その点はともかく、段階論は基軸産業・支配的資本・経済政策（生産力・生産関係・上部構造に対応）を基準に段階が画される。そして、商人資本・産業資本・金融資本の分類によって重商

主義・自由主義・帝国主義の段階が画される。新三段階論では、金融資本はさらに金融資本主義(古典的帝国主義段階)、経営者資本主義(大衆資本主義段階)、株価資本主義（グローバル資本主義段階）に「細分」されることになる。この細分化の適切さにはここでは立ち入らないが、世界経済ないし資本主義世界を主導する基軸産業や支配的資本を確認し、その資本蓄積の特徴とそれに伴う「政策」を分析する作業（これが段階論の課題であるが、「段階論」という表現が適切かは問題となろう）と世界経済の発達段階ないし構図（筆者流にいえば、生産力の配置図とそれをめぐる諸関係）を確認する作業は区別されるべきであろう。言い換えれば、世界経済論は基軸（先進国の主導産業）の動向の分析が焦点となるが、競争国との競争・協調関係があり、周辺（非資本主義国・地域や各種植民地を含む）との関係も対象であり、どの地域まで資本主義化したかも課題となるはずである。馬場は『新資本主義論』第13章を「地理的障壁の溶解」として、ロシア革命後のソ連の動向や戦後の途上国の動向を分析している。これは、資本主義が世界のどこまで浸透したかを示すものともいえる。この手法は前の時期にも適用するべきであろう。

　同時に、厄介な点は、基軸産業や支配的資本の資本蓄積と言っても、馬場のいう「社会原則」による制約をどのように取り込むかである。とくに国家が経済過程への介入に否定的な自由主義段階における「社会原則」を処理する基準は不明確である。家族や残存する共同体的関係等で処理される、とするだけでは理論的でない。国家が「社会原則」の担い手となる段階（福祉国家化）においても、段階を規定する基準の明確化が必要となろう。馬場は、「成長と福祉の共棲」の条件について論じているが、資本蓄積論や発達段階論において、これがどのように反映しているかは読み取りにくい。移民や移住、資本移動（海外生産）の問題を含めて、さらに検討するべき余地がある。舌足らずで、やや抽象的に問題点を指摘してきたが、以下に馬場の叙述に即して、段階論と現代資本主義の展開についていくつかの点を指摘しておきたい。

① 段階論

　重商主義段階（第7章A）の叙述、ヨーロッパ世界の確立期とされる。だが同時に、16~17世紀はオスマン帝国や大清帝国、ムガール帝国の発展期でもある。ロシア帝国（ロマノフ朝は1613年）もこのころ誕生といえる。世界経済の視点では対比も必要であろう。植民地の形成についても、スペイン型とイギリ

第1章 馬場理論の形成と展開、深化・逍遥 139

ス型の対比、また白人移民による植民地（北米等）と現地・拠点支配型、黒人奴隷輸入による砂糖等の栽培（プランテーション）型など、世界史的にはより立体的な肉付けが望ましい。また、当時のヨーロッパの対外貿易は基本的に東方の奢侈品（絹・綿・香辛料・茶等）を輸入しスペインが南米で収奪した銀で支払う構造である。言い換えれば、17世紀のヨーロッパには東方に販売できる商品はあまりなかったのであり、中南米においてスペインを中心に武力（銃器）と航海術、輸送手段（アメリカに馬はいなかった）、病原菌のおかげで制服・収奪できたに過ぎない。この時期にアジアでは若干の貿易拠点を構築できたに過ぎないのでなかろうか。17世紀後半からを、羊毛工業の展開を軸に後期重商主義を説明する。これは馬場説というより通説であるが、18世紀のイギリスはヨーロッパ貿易から新世界（北米中心）・アジアとの貿易へと軸心を動かす。輸入では砂糖が最大項目である。輸出では羊毛製品が最大だが、その大半はヨーロッパ向けである。18世紀後半には北米植民地向けの金物（斧・刃物、工具、釘）や雑貨類、亜麻布等が増えてくる。イギリス経済と輸出における羊毛工業の重要性は否定できないが、その限界も見ておくべきであろう。あるいは、世界史的にはスペイン型支配からイギリス的支配への転換が強調されるべきであろう。

　自由主義段階（第7章B）は、19世紀をパクス・ブリタニカ体制と産業革命を経たイギリスの工業独占の時代として、綿工業を軸に説明される。ヨーロッパ各地では資本主義化（工業化）が始まるが、ナポレオン没落後のフランスは王制や共和制、帝政などの変遷があり、ドイツ帝国（1871年誕生）やイタリア王国（1860年誕生だが、教皇領を含めたイタリア統一は1870年）が生成し、日本の明治維新は1868年である。ロシアは軍事的には強国としても19世紀では東方（シベリア）への拡大に注力していた。アメリカは19世紀半ばにテキサスやカリフォルニアなど西部を併合・取得するが、南北戦争もあり、対外的進出の余裕はなかった。そして、オスマン、清、ムガールなど大帝国が衰退過程（18世紀にもさかのぼるが）にあり（スペインもそうかもしれない。南米諸国の独立は19世紀初め）、パクス・ブリタニカといっても、対抗勢力が存在しない状況であったのである。段階論ないし支配的資本の蓄積様式を重視すると、世界像が単純化され、「敗者」が消え去り、歪められてしまう。世界経済論を資本主義が地理的にどこまで浸透したか、主要国の対立・協調ないし相互依存関係

を描くものとすれば、段階論的視点とは異なる視角も必要であろう。

　綿工業を軸にこの段階を捉えるのは馬場説というより通説である。しかし、鉄道建設の役割や関連する鉄鋼業や機械産業（繊維機械と蒸気機関車など）などの発展にも目配りする必要がある。とくに鉄道会社は株式会社であり、資本市場も拡大してくる。また、鉄道や蒸気船など交通手段の発展なくして、資本主義の発展はあり得ない。株式会社を排除する宇野原論の伝統、あるいは流通より生産を重視する観点が、鉄道の発展を過小評価するのであろう。同時に、イギリス綿工業の発展は原綿輸入の拡大につながり、アメリカでは原綿生産の奴隷制の拡大につながることになる。19世紀には東欧やロシアでは、穀物輸出の拡大が「農奴制」の強化（農民の移住制限）につながったともいわれる。ある国の資本主義の発展ないし工業化は一面では対抗する国の工業化を促すが、国・地域によっては植民地化され、伝統的社会構造を維持したまま原材料・食料供給国やモノカルチャー的プランテーション国に押し込まれることにもなる。段階論を支配的資本の運動として叙述すると、現実世界が単純化され、対抗勢力や植民地等の支配が脱落し、世界経済の構図が示せない。

　古典的帝国主義段階以降では支配的資本は金融資本（超単純化すれば、株式会社形式を利用した巨大企業）である。金融資本は新産業を次々に取り込み、自立的により高い生産力を担いうるが、反面不況が長期化し、景気は外部要因（フィスカル・ポリシーや個人住宅建設、対外要因等）に依存することもある（1－(4)「株式会社」と1－(5)「金融資本の蓄積様式」参照）。馬場の議論というより、マルクス経済学派の通説では、金融資本の争いが第一次大戦に帰結するのであるが、19世紀末から20世紀初頭は、19世紀中葉のイギリスの工業独占が崩れ、パクス・ブリタニカ体制が動揺していく過程でもある。アメリカとドイツは生産力でイギリスを上回るようになり、ロシアや日本も資本主義化をとげていく。主要国ないし列強の対外膨張が第一次大戦につながるが、世界経済ないし世界史を見る視点としては、植民地や中南米諸国等の地域における資本主義の浸透とその特徴と限界にも触れるべきであろう。オスマン帝国や清帝国が崩壊しつつあったことが（ハプスブルグ帝国も分解過程にあったことは間違いない）、列強の勢力争いに拍車をかけていたことも確かであろう。金融資本の類型論としてこの時代を描くにとどめず、侵略された側からも捉えた、より立体的に世界経済の構図を描く必要があろう。

② 現代資本主義 – 1：戦間期

　現代資本主義は、馬場にあっては、第一次大戦以降の資本主義のことであり（『新資本主義論』刊行の1997年でも約80年、現時点では約100年に及ぶ）、金融資本が支配的資本であるが、パクス・ブリタニカからパクス・アメリカーナへの移行があり、また資本主義的原理と社会原則が対抗関係にある時期である。このような長期間を現代資本主義に一括することに違和感が残るが、後に馬場自身も新たな段階論を提唱することになった。この点はともかく、第8章の展開に即して、いくつかの点をコメントしておこう。

　第8章、戦間期の展開では、短い章にすべてを盛り込むことは難しいが、馬場の叙述の焦点がわかりにくい。既述のように（（2）1）「富裕化と社会科学」）、馬場は1920年代にヨーロッパでは社会改良ないし大衆民主主義化が、アメリカでは富裕化が進み、1930年代には逆にヨーロッパで富裕化が、アメリカでは社会改良が進んだ、と特徴づけた。この特徴を『新資本主義論』でもう少し肉付けしてほしかった。別のところで書かれている、あるいはそのようなことは常識と言われれば、その通りであるが、次のような点である。

　1920年代にはアメリカ新産業の発展に支えられ生産力的に優位に立ち、投機的活動を伴う証券市場の飛躍的拡大もあって国内的には繁栄する。しかし、世界経済を牽引する力は限られた（工業も農業も発達した自給的性格、保護貿易の伝統と輸入の少なさ。未熟な金融・資本市場）。加えて政治的未熟さ（戦債の取立て、国際連盟加盟拒否等）もあって、覇権国ないし世界的指導国になる意志も能力も信頼性も持ち得なかった。ヨーロッパでは、英独中心に見れば、労働党政権の誕生やワイマール共和国など民主主義や社会改良の進展がみられるが、経済的には綿工業、石炭産業など旧輸出産業の衰退と労働争議、旧平価での金本位復帰などで苦しむイギリス、領土喪失や賠償の重し等に苦しむドイツなど芳しくなかった。先進国向けの農産物・鉱産物の輸出が重要な植民地や後進国はヨーロッパの疲弊で輸出先を失い、混迷し、独立運動などが激化する。加えて、トルコ共和国や中華民国は国内体制の整備は進まず、とくに中国では内乱と日本等の侵略が続く。中東欧の独立国も経済的には疲弊したままであった。日本にもあてはまるが、第一次大戦の過程で工業化を進めた植民地を含む後進国や地域では、先進国の「復活」もあって競争激化に苦しむ。

　1930年代、アメリカは大恐慌と深刻な不況のなかで社会改良を進めるが、こ

のような状況では対外的には影響力を行使できなかったし、覇権国になる能力もなかった。1930年代にイギリスは、金本位制を離れ、英連邦中心のブロック（スターリング圏）を形成する。そして、低金利による住宅建設や新興産業（化学、自動車等）の一定の発展で経済成長に向かう。対外的にはスターリング圏の盟主にこだわるが、それ以上の力はなかった。ドイツは、ナチスの下で、労働組合等の力を権力で抑え、公共事業や軍備拡大等の統制経済のもとでかなりの成長を遂げていた。対外的には周辺国を自らの版図に組み込みつつ、第二次大戦へと向かうことになる。

　社会主義革命で誕生したソ連では共産党が権力を維持し、1920年代には経済的にはネップで生き延びた。コミンテルンの活動は成果なく、期待された世界革命は夢と終わり、1国社会主義路線で1930年代に農業集団化、計画工業化を強引に進め、スターリン独裁体制を築く。

　植民地等を含めた後進国・地域は、一般的には世界不況と資源・農産物価格の低下で経済的には苦しむことになる。第一次大戦のころより拡大した、工業化という点での資本主義的発展が1930年代には世界不況の影響（輸出減少で資本財の輸入困難、国際資本市場の崩壊等）で急速に衰退ないし停滞したようである。これらについて述べる能力はないが、地域ごとにかなりの相違があると思われる。南米では伝統的な大農園等の所有者による政治支配が崩れ、ポピュリズムの時代に向かうとも言われる。インド等では本国政府や現地当局による弾圧と懐柔のなかで、独立に向かう勢力が力を得ていったようである。

③　現代資本主義－2：第二次大戦後

　ここでのコメントの要点は、内容というより、9~15章の構成ないし順序にかかわる問題である。既述のように（2（2）　富裕化）、馬場は現代世界を欧米の先進資本主義国から成る「西」、ソ連圏を中心とする社会主義の「東」、低開発の「南」に分けて捉えた。これは馬場の独自の考えというより常識的理解でもあるが、世界を見るうえではこの3つの動きを捉えてゆく必要がある。東は資本主義でないことは言うまでもないが、南は部分的には資本主義的発展がみられたが、工業化を軸に考えれば、資本主義が定着したといえるのはNIESが認知されるような1980年代ごろからであろう（後述）。少なくとも第二次大戦直後のしばらくは多くの途上国で、国有化や計画経済を含む社会主義的要素、あるいは開発独裁体制による上からの指揮が強かったのである。

第1章　馬場理論の形成と展開、深化・逍遥　143

　第9章は、「戦後史44年」をひとくくりにしているが、石油ショックで現代資本主義が区分される以上、政治体制論ないし冷戦史でもある9章の記述も、時期区分するべきであろう。第10章が「世界的経済成長」であるが、1970年代初めまでには、日欧の経済成長もあって、アメリカの第二次大戦直後の隔絶した地位の相対的低下が明瞭になる時期である。また、イギリスが英連邦中心主義を離れECに加入する時期である。当たり前のことなので触れてないのかもしれないが、この視角も明示すべきであろう。そして、第12章が「大衆資本主義」になっているが、世界的経済成長の過程は大衆資本主義化であり、成長と福祉の共棲であった、と思える。したがって、10章に続けて12章が描かれるべきである。この成長と福祉が共棲した世界が限界に達して、スタグフレーションになるので、第11章「スタグフレーション」は12章の後に来るはずである。

　11章「スタグフレーション」は時期としては1970~80年代を表している。これを資本主義の行き詰まりとして描くことに異論はないが、英米と日独の対比をより鮮明にするべきであろう。英米ではマネタリズムと新自由主義ないし新保守主義のもとで、金融を中心とする引締め（英では財政も）でインフレを抑制し、高失業を齎し、民営化や規制緩和、国際化をすすめていく。日本はスタグフレーションの影響は小さく、会社主義の下で省力省エネ、ME化でスタグフレーションの影響を免れるが、バブルに陥る。ドイツは、もともと健全財政金融でスタグフレーションの影響は小さいが、為替変動の影響は大きく、ECの市場統合の深化（モノ、サービス、カネ、ヒトの自由移動）、さらにはEUによる通貨同盟に向かう。日本でも民営化や規制緩和が進められるなど、新自由主義のイデオロギー的影響はおおきかったが、反面、日本的経営がもてはやされていた時代でもある。そして、馬場は独立の章として第14章「会社主義」を論じるのだが、日本のスタグフレーションの脱出過程として、あるいはスタグフレーションの影響が小さかった背景として議論するべきことであろう。会社主義を新たな資本形態として重視する馬場の立場からは当然のことかもしれないが、会社主義の過大評価である。なお、12章「大衆資本主義」が11章「スタグフレーション」の後に来ている。これについては先述のように10章「世界的経済成長」に続けるべきと筆者は主張したが、馬場が後に置いたのは、12章C「大衆資本主義」で、英米でのスタグフレーション脱出過程を描くためであった。ここでは既述のように、「資本の魂が大衆の魂を捕らえた状態」を大衆資本主

義と捉え、福祉の抑制を含む需要抑制や規制緩和等を大衆が受入れたことが強調されている。これ自体の主張に異論はないが、福祉の拡大等につながる国家の介入や「社会原則」と競争促進・規制緩和等の「資本主義的原理」は時代によって、どちらかが相対的に優位に立つものであり、一方が他方を完全に否定するものと捉えるべきではない。

　第13章「地理的諸壁の溶解」は「社会主義体制の解体」と「南北問題の消滅」に分けて、資本主義の地理的拡大を論じる。そして、前者ではロシア革命以後の社会主義が扱われ、後者では二次大戦後の途上国の動向が扱われる。時間的ないし時期的にはかなりの期間がまとめて叙述されている。東と南は別々の章が良いともいえるが、その点はともかく、世界経済の議論としては、戦間期、戦後復興と成長の時代（戦後から1960年代まで）、動揺と改革の時代（1970~80年代。馬場のいうスタグフレーションの時代）、グローバル資本主義の時代（1990年以降。資本主義の世界的拡大＝社会主義国や途上国も資本主義化）と言った時期区分に即して、東や南も叙述することが好ましいのでなかろうか。時間軸を重視するか、テーマ（資本主義の特徴、あるいは段階的規定）を重視するかの相違と言えるかもしれないが、世界は多様な構成要素を持っているのであり、多様性を描くには、時間軸に即してそれぞれの特徴を捉える方が分かりやすいのでなかろうか。なお、本書の序章はそのような試みでもある。

　最後の章、「結論」は「過剰富裕化時代の到来」であるが、到来というのは馬場の議論からしておかしい。「世界的経済成長」は結果として先進国では富裕化をもたらし、「大衆資本主義化」は過剰富裕化の現れでもある。とすれば、すでに「到来」しているのであり、「結論」は継続ないし行く末が問題になるはずである。馬場は『新資本主義論』の主張を明確にするために、最後の章のタイトルをこのように設定したのであろうが、「到来」は余分である。「過剰富裕化時代」として現状を述べることで十分である。ただし、この規定は、前述の「グローバル資本主義」（資本主義の世界的拡大）の規定と、矛盾するわけでないが、視角の異なる規定となる。

3．馬場理論の深化・逍遥：アメリカ中心の原理論・段階論

『新資本主義論』（1997年）以降の馬場の仕事は、序で述べたように、経済学

史関連の著述が増え、時に脇道に入り、焦点がなくなった印象を受けるかもしれない。しかし、4冊の著作（『活き方』、『もう一つ』、『古典探索』と『宇野』）の諸論文を整理してみれば、馬場の意図は一貫している。『新資本主義論』に対する無視・反発（『宇野』第16章「シンポジウム報告」でも触れられている）のなかで、「過剰富裕論の展開」（『活き方』第四部）、（「過剰富裕論の深化」（『もう一つ』第四部、「過剰富裕論の徹底」（『宇野』第四部）をはかることになる（本節（2）「過剰富裕論の展開・深化・徹底」）。この作業は、発展段階論ないし（アメリカを中心とする、あるいはアメリカ経済の特質を踏まえた）資本主義発達史にかかわる諸問題を整理することになり、「新三段階論の提唱」（『もう一つ』終章）につながった。同時に、段階論にとどまらず、独自の原理論の構築が必要とされ、宇野三段階論の修正・克服を意図する「宇野理論の歴史化」（『宇野』第一部）がめざされた（本節（1）「宇野理論の歴史化と新段階論の提唱」）。だがこの過程では、一方では、資本・資本家、企業・経営者、会社、経済等の基本的用語の語義ないし語源探索に結実し（本節（3）「語義探索；資本、経営者、会社、経済等」）、他方では原理論構築のための『国富論』や『資本論』の記述への部分的疑問から出発した作業が「逍遥」、「周辺」、「経済学の流れ」、「断片」といった表現の加わったタイトルとして現れる多くの論文になった。これらは経済学史の研究とくくれるかもしれないが、多様な議論があり、整理は容易でない。それでも、ペティ経済学（労働価値説や資本〔Stock〕理論）の継承の問題、あるいは古典派経済学の形成過程とマルクスによるその継承の問題として整理できるであろう（本節（4）「経済学史逍遥」）。

　本節では馬場のこの時期の研究を4つに分けて紹介することになるが、これらの研究は「『もうひとつ』の根本的意味は時代批判であり」（『もう一つ』はしがき）、「過剰富裕化論の視座に立てば、近代思想一般、ひいては科学自体についてさえ、認識の絶対化には疑問を持たざるを得ない。経済学では古典だからといって聖典化出来はしない」（『古典探索』はしがき）という観点からの、近代思想一般の批判を含むものでもあった。しかし、この作業は、馬場原理論や段階論の完成というよりは、その準備作業としての古典探索による古典批判に多くの時間を費やしたのである。馬場の方法論ないし研究スタイルの特徴でもあるが、旺盛な好奇心や細部と継承関係にこだわる探索は、思わぬ新たな発見や寄り道に時間を費やしたともいえる。

146

　すべての論文を紹介するわけにいかないので、恣意的になるし、また上述のように特定の観点で整理するにしても、一つの論文に多様な要素が含まれるから、整理することが必ずしも馬場の意図を正しく伝えることにならないかもしれない。とはいえ、いくつかの観点に整理することは、馬場理論の理解を容易にし、問題のありかを明らかするであろう。

（1）宇野理論の歴史化と新段階論

1）宇野理論の歴史化

　これは『宇野』の第一部のタイトルであり、8章もあるが、その中心は第3章「宇野理論の究極の効用」である。宇野理論の歴史的制約とその解除を明確に主張している。だがその前に、第1章「宇野理論の『含蓄』」を見ておこう。これは、難解と言われる宇野理論について、難解の理由を探ったものである。宇野の原論では、地代論を例に、論理的整合性や緻密さよりも、資本主義における土地所有の根源的意義を反映することを重視している。段階論では、ヒルファディングの金融資本論は原理論に近く、宇野『経済政策論』でもこの概念規定を利用するが、レーニンは世界全体を対象にしている。この点で、宇野はレーニンをヒルファディングより高く評価する。宇野の現状分析では、地租改正の研究など明快なものもあるが、現状分析のための構図や視角を大づかみにした試論が少なくない。これら試論では、文章の飛躍や構図の空白があり、議論は段階論や原理論にもまたがり、錯綜している。しかし、宇野の示す構図全体のもつ魅力と示唆は否定しようがない。

　これらが宇野理論の特徴を捉えた馬場の主張である。いささか、皮肉屋の毒舌ともいえるが、理論的整合性というより、構図や視角を重視する立場であり、言い換えれば現状分析の基礎にある世界全体の歴史像ないし時代認識を重視する立場である。

　第3章に戻る。まず「一　宇野理論の歴史的制約」において、「思想や理論一般、特に社会科学の諸理論は、理論成立時の歴史に制約される」として、学説史的制約とその時代が抱いた世界史像の制約を指摘する。宇野が『経済政策論　上巻』を出したのは1936年で、既に原理論・発展段階論・現状分析の三段階論が基底にあり、『資本論』が学説史的基礎にあった。ドイツ社会政策学派に依拠した日本の社会科学よりも普遍性があり、ロシア革命後の世界史像、つ

まり社会主義社会の展望とも重なり、普遍性への確信が強まった。だが、ソ連が崩壊し、世界社会主義化の展望が消滅し、アメリカ資本主義が拡大し続けるなかで、社会科学が依拠すべき現実感のある普遍的仮説は見出しうるか、と馬場は問う。アメリカが資本主義世界の基軸になるなかでは、イギリス中心史観の認識には限界がある。これではアメリカ帝国主義の特異性がつかめない。宇野理論は、世界恐慌のさなかに資本主義の正統性が危うく見える時に形成された。戦前の軍国主義の弾圧を経て、戦後の自由の回復と、東欧圏や中国革命等の社会主義圏が拡大する状況を背景に、宇野は1950年代に主要著書（『経済原論』、『恐慌論』、『経済政策論』等）を陸続と発表し、多くの信奉者を集めた。しかし、その後のスターリン批判、ハンガリー事件、中ソ対立、チェコ事件等、社会主義の正統性を疑わせる事件が相次ぎ、ソ連の崩壊に至る。資本主義は、アメリカの経済力と強力なイデオロギーの下で成長を続ける。先進国は成長と福祉の共棲を実現し、福祉国家化した。世界的社会主義化の展望を踏まえた理論体系をそのまま維持できない。しかし、宇野学派は、宇野自身も、これらの問題を正面から取り上げず、既成理論の精緻化に専念した。大内力の国家独占資本主義論や岩田弘の世界資本主義論は、問題はあっても、時代認識を進め、理論的にも前進であったが、学派の大勢は理解できなかった。

　このため、「二　歴史的制約の解除」が必要となる。だが、ヨリ普遍的な歴史の展望を見出すことは困難である。また、資本主義の基軸となったアメリカは資本主義的性格を深化することで経済発展力を強化し、同時に社会を歪め破壊するので、アメリカ資本主義像から安定した社会像を導出しがたい。したがって、整序した新たな理論体系の構築は難しい。根本的には、過剰富裕化による地球環境破壊が、人類を滅亡させる危険が現実化しており、人類の永遠を仮定して歴史の進歩や理論の発展を展望することはできない。ロバート・オウェンを引用して「人類の苦悩は無知の過剰に伴う富の過剰から生じている」事態とする。いささか、筆者には論理的飛躍にも思えるが、その「含蓄」はくみ取れよう。このように述べた上で、馬場は、世界史像は大きく変わったので、世界史像に影響される発展段階論の構図は変わらざるを得ず、原理論の根源的意義さえ再考されなければならない、として「三　理論的改造試論」を提起する。

2) 新三段階論：段階論の改造

「理論的改造試論」の議論は、「新三段階論の提唱」（『もう一つ』終章）を下敷きにしたものである。ここではイギリス中心史観からアメリカ中心史観への切り替えが強調され、アメリカモデルの原理論が可能で必要だが、完成は無理かもしれない、とされた。「理論的改造試論」でも、内容的には同じだが、より簡明に、「1. 段階論の改造」と「2. 原理論をめぐる考察」を展開する。前者では、ロシア革命以後の90年間も世界史は資本主義を中心とする時代として推移した。その変動に応じて段階区分がなされる。宇野段階論を大段階と呼び、近代資本主義の歴史全体を対象とし、重商主義・自由主義・帝国主義の三段階に区分する。基軸産業・支配的資本・経済政策の構成は、生産力・生産関係・上部構造の図式に該当する。新三段階論は段階論を現在まで延長し、小段階論と呼ぶ。対象は広義の帝国主義時代全体であり、支配的資本は金融資本と一括して良い。

小段階論は古典的帝国主義段階、大衆資本主義段階、グローバル資本主義段階に区分される。古典的帝国主義段階とは、宇野の帝国主義段階と同じ時期だが、生産力的基軸国としてアメリカを重視し、基軸産業は鉄鋼業でアメリカの富裕社会化が強調される。支配的資本は金融資本を小区分してアメリカ経営史のいう金融資本主義とし、株式会社制度の機能では証券投機を重視する。経済政策面では領土支配としての帝国主義を重視する。なお、アメリカでは社会政策面はいちじるしく立ち遅れた。

大衆資本主義段階は、ロシア革命からソ連崩壊までの資本主義。大衆民主主義から借用した言葉だが、その意味は、大衆に体制選択権がありながら、彼らが資本主義を選び続けた時代、である。基軸産業は、自動車・家庭電器などの大衆の耐久消費財産業。支配的資本は技術的合理性を重視する経営者資本主義。この段階に過剰富裕化が表面化する。経済政策は、内外両面での社会主義防渇。対外的にはソ連隔離と冷戦。対内的には福祉国家化と経済成長、財政金融政策の多様化による失業救済と景気維持。

グローバル資本主義段階はソ連崩壊後の時期であるが、その前の20年ほどがスタグフレーションと自由主義的反動の助走期間。基軸産業はME産業、支配的資本は投機的株価資本。ヴェンチャー・キャピタルやストック・オプションを利用して新興産業の発展が促された。経済政策は内外での市場化の徹底。各

第1章　馬場理論の形成と展開、深化・逍遥　149

種規制は、経済規制ばかりでなく、労働福祉、社会保障まで規制を緩和・解消させ、世界中に強制する。なお、『宇野』12章「現代世界経済の構図」が「グローバル資本主義段階」を詳しく説明している（これは、もともとは馬場宏二・工藤章編著『現代世界経済の構図』ミネルヴァ書房、2009年の序章であった）。

　以上の議論は『新資本主義論』の議論を踏まえ、一定の修正を加え、新たにグローバル資本主義段階を加えたものである。その異同については細かな問題になるから省くが、いくつかのコメントを加えておこう。まず、大段階論と小段階論の区別がわかりにくい。原理論―段階論―現状分析という意味での三段階論と資本主義の発達段階をいう意味での段階論は明確に区別するべきである。古典的帝国主義段階以降の支配的資本を金融資本（ないし巨大株式会社資本）と規定すると、すべて同じ資本が支配していることになる。とはいえ、金融資本的蓄積は後述（4）「株式会社論の視角」）でも議論するように多様であり、馬場が指摘するように経営者資本主義段階と投機的株価資本主義段階を区別することもできる。この区別が妥当か否かには立ち入れないが、大段階と小段階の区別が本当に必要かを問われよう。とりわけ、原理論に資本の商品化、すなわち株式会社論が包摂されるとすると、三段階論における段階論の存在理由が希薄化する。

　資本主義発達史を世界経済の国家別編成ないし勢力配置図として、あるいは世界経済の構図としてみると、段階は分かりやすく設定できるし、世界経済の全体像を得るうえでも分かりやすい。現状分析の前提としての環境の把握と言えるし、あるいは世界全体の現状認識である。馬場では大衆資本主義段階が70年強続くことになるが、これを世界史における一つの段階とみなすには違和感が残る。大衆資本主義段階と言っても、アメリカは1920年代に到達したといえるが、他の世界へ波及するのは、第二次大戦後である。また、大衆資本主義段階の裏面となる「福祉国家化」はヨーロッパ主要国が先行し、アメリカは遅れた。加えて世界恐慌に伴う1930年代と第二次大戦や、ソ連と社会主義諸国の問題があり、さらに第一次大戦前後の清帝国とオスマン帝国の崩壊と新国家の建設、植民地とその独立の動きなども加わる。既述した「富裕化の哲学」論文で馬場が指摘したように、「富裕化世界の構造」は、西側先進国、東側社会主義国、南の発展途上国からなっている。大衆資本主義段階と規定するとしても、その領域（範囲）と浸透段階にしたがっていくつかに区分されよう。

3）原理論の問題

「2.原理論をめぐる考察」では、まず、「純粋な資本主義像」を問題にする。労働人口中の賃金稼得者数比率で労働力商品化の進行をみれば、19世紀中葉のイギリスは60%程度で20世紀末のアメリカよりやや低い程度である。20世紀初頭までのアメリカは自営農民層の比率が高かったが、農民は農地を商品として扱い、投機対象でもあった。株式会社の普及度も高く、資産商品化の面ではアメリカがイギリスを越えていた。資産商品化を含めた場合、イギリスとアメリカ、どちらが純粋資本主義の歴史的根拠として有意義か、と問う。つぎに、「アメリカモデルの原論」を問う。宇野『経済原論』には、資産商品化を論じる箇所が実質的にない。株式資本と土地の価格が利子率の資本還元で形成される、というだけで土地市場や株式市場での価格変動過程は捨象されている。土地も株式も擬制商品だから、価格形成は経済実体を離れ、生産物商品のように投下労働による価値規制を直接には受けない。アメリカのように投機とフロンティア開発が体質化した経済を対象にする場合、擬制商品市場を無視すると史実との乖離が大きくなる。そして、土地や株式の価格騰落が暴走して価値法則の枠に収まらなくなり、再生産過程全体を崩壊させる危険がある。

　最後に、「原理論の意義」を語る。経済学原理論は資本主義的生産の描写にとどまらず、経済発展ためには資本主義制度がこの上なく有効であることを確認する方法である。原理論に登場するあらゆる機構は経済の拡大や効率上昇のために作用する。ただし、それは社会を破壊し、人類を危機に追い込む可能性も併せ持つことも明示すべきである。すなわち、商品・貨幣・資本の流通形態は、人間に潜在する物的欲望の疎外態である。諸範疇は欲望の拡大を動力として展開し、貨幣量の無限の自己増殖を求める資本がその極限にある。原理論はまずこの欲望と流通形態との関連を解明すべきである。資本は土地と労働力を分離し、商品化することで自己増殖の手段とする。産業資本が成立し、利潤追及のために新製品を次々と生み出し、価格引き下げのためには賃金の引き下げや労働強化、労働疎外を強制し、また、生産方法の改善をはかる。経済拡大と大衆的富裕化がもたらされる。商業資本や銀行信用はこれを加速する補助機構である。制限ある自然を資本家的に利用するために地代が地主に分与される。資本蓄積が進む一定の段階では、賃金と地代が上昇し、利潤を引き下げる。商品経済関係が社会を破壊し、資本の利潤追求が自然や人間自体を破壊する。経

済効率を論証しただけでは原理論の意義は尽くせない。

　以上のように宇野体系の改造を主張しつつ、「宇野理論の効用」を次のようにまとめる。「原理論における、資本を自己増殖する価値の運動体として把握する」ことは、「過剰富裕化の原因を言い当てている」。「社会関係は、人間の底に潜む物的欲望の疎外態である商品・貨幣・資本に支配され、人間は資本の盲目的自己増殖の手段となる」。「発展段階論では、アメリカを中途半端に取り上げ、ロシア革命で打ち切ってしまったため、過剰富裕化時代に到達しなかった。……段階論の限界は大きいが、その次元でも、戦後の継承者たちが挙って無視した原蓄論が生きる」。

4）「株式会社論の視角」：株価差益

　馬場の「株式会社論」ないし「金融資本論」は『富裕化』第4章「株式会社の問題」と第5章「金融資本の蓄積様式」に示されていたが、これらについてはすでに紹介した。これらは初出1980年の論文であり、資本の商品化の無理が強調され、原理論との関係が大きなテーマであった。また、金融資本が新産業を取り込み、生産力を高め好況を生み出しうることが強調され（長期の不況の可能性も否定しないが）、蓄積様式では学説史的研究にウェイトがあった。その後『新資本主義論』のなかで「金融資本とは株式会社形式を採る巨大企業」と簡明に定義されるなど補足され、さらに、講義ノートの形である「株式会社論の視角」（『古典探索』第7章）でより体系的に明瞭になっている。馬場が述べるように、1980年の論文と基本認識が変化しているわけでないが、株式会社論は原理論と段階論の結節点的位置にあり、よく読めば、新しい論点が浮上していることが分かる。

　まず、いわゆる企業形態論と言ってよいが、家業、企業、会社等の区別を説明する。会社では出資者間の意志統一の必要を強調する。その上で株式会社の登場を説明し、株式会社普及の略史を展開する。ここでは、アメリカで株式会社の普及が早かったことが強調される。ついで、株式会社の機能として、資本の二重化（現実資本と擬制資本）、資金集中、支配集中、独占形成、所有と経営の分離について述べる。

　最後に「むすびに代えて─擬制商品と株価差益」を展開し、株価差益の経済的本質を問う。一般に擬制商品には労働価値説的価値規定は直接には作用しな

い。擬制商品の価値は、自然的物質的代謝過程から遊離した、人間同士の擬制的関係によって生ずる評価額である。ここで貨幣商品金、労働力商品、資産としての土地所有、資産としての株式、資産としての国民通貨、が問題になる。貨幣商品金には歴史的に蓄積された膨大な金ストックがある。新産金はストックに比べてわずかな比率しかない。金の価値は資産としての金ストックに対する社会的評価によって定まると考えるしかない。労働力の価値は、労働者階級の再生産費として自然的物質代謝過程にかかわるが、総計である賃金稼得額と労働力の再生産費の間には一対一の関係は成立しない。労働力の再生産を支える物的消費水準は、純経済的に決まらず、それ自身可動的な、歴史的文化的要素を包含する。土地所有権、株式資本、国民通貨は資産の商品化として擬制商品の中に一括できる。膨大なストックのごく一部が市場に現れ、資産評価によって値付けされる。これら諸資産の価格は、わずかな需給不均衡によって暴騰暴落する。ここでは、投下労働量を基準とした価値法則による価格規制は直接には作用しない。マルクスには、苦し紛れながら「虚偽の社会的価値」という範疇がある。株価差益は、経済の先行きを展望し、利潤上昇を先取りした、労働実体を伴わない、擬制的あるいは架空的価値の先行形成という点で、信用創造に共通する。株価差益は信用創造以上に急激な生産拡大効果も生産縮小効果も持つ。

　この最後の擬制商品の価格論は、かつての議論と異なる。1980年初出の「株式会社論」（『富裕化』所収）では、資本の商品化の無理を強調しつつも、原理論へのその取り込みに苦心していたが、ここでは擬制商品価格論を、労働価値説の範囲を抜け出て（最終的に制約されるとしても）積極的に論じる。株価差益が、信用創造と類似して、ともに生産拡大・縮小を増幅することを指摘しているのである。このような視点に立つと、馬場がかつて主張した「金融資本の蓄積様式の一般論」の構築は、より複雑で難しくなる。一般論というより、条件ないし環境に規定されて、異なるいくつかの局面ないし様相を示すものとなるかもしれない。そうだとしても、それが金融資本段階の資本の運動である。

5）宇野段階論の形成過程
　「『経済政策論』の成立」（『宇野』第8章）は、1936年の『経済政策論　上巻』（これは第一編「重商主義」と第二編「自由主義」から成り、「帝国主義」はな

い）との対比を含めて、宇野の読書歴、講義ノート等も利用して、『経済政策論』の成立過程を検証したものである。これに関連して、第4章「解説　段階論を巡る研究会記録」と第5章「新資料との遭遇」がある。新資料とは、東北帝大での宇野の経済政策論講義の学生によるノートのプリントである。宇野の『経済政策論』を学問的に検証した仕事は馬場（既述の「金融資本の蓄積様式」等）を除けばあまりないようであり、また成立過程を知る上では貴重な文献である。加えて、『宇野』の第6章「宇野弘蔵と東畑精一」は、宇野理論と無縁に思われる東畑と接点を知る上で貴重である。また、第7章「矢内原段階論と宇野段階論」は宇野が矢内原忠雄「世界経済発展過程としての植民史」から段階論の構想を得たのでないかと推察し、矢内原の先駆性を指摘する。

　宇野の段階論の成立過程をみることが、馬場の新段階の提唱と具体的にどう結びついたかはわからない。しかし、学の成立過程における継承関係や人の思想を見るうえでは、純粋培養的に見るのでなくて幅の広さをもつことが重要であり、ここでの仕事は馬場の人や学問を見る射程の広さを示すものである。

6）アメリカ資本主義の特質と株価資本主義

　「宇野理論の究極の効用」〈『宇野』3章〉論文では、「宇野学派は……アメリカ把握が不足である」として、「付論　基軸国アメリカの特性把握のために」を付け加えている。ここでは、「1．アメリカ帝国主義の特質」、「2　アメリカ経済の特質」、「3　社会構造の特質」、「4　アメリカ独自の屈折」、「5　再びアメリカ帝国主義の特質」の項目が簡潔に語られている。アメリカ論としても、より正確には馬場のアメリカ把握の基底にある歴史認識を知る上で、興味深いものである。「1」はアメリカの歴史的特質である。狩猟・半農の先住民の地へ、近代化を始めたヨーロッパから大衆的移民が押し寄せ、圧倒的武力で先住民を駆逐殲滅し、その生活地を収奪し、私有財産として分割した。西漸運動自体、資本主義的拡張というより、それに支えられた農民的生存圏膨張であった。「2」は、著しく高い経済成長率、当初の土地獲得による有産者化、多軸的な産業構造、労働節約的・資源多消費的大量生産技術。「3」は、移民社会の特質であり、黒人を別にしても、先着順による先着組と新移民と総称される後発組の差異。民族差と階級や労使関係の交錯。独立革命の過程での貴族的階級の逃亡。「4」は、「3」を前提に、大衆的・世俗的・有産者化志向社会であるアメリカでは、

福祉国家化は進まなかったが、深刻な経済危機の1930年代（「世界恐慌は、ア
メリカにとっては、〔大衆が有産者としての自信を喪失した〕資産喪失による
信認喪失恐慌だった」とも馬場は述べる）と冷戦下での「偉大な社会」計画の
時期であった。しかし、これらはアメリカ史における屈折に過ぎず、福祉嵩上
げによる黒人優遇は白人大衆の猛反発を呼び、自由主義的反動の時代となった。
南部白人の共和党支持への転換、労働組合の衰退、ケインズ主義的インテリ層
のスタグフレーションに伴う権威喪失でニューディール連合は崩壊した。その
後アメリカは反福祉国家になる。「5」は、アメリカの海外進出には先住民殲
滅史の特性が深く刻印されていると指摘する。

　これらの論点のうち、「4」で指摘される福祉国家にかかわる部分は『宇野』
の第9章「ニューディールと『偉大な社会』」と、第10章「レーガン主義の文脈」
で詳しく論じられる。また、『宇野』第11章「アメリカ資本主義の投機性」は「2
アメリカ経済の特質」」ではあまり詳しく論じられていいない点を補充したも
のである。投機性をアメリカ資本主義の特質として捉えた点に馬場の独自性が
あるが、金融資本論ないし株式会社論、さらには原理論にも関わり、資本主義
一般に共有する性格でもある、とも言えそうでる。なお、第12章「世界経済の
構図は」は、もともとは馬場宏二・工藤章編著『世界経済の構図』（ミネルヴ
ァ書房、2009年）の序章として書かれたものであり、大衆資本主義段階に続く
グローバル資本主義段階の説明である。基軸国アメリカの特質を1.「地理的
歴史的特性（原罪、成功強迫症、自賛史観、潜在的差別、階級制）」、2.「経
済的特性（高成長、産業特性、投機性、証券化、株式制度）」、3.「覇権の特
性（自由貿易、自由貿易帝国主義、アメリカの論理、冷戦の抑制機能、宗教戦
争、原罪の行方）」の項目で簡潔にまとめている。そして、グローバル資本主
義段階にある世界経済の分析課題を次のように示唆する。すなわち、1. 構造
的特質（成長の持続、人口の増加、工業的農業化による食料増産、石油依存型
工業文明、経済成長自体を社会の目的とするにいたった資本主義経済体制）、2.
助走期間（アメリカ史の屈折〔福祉国家への屈折と反転〕、段階的推転〔時期
区分〕）、3. 資本蓄積、である。この1と2はこれまでの議論を簡潔にまとめた
ものと言えるが、3では、蓄積主体を株価資本主義の資本と規定し、IT化を伴
うグローバル化によって蓄積基盤を世界大に広げ、一般的蓄積に加えて本源的
蓄積を遂行している、とみなしている。したがって、中国経済は「外資依存を

含むグローバル資本主義下の、共産党主導本源的蓄積過程である」と主張する。ソ連の崩壊や中国、インドの資本主義化路線によって、世界中で資本主義的に陶冶され巻き込まれる人口が出現した。この労働者を搾取し、剰余価値を取得できるので、この過程を本源的蓄積とみなすのである。先進国資本にとっては途上国の低賃金の利用であり、安価な商品の輸入で先進国賃金を抑制できるし、移民の利用もある。また、輸出市場に加えて、投資収益や技術料収入にもつながる。途上国は輸出市場を確保し、過剰労働力がある限り、低賃金輸出を継続できる。そして、この過程を促進する技術基盤としてIT化と情報普及の急速化を重視する（IT化の効用）。さらに、アメリカが入超を続けられる根拠を問い、第三次産業化の進展の意味とグローバル資本主義化による世界的剰余価値の急増を指摘し、ドルの信認に言及する。

　13章は「世界大恐慌の再来？」と題されている。2009年夏に書かれたもので、100年に一度とも騒がれたリーマンショック（2008年金融恐慌）を題材にして、恐慌理論を回顧し、1929年恐慌との異同を論じたものである。ここでも、イギリス中心的に形成されたマルクスや宇野の理論からアメリカモデルへの切り替えを提起し、同時に過剰富裕論の立場で成長から安定への転換の必要を主張する。アメリカモデルへの切り替えの要点は、イギリス型の産業資本―商業資本―銀行信用を軸とする景気変動に比べて、擬制資本の価格変動の変動が大きいことである。筆者（小林）流に解釈すれば、株式市場（資本市場）まで取り込み（馬場はこの表現を使用していないが）、景気循環を論じる必要である。馬場は1929年恐慌との異同では、1987年ブラックマンデー、1997年アジア通貨危機、2000年ITバブル崩壊等も回顧しつつ、投機の発現が多方面に拡散していること、グローバル化で途上国の工業化が急速に進み、世界全体の剰余価値の増大とそのアメリカへの吸収（資本流入）が進んでいたことを指摘する。そして、A. ルーイスの議論（29年株価崩落、30年農業恐慌、31年国際金融恐慌、32年銀行恐慌）を参考にしつつ、崩壊の可能性は30年農業恐慌に匹敵する衝撃の有無に求める。そして、内需拡大策が有効なのは低賃金労働力供給が豊富な途上国だけであると分析しつつも、不況下で経済規模が抑制され、窮乏で欲望が萎縮するのを天恵であるとして、過剰富裕化社会からの脱却を主張する。馬場の過剰富裕化論の是非はともかく、証券化など金融技術中心に見たリーマンショック論よりも、アメリカ型景気変動（株式市場の大きな役割）を踏まえ、

グローバル化（途上国の工業化を含む）を取り込んだ恐慌論の必要性を提起している点を強調しておきたい。

（2）過剰富裕論の展開・深化・徹底

本節冒頭で述べたように、『新資本主義論』を継承したこの時期の仕事が過剰富裕論の展開・深化・徹底であった。これらは前項で述べた新段階論の提唱の肉付けの議論ともいえるが、経済学的議論というよりも社会思想や哲学的議論に踏み込んだものである。したがって、展開・深化・徹底にかかわる論文は項を改めてここで紹介することにした。なお、馬場は「過剰富裕論」という表現と「過剰富裕化論」という表現を使っているが、両者には特別の意味の相違はないものと解釈する。

『活き方』では第四部が「過剰富裕論の展開」として16章「世界観の転換」と17章「自由化と過剰富裕化」がある。16章は、過剰富裕化論に立つと世界観が逆転するとして、資本主義的世界観、とりわけ近代的自由と私有財産を批判したものである。自由と理性に代表される近代思想、あるいは神治から王治へ、さらに契約尊重の市民社会を唱える西欧思想の根本的な批判をめざすエッセイである。17章はアメリカの特性を指摘しつつグローバル資本主義の本質を論じている。

『もう一つ』では第四部「過剰富裕論の深化」のなかに、13章「資本主義の来し方行く末」、14章「グローバル化と人類」、15章「アメリカ帝国主義の特質」がある。なお終章「新三段階論の提唱」については既述した。13章は資本主義発達史であり、『新資本主義論』とその後の著作を略述したものである。14章は、グローバル化は地球規模のアメリカ化に他ならないとする。そして過剰商品化——経済の投機性、「社会」嫌い、同化か殲滅か、の危険を警告し、その帰結等を論じる。15章は、まず、多くの学者や評論家のアメリカ論を超簡単にまとめており、アメリカ論としても読める。つぎに、アメリカ資本主義の特異性を、アメリカ経済の投機性と反福祉国家において捉える。そして、アメリカ帝国主義の特質を、その歴史的展開に即して、指摘する。この過程では、イギリスとの対抗やソ連との冷戦があり、抑制要因があったが、単独覇権のグローバル資本主義時代には、経済運営のみならず社会構造や生活様式、価値観までアメリカと同化することが強制されてくる。しかも、それらが普遍的価値であるとし

第1章　馬場理論の形成と展開、深化・逍遥　157

て提起される。だが、近代的価値は西欧近代の産物であり、人類普遍でないばかりでなく（空間的・地理的・人種的限界：新大陸やアフリカの人々の非人間化等）、アメリカ的歴史・社会のなかで強化されたアメリカ的解釈によるものである。これをアメリカは普遍価値として他国の風土、歴史、民俗性、文化を無視して、瞬時に実現したがる（非歴史的無時間性）。アメリカ普遍主義から離れて、その歴史的特殊性を確認する必要がある。一種の文明論と言ってよいが、アメリカの主張する普遍性の特殊性を確認する必要の重要性は、トランプ大統領の登場を待つまでもなく、明らかであったが、いぜんとして、世の中一般ではアメリカ信仰が強いのが現状のようである。

　『宇野』の第四部が「過剰富裕化論の徹底」として、第18章「経済成長論再考」と第19章「資本主義の自滅─過剰富裕化のツケ」が書かれている。18章は、経済成長の用語史を振り返り（『もう一つ』第一部「語義探索」第1章「経済成長」）、イデオロギーとしての経済成長について論じる。とくに、ほとんどすべての経済学者たちが経済成長イデオロギーという悪魔の呪いに取り憑かれてしまい、経済成長を至高善としてあらゆる経済問題が解消されると思い込んでいることを批判する。19章は、資本主義批判を旨とするマルクス経済学は、誤った資本主義停滞論や格差・貧困・失業・低開発等のケインズ的レヴェルの資本主義批判を繰り返すにすぎず、戦後資本主義の長期・高速・広汎な経済成長を無視し続け、そのためその世界史的意義を捉えることができず、活力を失ったとする。資本主義の順調な経済発展や技術革新、グローバル化が、その裏面で過剰富裕の世界化をもたらし、近代文明の崩壊を伴う人類の絶滅を惹起し、資本主義自体の消滅を導く、すなわち自滅する、とみなす。馬場の過剰富裕化論の繰り返しである。危機を自覚し、資本主義を抑制し、生活水準の引下げ等に人類が合意する可能性はないから、世界的規模での経済拡大、過剰富裕化の昂進、環境・社会・人間の破壊、近代文明の崩壊と人類の滅亡、資本主義の消滅、となるはずと推理し、21世紀中には資本主義は消滅する、と予言する。

　この根拠を馬場は展開する。オウェンの文章を引用しながら、発生期の（ユートピア）社会主義思想は、経済学やその前提にある私有財産制度のイデオロギーと相いれなかったことを想起させる。そして、マルクス、エンゲルスにも根底に生産力上昇を無条件に善とする近代主義が潜んでいたと指摘する。そして、個人の欲望を解放した社会体系である資本主義は、法的には私有財産制度、

政治的には個人の自由平等を公認し、経済的には商品、貨幣、資本の所有者が市場で出会い、その物的欲望を交錯させることで成立する人間本位の社会である。あらゆる人間社会とあらゆる自然を資本蓄積の手段として利用するに至った社会では、物的欲望は絶えず自己拡大し、膨張する。自滅は、物的欲望が自己拡大する経済機構を疎外しそれに人間が支配された結果である。この経済機構を社会の中に埋め込まなければならないのである。

馬場はさらに、付論で環境破壊の現在と人間そのものの劣化についても論じている。この資本主義自滅論の当否はともかく、哲学的議論であり、疎外論でもあり、一種の文明論でもある。予言の当否はともかく、個人の物的欲望の解放を動力とする社会が、社会と人間を破壊するという点は承認しなければならないし、成長や生産力の発展を無条件に是とするイデオロギーから解放されなければならない。

（3）語義探索：社会科学、資本・資本家・資本主義、企業者、会社、経済

語義探索ということで括るより、経済学史の研究に含めるべきかもしれない。社会科学論は独立に分類すべきかもしれないが、語義探索の要素がある。丹念で執拗な語義探索が馬場の研究の特徴でもあり、ここでいくつかの論文を紹介することにする。

1）社会科学

「宇野理論の究極の効用」（『宇野』第3章）を馬場の宇野理論に対する総括としての意味を持つものとして既に紹介したが（「3（1）1）宇野理論の歴史化」）、その前の第2章は「宇野社会科学論小史」である。宇野理論の形成・展開の研究に関連して、馬場は社会科学論にも注目している。『活き方』の第一部のタイトルは「社会科学論」であり、3つの章と付論から成る。第1章「『社会科学』の語源学」は語源学でもあるが、フーリエ、コント、サン・シモン等の「社会科学」という言葉は、社会改良主義者が言い出した言葉らしいことを発見し、経済成長や民主主義など19世紀以来ほとんど疑われなくなった価値を、社会科学としては一旦客観化する必要があること主張する。なお、ここでの語源に関係する議論は『もう一つ』第4章「『社会科学』を遡行する」でコンドルセにまでさかのぼっている。

第2章「社会科学の三つの危機」では、まず「社会科学は近代西欧あるいは

欧米社会の自己認識として成立した」とする。そして、環太平洋経済圏の出現（近代文明の軸が欧米を離れて東・東南アジアに移転）を背景に、宇野三段階論の形成過程を振り返り、その意味を問い、日本の先進国化と会社主義を論じる。つぎに、冷戦終了の状況に関連して、社会主義体制の消失に際して、そもそも社会主義とは何かを再考し、社会科学の根底にあるより良い社会を追求し、マルクス主義の社会科学的成果を選別する。生産力開発メカニズムとしてのソ連型社会主義の失敗および資本主義の優位と限界を確認し、歴史の最大の動力は大衆の富裕化願望であり、社会科学における実験の意味を再考する。さらに、米ソとも強イデオロギー国家として統合を維持せざるをえない点で共通していたとし、ともに近代合理主義の産物として批判する。アメリカには、連邦政府への失望、エスニック・グループ間の分裂、少数者や個の利害の主張、各種の脱社会化の進行によって、社会の統合は失われつつある。ソ連の破綻は、集権機構である独裁政党や統一国家の消滅であり、経済的政治的合理性を無視した、諸民族国家への分裂だった。民族主義が流行しているが、これは非合理的な凝集力を基盤とし、通常の利害得失の計算を越えて進行し、宗教も絡む。歴史の動力が情念と独断と力である民族や宗教など非合理な要因となれば、社会認識の手段としての役割を社会科学は果たし続けられるだろうか。市場経済や国民国家には合理性の領域にあるといえるが、民族も宗教も根源は非合理的な情念であり、民族間・宗派間の対立を解消する論理はどこにもない。西欧近代合理主義の産物である社会科学は、合理主義的な概念と語彙で人間社会を理解しようとする。各種文化の価値的多元性が公認され、西欧近代史が人類史の一段階に過ぎなくなった現代では、社会科学の効用をかつてのように楽観することはできず、大きな迂回を覚悟しなければならない、とする。

　最後に、過剰富裕化の意味を論じ、過剰富裕化時代の経済政策の目標は、経済規模の縮小や消費水準の引き下げとなる。だが、富裕化願望の大衆資本主義社会では、これに反対者こそあれ、強力な支持者が出てくるとは思えない。また、どうなれば資本主義が消滅したことになるのか、つまりどういう生産組織を作れば無限の自己増殖を追求しない企業ができるかも、難問である。社会科学では、達観して事態の推移を観察・理解・記録する態度もありうるが、歴史では衰退の観察、理論では縮小の論証がこれまでより重要になる。また、社会科学が道徳哲学として存続する途もありそうである。自由とか市場経済とか、

経済発展について日本の社会科学は、その人間生活にとっての是非善悪、何が人を幸せにして何が社会的統合をもたらすかといった類の素朴な議論を避けてきた。しかし、日本社会を基盤とした道徳哲学を改めて考えることも、社会科学の存続にとって一つの途であるように思われる、と馬場は考える。

「社会科学の三つの危機」は、馬場の社会科学論と言ってもよいが、晩年の馬場の思想的イデオロギー立場を示すものとしても注目するべきである。他の論文と比較して、立場が変化したわけでないが、西欧近代合理主義を批判しつつ、現在において社会科学が何を説かなければならないかを示唆しているのである。経済規模の縮小や生活水準の切り下げを正面から主張しているので、反発は多いが、社会科学の在り方を考えるうえで、必読の文献である。

なお、第3章「社会科学における不協和音」は東京大学社会科学研究所の所員経験者の「社会科学論」の文献を確認する作業から始まるが、社会科学は近代社会に対して批判的でなければならないとし、神様も王様も殺した近代思想による近代社会の自己正当化を批判する。また、近代社会は異常なほどの発展社会であり、このような成長が近代の特殊性である、と指摘する。

2）資本・資本家・資本主義

経済学史の研究、あるいは語源論・語義史の研究に含めることもできるが、馬場の言う通り、資本は経済学最重要の概念である。馬場原理論の構築にとっても、資本概念の形成過程を明らかにしておくことは、派生する資本家、資本主義概念とともに不可欠な作業であった。同時に、これらは企業や企業家、経営者概念とも関連する。「資本・資本家・資本主義」（『古典探索12章』）が馬場の主要論文であり、それに至る論文として、「"資本家"と"企業者"」（『もうひとつ』第2章、この補正を行った「『国富論』の"企業家"」（『古典探索』第8章）がある。さらに、後に「再論"資本主義"」（『宇野』第17章）でこれらを補足している。これらを詳しく紹介する余裕はないが、馬場は藤塚知義（「アダム・スミスの［資本（Capital）論]、『アダム・スミスの資本理論』日本経済評論社、1990年所収、初出1983年」や重田澄男（『資本主義の発見』御茶の水書房、1983年他計4冊）の研究の限界を指摘する。そして、経済学におけるCapitalの初出をモンクレチアン『経済学要綱』に求める。さらに、ペティのCapitalとStock概念を考察し、英和辞典等からもそれらの意味を探る。これらの考証を

踏まえて、スミスの前史をたどり、今日的意味での「資本」の意味でCapitalを用いたのは、フランスの経済学者、特にチュルゴであったとする。馬場は別のところ（「アダム・スミスの犯罪」『古典探索』11章など）でスミスのチュルゴを含む先学無視を厳しく批判しているが、ここではスミスがチュルゴの資本概念を取り入れたことを明らかにする。なお、中川辰洋（「『資本』概念成立探求」『カンティヨン経済理論研究』日本経済評論社、2016年所収、初出論文は2012年）は、馬場の探索がテュルゴー（中川によるチュルゴの表記）以前にまで到達していない（グルネー等の存在）こと、およびテュルゴーは主観（効用）価値説に立っていることを馬場は見落としている点を指摘している。

3）資本家と企業者

「"資本家"と"企業者"」（『もう一つ』第2章）はチャンドラーの用法への疑問から出発した論文である。ここでは『国富論』に「資本家」が登場しないことを確認し、シュンペータの「企業者」概念を考察し、それに従って先行者セイを発見し、さらにカンティヨン（津田内匠訳『商業試論』）にたどり着く。資本所有の有無にかかわらず、自らの危険を冒して、物産と商品の流通と交換と生産を行う、経済社会の主体となる概念として「企業者（階級）」が提起されていたとみなす。この論文では、「見えざる手」を「神の見えざる手」と訳す過ちの糾弾にも特徴があるが、この点は別にして、後に「『国富論』における"企業家"」（『古典探索』第8章）で前の論文には訂正が施されている。スミスではUndertaker（企業家）という表現が頻出しており、その中心的語義は自らの資本を通じて自らの事業を経営して利潤とともに資本の回収を期待する、広義の資本家としていることを確認する。馬場が最初に間違えたのは、キャナン版『国富論』の索引によるが、それはともかく、『国富論』での用例や辞書の語義を探索したうえで、スミスには「資本家」がなく「企業家」が多出し、リカードには「企業家」がなく「資本家」だけ出てくることを確認し、スミスの企業家とリカードの資本家はほぼ同義とみなす。そして、英語ではUndertakerは「企業家」の意味で定着せず（20世紀初頭でもそうであり、仏語のEntrepreneurがそのまま使われることになる）、スミスの生前には英語にCapitalist（資本家）は入ってないので、スミスはUndertakerを「資本家」の意味で多用したものと推測する。そして、「資本家」が定着した時代のリカードはUndertakerを使わ

ずに済んだとみなす。

　ところで、金融資本論や株式会社論では、所有と経営の分離が説かれ、資本の所有者（株主）と経営者が区別される。馬場の議論でも、チャンドラー（邦訳『経営者の時代』）を利用しつつ、経営者資本主義を一つの段階とみなしている（「新三段階論の提唱」『もうひとつ』終章）。大企業ともなれば、経営者層ともいえる専門家の企業経営の管理が不可避になってくる。また、「協業分業・スミスとマルクス」（『活き方』第6章）で論じているように、生産には歴史貫通的な指揮監督媒介機能が必要であり、協業の遂行にとって、協業が大規模になるほど、指揮監督と作業の分業に基づく協業となる。そして、協業の生産力が協業編成者のものになることを確認し、資本が企業と言う組織を形成する理由を探っている。コメントしておけば、株式会社段階で資本家（所有者）と経営者が分離することは当然としても、それ以前においても、資本の所有者と企業家ないし経営者を区別することは可能であろう。貨幣の資本への転化、貸付資本と機能（現実）資本の区別等の議論にかかわるが、資本概念の成立は、資本家≡企業家としての把握に問題を投げかける。チュルゴは5番目の資本の使途として、利子を受け取る貸付けを上げている。

3) 経済

　『もう一つ』の第一部「語義探索」では「経済成長」（1章）、「資本家」と「企業家」（2章）、「経済」（3章）、「社会科学」（4章）が取り上げられている。この他にも『古典探索』の12章「資本・資本家・資本主義」、『宇野』17章「再論『資本主義』」などが語義探索の一環といえる。これらのうち、「社会科学」については1）で取り上げた。「資本、資本家、企業家、資本主義」については2）で述べた。「経済成長」は「（3）過剰富裕化論の展開・深化・徹底」で取り上げた。すると、「経済」が問題になる。語義探索の第3章「経済という言葉」である。内容を紹介する余裕はない（36頁あり、15項目に分かれるが、小見出しはない）ので、それは割愛する。誰でも知っているが、歴史的には多様な意味で使われてきた経済という言葉の由来は、経済や経済学、さらには社会科学を学ぶ者にとって、教養としても知っておくべきことである。馬場の執拗な探索には頭が下がる思いである。なお、『宇野』14章「ホモ・エコノミクス」の探索もこれに関連する。

第1章　馬場理論の形成と展開、深化・逍遥　163

4）会社

ここで取り上げた本には含まれないが、単行本として出版されている『会社という言葉』（『大東文化大学経営研究所研究叢書20』大東大学経営研究所2001年）がある。これは馬場の「会社主義」研究の副産物であり、日本で「会社という言葉」がどのように使われてきたかの語義ないし語源探索である。「会社主義」の是非を離れて読むこともできる。馬場の執拗な徹底的な探索方法から学べるものが多い。

（4）経済学史逍遥

『活き方』と『もう一つ』の第二部「経済学逍遥」と第三部「『資本論』の周辺」、（『もう一つ』の第一部「語義探索」、『古典探索』のすべて（第一部「経済学の流れ」、第二部「貿易と経済学説」、第三部「企業と経済学」、第四部「スミス論評」、第五部「再び流れにのって」）、および『宇野』の第五部「経済学史断片」に納められている諸論文は、経済学史の研究とみなせる。既に一部は紹介したが、それらは別にしても、多数の論文が含まれている。そのすべてを紹介する余裕はない。新渡戸稲造の研究（『活き方』10章「『武士道』と『資本論』」および「新渡戸稲造の『資本論』」などの論文を無視すれば、研究の骨格は「ペティ経済学の継承」（『もう一つ』12章、『古典探索』1章にも再録。初出は2005年の論文）に示されている。単純化しすぎかもしれないが、この視点から、同論文を軸に、馬場の研究をみておこう。なお、『古典探索』3章「スミス・マカロック・マルクス」も同趣旨の論文であり、ここでは「スミスの先学隠し」や「マカロックの功績」、「マルクスの失点」という節で、馬場の主張が端的に示されている。なお、『もう一つ』の第三部「『資本論』の周辺」の10～12章の論文には「マーチン、マカロック、マルクス」という副題が付けられ、マーチン研究であることが示唆されている。

「ペティ経済学の継承」論文の冒頭に述べられているように、一般的な経済学史では労働価値説の流れとして、ペティ→スミス→リカード→マルクスと捉えられている。しかし、馬場は、継承図はこれに収まらないとして、シュムペーターの示したカンティヨン→ケネーをペティ→スミスの間に入れる議論は別にして、取り上げられることの少ないマーチンをペティの継承者として重視す

る（視点は異なるがフランクリンについても言及している）。そして、マーチンを発掘したマカロックの役割も重視する。ところが、スミスはペティやフランクリン、マーチンを知っていたにもかかわらず『国富論』では引用せずに、利用している。ここから学者としてのスミスの資料操作に多大な疑問を抱く。これが、「アダム・スミスの犯罪」（『古典探索』10章）における「スミスの先学無視」や「スミスのペティ隠し」批判になる。また、労働価値説とは関係ないが、国富論の体系に影響を与えたスチュアートの『経済学原理』の隠蔽（『古典探索』9章「ペティと『国富論』」における「スチュアート隠し」）批判がある。さらに、既述の「資本・資本家・資本主義」（『古典探索』12章）では、スミスにおけるCapitalがチュルゴの資本概念を継承したものに過ぎないことを明らかにしている。

　マルクスに対しては、ペティへの照明やマーチンの発掘を行ったマカロックに対して「屈折した心情」を抱き、根拠なき罵言を浴びせ、この点でスミスと同じような先人無視の歪みをもっていると批判する。『古典探索』10章「『資本論』の読み方」は、マーチンの理論（『東インド貿易の諸考察』初版1701年。1720年再刊では『イギリスにとっての東インド貿易の諸利益』。いずれも著者名はない）を吸収しながらも、マーチンの名をあげなかった理由を探り、マーチンを発掘したマカロックの仕事を紹介し、マルクスのマカロック嫌いを指摘する。『古典探索』11章「『経済学批判』の批判」は、「注16」におけるマルクスのペティ称賛を確認し、いささか細かい議論ともいえるが、マルクスのマカロック論難が根拠ないことを証明するものである。

　これらの論文は、ペティやマーチン、マカロックの研究ともいえるが、他に、ペティについては「ペティの聖書人口学」（『もう一つ』9章）があり、さらに価値概念と表裏の関係にある富概念から古典派経済学形成過程をみた「富概念の推移」（『古典探索』2章）がある。マーチンについては、彼を紹介する必要もあり、馬場の論文数も多い。「『資本論』の一文献」（『活き方』14章）は、比較生産費への関心からマーチンに興味を抱いたものであり、「ヘンリー・マーチンの経済学」（『もう一つ』5章）はマーチンの「認知の流れ」を追い、研究史を見たものであり、「マーチン"変貌"の探求」（『古典探索』5章）がマーチン理論の考察である。なお、マーチンに関連して、『古典探索』5章「P・J・トーマス『重商主義と東インド貿易』」がある。この1926年刊行の著書は当時の

貿易の実体、政策論争を考察する上で興味深いものであり、この中でトーマスはマカロックから1世紀以上も後になるが、2つの著書が同じものと確認し、作者をマーチンと推定している。

　マーチンの紹介や研究は、タイトルからうかがえるように、馬場にとっては比較生産費説への関心にも由来する。関連して「古典派の比較生産費説」（『もう一つ』8章、『古典探索』4章に再録）という論文がある。さらに、「スチュアートの国際経済論」（『宇野』15章）も比較生産費説に関連するが、射程はこれにとどまらないで、スチュアートの理論的貢献を紹介している。

　馬場の経済学史研究といえる論文を紹介してきたが、基本は古典派経済学の形成過程の解明であり、その成果はマーチンの再発見であり、同時にアダム・スミスの先学無視やマルクスのマカロックに対する罵言の指摘を通じての、『国富論』や『資本論』の聖典化批判である。執拗な資料探索から学べる点は多いが、繰り返しも多く、時に訂正があり、筋が見えにくいのが難点でもある。だが同時に、カンティヨンの企業家論やチュルゴの資本理論、スチュアートの国際経済論（岩田弘『世界資本主義』との対比もある）への目配りなど、伝統的な経済学史の枠を超えて議論を展開しているところに注目したい。

　『古典探索』の第四部（9〜11章）を「スミス論評」と題しているように、アダム・スミスに関連して書かれた論文は多い。この10章「スミスの貨幣論」や「協業分業・スミスとマルクス」（『活き方』6章）はスミス理論の検討である。「覚書『見えざる手』」（『活き方』7章はスミスの「見えざる手」を「神の見えざる手」に改竄する輩の糾弾である。これらを除けば、スミス関連の論文のほとんどは、労働価値説や富概念、資本概念の継承における、スミスの不誠実さ、あるいは先学無視ないし先学隠しの叙述への批判である。それ故に「アダム・スミスの犯罪」（『古典探索』11章）が生まれている。馬場はスミスにとくに厳しいといえるが、これは古典の聖典化批判であり、マルクスのマカロック批判にも通底する。馬場の執拗さに辟易する者もいるかもしれないが、最後の著書で「宇野理論の歴史化」（『宇野』第一部）を提唱するためには、この作業が不可避だったのかもしれない。

4. おわりに

　馬場の仕事を3つの時期に分けて紹介・考察してきた。繰り返しを含むが、筆者が理解する馬場の特徴とそこから継承したいことをまとめておこう。研究生活に入った1950年代末から1980年代初めまでの初期の仕事は、戦間期のアメリカ農業と貿易、および金本位制の歴史に関する実証的研究があり、これらから学べることも多い。しかし、主要な仕事は宇野『経済政策論』とレーニン『帝国主義』、大内『国家独占資本主義論』等の考察を通じて、宇野方法論（原理論—段階論—現状分析）を継承し、大内理論（フィスカルポリシーによる景気・雇用の拡大・安定）を取り入れ、独自の「金融資本の蓄積様式」の一般論を構築することであった。ここでの難問として、一方では原理論に株式資本ないし株式会社をいかに取り込めるのかであり、他方では、「独占による停滞」というイメージの強い通説に代えて、大型好況をもたらしうる金融資本の蓄積を一般的に説けるか、であった。この問題は亡くなるまで課題として残るが、最終的にはアメリカ中心の原理論と段階論の提唱につながった。

　初期の馬場の研究を支える問題意識ないし歴史認識は、第二次大戦後の日本の進歩的知識人の認識を共有し、「崩壊期資本主義」（現代資本主義は、資本主義が緩慢な崩壊過程にある時代）であった。1970年代の欧米のスタグフレーションは、この認識を証明するかに見えたが、日本は経済成長を続けるし、西ドイツも安定的成長を遂げている。英米の経済は停滞的で混乱しているが、それでも高い生産力と生活水準を維持している。社会主義圏の経済でも混迷が深まりつつあり、途上国の一部は成長し始めた。このような状況を意識して、1980年代と1990年代における馬場の仕事は新たな局面を迎える。まず、マルクス経済学の3つの伝統的パラダイム、窮乏化論、社会主義優越論、日本後進国論からの決別を宣言する。同時に、世界経済の分析対象として、三つの現代（富裕化社会の「西」側資本主義諸国、「東」側の社会主義諸国、「南」側の発展途上諸国）を意識する。「三つの現代」という認識は常識的なものであり、馬場の独自性があるわけでないが、後に「地理的障壁の溶解」（『新資本主義論』13章）として、ソ連の崩壊と中国を含む旧社会主義圏の資本主義化、および途上国の資本主義化を論じることにつながる。また、「溶解」は1990年以降をアメリカ

が単独覇権国となるグローバル資本主義段階と捉える前提でもある。

　このようなパラダイムや分析対象の転換に加えて、ローマクラブの報告『成長の限界』やポラニーの議論にも触発されてか、1980年代初めまでにはいくつかの独自の概念ないし視角を提起する。すなわち、「資本主義的原理と社会原則」（別の表現では「現代資本主義の多原理性」）や「富裕化」（「窮乏化論」への反発が含まれているかもしれない）、「会社主義」である。これらを武器に、視角転換の経済学として提起したのが『新資本主義論』である。ここでは、資本主義の時代が「例外的な成長体制」と「経済が目的となった社会」として簡潔に描かれる。そして、神や王権から解放された「市民」が自立し、意志的で競争的で合理的な進歩的社会に見える資本主義社会は、弱肉強食を認め、進歩で自然を征服できるという放漫な錯覚を抱き、私有財産の維持増大〈資本蓄積〉を唯一の目標とする社会体制である。自然や社会を崩壊させ、いずれ限界に到達するとみる。このような視角から、段階論としての資本主義の歴史を発生期（重商主義）、確立期（産業資本の時代＝自由主義）、爛熟期（金融資本の時代＝帝国主義）について紹介するとともに、第一次大戦以降の時期を「現代資本主義」として、7つの時期に分けて説明する。この時期区分は、後に（『宇野』参照）現代資本主義が、1990年ごろまでの「大衆資本主義」と以降のグローバル資本主義段階に分けられる。これらについては、2（4）6）でコメントしたし、また既に序章でも言及したが、段階論と世界経済論との関連に大きな課題を残すことになる。

　『新資本主義論』以降の、あるいは21世紀に入ってからの馬場の仕事は、4つの著作に体現されている。いずれも論文集としての性格が強く、多様な要素が含まれている。だが、テーマないし課題別に整理すれば、まず、「富裕化論」ないし「過剰富裕論」の展開・深化・徹底を図った諸論文である。これらでは、アメリカ資本主義の特異性ないしアメリカ経済の投機性や反福祉国家性、さらにはその歴史的発展の特徴の指摘に重点があるが、同時に、成長イデオロギー批判をはじめとして、17世紀以来の普遍的価値とみなされてきた進歩・発展や民主、自由・平等、私有財産等の価値観のまやかしと限界の批判が色濃くなってくる。

　この時期の、また生涯を通じての経済学者としての馬場の仕事の到達点を示すのが「宇野理論の歴史化と新段階論の提唱」である。「宇野理論の歴史化」

は宇野の著作の聖典化を批判し、第一次大戦後の現代資本主義の展開を実証的に明らかにする視角を提示するための準備作業である。これは、アメリカを中心とする新段階論の提唱につながっていく。だが同時に、この時期の馬場は、語義探索や経済学史の研究に多大な労力を費やしていく。「宇野理論の歴史化」は宇野にとどまらず、スミスやマルクスを含めて、経済学の流れ全体、さらにはその基底にある近代思想一般への批判へとつながったからである。

　新段階論の提唱は原理論と段階論の二つからなる。原理論に関しては、アメリカ経済の歴史的特徴、投機性や証券市場の発展などを踏まえて提起されたものであり、株式会社や株式資本、さらには擬制資本の運動をいかに組み込めるかが大きな問題となる。資本主義の発達にとって株式資本が不可避なものとすれば、あるいは、資本の商品化まで原理論で説くべきとすれば、それは原理論に組み込まざるを得ないであろう。しかし、そうなれば、既存の原理論の展開は見直しを余儀なくされ、論理的一貫性が崩れることになろう。

　段階論に関して、馬場は1980年代初めには金融資本の蓄積様式の一般論を提起していた。これは独占停滞説や、外部要因（金融資本の外の中小企業産業等の拡大、軍備、財政支出等）による好況説を批判し、金融資本は横への拡大と縦への拡大が同時に進行させ、大型の好況の可能性があることを主張した。この主張は正当であるが、馬場は停滞局面や外部要因を否定しているわけでない。このことは、環境や条件によって金融資本の蓄積様式は変化することを示唆する。特定の時期における特定の国ないし地域と産業における実証的な研究のいっそうの積み重ねが必要であろう。

　馬場の新段階論の主張は、重商主義、自由主義、古典的帝国主義、大衆資本主義、グローバル資本主義という資本主義発展段階となる。そして、後の3つは、金融資本（巨大株式会社）が支配的資本となる小段階における区分と説明されている。「社会主義優越論」の呪縛などで段階論の発展を制約された宇野理論の限界を克服するものとして、この主張は評価されなければならない。しかし、これらの段階について、序章でも、また本章でもコメントしたが、多くの問題がある。馬場は3つの現代として第二次世界大戦後の世界を三つの地域（西側先進資本主義国、東側社会主義圏、南側の途上国）に分けて考察する視角を提起していた。この視角は以前の時期にも「適用」する必要がある。この意味は、資本主義が世界へどのように浸透したかを示す視角から世界経済の構図を描く

ことである。抽象的に述べれば、支配的資本を確認し、その蓄積様式明らかにする作業を段階論の課題とすれば、その支配的資本が世界経済（歴史的には非資本主義世界を含めて）をいかに編成しているかを明らかにする作業が世界経済論ないし「世界経済の構図」作成の課題となる。この両者は別の作業となろう。また、支配的資本が世界を編成するとしても、国家の役割ないし国家との関係を無視できない。支配的資本がストレートに国家を動かすわけでも、世界を編成・支配するわけでもない。馬場の5つの段階では、基軸産業、支配的資本、政策・イデオロギーといった要因の「総合」で段階規程はなされている。序章で紹介した柄谷行人（『世界史の構造』岩波書店、2010年）は資本主義の世界史的諸段階をヘゲモニー国家、経済政策、資本、世界商品、国家という5つの基準で分類し、世界資本主義の段階を規定している（馬場とは時期区分もやや異なる）。馬場と柄谷の議論を「調整」ないし「統合」する準備と能力はまだないが、資本の運動と国家の運動を区別しながら「統合」する視角が必要であろう。また、馬場は世界経済を論じるに際して「基軸と周辺」、あるいは「外囲」という表現を初期には用いていた。基軸が焦点となるにしても、周辺が基軸によっていかに編成されたかみることも世界経済にとって重要な側面である。世界史の展開では、周辺が基軸を乗っ取ることが少なくないのである。

　最後に、資本主義の発展段階を示すこと、またそれに伴う世界経済の構図を描くことはそれ自体が目的ではない。そのような資本主義の発展が社会や自然にいかなる影響を与えているか、を明らかにするためである。柄谷にも自然や環境の破壊を糾弾する姿勢で共通点があるが、馬場の「過剰富裕論」は貴重な貢献である。資本主義「自滅」論をそのまま受容するわけにはいかないが、無限の増殖を求める資本の運動をどこかで止めない限り、自滅は不可避であろう。まずは、成長イデオロギーから解放される必要がある。

第2章　世界経済論と段階論
――馬場段階論の検討

工藤　章

はじめに

　馬場宏二の晩年の仕事のひとつに段階論の提示がある。それは一方では、そ
れまでの世界経済論を中心とする現状分析の総括であるとともに、他方では、
それまでの段階論の学説史的検討の総括――宇野弘蔵著『経済政策論』の検討
――と対応していた。

　本稿は馬場段階論の検討を課題とする。まず、馬場の論考を世界経済論分野
でのそれを中心に振り返って、段階論の形成と提示に至る過程を見る。また、
馬場段階論の意義を明らかにするために、その背景としての宇野による段階論
の提起、それをめぐる議論を検討する（Ⅰ）。次に、馬場段階論の骨子を検討
する。その上で、短期間のうちにその骨子が変容したことをも含めて、その含
意を考察する（Ⅱ）。

　馬場の段階論はその内容の画期性にもかかわらず、ほとんど議論の対象とな
らないままであった。しかし、段階論をめぐる新たな動向のなかでようやく注
目を惹くようになり、段階論構築の出発点として評価されるようになっている
[1]。このような気運のなかで馬場段階論を検討することには何がしかの意義が
あると思われる。

Ⅰ　馬場段階論の成立とその背景

　馬場が残した作品は数も多く、しかもその主題は多岐にわたっている。しか
も、ある主題について繰り返し論じることも少なくない上に、そのつど斬新な

アイディアを繰り出しながら、主張を微妙にずらしていることもある。こうして、馬場の業績の全容を捉えるのは容易ではない。また、単著について見ると、処女作『アメリカ農業問題の発生』（1969年）および馬場経済学の全容が示された『新資本主義論』（1997年）を除けば、いずれも論文集であって、しかもオムニバス形式をとっていることもあり、それぞれの骨格が見えにくいという事情もある[2]。こうした点を念頭に置いた上で、馬場の業績を概観してみよう。

　馬場が参入した主な分野を数え上げれば、まず『アメリカ農業問題の発生』から展開されたアメリカ資本主義論があり、さらにその延長上に展開された世界経済論がある。また、大内力の国家独占資本主義論を足がかりとして展開された現代資本主義論があるが、これは日本資本主義を対象とした「会社主義」論へとつながっており、また晩年に力を入れた「過剰富裕化」論もこの系列に含めることができそうである。こうしたアメリカ資本主義論、世界経済論、現代資本主義論における仕事を踏まえて、馬場が最晩年に手がけたのが、段階論の書換えであり、原論の書換えであり、そして語源探索を含む学説史となるであろうか。単著に未収録の論考を考慮に入れても、おそらくこのように見ておくことは妥当であろう。

　もちろんこれは粗い見方であって、アメリカ資本主義を論じつつ世界経済論に及ぶ論考もあり、また世界経済論から段階論の書換えに進む論考もあるといったように、複数の分野にまたがった論考も少なくない。また語源探索を主題とした論考も、その多くは学説史に含められるが、外国貿易、企業、企業家などに関するものは原論に関連しており、また段階論ないしは現状分析の方法に関わるものもあると考えられる。

　いずれにしても、馬場の学問的営為は、宇野による経済学に関する三段階構想を下敷きにすれば、原論、段階論、現状分析のすべての分野にわたったことになる。

　いま少し個々の仕事の相互関連をつけながら整理すれば、『アメリカ農業問題の発生』以降の一貫した関心の対象は、アメリカ資本主義論であり[3]、またそれを軸とする世界経済論であったとすることができるのではなかろうか。馬場はアメリカ資本主義論および世界経済論を中心に、現状分析を多面的かつ多角的に継続した。しかもその間に、そうした現状分析の成果を踏まえ、現状分析への手がかりとなる視点や概念をさまざまに提示するとともに、現状分析の

ための方法を模索して現代資本主義論などのまとまった仕事を残したのである。

　方法的な模索は晩年に至って、さらに段階論にも及んだ。思い切った宇野段階論への批判を重ね——それらは当然宇野段階論に基づく先行学説への批判を含む——、その集成として最終的には自らの段階論を提示するに至った。その段階論自体、いく度か改訂されるのであるが、その最終的な姿は論文集『現代世界経済の構図』（2009年）の序章として執筆され、『宇野理論とアメリカ資本主義』（2011年）に収められた論文「現代世界経済の構図」の「第1節　グローバル資本主義段階の意味」に示されている。これが馬場の長年にわたる段階論についての考察の到達点であると見なしうる。

　しかも、「現代世界経済の構図」の第2節以降の部分は、この論考に続く「世界大恐慌の再来？」（初出は2009年、『宇野理論とアメリカ資本主義』所収）とともに、「バブル」と金融恐慌の発生を繰り返す世界経済の現状を分析した上で、今後の展開を展望している。馬場は晩年にかけて「過剰富裕化」論を繰り返し展開したが、その分、世界経済論に関する論考はしばらくなかっただけに、貴重な論考である。そればかりではなく、そこでは「過剰富裕化」論がアメリカ資本主義に即して展開されており、馬場の主張の統合態が示されたという意味でも重要である。

　馬場による新たな段階論の提示は、宇野が現状分析の方法を積極的に提示することが少なかっただけに、注目に値する。以下、馬場が宇野段階論の批判を通じて新たな段階論を構成する必要を指摘し、自らそれを提唱するに至った過程を一通り検討することにしたい。

1．馬場段階論の成立

（1）現状分析の視角の提示

　馬場の処女作『アメリカ農業問題の発生』は、いうまでもなくアメリカ農業をアメリカ資本主義との関連において分析したものであるが、それは同時に世界経済論の一環としても位置づけられていた。この書名にも現れている「農業問題」は、宇野によって「世界経済論の焦点」と規定されたものである。宇野

によれば、農業は資本主義が処理しにくい分野である。そこから宇野は、農業問題は原論および段階論を踏まえた現状分析として、しかも世界経済論の焦点として明らかにすべきであると主張した[4]。馬場が主題としたアメリカ農業問題は、そのような世界経済論的な焦点としての農業問題の重要な一環をなすものであった。

　ただし、馬場はこの時点ですでに、この点について宇野を批判する視角を提示していた。すなわち、論文「世界経済論の対象」（初出は1968年）において、現状分析としての世界経済論の焦点は何よりも「資本」あるいは「資本の運動」であるはずだと主張していたのである[5]。馬場自身はその後この自らの主張に直接触れることはほとんどなかったように思われるが、しかしながら、この主張は事実上、その後の現状分析を貫く基調であったように思われる。現状分析としての世界経済論の焦点は資本あるいはその運動であるはずだとの主張は、さしあたり、世界経済論の枠組みについてひとつの含意を持ったはずである。すなわち、世界経済論の基本的な枠組みは焦点論であるよりも構造論であるべきだとの考えである。そればかりではなく、このときすでに、宇野が第1次世界大戦以降を現状分析の対象としたことへの批判が胚胎していたのみならず、馬場段階論の骨格が形成されていたとさえいってよい。この点は後にあらためて立ち返る。

　『アメリカ農業問題の発生』からあまり間を置かずに、第2作である『世界経済——基軸と周辺』（1973年）が刊行された。論文「世界経済論の対象」はこの書の巻頭におかれている。この書の副題に示された「基軸と周辺」という見方には、焦点論よりも構造論的な発想が示されている。しかも、「基軸」として何よりもまず資本が想定されていると見ることができるとすれば[6]、世界経済は資本を「基軸」として解明すべきだとの発想になっているのである。このような構造論的な発想は、資本こそが世界経済論の焦点であるべきだとする主張からの自然な展開であったということができる。

　ただし、「基軸」として想定されているものは、資本だけではなく、それと並んでアメリカ資本主義であった[7]。事実、『アメリカ農業問題の発生』で示されたアメリカ資本主義論から世界経済論への展開、あるいはアメリカ資本主義論の世界経済論への包摂という視角は、すでにそれ以前、戦間期の国際貿易に関する一連の論考などの、いくつかの実証的な論考に結実している[8]。

第2章　世界経済論と段階論　175

　さらに、馬場は同時に、世界経済論の焦点として農業問題に加えて通貨問題を挙げ、世界経済のふたつの焦点という構図を示した。これは馬場がアメリカ農業問題と並行して取り組んだ国際通貨に関する実証的な研究に裏打ちされている[9]。このような視角の提示それ自体は、宇野の主張へのさらなる批判となっているものの、資本こそが焦点であるとする以前の主張とは齟齬を来しているようにも思われる。馬場自身の学問的営為にあっては、資本＝焦点論が直線的に構造論へと徹底されたわけではなかったのである。

　それでは、馬場における世界経済論の枠組みは、焦点論と構造論の並存と見るべきであろうか。あるいは、農業と通貨という「ふたつの焦点論」に振れた後、あらためて「基軸と周辺」という構造論へと進んだと見るべきであろうか。ここでいま一度、「基軸」として想定されているものが、資本のみならずアメリカ資本主義でもあったという点に着目したい。アメリカこそが現代あるいは20世紀以降の世界経済の中心国であるというのは、馬場の一貫した基本的認識である。そしてこの認識こそが、宇野段階論においては類型論と中心国論とが並存しているが、後者を重視し徹底すべきであるという宇野批判につらなり、アメリカを基軸とする世界経済の現状分析を展開し、そして最終的には自らの段階論を提示することにもつながったのである。その意味で、「ふたつの焦点論」という寄り道はあったものの、やはり構造論の枠組みが貫かれ、構造論こそが焦点論に比してはるかに根底的な発想であったと見るべきであろう。基軸概念の多義性——あるいは曖昧さ——のゆえに構造論が貫かれたということができるかもしれない。

　その後、1976年から翌年にかけての在米体験を経て、また所属する東京大学社会科学研究所の企画に参加するなかで、馬場は戦前および戦後のアメリカ経済に関する論文やエッセイを続けざまに発表した。実証的な論文としてはニューディール、偉大な社会、レーガン主義についてのものがある。自らが主宰するブラウン研究会の成果としては、「生活水準と福祉政策」（1987年）がある。またその過程で生み出されたアメリカ資本主義論としては「アメリカ型経済文明の終焉」（初出は1979年、後に『現代資本主義の透視』1981年に所収）、「アメリカの後退」（1990年）、「アメリカ資本主義の投機性」（1991年）、「アメリカの覇権について」（1991年、いずれも単行本未収録）などがある[10]。

　アメリカ資本主義論として最も早い時期の論考である「アメリカ型経済文明

の終焉」では、馬場は宇野がアメリカ金融資本に即して指摘した投機的性格を
アメリカ資本主義の特徴とし、さらにアメリカ覇権・帝国主義の特質ともした。
他方、「アメリカの覇権について」では、宇野『経済政策論』における中心国
などの概念を検討し、それを踏まえて「覇権」概念を提出した。あえて覇権と
いう言葉を使う理由としては、中心国としてのアメリカのイデオロギー的側面
に注目する必要を挙げた。また、アメリカを中心国ないしは覇権国とする世界
経済論としては「戦後資本主義」（1986年）がある[11]。

　このように、アメリカ経済の実証分析およびアメリカ資本主義論、さらに世
界経済論を進めるのと並行して、馬場は一方では金融資本、帝国主義に関する
学説史的な検討を、宇野の『経済政策論』を含めて周到におこなうとともに、
他方では現代資本主義論についても次々と論文を発表した。前者の学説史的検
討は『富裕化と金融資本』（1986年）に収められ、後者の現代資本主義論は『現
代資本主義の透視』（1981年）および『富裕化と金融資本』に収められている。
まとまった形で示された現代資本主義論では、「会社主義」論および「過剰富
裕化」論に力点が置かれており、それがまた馬場の現代資本主義論を特徴付け
てもいる。

　こうして、1990年の前後までに、馬場の仕事の全容が姿を現した。このよう
なさまざまな分野における成果を統合する形で書き下ろされたのが『新資本主
義論』（1997年）である。本章の主題との関連では、馬場がこの著作で資本主
義世界経済の長期の動態を一筆書きで描いて見せたことが注目に値する。この
時点で、馬場段階論が実質的に姿を現したと見ることができるのである。この
点は後にあらためて見ることにする。

　現代資本主義論のうち、「会社主義」論と「過剰富裕化」論については多少
の言及が必要であろう。

　まず会社主義論について。会社主義論は日本の企業体制についての馬場の説
明であるが、その後、日本経済がバブルとその破裂を経験するなかで、馬場が
「会社主義」の特質として注目したいくつかの特徴は薄れていった。そのため、
会社主義論と現実との乖離が拡大した。それはおそらく馬場の予想を超える速
度で進行した。その後、馬場は日本の会社主義はアメリカにおけるレーガン期
の「自由主義的反動」によって否定されたと説明した（「レーガン主義の文脈」
（初出は1988年、『宇野理論とアメリカ資本主義』所収）。さらに、自らの段階

論を構築するなかで、馬場は日本会社主義を大衆資本主義段階における経営者資本主義の一種ないし変種として位置づけた。この点は後にもう一度触れるが、日本会社主義の運命は馬場をして新たな段階論を構想させるひとつの契機となったのかもしれない[12]。

　次に過剰富裕化論について。過剰富裕化論は当初は富裕化論として展開されたが（「富裕化論のすすめ」『富裕化と金融資本』所収、初出は1982年）、これがその後過剰富裕化論へと変容し（「過剰富裕時代の到来」『新資本主義論』1997年）、その後も、馬場自身の言葉に従えば深化し、徹底された[13]。初期の著作『世界経済——基軸と周辺』には「資本主義の腐朽化」（初出は1971年）が収められているから、馬場自身の立論が180度反転したかに見える。しかし、馬場の場合、「腐朽化」の内容は高賃金論であったから、反転は言葉の次元でのそれであって、内容的には「腐朽化」から「過剰富裕化」へと連続していたのである。

　過剰富裕化論は資本主義における商品化の徹底、それによる過剰蓄積、過剰成長、過剰富裕と社会破壊を論ずる資本主義の一般論であるが、とくにアメリカ資本主義に即して、あるいはアメリカ資本主義に最も妥当するものとして展開された。過剰富裕化は「自由主義的反動」にもかかわらず、あるいはむしろそのゆえにさらに進行したとされるのである（「レーガン主義の文脈」前掲）。他方において、会社主義論は日本の企業体制を特徴付けるための議論であったが、上述のように大衆資本主義段階における経営者資本主義の一種ないし変種として位置づけられたことにより、過剰富裕化論のひとつの変型とされたと見ることができる。

　さて、このように会社主義論と過剰富裕化論のいずれもが馬場の世界経済論に関連づけられた。とくに過剰富裕化論は、それが時としてアメリカ資本主義に即して展開されることもあって、世界経済論を貫くべき視角とされた。もっとも、それを実証分析に関連づけることの難しさもあって、この視角から世界経済の構造と動態がどのように見えてくるのかについては、よくわからないところがある。

　とはいえ、アメリカを中心国あるいは覇権国とする世界経済の構図を描くなかで、前述した「基軸と周辺」という構造論的視角が深められることになった。言い換えれば、「基軸」としてのアメリカ資本主義とその他の「周辺」との関

連づけが追求されることになったのである。

　まず、「周辺」への目配りは周到であった[14]。東西冷戦期のソ連についての着目はいうまでもない（ソ連崩壊の要因としての「自由主義的反動」）。インドへの関心も早くから示されている。さらに後進国から途上国などと呼び変えられ、またNICs、NIEs、BRICsなどとして注目されてきた諸国についても、馬場は一貫して注目している。とくに『新資本主義論』においては、南北問題の終焉が説かれた。

　晩年の馬場は中国にもいく度か言及した。例えば次のような特徴付けがなされた。「外資依存を含むグローバル資本主義下の、共産党主導本源的蓄積過程である。」[15] ちなみに、インドの経済的台頭についても、馬場はこれを同様に本源的蓄積としている。

　馬場は一方で、現在の中国では本源的蓄積の過程が進行していると理解する。それは中国経済の持続的高成長を説明するためであろう。本源的蓄積の下では労働力の無限供給が可能であり、そこから利潤率が高めに維持されるという理解であると思われる。この点については、中国はすでに戦前期以来の資本主義化の長い歴史を有している点をどう理解するかという問題があろう。他方で馬場は、ここでの文脈ではより重要なのだが、中国経済を「外資依存を含むグローバル資本主義下の」経済としており、世界経済論的に説く視点を提示していた。仮に中国経済は一国それ自体として見れば本源的蓄積の過程にあるとしても、それはあくまでもグローバル化の進行する世界経済のなかでの現象であると理解すべきなのである。その持続的高成長はまずもって、その対外経済関係から説明すべきであろう。中国はWTO（世界貿易機関）への加盟を通じて貿易を拡大するとともに、アメリカ・ヨーロッパ諸国・日本から直接投資を受け入れ、技術を吸収して「世界の工場」となり、高成長の継続の結果、さらに「世界の市場」となったのである。馬場の中国経済への言及には、このような世界経済論的視角が確かに前提されていた。

　馬場の世界経済論にあっては、ヨーロッパ諸国、EC/EU、日本についてもむろん周到な目配りがなされていた。ヨーロッパについてはその「独自の軌跡」を繰り返し素描した。日本については会社主義論を展開し、最終的にそれを大衆資本主義段階のひとつの類型と位置づけた。さらに「生産的基軸国」という造語をして、覇権国アメリカとの関係における日本の生産力的能動性に着目し

た。あるいは、日米貿易摩擦に言及し、構造障壁協議（SII）という名のアメリカによる対日圧迫を批判した。さらに、日本を含むアジア諸国の生産力的興隆に着目した[16]。

　馬場世界経済論は、アメリカ資本主義だけを見て世界経済論とするアメリカ専門家の通弊を免れているというだけではなく、日本を能動的な主体として明示的に考察の対象としている。現状分析においては伝統的に、まず世界経済論を説き、しかる後に日本経済を見るという手順がとられてきた。この伝統は意外にも牢固として続いていた。このような伝統に抗して、馬場は日本を「周辺」の重要な一環として位置づけ、日本と「基軸」としての覇権国アメリカとの関係において世界経済を理解しようとしたのである。

　このように、馬場は「基軸」であるアメリカにとっての「周辺」を一貫して視野に入れ、さらに「基軸」と「周辺」の関係に言及した。

　世界経済論の焦点は資本の運動であると喝破したことにより構造論的視角に立った馬場の世界経済論は、こうしてアメリカを「基軸」・覇権国とし、その「周辺」との関係に視野を拡げるものとなった。このような形で構造論的視角が徹底されたのである。その最終的な総括が、Ⅰの冒頭で指摘したように、「現代世界経済の構図」（2008年初出）であり、「世界大恐慌の再来？」（2009年初出）であった[17]。

　だが、実証的には不十分さが残された。アメリカと日本との関係については、貿易摩擦に時論的に言及するにとどまったし、アメリカとヨーロッパとの関係についてはほとんど展開されなかった。それに関連して、地域と地域化、さらに地域化の先鋭的形態としての地域統合への着目は弱いままであった。また中国経済の高成長を世界経済論的に説く点については、課題が提出されるにとどまった。晩年における論考を読むかぎりでは、「周辺」への着目がそれ以上深められることはなかった[18]。後述するように、それは馬場が「グローバル資本主義」なるものを立てたことと関連しているのかもしれない。それはともかく、「基軸」、中心国ないし覇権国としてのアメリカの「周辺」に対する影響、圧力、作用については、問題の所在を明確に指摘したものの、立ち入った分析は課題として残されたのである。

（2）段階論の提示

　馬場は現状分析を重ねるなかで現状分析のための視角を提示し、さらに現代資本主義論というまとまった形で分析枠組みを示した。他方、宇野『経済政策論』をはじめとする先行学説の検討も、『富裕化と金融資本』以降試みていた。こうした作業が積み重なって、最終的に自身の段階論を提起することになる。

　馬場が最初に自らの段階論の輪郭を提示したのは、おそらく「世界体制論と段階論」（1995年、単行本未収録）においてであった。それはソ連の崩壊とアメリカ覇権の蘇生というふたつの変化を前提にしてのことであった。ただし、その後に著された『新資本主義論』（1997年）の「第II部　現代資本主義概論」では、現状分析と段階論とが渾然一体となった記述となっており、内容的には事実上段階論が提示されていたとはいえ、独立した形で段階論を提示するものとはなっていない。

　段階論が明確に提示されたのは、2004年に発表された「資本主義の来し方行く末」においてのことであった[19]。「グローバル資本主義」という概念が立てられ、現在は「グローバル資本主義段階」にあると規定されたのと相即して、馬場段階論がその姿を現したのである。その際、馬場段階論成立のひとつの重要な手がかりとなったのは、宇野が段階論の対象を1914年の第1次世界大戦の勃発ないしは1917年のロシア革命までとし、それ以降の時期は現状分析の対象であるとしたことであった[20]。この「打切り」に対して、馬場は異議を申し立てた。その際の根拠は、ひとつはアメリカの興隆であり、いまひとつはソ連の崩壊であった。前者は遅くとも20世紀後半期にはアメリカが世界経済の「基軸」あるいは中心国ないし覇権国となったということである。後者について、馬場は宇野の「心情的革命主義」を問題にした[21]。そこから、段階論は宇野のように第1次世界大戦あるいはロシア革命で「打切り」とするのではなく、その後の時期をも視野に入れながら再構成すべきであるとした。

　アメリカの興隆、そしてアメリカが「基軸」であると見るのは、第1次世界大戦ないしロシア革命以降の時期をも段階論の対象とすれば、しごく当然であるのだが、それを「打切り」批判の根拠とするためには、宇野が帝国主義段階論の対象とした第1次世界大戦前の時期について検討しなければならない。そして事実、馬場はその点を議論した。そしてこの時期のアメリカ金融資本につ

第2章　世界経済論と段階論　181

いて、宇野が「投機的性格」を指摘する点は評価しつつも、総体的把握においては問題を残したことを批判した。その反面、宇野『経済政策論』におけるドイツ金融資本あるいはドイツ資本主義偏重を批判したのである[22]。

2．馬場段階論成立の背景

Ⅰの冒頭で触れたように、馬場の仕事は広範囲に及んだが、そのことは先行学説の検討についても同様である。馬場の先行学説に関する批判的検討は原論および段階論の広い範囲に及んでおり、さらに現代資本主義論については大内国家独占資本主義論が繰り返し検討の対象とされている。

馬場段階論に結びつく業績にかぎっても、ここでそれを網羅的に検討する余裕はない。以下では、馬場段階論成立の学説史的背景を明らかにするために、宇野『経済政策論』および若干の先行研究を検討し、そのなかで必要なかぎりにおいて馬場による宇野『経済政策論』の検討にも言及するすることにしたい。

（1）宇野『経済政策論』の意義と問題点

『経済政策論』に示された宇野の段階論は、直接には19世紀末から20世紀初頭にかけてのヨーロッパにおける修正主義論争を念頭に置き、間接的には戦間期の日本でたたかわされた日本資本主義論争をも意識しつつ、これらの論争に対して解決を与えようとする試みであった。宇野はレーニンによるヒルファディング批判を援用し、資本主義の変容に関する議論を原論の延長上に置くのではなく、それとは区別される段階論として展開した。その主張の核心は19世紀後半の資本主義の純粋化傾向の鈍化、あるいはその反転、あるいは不純化傾向の出現に着目し、原論を基礎に資本主義の世界史的発展を重商主義段階、自由主義段階、そして帝国主義段階と時期区分した上で――このような時期区分が歴史学派のそれに似ているのはたんなる外見にすぎない――、現状分析は（原論のみならず）このような時期区分を含む段階論を踏まえてなされるべきであるという方法的提案をおこなったところにある。

宇野がこのような主張を初めてまとまった形でおこなったのは、『経済政策論　上巻』（1936年）においてである。それ以降、宇野は繰り返しその趣旨を説いたが、『経済政策論』（1954年）、『経済学方法論』（1961年）を経て、『経済政

策論 改訂版』（1971年）においてその最終形が提示された。ここではこの『経済政策論　改訂版』を検討の主たる対象とする[23]。

1）『経済政策論』における「世界史的把握」

『経済政策論』の骨子は、資本主義の発展にともなって変遷する支配的な資本——商人資本、産業資本および金融資本——を見出し、それに対応する支配的な政策——重商主義、自由主義、帝国主義——をあわせて見出し、資本主義の生成・発展・没落（あるいは成熟）の段階を支配的資本あるいは支配的政策をもって呼ぶというものである。宇野にあっては、支配的資本による支配的政策の規定性の解明が中心的な課題とされた。このような『経済政策論』は当然ながら世界経済的な視野を前提としていた。そこでの世界経済の構造把握、あるいは馬場の表現を借りれば「世界史的把握」の仕方には、少なくともふたつの系列があった。ひとつは、資本主義の発展段階ごとに中心国を設定するものであり、いまひとつは、やはり歴史的発展の段階ごとに単一あるいは複数の類型を設定するものである。

宇野は資本主義の発展段階のそれぞれについて中心国を設定しようとした。資本主義の形成期である重商主義段階については、最終的にイギリスが中心国となったとされる。資本主義の確立期にあたる自由主義段階については、むろんイギリスが中心国の地位に置かれる。

だが、帝国主義段階にかぎって見れば、宇野はその見地を貫徹できなかった。自由主義段階についてと同様に、ある中心国がその帝国主義的政策を国際的に波及させていくとすることはできなかった。むしろ、イギリスの他にドイツおよびアメリカを取り上げて並列させることになり、それぞれの特徴が描出されることになったのである。さらに、そのような特徴の違いが帝国主義諸国間の対立を生むという解釈に道を開くことにもなった。

自由主義段階については、中心国イギリスの対外政策について——もっぱら自由主義的通商政策が取り上げられる——、その国内的な普及のみならず、その国際的な波及が取り上げられ、フランス、ドイツ、アメリカなどに対する自由主義的通商関係の強制の過程、それによる自由主義的国際関係に向けての統合の過程が詳述された。だが、帝国主義段階については、単一の中心国によるこのような統合過程は描かれなかった。フランス、ドイツ、アメリカはもちろ

ん、自由主義段階から引き続き統合圧力を発揮していたイギリスについても、宇野が観察の対象とした第1次世界大戦以前の時期に関するかぎり、さまざまな対立が生起するなかで、単一の中心国とするには無理があったのである。

　こうして、宇野以降、類型論の系列を重視する解釈がとられ、さらには、類型から典型の設定に進む解釈が生まれた。その際、ドイツがなぜ典型とされるのか、また帝国主義段階での積極的典型とされる根拠は何かなど、周到な考察がなされた。このような類型論、典型論が中心国論と並行しておこなわれることになったのである。

2）『経済政策論』における「実証性」

　『経済政策論』において扱われた経済政策は主としてあるいはもっぱら対外政策であって、しかもとくに通商政策であった。重商主義政策はいうまでもなく自由主義段政策についても、イギリスの通商政策がフランス、ドイツなどとの関係での数量制限の撤廃、関税の撤廃、最恵国待遇の供与などに即して説かれた。帝国主義段階については通商政策の一環としての関税政策が取り上げられたが、これは当時最大のイシューが関税政策であったことによるところが大きかったと考えられる。帝国主義段階における植民政策については詳述されることはなかった[24]。このように、馬場の称揚する宇野『経済政策論』の「実証性」は、経済政策に関する記述について見るかぎり、その対象が部分的であることを免れなかった。

　さらに、宇野が力を入れた支配的資本と支配的政策の関連づけ、あるいは支配的資本による支配的政策への規定性の解明についても、すでに批判がなされている。馬場は宇野がアメリカについて金融資本と帝国主義政策——それは通商政策にかぎられず、より広い意味でのそれである——を直結させすぎているとしている。支配的資本と支配的政策とを短絡させたとするのである[25]。

　加藤榮一も同じ趣旨の批判を、しかもさらに踏み込んだ形でおこなっている。すなわち、「宇野の場合、経済政策の主体を国家というよりはむしろ支配的資本そのものと考える傾向が強く、この観念が彼の経済政策論の範囲を空間的にも時間的にも制約することになった。」とする。あるいは、「経済政策と支配的資本の利害を直結する観念が、当然のこととして、支配的資本の利害に発しない経済政策はすべて段階論としての経済政策論の埒外になるという発想を

生んだのであろう。」とするのである[26]。

　ただし、世界経済あるいはアメリカ経済、ドイツ経済の歴史的実証分析とは異なって、段階論ではともかくも支配的資本と支配的政策との関連を何らかの形でつけなければならい。そうでなければ、そもそも支配的資本を設定する意味が失われてしまうであろう。そのことを踏まえてもなお、宇野においては直接的な関連づけが強すぎたというのが馬場、加藤両者の批判なのであろう。そこで、なぜそうなったのかを考えると、金融資本についてはドイツ、イギリス、アメリカを並列しながら、経済政策（対外経済政策）のうち、関税政策についてはドイツに傾斜させて説いており、そこではヒルファディングによりつつカルテル関税論が展開されている。ドイツの農業利害はその論理に入りにくいのである。他方、アメリカの対外政策は説かれず、金融資本を扱う箇所での政策への言及は、どうしても金融資本に直結させられてしまうことになったのであろう。さらに推論を進めれば、このような展開になったのは、帝国主義段階論が類型論的に説かれ、中心国論が徹底されなかったことに関わるのではないか。例えば、イギリスとドイツの通商政策の交錯が説かれていれば、いま少し実態に即した展開になっていたかもしれない。

　この問題は『経済政策論』における実証性のレヴェル——あるいは具体性の水準——という問題であるが、この点でいまひとつ、別の指摘をしておきたい。

　戦前1936年の『経済政策論　上』の刊行に先だって、宇野は関税論に関する一連の論文を発表している。「フリードリッヒ・リストの『経済学』」、「ブレンターノとディール」、「ドイツ社会政策学会の関税論」、「社会党の関税論」の4つの論文がそれである[27]。いずれも、現実にとられた関税政策についてよりも、第1次世界大戦前の関税に関する同時代の議論、とくに1902年関税（いわゆるビューロウ関税）をめぐる議論を扱ったものである。4論文の主題は、政策の「科学的位置づけ」ないしは経済政策と理論（原論）の関係であり、宇野の主張の核心は政策的主張と学問の対象としての政策とを峻別するところにあった。いうまでもなく、この議論は中心国論的な発想とは隔たったところにあった。

　4論文の内容は、たしかに一部は『経済政策論』に生かされている。馬場は、「体系構成の要素としてもうひとつ考慮すべきは、「フリードリッヒ・リストの『経済学』」、「ブレンターノとディール」、「社会党の関税論」と、1934年以降、関税論に関する論文を続けて書いたことである。これは当然、経済政策の把握

を進化させたであろう。」としている。ただし、これらの論文は「序論」に生かされているのであって——参照は少ないが——、本論での関税政策に関する記述は、アシュレー（Percy Ashley）などを主たる典拠としている。

こうして、馬場の称揚する『経済政策論』の「実証性」の一部は、段階論としての経済政策論を確立するための「実証性」にほかならなかったのである。そうだとすれば、このこともやはり、『経済政策論』においてドイツ通商関税政策に関する立論が過度に抽象化されたものとなる方向に作用したかもしれない。

（2）宇野段階論の拡充・修正の試みから代替案の提示へ

宇野は戦後に『経済政策論』（1954年）を刊行するが、さらに『経済学方法論』をも著して、段階論についての自己の見解を敷衍した。ただしそこからは、現状分析の方法については原論と段階論を踏まえるという以上の特段の示唆は得られない。ただし、宇野は現状分析の方法についてまったく論じなかったわけではなく、すでに触れたように、世界経済論についての焦点論が盛り込まれた「世界経済論の方法と目標」があり、対内政策については「資本主義の組織化と民主主義」がある[28]。後者から得られる現状分析の方法への示唆は小さくないが、ここでの関心とは隔たっている。

宇野から影響を受けた研究者たちによって『経済政策論』を土台にした段階論が構築されたが、『経済政策論』の対象とする分野が限定されており、その意味で実証が部分的であったところから、それらの試みは取り扱う分野の拡張を重視した[29]。ただし、それらの試みは、「世界史的把握」という観点からすれば、いずれも類型論あるいは典型論という視角からのものであった。他方、中心国論の視角からする段階論と銘打った作品としてとくに注目されるものはなかった。

他面において、馬場が指摘するように、『経済政策論』の内容に立ち入って検討するものは少なかった[30]。その数少ない例としては、武田隆夫編および遠藤湘吉編の段階論を含む「経済学大系」シリーズの執筆者たちによる宇野を囲む1958年の研究会の記録がある。そこでの自由闊達な質疑応答は段階論のさまざまな可能性を感じさせるものであるが、これは当時広く読まれないままであった。また、宇野没後の1977年に雑誌『経済学批判』の特集で組まれた段階論に関する討議の記録も、興味深い内容となってはいるが、活発な議論を巻き起

こすには至らなかった[31]。

　総じて、宇野『経済政策論』、さらには宇野段階論をめぐる内容的な議論は、支配的資本と支配的政策との関連づけという最重要の論点を含め、個々の論点についての議論はあったが、論争を引き起こすほどの活発さが欠けていたように思われる。そのことはまた、現状分析への関連づけの難しさを暗示しているようにも思われる。その意味で、馬場がまとまった形で本格的に『経済政策論』を論じたことの意義は大きい。

　原論が資本主義の歴史過程を把握しているという前提に立てば、原論を現状分析に直接適用することが可能であるし、段階論は不要となる。だが、原論を現状分析に直接に適用することはできないと了解するとしても、現状分析にとって、宇野『経済政策論』以来の諸段階論はどのように用いうるのかという疑問は伏在していた。果たして段階論は現状分析にとって有用なのかとの疑念も、声高に語られることはほとんどなかったが、たしかに存在していた。その数少ない例のひとつは、すぐ前で触れた雑誌『経済学批判』での段階論に関する討論である。そこでは林健久と佐々木隆雄がこもごもに段階論は役に立たないと発言していた。事実、段階論を適用した現状分析の模範的な事例、あるいは段階論の有用性を感得させるような現状分析は見当たらなかったように記憶する。

　こうして、段階論の効用への懐疑が醸成された。

　ただし、そこからいきなり役に立たない段階論は無用であるとの議論が出てきたわけではない。宇野『経済政策論』が書かれていなかったならば、あるいはその後いくつかの段階論が展開されていなかったらならば、現状分析は原論との関係で混迷に陥っていたかもしれない。こうした消極的な意味での有用性が認識されていたとはいいうるかもしれない。むろんこれで有用性への懐疑が払拭されたわけではない。

　実は、おそらくこのことに関わる試みがすでになされていた。第1次世界大戦をまたいで、戦前・戦時・戦後を観察する試みである。これは歴史分析としてはとくに注目に値することではないが、宇野による「打切り」を念頭に置いている者にとっては多少の決意を要することである。

　早い時期の例では、楊井克巳が戦間期の世界経済を段階論的に扱うことを提唱した[32]。ただし、この提唱がその後段階論としてさらに展開されることはな

かった。1970年代に入ると、宇野自身が監修者として関わった『講座帝国主義の研究』が現れた[33]。この叢書のうち、各国資本主義の分析に充てられた巻は第1次世界大戦以前と戦間期を対象としているが、必ずしも第1次世界大戦以前は段階論として説き、以後は現状分析として説くとはしていない。むしろ大戦以前をも現状分析的に説いている。この試みは、宇野『経済政策論』戦後版における「打切り」——段階論の対象時期は第1次世界大戦までとし、それ以降は現状分析の課題とするという立言——との関連はどうつけられているのかという問いを誘発する。この問いに対する答えは見あたらない。

　この第1次世界大戦をまたぐ試みについて、戸原四郎『ドイツ資本主義』に即して見てみよう[34]。この書は通常古典的帝国主義期とされる第1次世界大戦前の時期（19世紀最後の3分の1と20世紀初頭の10数年）および第1次大戦期、そしてそれ以降（さしあたり第2次世界大戦勃発まで）を扱っている。すなわち第1次世界大戦をまたいでいるのである。このような対象時期の設定は、本書がもともと『講座帝国主義の研究』の1巻として予定されていたことと切り離すことはできない。講座の副題「両大戦間におけるその再編成」に示された講座の課題設定に忠実に従っているのである。

　この書は諸資本、とくに支配的資本の運動を中心に、現状分析として、あるいは資本主義発達史として書かれている。ただし、諸段階論の成果を利用していると解釈しうる箇所もある。例えば、第1次世界大戦勃発の説明に際してイギリスとドイツの経済構造の差異が基底にあるとするところ、さらにその経済構造の差異は支配的資本の蓄積様式の差異によって規定されているとしているところなどがそうである。このように、本書は19世紀末葉から1930年代までの時期を資本主義発達史として扱うのであるが、その根底には、支配的資本の蓄積様式は今日に至るも変化していないとの認識があるように思われる。3大階級の構図をとっているところなどと考えあわせれば、段階論に近い資本主義発達史というべきかもしれない。

　戸原著『ドイツ資本主義』を読んでいて気づくことは、第1次大戦をまたぐことの効用である。例を挙げれば、ドイツ金融資本の理解がある。第1次大戦前、ドイツの金融資本は独占の形態としてカルテルを多く採ったが、また企業合同ないしトラスト形成にも向かった。それはアメリカからの圧力へのドイツ企業の対応のひとつの形であった。それほどに、アメリカ金融資本の発展、さらに

アメリカの生産力的な衝撃は巨大であった。この傾向は第1次世界大戦後、1920年代にも継続する。このように、ドイツ金融資本については、第1次世界大戦前に限定せずに後の時期まで見た方がよくわかる。もうひとつ例を挙げれば、関税通商政策がある。1902年の関税改革がその後の二国間通商条約でどのような役割を果たしたのか、そのなかで金融資本の利害はどう関わったかを理解するには、1925年の関税改革を参照したほうがわかりやすいのである。

さて、宇野が第1次世界大戦以降の時期は現状分析の対象となるという「打切り」を最終的に確認したのは、1971年刊の『経済政策論 改訂版』においてであった。『講座帝国主義の研究』はその後に刊行されているから、いささか奇異の念を抱かざるをえないが、『講座』の企画は1971年以前に出たものであろうから、『講座』でとられた第1次大戦をまたぐという対象設定はそのときになされたものであろう。とすれば、なお宇野が「打切り」を逡巡していたことが推測される。その逡巡を振り払ったのが1971年であったということになる。

この1971年以前の25年間は、アメリカの世界経済的な地位が確立した時期であった。その統合作用は1960年代末に陰りを見せ始めるものの、アメリカは覇権国として国際的な通商体制や通貨体制において絶大な力を発揮した。この事態は中心国論の立場から段階論として捉える好機であった。だが、宇野はむしろこの時に「打切り」を再確認したのである。そしてその根拠は、ロシア革命以降世界は過渡期に入ったという認識であった。

その後、宇野による「打切り」への懐疑は昂進した。だが、それを明確に批判し、かつ自らの段階論の構想を提示する試みが現れたのは、1990年代以降、すなわちソ連崩壊後のことである。そのような試みを最も本格的におこなったのは加藤榮一と馬場宏二である。両者はほぼ同時に、しかも相互に独立して、宇野による「打切り」を解除し、1914/1917年以降をも対象としながら段階論を展開した。それらはいずれも「世界史的把握」と「実証性」を兼ね備えたものであるが、その内容は好対照をなしていた。

加藤の段階論は宇野の段階論を批判的に継承しつつも、その全面的な改訂を企図したものである。加藤は福祉国家の動揺と再編、そして解体に向かう動きを資本主義の「大転換」を反映する現象と捉えた。そこから、資本主義の歴史を、まずは福祉国家の成立をもって、さらに福祉国家の解体をもって区分し、純粋資本主義化の段階、福祉国家化の段階、そして福祉国家の解体の段階とい

う3段階を設けた。要するに、福祉国家の形成・発展・解体の歴史としての段階論を提示したのである。その方法的立場は、「宇野段階論の最も際立った貢献は、このようなかたちで複線的な資本主義発展の構図を描いて見せたことにある。」という指摘にも見られるように[35]、類型論に親和的であった。あるいは、ドイツ典型論と特徴付けるべきであるかもしれない。中心国アメリカの福祉水準が低位であり続けたため、ドイツが自ずと福祉国家の典型国とされたのである。

このように、「世界史的把握」および「実証性」において馬場段階論と共通する加藤段階論は、その方法においては類型論ないし典型論をとり、その内実においては福祉国家の成立と解体に着目した。その点では馬場段階論と好対照をなした。

Ⅱ　馬場段階論の含意

あらためて指摘するまでもないが、馬場段階論は1914年以降の時期をも対象とし、アメリカを中心国・覇権国と規定する中心国論の視角から世界経済論的に展開される。この意味で「世界史的視野」を備えている。それはまた、自らの現状分析を含む実証的研究を踏まえているという意味で「実証性」をも備えている。

1．馬場段階論の構図とその変容

前述のように（Ⅰ1(2)）、馬場が最初に段階論の輪郭を示したのは「世界体制論と段階論」（1995年）であったが、『新資本主義論』（1997年）では内容的には段階論が展開されていながら、それが段階論とされることはなかった。馬場が最初に段階論と銘打ってその構想を提示したのは、「資本主義の来し方行く末」（初出2004年→『もう一つの経済学』2005年所収）においてのことと思われる。

その後、馬場段階論はいく度かにわたって提示され、そのつど変化している。しかもその骨格は相当の変容を遂げることになった。おおまかには「小段階論」

から「二つの発展段階論」へと——いずれも骨格のみの提示にとどまっている
が——変化した。そこで、馬場段階論をこのふたつに分け、それぞれを検討す
る。

（1）「小段階論」

「資本主義の来し方行く末」（初出2004年）で示された構図は、宇野段階論の
帝国主義段階に第1次世界大戦以降の時期を含めるものであった。その後、「新
三段階論の提唱（2004年→『もう一つの経済学』2005年）、「宇野理論究極の効用」
（2007年→『宇野理論とアメリカ資本主義』2011年）では、帝国主義段階がさら
に3つの小段階に区分された。ただしこの構想はすでに最初の論文「資本主義
の来し方行く末」に現れていたと見てよい。

『経済政策論』に示された宇野の段階論は、資本主義の歴史的変質を認め、
そのような認識の基準として支配的資本の交替を見た。すなわち、商人資本か
ら産業資本へ、さらに金融資本へという交替である。この宇野段階論の基本的
認識を踏まえ、馬場は20世紀を通じて金融資本からさらに新たな支配的資本が
現れることはなかったとする。馬場は宇野の支配的資本と支配的政策の関連、
すなわち前者による後者の規定という認識をも宇野から受け継ぎ、支配的資本
と支配的政策によって各段階の特徴付けをおこなうという点も変えなかった。

こうして、馬場は宇野の3段階区分はそのまま継承し、その上で、1914年ま
での時期を古典的帝国主義段階とする。さらに1914年以降の時期を2つに区分
する。こうして、帝国主義段階の時期に計3つの段階すなわち小段階を設けた。
その上で、それぞれの小段階における支配的資本を、金融資本、経営者資本主
義、株価資本主義とした。各小段階における基軸産業についても、それぞれ鉄
鋼、自動車、ITとした。ただし、支配的政策については小段階間の区別を明示
していないようである。帝国主義政策の継続と理解してよいであろうか。

こうして、馬場の「小段階論」は表2-1のようにまとめることができる。

表2-1 「小段階論」

段階	1914年		1990年
	古典的帝国主義	大衆資本主義	グローバル資本主義
支配的資本	金融資本	経営者資本主義	株価資本主義
基軸産業	鉄鋼	自動車	IT
支配的政策	帝国主義	帝国主義	帝国主義

いくつかの論点ないし疑問を提出しておきたい。

まず支配的資本について。1914年から1990年までの大衆資本主義段階における支配的資本とされるのは経営者資本主義であるが、これは経営者企業と同族企業の相克、そして前者の制覇という経営史におけるひとつの理解を前提にしているようである。だが、果たして経営者企業の制覇を——とくにアメリカについて——いいうるかどうかは疑問の余地を残している。むしろ、より実態に即して、あくまで経営者企業と同族企業の対抗という図式で——前者が優勢の局面があったとしても——理解しておいた方がよいのではなかろうか。

このような意味で、経営者資本主義という用語にはいささかの違和感がある。同じことは「グローバル資本主義」段階の支配的資本とされる株価資本主義についてもいうことができる。株価資本主義とは株価を戦略決定の際の最重要の経営指標とする企業という意味であろうから、ここでも企業次元で考え、例えば株価最重視企業とでもいっておいたほうがよかったのではないか。その対としては企業規模の拡大を最優先する企業、あるいは雇用の確保を最優先する企業などが想定されよう。ちなみに、経営者企業／同族企業という所有を基準とした分類とこの株価最重視企業／雇用最重視企業という戦略目標による分類は、もちろん両立しうる。つまり、株価最重視企業は経営者企業であることもあれば、同族企業であることもありうる。また、「グローバル資本主義」期になったとしても、経営者企業／同族企業が消滅するわけではない。

こうして、支配的資本とされる経営者資本主義あるいは株価資本主義の資本主義次元での規定は、経営者企業あるいは株価最重視企業という企業次元での規定に変換されるべきではないか。しかも、それらの制覇を傾向として認めうるかどうかは疑問であり、むしろ優勢な局面が見られたという程度ではないか。総じて、小段階における支配的資本の設定については、段階論であるからには一定の抽象は不可欠であるとしても、抽象の仕方、あるいは抽象の程度に検討の余地がありそうである。付け加えれば、古典的帝国主義段階における支配的資本は金融資本とされており、用語の次元での混交が気になるが、これを金融資本主義などと言い換えるよりは、やはり企業次元での観察による規定に揃えた方がよいように思われる。ただし、これは形式的な統一性を求める細かな議論にすぎないのかもしれない。

その上で、経営者企業および株価重視企業と帝国主義段階の支配的資本とし

ての金融資本、あるいは馬場段階論における古典的帝国主義小段階の支配的資本としての金融資本との関係を見ると、経営者企業は資本の二重化（擬制資本と現実資本への分裂）を前提として（無所有の）経営者が経営権を握ることによって台頭する企業タイプであり、それは産業資本にすでにあったものが一挙に拡大したものと見ることができる。株価最重視企業もまた、金融資本の一側面を切り取ったもの、あるいはその一側面を極端化したものとしうるのではないだろうか。言い換えれば、支配的資本としての金融資本が企業次元では、そのときどきにおいて異なった様相あるいは局面を出現させると理解すべきではないだろうか。

　こうした見方は結局、帝国主義段階についてその内部での支配的資本の交替をいう（小段階を設ける）のではなく、変化を企業次元でのそれと捉えるのである。こうすれば、支配的資本としての金融資本が「大段階」としての帝国主義段階と「小段階」としての古典的帝国主義段階との双方で登場するという不自然さは——形式的な不自然さにすぎないとはいえ——自ずと解消される。

　こうして、馬場段階論の「小段階論」は、第1次大戦以降をも帝国主義段階論の対象とした点において画期的な意義を有しており、しかもその段階に属する時期の支配的資本のいわば実相について重要な問題を提起しているとはいえ、その規定そのものには抽象度や抽象方法などにおいて問題を残している。

　なお、「グローバル資本主義」という用語についても論点を出しておきたい。この用語はある時期から急速に普及したが、筆者にはその弊害が気になってならない。端的にいえば、グローバル企業は想定しうるとしても、「グローバル資本主義」は想定しにくいのではないか。あるいは、「グローバル資本主義」を実体かつ主体として設定すると、その構造への問題関心が曇ることになりはしないか。中心国アメリカと「周辺」に属するヨーロッパ諸国あるいは日本との関係は、どう位置づけられるのであろうか。両者間のグローバル化の動態はどのように解明されるのであろうか。とくにアメリカを中心国とする発想を出発点とする馬場段階論にあって、この「グローバル資本主義」という概念は落ち着きが悪い。アメリカ化とそれに反発する諸力の解明はなおざりにされないか。問題が消えてしまうとまではいえないとしても、世界経済の構造、動態の解明にとっては、プラスよりもマイナスの方が大きいように思われるのである。

　次に、基軸産業について。小段階の3つの支配的資本の前提としての産業的

基盤あるいは生産力について、馬場はかなり苦心したことを認めている。その結果、鉄鋼業、自動車産業、IT産業という交替としたのであるが、段階論における抽象の必要を認めるとしても、この図式はこれらの産業の基軸産業としての位置を過度に重視することになっているように思われる。それらをひとつの軸とする産業関連・構造全体を見れば、あまり鋭角的に基軸産業を特定することには無理があるように思われるのである。

　ここで支配的政策に関する馬場の規定に目を移せば、支配的資本と支配的政策の対応関係についてはとくに提示されていないようである。支配的政策は帝国主義政策で貫かれていると解してよいのであろう。もしそうだとすれば、基軸産業についても、あまり産業を狭く特定する必要はなくなるのではなかろうか。こうして、基軸産業について——さらに支配的資本について——見ると、3つの小段階を設定する意義は減殺されるように思われるのである。もし現状分析の次元で基軸産業の交替をいうとすれば、段階論の次元では基軸産業として想定される生産力をより抽象的に——例えば重工業などと——すべきかもしれない。極論すれば、支配的資本としての金融資本を明らかにするには鉄鋼業で十分ではないか。

　こうして、「小段階論」は、支配的資本、基軸産業、支配的政策のいずれの点についても問題を残すことになった。むろん、繰り返しになるが、馬場段階論は宇野による「打切り」を否定した点において画期的な意義を持っている。また「小段階論」も、世界経済、とくにアメリカ資本主義に関する洞察を背景としているだけに、興味深い重要な問題提起となっている。だが、それはあくまでも問題提起にとどまっていた。それは骨子のみが示されたにとどまっており、上述のような筆者の疑問に答える考察はなされていない。

　だが、「小段階論」をめぐる議論が開始されないうちに、馬場は段階論の骨子そのものを大きく変容させる方向に向かった。「二つの発展段階論」の登場である。

（2）「二つの発展段階論」：パクス・ブリタニカ／パクス・アメリカーナ

　段階論に関するいくつかの論文で馬場が当初目指したのは、「小段階論」の彫琢であった。ところが、2008年の論文「現代世界経済の構図」に至って、その作業は停止され、新たな「二つの発展段階論」が登場することになった[36]。

この新たな段階論では、帝国主義段階の3つの「小」段階を捨てるのではなく、むしろそれを「大」段階に格上げし、アメリカが中心国である時期の3段階としている。こうして、新たに構想された「二つの発展段階論」では、イギリスを中心国とするパクス・ブリタニカの時期とアメリカを中心国とするパクス・アメリカーナの時期について、それぞれ3段階が設定されることになった。まさに「二つの発展段階論」である。これまでにも馬場はいく度かこのふたつを比較することを試みている。だが、今回はそれとは異なって、その歴史的継起を段階論として捉えたのである。

　3段階それぞれの構図──支配的資本、基軸産業、支配的政策──は「小段階論」のそれと変わりない。ただし、いくつかの重大な変更がなされている。ひとつは、1990年以降の「グローバル資本主義」段階では支配的資本は存在しないとしている点である。さらにそもそもアメリカでは支配的資本が成立しないとまで記している点である。この立言は、宇野がアメリカについて金融資本と帝国主義を直結させすぎているとする、前に紹介した（Ⅰ2(1)2)）馬場の評言を想起させる。また、基軸産業については「小段階論」での規定をぼかし、それは必ずしも確定しえないとしている。さらに支配的経済政策については踏み込んだ論述がない。この点は「小段階論」でも同様であって、それを帝国主義政策とするのみであった。

　馬場は段階論の構図をこのように思い切って変更した理由を明示していない。ただ、このような変更点を読むと、前述したような論点を含め、馬場が「小段階論」に含まれるいくつかの難点を苦にしたことがその理由であったとも考えられる。だが、このような変更は、宇野段階論の基本的な枠組みを前提とするかぎり、明らかに内実の溶解というべきものとなっている。中心国アメリカについて、支配的資本、基軸産業、支配的政策を特定しえず、あるいはそれらを関連づけられないとすれば、果たして段階論として成立するのかという疑問を禁じえない。このような意味では、「小段階論」としての馬場段階論に含まれていた難点はむしろ顕在化したといわなければならない。

　おそらく馬場はこうした批判がありうることを承知の上で、あえて論争的に立言したのであろう。その意図は、19世紀末以降の世界経済がアメリカを中心国としており、その点を段階論的に捉えなければならないことを強調するところにあったのではないか。そしてまた、結果として段階論的な内実が希薄化し

ていくことを十分に自覚していたのであろう。

　もしそうだとすれば、馬場はパクス・ブリタニカからパクス・アメリカーナ
への変遷を「二つの発展段階」としながら、事実上、資本主義発達史として捉
える方向を打ち出していたことになる。段階論からむしろ歴史・現状分析にか
ぎりなく接近するのである。馬場が新たな段階論を「二つの発展段階論」と括
弧付きで呼んだところに、あるいはそのような意識を認めることができるかも
しれない。

　したがって、「二つの発展段階論」に対して、資本主義発展史に関わる単一
の段階論とはなりにくいのではないか、段階論から遠ざかってしまうのではな
いかと批判しても、馬場は痛痒を感じないに違いない。そうした、段階論らし
くないという批判は、馬場の目にはたんなる伝統主義、慣性への依存と映るこ
とであろう。

　その点は措くとして、「二つの発展段階論」の魅力は、馬場によるパクス・
ブリタニカとパクス・アメリカーナとの対比、あるいはアメリカは力による強
制を多用するなどの、覇権としてのイギリスとアメリカの比較を想起すれば、
容易に想像できる[37]。ただし、さまざまな論点があることも事実である。例え
ば、ふたつの時期が重なると思われる19世紀末から20世紀初頭にかけての時期
について、これを第1次グローバル化の時期とするはずもない馬場は、どのよ
うに特徴づけるのであろうか。また、ふたつの時期は中心国あるいは覇権国の
変遷史において異なる。パクス・ブリタニカがスペイン、ポルトガルなどとの
覇権争いの結果として成立したとすれば、パクス・アメリカーナについてはイ
ギリス、さらにドイツとの覇権争奪戦を説くのかどうか。ふたつの時期につい
て、馬場は『新資本主義論』ですでに概説しているが、「二つの発展段階論」
ではその内容は相当に変わるはずである。だが結局、これらの論点は残された
ままとなった。

2．現状分析の総括としての段階論

　以上、馬場段階論の構図を、その変容を含め、見てきた。「小段階論」にし
ても「二つの発展段階論」にしても、骨格が示されるだけであり、また構想を
大きく変化させた理由もとくに示されていないため、ここでの検討も内実の乏

しいものとなったが、その反面、段階論の必要性を確認し、さらに筆者自らの段階論を構想する上ではおおいに参考になった。

馬場段階論は現状分析としての世界経済論を踏まえて提示されており、19世紀末以降、あるいは第1次世界大戦以降の世界経済論はアメリカ資本主義論を軸として展開された。言い換えれば、その段階論は中心国論に基づき、アメリカを中心国ないし覇権国とする世界経済論であった。検討の結果、確認しうることは、いかなる段階論構想であっても、その前提に現状分析としての世界経済論が必要であり、その充実が求められているということであろう。その対象が第1次世界大戦をまたぐ時期であるべきことも確認しえよう。

現状分析としての世界経済論についての論点は、馬場「小段階論」の検討のなかで指摘した（Ⅱ1（1））。それらを踏まえていえば、19世紀末以降の時期についてとくに段階を設けず——「小」段階であろうと「大」段階であろうと——、また支配的資本、基軸産業、支配的政策という宇野段階論の概念についてはいわば括弧に入れておき——それらを金融資本、石炭鉄鋼業、帝国主義としておいてもよい——、より現状分析に適した何らかの分析枠組みを用いて——私は企業、企業体制、国際定位という枠組みを用いてきた——現状分析を進めることが必要であろう。

その際、最も注力すべき論点は、中心国ないし覇権国としてのアメリカがその他「周辺」に及ぼす作用を解明することであろう。この点こそが、馬場段階論の成立とその構図を検討した最も重要な結論であると思われる。そして、馬場自身はこの点を繰り返し指摘し、また具体的に素描してもみせたものの、現状分析としての世界経済論においても、また段階論の構想の提示においても、この点を立ち入って解明するには至らなかった。

自由主義段階論を中心国論的に展開した宇野は、中心国イギリスの他に対する作用に立ち入って論じている。その中で、次のように記している。

「50年代末、新たにシナ、日本、シャムとの通商条約を締結し、東洋市場にもその近代的国際貿易関係を拡大しつつあったイギリスは、59年パリに渡ったコブデンの手によってフランスとの通商条約の締結に成功し、大陸における自由貿易運動を実際化することになった[38]。」

ここには、馬場のいう「世界史的把握」と「実証性」とが端的に示されているとともに、中心国イギリスのその他「周辺」に対する影響への視点が明示さ

れており、その意味で示唆的である。ありうべき段階論においても、こうした視角、そしてそれに基づく指摘が含まれるべきであろう。第1次世界大戦をまたぐ時期のアメリカのその他「周辺」に対する影響についても、このような抽象度において描くことは段階論においても必要であろう。こうして、馬場の初期の用語を用いれば、「基軸」と「周辺」との関係、とくに前者の後者に対する作用を解明することによって、現状分析としての世界経済論から段階論への抽象がより豊かな内実を有することになり、それとともに段階論の有用性が増すことになると思われる。

おわりに

　本章は馬場宏二の段階論を検討した。まず、馬場の学問的営為を世界経済論を中心に見るなかで、第1次世界大戦後の時期をも対象とする段階論が構想され、提示される過程を概観した。次いで、馬場が自らの段階を提示するに至った背景を、宇野弘蔵の『経済政策論』の検討を通じて瞥見した。そのなかで、『経済政策論』に示された宇野段階論の意義は中心国論による対外経済政策の解明にあることを確認したが、同時にその方法が自由主義段階論では貫かれながら、帝国主義段階論では徹底されなかったことを指摘した。あわせて、宇野が段階論の対象を第1次世界大戦までとしたこと（「打切り」）が、中心国アメリカによる世界的な統合作用の解明にとって壁となったことをも指摘した。この点を明らかにした一人が馬場であったのである（以上、Ⅰ）。

　後半では、馬場段階論を検討した。宇野による「打切り」を解除し、第1次世界大戦以降をも段階論の対象とした馬場は、アメリカを中心国ないし覇権国とする視角から、まず帝国主義段階に3つの小段階を設ける「小段階論」としての段階論を提示した。だが程なくして、馬場はパクス・ブリタニカ期とパクス・アメリカーナ期をそれぞれ3段階に区分する「二つの発展段階論」を提示する。これは従来の段階論を離れた資本主義発達史と見なすべきものであった。このような検討を踏まえ、帝国主義段階についての現状分析、とくに世界経済論を踏まえ、それを総括したものとして段階論を構想する必要を確認した（以上、Ⅱ）。

　馬場段階論を宇野『経済政策論』とともに取り上げて、蕪雑ながら検討した

のは、現状分析にとって有用な段階論を得る手がかりがそこにあると見たから
である。検討から得られた研究上の要請は、一言でいえば、中心国の「周辺」
に対する諸作用の解明というところにある。中心国あるいは覇権国としてのア
メリカとその他の諸国・地域との関係が解明されなければならないのである。
馬場はこの点を重視しながら、十分に展開するに至らなかった。

　この研究上の要請——と私が考えるもの——との関連でこれまでの私自身の
研究を振り返ってみれば、不十分ながらもそれはこのような要請に応じる方向
を示しているように思われる。一方では、20世紀における日本とドイツの経済
関係の歴史を追うなかで、覇権国アメリカが日独関係にあって果たした役割に
注目することになった[39]。他方では、1990年以降のドイツおよび日本の経済を
観察するなかで、両国経済に対する覇権国アメリカの影響をアメリカ化として
捉える作業をおこなった[40]。ただし、上述の研究上の要請とこの現実の達成と
の間の懸隔はなお大きい。

　私の研究が段階論の構成に向けての素材たりうるとしても、どこまで貢献し
うるかは、いまのところなお見透すことができない。世界経済論の総括として
の段階論（帝国主義段階論）がどのように構成されうるのかについても、その
具体的な道筋は見えていない。それでも、これまで目指してきた方向をいま少
し進んでいきたいと考えている。

1）SGCIME編『グローバル資本主義と段階論』（マルクス経済学の現代的課題　第II集第2
　巻）御茶の水書房、2016年、とくに序章および第1章（河村哲二稿）。拙評、『季刊経済理論』
　54巻3号、2017年、参照。
2）本書、第1章（小林襄治稿）、参照。
3）馬場の最後の単著となった『宇野理論とアメリカ資本主義』御茶の水書房、2011年の書
　名は、オムニバス形式をとる同書の最も重要な部分を指し示したものであるが、同時に馬
　場の一貫した関心のありかを簡明に表しているといえよう。
4）宇野弘蔵「世界経済論の方法と目標」『宇野弘蔵著作集　第9巻　経済学方法論』岩波書店、
　1974年、所収（初出は1950年）。
5）馬場「世界経済論の対象」同『世界経済——基軸と周辺』東京大学出版会、1973年、14
　頁（初出は1968年）。
6）本書、第4章、I 1（1）、参照。
7）本書、第4章（小澤健二稿）、I 2（2）、参照。
8）馬場「世界貿易の変貌——多角化とブロック化」同『世界経済』前掲、所収（初出は1961
　年）、同「アメリカの貿易構造と変動」同上書、所収（初出1968年）。
9）馬場「世界経済論の対象」前掲、9頁、同「国際通貨問題」宇野弘蔵監修『講座帝国主

義の研究——両大戦間におけるその再編成　2　世界経済』青木書店、1975年。

10) 本書、第3章（鈴木直次稿）、参照。

11) 馬場「戦後資本主義」同編『シリーズ世界経済　1　国際的連関：焦点と回路』御茶の水書房、1986年。

12) 工藤章『日独経済関係史序説』桜井書店、2011年、第8章、参照。

13) 馬場は過剰富裕論ないし過剰富裕化論に関する論考を「過剰富裕論の展開」同『マルクス経済学の活き方——批判と好奇心』御茶の水書房、2003年、「過剰富裕論の深化」同『もう一つの経済学』御茶の水書房、2005年、「過剰富裕化論の徹底」同『宇野理論とアメリカ資本主義』前掲とまとめている。

14) 本書、第4章、Ⅰ4（2）、5（2）（3）、6、参照。

15) 馬場「現代世界経済の構図」馬場宏二・工藤章編『現代世界経済の構図』ミネルヴァ書房、2008年、39頁（『宇野理論とアメリカ資本主義』前掲、所収）。

16) 馬場「世界体制論と段階論」工藤章編『20世紀資本主義　Ⅱ　覇権の変容と福祉国家』東京大学出版会、1995年。単行本には未収録である。

17) いずれも馬場『宇野理論とアメリカ資本主義』前掲、所収。

18) 馬場「アメリカ帝国主義の特質」同『もう一つの経済学』前掲、所収（初出は2004年）、同「資本主義の来し方行く末」同上書、所収（初出は2004年）。

19) 馬場「資本主義の来し方行く末」前掲。

20) 宇野『経済政策論』旧版「結語」、改訂版「補記」、『宇野弘蔵著作集　第7巻　経済政策論』岩波書店、1974年、241〜248頁。

21) アメリカが中心国であるという点について馬場は繰り返し指摘したが、とくに馬場「現代世界経済の構図」前掲、21〜24頁、参照。宇野の「心情的革命主義」については、馬場「宇野『経済政策論』の成立」同『宇野理論とアメリカ資本主義』前掲、108頁、注26（初出は2010年）、参照。

22) 馬場「現代世界経済の構図」前掲、3〜4頁。

23) 以下の「世界史的把握」と「実証性」という整理は、馬場「宇野『経済政策論』の成立」前掲、に負う。とくに88頁、参照。

24) 馬場「矢内原段階論と宇野段階論」同『宇野理論とアメリカ資本主義』前掲、82頁および84頁、注24。

25) 馬場「解説　段階論を巡る研究会記録」同『宇野理論とアメリカ資本主義』前掲、42〜43頁。

26) 加藤榮一「福祉国家と資本主義」同『現代資本主義論と福祉国家』ミネルヴァ書房、2006年、238、239頁（初出は1995年）。

27) 宇野「フリードリッヒ・リストの『経済学』——『経済学の国民的体系』」『宇野弘蔵著作集　第7巻』前掲、所収（初出は1934年）、同「ブレンターノとディール——穀物関税に関する彼等の争論について」『宇野弘蔵著作集　第8巻　農業問題序論』岩波書店、1974年、所収（初出は1934年）、同「ドイツ社会政策学会の関税論——1901年の大会における報告並びに討議」同上（初出は1935年）、同「社会党の関税論——1898年ドイツ社会民主党大会における論議を中心として」同上（初出は1936年）。

28) 『宇野弘蔵著作集　第8巻』前掲、所収（初出は1946年）。

29) 代表的なものとして、武田隆夫編『帝国主義論　上』（経済学大系　4）東京大学出版会、1961年（第2版、1965年）、遠藤湘吉編『帝国主義論　下』（経済学大系　5）東京大学出

版会、1961年がある。

30）馬場「宇野『経済政策論』の成立」前掲、85頁。

31）「報告と討論　宇野理論の成果と今後の課題　第2部＝段階論」『経済学批判』宇野弘蔵追悼号、社会評論社、1977年9月。報告者は戸原四郎である。

32）楊井克巳編『世界経済論』（経済学大系　6）東京大学出版会、1961年、序、2頁、参照。

33）宇野監修『講座帝国主義の研究』前掲。

34）戸原四郎『ドイツ資本主義——戦間期の研究』桜井書店、2006年。これはもともと宇野監修『講座帝国主義の研究』のなかの1冊として企画されたものである。

35）加藤「福祉国家と資本主義」前掲、237頁。

36）馬場「現代世界経済の構図」前掲、1～7頁。

37）同上、15～16頁。

38）『宇野弘蔵著作集　第7巻』前掲、127頁。

39）工藤章・田嶋信雄編『日独関係史　1890-1945』全3巻、東京大学出版会、2008年、工藤章・田嶋信雄編『戦後日独関係史』東京大学出版会、2014年に収められた拙稿を参照。

40）工藤『日独経済関係史序説』前掲、第6章、第8章。

第3章　アメリカ資本主義の歴史的特質
——馬場のアメリカ資本主義論

鈴木直次

はじめに

　馬場宏二氏の広範囲にわたる経済学研究のなかで、アメリカ資本主義論はきわめて重要な位置を占めていた。発表された膨大な業績をあらためて振り返ってみると、アメリカ資本主義との知的格闘は、氏の研究史に流れる主要動機として響き続けていた。当時の勤務先（東京大学社会科学研究所）での担当講座との関係を意識しながら、冗談を交えつつ、氏は自らの「専門」を「三題ばなし」として、「アメリカを中心に現代世界経済論をやって、それを材料にして、現代資本主義論をやって、それで三つ並ぶ」と述懐されていた[1]。

　こうして得られたアメリカ資本主義像は、氏の生涯を通じたいまひとつの研究テーマである宇野理論体系の再構築に少なからぬ刺激を及ぼした。最後の単行本のタイトルが『宇野理論とアメリカ資本主義』（御茶の水書房、2011年）と題され、その「はしがき」において、「アメリカ経済の実証的分析」では「宇野理論の優位性を容易に発揮できない」、「アメリカ資本主義の特性を如何なるものと捉えれば、この巨大国を体系上適切に位置づけられるかが、生涯ついて回る研究課題となった」と述べられているように（ⅰ頁）、馬場氏はつねに両者の関連を強く意識されていた。晩年には、その研究の結果として、段階論では「アメリカ中心史観」に立った帝国主義段階の構図を提唱され、さらに原理論にもアメリカモデルを導入することが必要であり、可能であると主張された[2]。

　馬場理論の最大の魅力は「一筆書き」にあった。原論をベースに事実を大胆に解釈、整理し、太い筆に一杯の墨を含ませて、全体像を一挙に鮮やかに描き出してみせる能力は衝撃力に富んでいた[3]。アメリカ資本主義分析も同様である。歴史から現状、経済から政治・社会まで、さまざまな時期の多様な問題を

取り上げ、それらを一貫した歴史認識の下、極度に凝集された表現と「屁理屈」、大胆なシェーマ化を通じて全体像を描き出す能力は、筆者にとっては理解の難解さを伴いつつも、つねに驚嘆的であった。こうして描き出された透徹したアメリカ像は、多くのアメリカ研究者をたじろがせるほど厳しい批判に満ちたものだったが、トランプ政権下の今日、その妥当性は高まっているように見える。馬場にとってアメリカの存在は、人類の生存すら危うくする最大の危険因子のひとつであり、そこからあらゆる面での脱アメリカ化が提唱されたのであった。

　本章では、馬場氏のアメリカ資本主義論について概観する。さまざまなアプローチがありうるが、ここでは氏の研究の足跡をほぼ時系列的にたどりながら、どのような論点が取り上げられ、それがどのように広がり、深められていったのかを確認することにしたい。以下では、氏のアメリカ資本主義論を5つのテーマに絞り、代表的な文献について紹介する。本来ならばこれらの研究の問題点を指摘し、気の利いたコメントのひとつでも加えねば、馬場の教えを得たものとしては失格であろう。だが、氏の議論の幅はきわめて広く、深く、これらを十全に理解し、バランスよく論評・評価することは筆者の能力をはるかに越える。本章は、ごく我流の読み込みに基づく馬場のアメリカ資本主義論の、必ずしも十分ではない要約と紹介の枠にとどまっていることをお断りしておかねばならないが、それでもきわめて豊かな内容を持つ氏の所説は、今後のアメリカ研究の深化に貢献するものと考えられる。

　まず第1節では、全体のいわば序論として、1960年代における馬場の初期の作品である『アメリカ農業問題の発生』と「両大戦間期のアメリカ貿易」を取り上げる。とくに前者は数少ない本格的な実証分析であり、氏のアメリカ論のいわば基盤となった。第2節では、70年代末に公表された「アメリカ型経済文明の終焉」を嚆矢とする「アメリカ型生産力」論について検討する。ここで得られた生産力の理解は、「富裕化」論や宇野段階論の再構築などの重要な問題提起を支えるひとつの要素となった。第3節は、これとほぼ並行して発表された「ニューディール」に始まるアメリカの福祉国家論、第4節は、建国以来の特性である投機性論を取り上げる。いずれも、後にアメリカ資本主義の「経済的特性」として定式化された。そして第5節では、総括にあたる「アメリカ帝国主義論・覇権論」を紹介し、第6節ではやや補足的に氏の「グローバル資本

主義段階」の規定と基軸産業とされたIT・ME産業を検討する。

　馬場氏の死後、アメリカでは「反グローバリズム」を掲げたトランプ政権が成立し、今日まで、「保護主義」「排外主義」的な政策を展開、世界を大きな混乱に陥れている。このようなトランプのアメリカは、馬場のグローバル資本主義段階の中心国アメリカ像からはやや隔たっているように見える。そこで本章の最後に、トランプ政権の誕生という新たな事態を前に、馬場のアメリカ論の有効性をあらためて考えたい。

1. 出発点としての1960年代

　馬場は1955年に東大経済学部へ進学後、農業問題について勉強しようと大内力ゼミの門をたたいた。57年に大学院へ進み、58年12月に修士論文「アメリカにおける農民層の分解に関する一考察──その形態的側面」を提出している。「当時の日本では社会問題としても、経済学の問題としても、農業問題は最大のイッシュだった」ことが馬場にこのテーマを選ばせたのであろう。農民層分解に取り組んだのは、当時の封建論争の整理の意味合いもあり、修士論文では、当時の宇野派（新労農派）が日本について主張した「中農標準化」現象がアメリカでもやや形を変えて見られることを実証したと述懐されている[4]。

　アメリカ農業問題の研究と並行して、馬場はほぼ同時期の世界およびアメリカ貿易の研究にも取り組んだ。その成果のひとつが博士課程在学中に、両大戦間期の世界経済を包括的に分析した優れたパイオニアワークである楊井克巳編『世界経済論』第2篇第1章（東京大学出版会、1961年）に寄稿した「貿易」であり、いまひとつは、「アメリカ貿易 1919～1939」（『社会科学研究』第20巻第1号、1968年）であるが、こちらは「世界経済研究会におけるニューディールに関する共同研究の一環として書いたもの」であった[5]。この2論文は、加筆修正のうえ1973年に東京大学出版会から出版された『世界経済──基軸と周辺』の第7章「世界貿易の変貌──多角化とブロック化」および第8章「アメリカの貿易構造と変動」として収録された。馬場にとって自信作であったのだろう。

（1）『アメリカ農業問題の発生』

　活字になって発表された順序とは逆になるが、出発点は処女作の『アメリカ

農業問題の発生』である。本書は両大戦間期を中心とするアメリカ農業と農業政策を対象とした、本文だけで450頁を超える大著である。この分野におけるわが国最初の本格的な研究と言ってよく、農業問題の泰斗であり、師でもあった大内力は本書を「アメリカ農業の研究において、……ひとつのモニュメントとなる作品」と評した[6]。

ごく単純化すれば、本書の特徴は以下の2点に要約できる。第1は、農業問題の分析にあたって、世界経済的な視点を重視したことにある。岩田弘氏の「世界資本主義論」からの影響によるのであろう、馬場は本書の冒頭でまず、アメリカ農業は世界農業の一部として位置付けられるとし、ヨーロッパからの資金と生産手段、労働力の持ち込みとその果実の積極的な吸収によってそれが開拓されたという関係から、「アメリカ農業は、ヨーロッパ工業が自ら新たに創出した農業地域として根底的な世界性を帯びて発展した」という斬新な視点を提示した。その発展は世界の工業的蓄積を促進した一方、世界各地の農業に対して深刻な影響を及ぼした（1頁）。その現われが19世紀末および本書のテーマである1920年代の世界農業恐慌であるが、前者が経済過程の自律的な運動によって解消されたのに対し、後者ではそうならず、第2次大戦後に至るまで、農業問題は資本主義の発展にとって重要な障害として残った。その発端が第1次大戦後に求められたのである。

馬場によれば、もともと農業生産は資本が直接に担当することが困難なため、現実には19世紀央のイギリスのように、自国を工業国とし、他の非資本主義的諸国を農業国とする国際分業を通じて処理されてきた。しかし、第1次大戦後、世界の中心国として台頭したアメリカは農工兼備のゆえに、この分業とそれに伴う世界的な資金循環を作り上げられなかった[7]。この結果、20年代後半になると欧州各国はアメリカからの農産物輸入を抑制し、それが国内の需給関係の変化とも相まって、この国に深刻な農産物過剰を引き起こした。他方、20年代にはアメリカの資本輸出により新開国の農業生産が拡大し、世界的な農業恐慌はますます深刻化した。しかも、これは経済過程の自立的な運動によっては解決できず、農業政策を必然化させたが、これがかえって世界の農業恐慌を深化させたという。

先にふれた大内の書評は、農業問題を世界農業問題としてとらえ、各国の農業問題をその一環としてとらえる馬場の独自のアプローチを評価しつつ、他方

で、「農業問題の世界的な側面を強調するあまり、国内要因の分析が薄くなった」と評したが、本書の最もよき理解者であると思われる小澤健二によれば、この新しいアプローチは農業問題より世界経済論の研究者に大きな刺激を与えたとされている。またそれが大方の結論であった[8]。

　いまひとつの本書の特質は、当時のアメリカ農業の実態をきわめて詳細に描いた精度の高い実証研究という点にあった。アメリカ農業の歴史的な発展過程に始まり、両大戦間期における農業恐慌と農業政策の展開が一次資料を基にきわめて詳細に論じられた。この点で本書は、疑いもなくこの分野のパイオニアワークであり、現在でも十分な参照価値を持つと言ってよい。だがさらに本書は、精緻な農業研究を通じて、より広くアメリカ資本主義の全体像に関する重要な事実と歴史認識を明らかにしていた。後の著作で、馬場がアメリカ資本主義の特質として取り上げた論点の多くは、端緒的ではあれ、すでに本書のなかに見いだされる。言い換えれば、馬場のアメリカ資本主義理解の少なからぬ部分は農業研究に由来していたのである。馬場自身も本書を（農業研究からの）「卒業論文」としながら、（高い実証レベルから）「そこで作ったイメージは非常に強烈に残る……。だから、富裕化論をやるにしても、もっと広い世界経済論をやるにしても、いっぺんそこを通して考えるということは無意識のうちにしょっちゅうある」と語っている[9]。

　その代表例を2つだけ挙げておこう。ひとつは後の「投機性論」へとつながる指摘である。馬場はアメリカ資本主義の特殊性として、生産された商品にとどまらず、土地から企業までの資産の売買差益の追求が他国に見られぬほど徹底して行われたことをあげるが、その起源を活発な土地投機と農地売買の慣行に求めた。同時に、農地取得資金の調達において農地抵当金融の果たした役割が大きく、それへの融資は抵当証券の利用など証券化に依存することも重視している。アメリカ農業の発展は「広大でかつ概して肥沃な事実上の無主地」と「原始的蓄積を経過して商品経済的に陶冶されていた」（25頁）農民たちによって担われたが、フロンティアでは、農民が日常的に土地投機と農地の売買を繰り返し、農業生産と農業経営に地価重視の投機的な性格を与えた。馬場が愛用する「アメリカの農民は耕作者であるとともに投機者である」という言葉（フォークナーなど）は本書ですでに用いられていた（34頁）。後に執筆した「アメリカ資本主義の投機性」のなかで、この関連に気づいたのは『農業問題の発生』

の執筆中だったと述懐されている[10]。

いまひとつは、馬場が最も力を注いだ「富裕化論・過剰富裕化論」の基本となる認識が本書の中に認められる点である。「社会科学を語る」のなかでの馬場自身の発言がヒントになるし、また、馬場の富裕化論の展開を跡付けた戸塚茂雄の研究も同様な指摘をしている[11]。すなわち馬場は、20年代における農業不況の一因を消費様式の変化に伴う農産物需要の変化に求め、それが「この年代の生産力の特殊な展開と所得水準の上昇にかかわる現象だったこと」を指摘している（230頁）。20年代には旧来からの主要な作物への需要の伸びは大きく鈍化したが、それは穀物・肉から酪農品・蔬菜への食習慣の変化、ならびに、綿製品から絹・人絹によるシフトなどによるものだった。そしてその背後には、生産工程の機械化・電化が肉体労働量を減じ、ブルーカラー層に比しホワイトカラー層を増したこと、自動車の普及により交通通勤労働は軽減し、熱摂取量も減じ、ヴィタミン等への要求が強まるという現象をあげている。このような生産力と生活内容の変化の指摘は、その後、「アメリカ型生産力」や「富裕化」に関する本格的な議論へ発展してゆくのである。

（2）両大戦間期のアメリカ貿易

馬場の初期アメリカ研究のいまひとつの対象は、両大戦間期の貿易であった。ここでの主たる関心は、氏も加わった楊井克巳編『世界経済論』の問題意識、つまり両大戦間期の世界経済の変化を、主として第1次大戦後のアメリカの世界経済における「指導的中心的地位」への台頭に即して分析しようとした点にあった（同書、1頁）。『世界経済――基軸と周辺』の第7章「世界貿易の変貌」では、アメリカ台頭の影響を最も直接的に受け、戦後最も大きな変貌をとげた国際経済関係について、その生成・発展と帰結が貿易（の基礎過程）に即して検討された。注目されたのは、アメリカが戦前の中心国であったイギリス、ドイツと異なる「特異な経済構造」を持っていたため、世界経済をいちじるしく不安定にしたという関係にあり、それをアメリカの貿易構造と両大戦間期の多角的な決済構造の変容から明らかにした。続く第8章「アメリカの貿易構造と変動」では、1920〜30年代のアメリカ貿易が国内経済との関連にウエイトを置いて分析された。輸出の「構造的側面」と「運動的側面」を中心に、貿易の再生産＝蓄積過程における意義が検討され、あわせて貿易という側面から見たア

メリカ資本主義の全体像が描かれた。それゆえ、アメリカの貿易そのものについては第8章がより詳しく、以下ではこれを中心に馬場の議論を紹介しよう。

ごく要約すれば、馬場がこの2論文を通じて描き出したアメリカ貿易の特質（「特異性」）は以下の3点にほぼ要約できる。第1は、輸出入品目の特殊性。輸出では完成品が総額の半分にも満たず、他の工業国に比べ1次産品の比率が高い「後進農業国的性格」が長らく続いた反面、輸入では1次産品の比率が高い「工業国的輸入」が維持された。輸入では、熱帯産物など自然的条件から産出できない補完的産物の占める割合が高く、アメリカの自給性の高さを示すものとされた。また、輸出構成からは、農業生産を温存し、それに国内市場向け工業を加え、さらにこれに上乗せした新興工業部門をもって初めて世界工業を先導するに至ったというアメリカ経済の姿が浮かび上がった。

第2の特質は、構造的な輸出超過であった。これは綿花と食料を中心とする農産物に工業製品輸出を加えた輸出が、「熱帯特殊農産物」に限られた輸入をほぼつねに上回った結果であり、アメリカの農工両面における生産力の優位と高い自給性を反映するものでもあった。この構造的な出超は第7章ではアメリカ貿易のもっとも重要な特質とみなされた。すなわち、戦前のイギリス、ドイツのように、先進国の入超は世界経済の順調な運営の基礎であったが、大戦を経て債権国化し、世界経済の中心に台頭したアメリカはこの新たな立場に自らを調整できず、戦債・利子収入をも加えて巨額の経常黒字を稼ぎ、資本輸出と金流入を齎すとともに、国際通貨問題（国際流動性の供給）とドル不足を引き起こすこととなった。20年代には、アメリカからのドイツならびに途上国向けの民間資本輸出がこれをカバーし、戦前に近い多角決済機構が再建される。ところが、このアメリカの資本輸出は量的にも不足しがちで、また、国内の資金需給関係に敏感に反映するなど不安定であり、29年恐慌前後には一時途絶、国際経済に破壊的な影響を及ぼすことになった

アメリカ貿易の第3の特質は、貿易依存度が他の先進資本主義国に比べはるかに低かったことである。サービス部門など貿易に直接かかわりない部門の国民所得に占める比重が大きかったことも一因だが、主として、鉱工業の輸出依存度がきわめて低く、輸入もごく特殊な商品に限定されていたことによる。これは一般には、アメリカの国内市場の広さと国内資源の豊富さから説明されるが、馬場はそれを基礎に、多様な産業がそうとうの規模をもって国内に成立し、

相互に緊密な産業連関を作り上げ、「全体として多分に自閉的な統一体を形成し」た事実に注目する（281頁）。それは「アメリカ産業構造の多軸性」と表現されたが、このような把握は最晩年の論文まで維持された。

第8章では、輸出の景気循環に果たした役割の分析が示唆に富む（第8章第2節）。得られた結論は、まず輸出の変動は前の好況時の好調な伸びが恐慌によって破壊され、やがて景気の底入れに応じて反騰するなど、ごく大まかには景気変動と対応していた。その理由はアメリカが世界経済の中心であったため、その景気が外部の景気を支配し、外部が逆にアメリカの輸出を支配する関係になっていたことにある。景気が輸出を規定したのであって、逆ではないことを強調するが、細部ではこの逆の因果関係も見出せたとして、いくつかの実例を挙げている。

なかでも興味深いのは大恐慌期における輸出の役割である。ホーレイ＝スムート関税による貿易の途絶が大恐慌の主因であるとの議論は根強いが、馬場も一方では、輸出の急減が景気に対するひとつの「下方誘導因子であり、しかもかなり重要な時点でそうであることも否定しえない」（330頁）とする。馬場は大恐慌の「断続的な性格」に注目し、3つの明らかな回復の機会が中断された事実を認め、そのうち2つは輸出が「大きな負の要因」となっていたことを指摘する。輸出破壊が大恐慌を大恐慌たらしめた基本的要因ともなりかねない。しかし馬場はこの議論を否定する。アメリカの輸出依存度がきわめて低いこと、貿易急減の影響は個々の断片的市場の破壊という範囲を越えなかったこと、そして、アメリカ産業の基軸部分に破壊さるべきものが累積していたがゆえに大恐慌が生じたと考える。「輸出や農業といった外辺の局部的市場の破壊は、景気の具体的姿を規定する契機ではあっても全生産構造を破壊する基本的原因とはならない」と結論付けた（330〜331頁）。

この論文の第3節に収められた「補論二題」の「二　対外経済政策に関して」は、アメリカの関税政策に関する「最近の日本での研究水準を示す成果に対して疑問」を呈した「変則的」（352頁）な短い文章だが、馬場のアメリカ帝国主義論の原点として興味深い。

論点は2つある。まず第1は、1934年の互恵通商協定の理解である。馬場は、楊井編と並ぶ代表的研究である大島清編『世界経済論』（勁草書房、1965年）がこの協定の締結をアメリカの貿易自由化運動の発端と解し、その根拠をアメ

リカが世界に優越する生産力をもち、平等待遇さえ与えられればどこにでも進
出しえたから、排他的特恵を求める必要はなくなったとした論理を批判する[12]。
さらに、楊井克巳氏に対しても、この時期のアメリカが世界の中心国となり、
かつてのイギリスと同様に自由貿易のリーダーとなったと評価した点にも疑問
を投げかけている。

　むろん馬場もこのような評価を全面的に否定しているわけではないが、疑問
の中心となった認識は、互恵通商政策は広く認められているように輸出促進策
であり、自国の関税引き下げを口実として他国に門戸開放を迫る矮小な戦略的
武器に過ぎなかったという点である。ここからかつてのイギリスの自由貿易政
策との違いが強調される。後者の目的は自由輸入を通じて生産力を引き上げ、
生産費の切り下げと利潤率を高めることにあり、輸出増進はその波及効果とし
て実現されたにすぎない。他方、アメリカでは、すでに論じられた生産および
貿易構造から輸入の持つこのような迂回効果には重要性が認められず、したが
って、弱小産業の自由輸入に対する抵抗を基軸産業の圧力によって排除するこ
とができにくい。アメリカの「自由化」にはつねに小細工により制限がつけら
れ、「不自由化」を免れない。互恵通商協定は手続き上は囲い込みではないが、
ブロック化が進む当時の世界経済の中では、結果的には一つの勢力圏形成につ
ながり、アメリカの自由化は「世界的不自由化の一面」に過ぎないと結論付け
た。のちのアメリカ通商政策の評価の原型がみられる。

　いまひとつの論点は、アメリカ帝国主義の理解に関わる。馬場は、第2次大
戦後のアメリカの外国支配の根拠を第1次大戦前と同様、貿易と資本輸出（と
くに後者）など、経済的利害関係に求める森杲氏らの見解に疑問を呈した。馬
場氏は、このような「経済主義的発想」を排し、米帝国主義の特徴として「政
治的、反共十字軍的性格」を強調する。第2次大戦後のアメリカの世界政策は、
社会主義化の危機に陥った地域を支援しつつ全体として資本主義体制を存続さ
せることに最大の利益があり、際立って思想的政治的色彩を帯びた。しかも、
このような対外政策の形成がこの国の政治経済構造の特質に由来したというの
が馬場説の強調点である。つまり、対外政策決定の特徴は「特殊な利害諸集団
が世論と政権を操作して自己の特殊な利害を貫く」ことにあり、「全生産過程
に直接規定された全国的な経済的関係からより」、「ある種の経済集団のロビイ
ング…あるいは一握りのイデオローグを先頭とする全国的な反共気運からなさ

れることとなりやすい…再生産構造＝支配的資本が政策決定に入りこむこと」
が少ないため、政治主義的性格が強く出ることになったと結論付けた。第1次
大戦後の帝国主義では、経済的根拠に規制される程度が弱まり、政治的帝国主
義という性格を帯びること、そしてこれは「帝国主義自体の腐朽性の極致」、「帝
国主義の歴史における現代の末期性」を示すと指摘された（356～357頁）。

2.「アメリカ型生産力」と現代資本主義論

こうして60年代に馬場は研究者として順調なスタートを切ったが、その直後
に不幸な交通事故に見舞われ、大きな転換を余儀なくされた。当時を振り返っ
て氏は「実証はだめだと思って、……『屁理屈』だけで生きていこうと思って
いた」と語っているが（「社会科学を語る」270頁）、しかし後者の世界でも刺激
的な論攷を次々と世に送られた。その嚆矢は『アメリカ農業問題の発生』の刊
行からちょうど10年経った79年に発表された2つの論文であった[13]。ひとつは
雑誌『エコノミスト』に寄稿した「アメリカ型経済文明の終焉」（以後、「終焉」
と略す）であり[14]、いまひとつは、東京大学社会科学研究所（以後、東大社研
と略す）の全体研究『ファシズム期の国家と社会――3　ナチス経済とニュー
ディール』（東京大学出版会）に執筆したニューディールに関する2つの論文で
あった。いずれも馬場のアメリカ資本主義研究の地平を大きく広げ、その重
要な一部をなすものへと発展していった。

（1）「アメリカ型経済文明の終焉」

「終焉」論文は、生産力や技術、産業という「使用価値的側面」から見た大
胆でユニークな現代資本主義およびアメリカ資本主義論であった。それは当時
支配的であった大内力氏の国家独占資本主義論をベースにしながら、戦後世界
経済の高成長と正面から向き合い、氏の停滞的色彩の強いフィスカルポリシー
論を越えて、資本主義下の生産力の発展とその屈折を軸に新たな危機を解明す
るという、斬新な視角をわれわれに提供した。その結論は、第2次大戦後の資
本主義諸国の持続的な経済成長が貧困、失業、恐慌という古典的な資本主義批
判の現実性を低下させるのに成功した反面、新たな「資本主義の危機」として
認識されつつあった世界的な資源問題、環境汚染、疎外現象などの原因になっ

たというところにある。分析のカギとなったのは、米経済社会の歴史的発展の
なかで生まれた「アメリカ型生産力」（ならびに「アメリカ型経済文明」）とい
うキイワードであった。

　馬場によれば、それは第一次大戦後に発展し、この国を世界の工業発展の先
導者へと押し上げた、自動車、電機、電力、石油など耐久消費財を中心とする
産業構造に代表される[15]。これらの産業では、規格化、部品の互換化、ベルト
コンベア化などの作業配列の改善や動力の電化をもとに、資源多消費で労働節
約型の大量生産が実現された。他方、その発展は所得上昇と相まって、自動車
の普及を伴う都市化を中心に家庭の電化や家事の機械化、暖房の普及、マスコ
ミュニケーションの発達など「高度大衆消費社会化」と呼ばれる生活水準の上
昇をもたらしたが、これまた資源多用・労働節約型の性格をもっていた。

　では、このような生産力はどのようにして形成されたのか。馬場はその特質
が資本主義一般および工業生産一般の原理であったことを認めながら、それが
アメリカでの歴史的発展や耐久消費財と結び付くことによって、いっそう資源
多用・労働節約型となった事実に注目する。キイポイントは新大陸を移民によ
って開拓したこの国の歴史的な特質にあった。豊かな資源に恵まれる一方、労
働力は不足していたから、当初から資源多用・労働節約型の大量生産が志向さ
れた。賃金は相対的に高く、食料・住宅費は安かったから巨大な国内市場が形
成され、この面からも大量生産が推進された。しかも自動車に代表される耐久
消費財産業では、需要一巡後は高級車化やモデルチェンジ、下取りや消費者金
融による買い換え需要の促進を通じて「ムダの制度化」が一般化した。かくて、
資源不足や環境汚染、疎外現象の源は、「資本主義下の生産力の発展」が「第
1次大戦前後にアメリカで自動車が大衆化しはじめたあたりから、道をまちが
え」たことにあったと馬場は喝破したのである[16]。

　第2次世界大戦後、アメリカ型生産力はその性格をいっそう強め、広く普及
する。自動車中心の旧来の産業構造に加え、エレクトロニクス、石油化学、航
空機、アルミ、原子力など資源浪費的な新産業が発展し、生産過程でもオート
メーションと呼ばれる労働節約的大量生産がさらに発展、農業でも猛烈な機械
化・化学化が工業を上回る生産性上昇と環境汚染をもたらした。生活面では、
20年代をはるかに上回る徹底した高度大衆消費社会が実現し、電力利用の拡大
や大型車の普及、食料その他生活物資の過度の潤沢、都市近郊の大開発など、

全体としてますます資源浪費・環境破壊・労働節約的となった。ダイエットとジョギングの流行はその皮肉な成果であるという、この後、馬場が愛用するフレーズが初めて登場する。しかもこれらの「アメリカ型経済文明」は、核とドルの傘に覆われた戦後資本主義世界の持続的な経済成長を通じて、アメリカとは環境のまったく異なる日欧をはじめソ連や第三世界の一部にまで伝播し、そこでも生産力と生活水準の上昇を実現した。

　しかし、長期にわたる高成長の継続は、それを支えた技術革新、農民層など労働力の構造的ストック、第1次産品価格の安定という基盤を次第に堀り崩してゆく。まず、アメリカの技術発展の鈍化とも相まって世界的な技術革新と伝播は一段落し、これに基づく生産性上昇は鈍化した。ついで、労働力と資源の構造的なストックも失われ、賃上げと一次産品価格の上昇そして石油ショックが生じた。石油のような根本的な生産要素の急激な価格騰貴は輸入国にとっては生産力の全面的な急低下を意味し、生産性上昇の鈍化と相まって、物価上昇と名目労賃の高騰、利潤削減により投資は減退、スタグフレーションが生じた。これを境に、生産力の発展は挫折し、生産性と生活水準の上昇が抑制された。かくてスタグフレーションは、大衆の生活水準の維持向上を武器に、体制的統合に成功してきた現代資本主義の限界を意味した。

　その後の経済社会に関する馬場の展望はきわめてペシミスティックである。社会主義革命の展望もアメリカ型に代わる経済文明も提示されえないため、その将来は緩慢な自己解体のほかはないとされる。すでにアメリカでは、アブセンティイズム・犯罪多発・麻薬流行など私的レベルでの秩序解体が始まっているが、この傾向は形を変えて世界に波及する。そればかりか、生活水準上昇の抑制や窮乏化の圧力が加わり、全人類を巻き込む恐れの大きい突発的危機の発生すら展望して本論文を終える。

　以上やや長い紹介になったが、それは筆者にとって「アメリカ型生産力」論の持つ衝撃力によるものである。確かに、いくつかの疑念は残る。思いつくままにあげれば、資源・環境問題の評価について資本主義の危機だとされ、社会主義圏や第三世界を持ち出す無理解をあらかじめ封じられているのだが、筆者にはやはり、これらの危機は資本主義固有の、というよりは、生産力の拡大に伴って生ずる体制を越えた問題ではないかという疑念を払拭しえなかった。また、スタグフレーションは戦後の安定成長の限界を示したものであったが、今

日から見ると、現代資本主義の限界とまで言えるかどうか。80年代前半にそれが経済現象としては一応解消されたことも考慮に入れると、馬場の評価は過大なように思える。さらに、アメリカを中心とする現代資本主義社会の「緩慢な自己解体」もそれほど一直線に進んだわけではなく、アメリカ経済社会の復元力も評価されてよいのではなかろうか。氏の議論には、「アメリカ衰退論」が目立った70年代末という時代状況が色濃く反映されているとは言えないであろうか。とはいえ馬場の指摘が誤っていたわけではない。トランプ政権の成立に大きな役割を果たした白人ブルーカラー労働者の世界に広がるさまざまな苦境、代表としては、薬物やアルコール中毒による死亡率の上昇や労働力率の低下などのニュースに接すると、馬場のいう「緩慢な自己解体」はまさに現実の問題として、進行中であることに気づかされる。

（2）「アメリカ型生産力」論の拡充

「終焉」のロジックは以後もほぼ維持され、その内容には多くの拡充が施された。重要な追加点を代表的な論攷に即して跡付けよう。

まず、1986年に刊行された同氏編『シリーズ世界経済Ⅰ──国際的連関』の「第1章　戦後資本主義」に注目しよう。本論文について馬場は「初めて戦後資本主義を勉強した」と控えめに語っているが、その「第3節安定成長　2蓄積基盤（1）技術」では、1950年代を中心とする生産力の展開について新たな指摘が加わっている。つまり、戦後確立した航空機、石油化学・電子産業などの新産業で見られた新しい生産技術の特徴として、人間による監視に代わる機械による操作指令の急増、エレクトロニクスを用いたフィードバック装置を組み込むオートメーション、そして、加工工程の統合（とくに段階的過程だった諸工程を同時化するタイプ）の3点を挙げ、従来のアメリカ型生産技術の特質をいっそう進めたものと評価している（25頁）。後の馬場のME論との関連で注目されてよい。

「アメリカ型生産力」の歴史的な位置付けも、『新資本主義論』（名古屋大学出版会、1997年）「第7章　資本主義の歴史」のなかで包括的に記述された。この書下ろしの大著のなかで、馬場は資本主義の歴史を整理しながら第2次産業革命を論じ、製鋼、電力と原動機、有機化学や合成物質、内燃機関と自動車、精密機械と流れ作業という領域で新技術が生まれ、1890年代にこれらの産業化

が始まったこと、その基盤の上で金属加工が高速化、精密化され、そこからさらに規格型・部品互換型の大量生産が発展、その頂点に自動車産業の大衆化が起きたとする。精密加工を必要とする規格型・部品互換型の大量生産システムの開発には軍需が大きな役割を果たしたことがのちに加えられ、戦後との関連も示唆された。ただし、この精密さは「神業的名人芸である必要」はなく、「統計的に実用に耐えれば良い」などの興味深い指摘が別の論文に見られる。[17]

　労働編成や労務管理についても、馬場の創見ではないが、書き加えられ、概念が豊かになった。テイラー主義やフォード・システムが論及され、これらによって労働を単純化・細分化・規格化して熟練工の作業統率力を弱め、移民労働者に対する直接的な支配と、流れ作業等機械化による生産性のめざましい上昇に道を開いたが、「新たな労務管理方法はすぐには徹底せず」、「開明的な大企業即ち経営者資本主義から漸次浸透して行った」。馬場はここから、「経営者資本主義とアメリカ的生産性上昇方式は対になって」おり、「第2次産業革命以後の時代の代表的な経営＝生産方式」として、「支配的資本」にほぼ相当するものと位置付けた（173頁）。段階論の再構成につながる指摘であった。

　最後に、大量生産方式は、廃棄まで含めると自然浪費型の技術特性を持つことが後に注目された。論文「アメリカ帝国主義の特質」の「3　特異性の例解」（2004年、『もう一つの経済学』第15章に所収）だが、そこでは大量生産方式は、自動車のモデルチェンジを通じた販売促進によって維持されたように大量廃棄を前提としているが、これは廃棄コストゼロの土地無限幻想社会でなければ発想されず、その背後にあったのは先住民から奪った土地だったと指摘されている（352頁）。後に馬場は、『現代世界経済の構図』（工藤章と共編）「序章　現代世界経済の構図」（『宇野理論とアメリカ資本主義』第12章所収）のなかで、アメリカンシステムに関するハウンシェルの研究を高く評価する一方、「大量生産が大量廃棄を伴い、土地収奪によって廃棄コストが極めて安価になったアメリカで初めて実現したことには全く目が行っていない」と批評している。そして馬場自身も、これを明示したのは2004年になってからであると、上の論文の参照を求めている[18]。

（3）「富裕化」論の展開

　「終焉」で展開されたアメリカ型生産力論は、馬場の問題提起のなかでひと

きわ強い光彩を放つ「富裕化」「過剰富裕化」論のベースとなった[19]。86年に出版された『富裕化と金融資本』（ミネルヴァ書房）の冒頭で氏は、これを「現代世界を規定する最大の動因」、米ソの軍事対立と並ぶ「歴史的規定要因」と最大級の表現を用いて重視した。さらに、「富裕化」を伝統的な「貧困」「窮乏化」に代わる資本主義批判の最大キイワードとしたばかりか、それが究極的には人類の生存を危うくするという危機感から、その緩和ないし打開策として、先進国における経済成長の停止と物的消費水準の大幅な切り下げという大胆な主張を行った[20]。

　「終焉」では「富裕化」という言葉は出てこないが、第1次大戦後のアメリカでは、歴史上かつてなかったほど高い生産力と消費水準を可能にする「高度大衆消費社会」が花開き、食・衣服習慣をはじめ生活様式が大きく変化したことが指摘され、20年代のアメリカの高度大衆消費社会を「大衆的富裕化社会」の基点とみなした。「生活水準と福祉政策」（『シリーズ世界経済Ⅱ——アメリカ』第6章　御茶の水書房、1987年）を嚆矢とするいくつかの研究では、20年代のアメリカでは1人当たりGDPが5000ドル（1982年ドル換算）を越えたこと、そこではエンゲル係数は30％を切り、過半数の世帯に自動車が普及、カロリー摂取量も2500Kcalに達したあと増えなくなる「生活構造」の実現が論じられていた。しかも、1人当たりGDP5000ドルという水準は、第2次大戦後の経済成長を通じて「アメリカ型生産力」が普及した先進資本主義国、イギリス、フランス、ドイツでは60年代央、日本やイタリアも70年代に達成され、大衆的富裕化が実現した。通常の所得と労働のもとでは肉体消耗の度合が大幅に低下し、栄養供給が過剰となったことが大衆レベルで自覚され、ダイエットとジョギングが流行した。このように馬場は、1人当たりGDP 5000ドルという水準を「過剰富裕」の最低線とみなした。

　さらに重要なのは、その限界である。「終焉」では、安定成長を通ずるアメリカ型生産力の世界的普及が資源・環境問題を引き起こし、その帰結がスタグフレーションと社会の緩やかな自己解体と展望された。これとほぼ同じ時期に書かれ、「富裕化」という概念を初めて活字化した『現代資本主義の透視』第1章では、論理はほぼ同様だが、原理的に整理され、スタグフレーションは労働力と資源に対する資本の支配力の著しい弱体化を反映し、生産力の発展自体を制限するところから、資本主義のいわば「原理的崩壊」を意味するものとさ

れる。労働力と資源（自然）の制約を回避しうる生産力の発展がなければ、これは「現実の社会的崩壊」につながりかねず、「人類史的危機」をまねくと展望された。さらに、前出の『富裕化と金融資本』では、西側先進国の過剰富裕化が世界に広がると資源・環境制約と衝突し、人類の存続を不可能にするとの見解も示された[21]。

　以上の議論は、富裕化論に焦点を合わせた大著『新資本主義論』のなかで体系的に整理された。その「結論」である「過剰富裕化時代の到来」を読んでみよう。ここでは、経済成長が今後継続し、先進資本主義国の「大衆的過剰富裕水準」が世界に普及すると、まず第1に、自然環境の破壊と有限な資源の枯渇により、人類発生以来与えられていた地球環境が破壊され、自らの存続を危うくする状況が創り出される。第2は、馬場が「人間の脱社会化」と名付けた現象だが、社会規律や道徳、文化が衰弱し、社会の統合力が磨滅して社会の維持や安定が難しくなると指摘した。この結果、人間の生活圏という意味での社会自体と自然環境が大きく破壊された（339-341頁）。

　以上の結論に立って馬場は、人類存続の危機を打開ないし緩和するため過剰富裕状態の是正を訴え、その具体的な方途を提唱した。これが本書の最大の特徴である。軍拡・戦争などは許されない贅沢であり、脱工業化やサービス経済化も不十分である（生産力の質は問題にされない）。核心は、先進国での経済成長を逆転させ、生活水準を引き下げる（1人当たり5000ドル）ことである。しかし、それを実現するための具体的なメカニズムを考案することはかなり難しく、社会的合意や政治的決定を導くのは絶望的に近いと、達成の現実性については著しく悲観的であった。

　これ以降、最晩年まで「過剰富裕化」論は彫琢され、「人類生き残り」策提唱の論調は厳しさを増す。それは馬場が自らの主張に対する無理解や冷淡な反応から、孤立感を深め、よりラディカルな提案へと走った表れだったかもしれない。しかし、少なくとも馬場の周囲では、その主張の大筋に共感するものは少なくはなかったと思われる。また最近になるにしたがって、やみくもな経済成長の追求は望ましいことではないし、可能でもないという論調も高まっているかに見える。ただ問題は、福祉国家など現代資本主義の多くの制度設計が経済成長を前提にしていることであり、また、それを否定した社会で雇用や貧困、格差問題をどのようにフリクションなく解決しうるかなどの難問について、こ

ちら側で十分な想像力が欠けた点にある。しかし、馬場が提起した問題、持続的で安定的な経済社会の構築は、経済学にとって、今後ますます重要性を増す課題であることは疑いない。

3.「低位福祉国家」論

「終焉」の執筆と相前後して、すでにふれたように、馬場は東大社研の全体研究の成果である『ファシズム期の国家と社会』のなかに、ニューディールに関する2つの大きな論文を寄せている。これらはいずれもきわめて複雑なニューディールの過程を簡潔に整理し、独自の評価を加えた先駆的な研究であり、今日でもその価値は失われていない。その後80年代に入ると、馬場は再び全体研究との関わりのなかで、アメリカの福祉国家研究と本格的に取り組み、上の延長線上に、「ニューディールと『偉大な社会』」(東大社研編『福祉国家　3──福祉国家の展開〔2〕』東京大学出版会、1985年、所収)および「レーガン主義の文脈」(同編『転換期の福祉国家　上』同上、1988年、所収)の2論文を発表した。これらの研究を通じて、「ニューディール」から「偉大な社会」に至る福祉国家化の歩みと「レーガン革命」による反動の過程が詳細に跡付けられ、アメリカに「低位(反)福祉国家」という性格が与えられた。

(1)「ニューディール」

まず、ニューディールに関する2論文から始めよう。ニューディールはごく一般的には3つのR(Relief, Recovery, Reform)によって特徴づけられるが、これを援用すれば、第7章「ニューディール経済」はRecovery(景気回復)を中心に全過程を俯瞰した「序論」にあたり、第8章「ニューディールと労働」はReform(改良)の代表例として失業救済と労使関係政策を論じ、後の福祉国家論の直接の出発点となった。

第7章ではまず、1920年代の「繁栄」の様相と大恐慌の原因、フーヴァの景気政策がレビューされるが、大恐慌の段階的崩落やアメリカ的な危機の現れなど興味深い指摘がある。なかでも、健全財政と金本位維持という限界の中でではあれ、フーヴァが展開した景気対策にやや過大と思えるほどの高い評価が与えられていることが目に付く。執筆当時のアメリカにおけるニューディール再

検討の動きに影響されたのかもしれない。

　次いで本題であるニューディールの景気政策の「内部構造」が農業、独占およ
び財政金融の各政策について、それぞれの特徴、限界、相互間での矛盾など
が明らかにされた後、最後に、30年代の景気動向が論じられる。この10年間に
おけるアメリカの成長率がほぼゼロにとどまり、高失業率が解消されなかった
ことから、ニューディールの景気回復政策は基本的に失敗だったと結論付けら
れる。しかも30年代の国際比較を通じて、アメリカの成績が主要国のなかでは
最も「民主的」であったフランス（人民戦線）に次いで低く、日本やドイツ、
イタリアなど「ファッショ的」に対応した国々よりはるかに劣った事実が強調
される。馬場はそれを各国における賃金動向から説明し、アメリカやフランス
では労働組合を助成し、賃上げを認めたことから賃金が最も大きく上昇した反
面、組合を弾圧し、賃金と物価を統制したドイツをはじめ日本やイタリアなど
では逆に低位に抑えられ、高い利潤率と投資が可能になった。かくて、「ニュ
ーディールが民主的人道的にみえるだけに好感され、その投影によって景気政
策としてのニューディールまでも成功したかに思い込む常識的理解だけは避け
ておかねばならない」（298頁）という馬場のコメントは今日でも意義を失って
いない。本論文の冒頭で馬場は「新たなニューディール像を提示しようという」
（249頁）わけではないと断っているが、国際比較を通じて恐慌に対する民主主
義的対応の限界に光を当て、回復策が不成功に終わった面を強調した点で、実
際にはその再評価の意味を持つ論文となったように思われる。

　もちろん、ニューディールが失敗した原因として、政策自体の「非体系性」
と「内部矛盾」にも注意が払われている。馬場によれば、農業や産業を対象と
した統制的立法（農業調整法や全国産業復興法）はその内部ならびに相互に利
害対立をはらみ、さらに、これら立法の景気に対する限界を止揚するはずであ
った財政スペンディングも立ち遅れた。しかし馬場が最も重視するのは、上で
見たように、社会改良など制度改革が大幅な賃上げと利潤の圧迫、ビジネス・
コンフィデンスの消失を招いて民間投資の本格的な回復を阻害したことにあ
り、これをニューディール政策失敗の根本的原因であったと強調した。

　ニューディールの景気回復の失敗をビジネス・コンフィデンスの消失に求め
る議論は、馬場が紹介しているとおり、かなり広範に存在する。ブラウン研究
会が翻訳したH. W. アーント『世界大不況の教訓』（馬場宏二監訳、東洋経済

新報社、1985年）の第3章（アメリカ）にもそれが見られる。アーントは30年代の景気回復が不十分に終わった原因を民間投資の不足に求め、その原因を解明することは容易ではないとしながらも、次の2点をあげている。ひとつはビジネス・コンフィデンスの喪失であり、企業家たちが国家の経済組織への介入や革新的な社会改良、「非正統的」な政策など、ニューディール政策に対して敵意を抱き、企業活動と投資を抑制したためだとしている。しかしアーント自身は、投資不足の原因としては、このような「政治的敵対」より、いまひとつの理由である投資機会の相対的な不足、すなわち、20年代において民間投資を刺激した分野（建設、海外投資、新興産業など）での投資機会の消滅を重視しているように見える。

　馬場の議論は、ビジネス・コンフィデンスをアーントの「政治的敵対」を厳密化し、労賃上昇による利潤圧縮をその裏付けとしていることに特色がある。概念はより明確になったが、その反面、当時のアメリカにおける生産性上昇は評価されないことになった。ごく粗い統計だが、30年代（1933～39年）のアメリカの労働生産性上昇率は20年代にほぼ匹敵する水準にあった。国際比較の必要があり、結論は単純ではないが、アメリカの賃金上昇はかなり相殺されたと言えるのではないか[22]。他方で、馬場はニューディールの多様な側面（例えば、赤字財政や重税、ドルの価値の変動、反企業政策、社会改良にスペンディングポリシーの展開など）がビジネス・コンフィデンスを失わせたとするが、これらの関連についてはいま少し厳密に吟味してみたいと考えている。

　これに対し第8章「ニューディールと労働」は、政策の直接の効果と戦後への接続の両面で、景気回復策より高く評価される Reform について、失業救済と労使関係政策を論じたものである。ニューディールは景気回復策としては失敗に終わったが、社会改良策としてはアメリカ史上最も大きな前進をもたらし、この面で国際的に遅れていたアメリカをヨーロッパに追いつかせる画期となったというのが結論である。労働政策は失業救済から社会保障制度の形成に至る失業対策と労使関係調整立法、労働時間調整・賃金規制の3系列に大別されるが、ここでは前2者が取り上げられる。叙述は簡潔で要を得ているが、論ずべき内容に対し紙幅の制約のためか、やや論じ足りない部分もある。その一部、例えば前史にあたる部分は、のちの論攻によって補足、拡充された。

　まず、当時の統計をもとに、雇用・失業・賃銀の実態が俯瞰される。製造業

の比重が意外に低いとか、圧倒的な地位を占めて全体を代表できるような特定の産業は存在しないなどの指摘がある。また、就労者の時間当たり実質賃銀が30年代半ば以降、労働力の需給関係を離れて急騰していることにも改めて注意を喚起している。救済政策では、大恐慌の到来時に、アメリカは大量失業に対処できる体制を持っていなかったことが最初に確認され、連邦政府がこの面に積極的に介入するプロセスが詳細に論じられる。「対決よりは不安定化と無気力化がアメリカ資本主義の危機の特徴であった」（325頁）という興味深い指摘もある。初期の救済策では、州の救済事業に連邦補助金を交付する連邦緊急救済法（FERA)が花形となったが、その後、これを整理拡充して雇用可能失業者は事業促進法（WPA）に基づく連邦直轄の公共事業によって救済する一方、雇用不能者には社会保障法で対応する体制が出来上がる。この1935年の社会保障法は失業保険と老齢年金という2つの社会保険を備え、州の公的扶助や社会福祉事業などへの連邦援助を可能にした画期的立法であり、健康保険の脱落や給付水準の低さなどの限界にもかかわらず、国際的にも、また戦後への継続という面からも、福祉国家化の出発点となしうる制度となった。馬場はこの立法をニューディールの最大の成果のひとつとして高く評価する（337〜338頁）。

　いまひとつは、労使関係に対する連邦政府の介入ないし調整策であり、焦点はワグナー法による組合の公認に置かれる。ただ、議論は政策形成過程に絞られ、労働運動に関する叙述は限られている。最初に、アメリカの労働運動の政治的社会的発言力が伝統的に弱い根拠が経済発展の特質から簡単に説明される。有益な指摘があるが、焦点がやや絞り切れない感が残る。政策的には、NIRA が本格的な組織化の最初の刺激剤となったこと、ワグナー法の成立とその合憲化、NLRBの活動が様々な限界をはらみつつも事態を決定的に前進させ、労働者階級の同権化を含む地位の向上を促進したと評価される。ローズヴェルト政権が失業対策には当初から積極的であり、社会保障を重視した反面、労働組合保護にはさほど熱心ではなかったこと、政策の形成や裁判所の判断などに関心を引く指摘がある。

　かねがね筆者はNIRAからワグナー法成立に至る組合育成・公認策の根拠が十分に理解できず、釈然としない感を持っていた。本章でも、初期における大衆運動や高物価政策・購買力説をはじめ、いわば偶然の事情まで、さまざまな要因があげられているが、なお、疑念は十分には解消されなかった。実は馬場

自身、ニューディールの社会改良の根拠について後年の論文「資本主義の来し方行く末」（2004年）では別の説明を試みている。すなわち、社会保障制度の制定と組合公認を含む社会改良は社会主義運動や大衆の要求の産物ではなく、ローズヴェルト大統領の「貴族の責務」が最大の動機だったとされているのである[23]。

（2）「偉大な社会」

続いて85年には、「ニューディールと『偉大な社会』」が発表された。これは「ニューディール」と並ぶアメリカの福祉国家化の「もう一つの画期」とみなされる「偉大な社会」を加えて論じたものだが、前稿（「ニューディールと労働」）に比べると「前史」が大幅に書き加えられる一方、本題では「労使関係調整立法」を落とし、「失業救済から社会保障制度に至る失業対策」の系列に集中する構成となっている。前稿より内容が豊富になった。

本論文の第1の特徴は、アメリカが福祉国家への前進を強く抑制する社会体質、強い「自助主義」の伝統とその起源を明らかにした点にある。アメリカは20世紀の大部分、世界資本主義の中軸的最先進国であったが、福祉最先進国にはなりえず、その福祉国家のレベルはヨーロッパの資本主義諸国より低位にあった。「前史」ではその根拠を「自助主義」の強さに求め、その起源を広大で豊かな国土を希薄な人口で急速に開発した歴史的伝統に帰し、これが経済・社会・政治面の経路を通じて公的福祉政策の展開を制約したとされる。「前史」の「自助主義」の叙述は数ページの短いものだが、そこにはアメリカ民主主義の特徴とされている政治上の性格が福祉国家化を阻む方向で作用していたなどの刺激的な議論が含まれる。これらの指摘は馬場の最晩年の研究にも受け継がれているが、そこでは自助主義にもインディアン殲滅と土地略奪の歴史が強調されている。このほか「前史」では、前稿ではわずかにふれられたのみの、ニューディールに至る州レベルの公的な福祉政策の歴史が「救貧の系譜」としてきわめて簡潔に要約され、イギリス的救貧政策、ドイツ起源の社会保険そしてカリフォルニアなどの大衆運動的あるいはラディカル・デマゴーグによる老齢補償要求という2ないし3つの系譜をローズヴェルトが融合して社会保障法が成立したという整理につながる（引用は本論文を収めた『宇野理論とアメリカ資本主義』による、同書、148頁）。

ニューディールについては、論点はほぼ前稿と重なるが、社会保障法中心の記述となっており、そこには法律制定以後の定着・展開過程、39年改正などの新たな説明が加わっている。成果と限界についても、前稿とほぼ変わらない。社会保障法の成立によって、アメリカは社会福祉政策の形成で10年以上も遅れていたヨーロッパの成果に比肩するところまで前進したが、国際比較の上では、アメリカの優越点は実質的にはないと評価される。前稿に比べると、やや限界が強調されているように感じられる。この限界、つまり健康保険の脱落、老齢年金や失業保険に適用除外が多く、失業保険や公的扶助などには大きな州間格差が残ったこと、給付レベルが低く、黒人政策を持たなかったことを一挙に解決しようとしたのが「偉大な社会」計画であったとされる。

ついで、「偉大な社会」計画について。これが本論文の核心部分である。この計画はニューディールと同様に、民主党の大統領が広汎な自助主義の障害にあいながら弱者救済型の社会改良を目指したものだったが、政策課題には大きな相違があった。ニューディールが大恐慌による「経済機構的窮乏」に対処しようとしたのに対し、「偉大な社会」は経済的繁栄がもたらす富裕化が社会の周辺に生んだ多様で複雑な「病理的諸現象」、例えば、「貧しくて医療を受けられない老人層の増加、若年層や黒人層や無教育な層に集中するようになった失業、大都市都心部における犯罪や浮浪者の増加、アル中など社会的落伍者の堆積……」などに対処するものであった。それには財政のみならず、「ひとびとの行動様式や価値観といった社会の文化構造にヨリ多くかかわり、法律的社会的文化的措置を必要とする」。かくて、ニューディールでは「資本主義という経済機構の存在理由が問われた」のに対し、「偉大な社会」では「アメリカという社会の歴史的文化的統合能力が問われた」と結論付ける（156頁）。言うまでもなく馬場の富裕論が生かされている。上の富裕化社会症候群の発生が一部は公民権運動の形で体制批判的大衆運動につながり、他の問題と合わせ「新しい貧困」としてリベラル政権に大きな衝撃を与えたことから、ケネディ・ジョンソン政権下で計画が開始される。そこでは、抑制されていた多様な改革志向が合流し、大衆の意識水準を超える改革が試みられたという点がのちの議論の伏線として重要であろう。

「偉大な社会」計画はきわめて広範囲で複雑なプログラムからなるが、ごく単純化すれば、ニューディール以来の高齢者の生活保障の充実と「偉大な社会」

計画を起点とする黒人平等化政策の2本立てにまとめられる。後者は教育訓練を通じて「貧民を社会経済的に自立させることを狙った」政策であり、所得維持は結局不要になり、安上がりに済むはずだった。しかし、実際には「訓練」から「所得維持」へ、「機会の平等」から「結果の平等」へ政策の重心を移行せざるを得なくなり、高くつく政策となった。年金の増加や医療保障の新設、公的扶助など政策コストの増大による「福祉爆発」につながった。

馬場によれば、「偉大な社会」の過程が極度に錯綜した最大の原因は、老齢問題と黒人問題という異質なものを貧困問題として同時に処理せざるを得なかったことに求められた。前者は白人多数派の問題であり、対策には支持も多く、社会保障制度の手直しの連続で処理できた。他方、後者はアメリカ史に独自な「原罪」であり、黒人層の実質的一般市民化以外に解消策はないのだが、処方に即効性はないうえ多数派に偏見があるため、対策の拡充やその効果を制約した。黒人問題とはこの偏見そのものとまで評される。かくて「偉大な社会」とは、「アメリカをかなりの程度福祉国家化したが」、それを「徹底しえぬままに、そこからの反転をいずれはもたらす」原因を胚胎させた。「後発福祉国家アメリカの、福祉国家としての水位を一段階だけ——後退の危険を根本的には解消しないままに、ともかく——上げた。それが『偉大な社会』の歴史的貢献であった。」と結論付ける（198頁）。

これ以後、晩年の研究でも「偉大な社会」計画について繰り返し論及されるが、アメリカの「原罪」に対する馬場の糾弾が強まるにつれ、論調は変化する。もっとも目に付いたのはその実施目的であり、前掲の「資本主義の来し方行く末」ではヨーロッパ並みの福祉国家の形成より、黒人の実質的平等化にあると整理され、しかもその動機は冷戦の圧力という本稿には含まれていない要素があげられたことが注目される。この論調はその後さらに強まり、「偉大な社会」計画は「冷戦対策」だったとまで結論付けられる[24]。国内に黒人差別を残したままでは、ソ連圏やブラックアフリカからの非難に対抗できず、国際的指導力を保ちえないためである。この指摘は疑いなく正しい。だが同時に、この側面が強調され過ぎると、計画の実施に作用したと思われる一部の白人層の原罪ないし贖罪意識がやや過小評価され、動機の評価がやや一方的になりはしないかとの危惧が残った。

(3)「レーガン主義の文脈」

　前稿が発表された1985年初頭にはレーガン政権が成立し、福祉国家は大きな転機に立っていた。馬場もこの点にふれ、レーガンの圧勝は「単なる政治的反動」ではなく、「民衆の多数派が本格的に支持したことのない、上からの社会改良」に対する反発、社会的反動だったこと、しかしレーガンでも、「白人多数派が受益者化している社会保険はほとんど削減しえず、憎まれ者の公的扶助をやや抑制した」程度で、公的福祉費全体の膨張を少しだけ食い止めるだけだろうと的確に評価していた[25]。その後、馬場は「レーガン主義の文脈」（のちに『宇野理論とアメリカ資本主義』に所収、引用は同書から）を著し、その本格的な分析とあらためて取り組んだが、評価の基本線は変わっていない。

　本論文のねらいは、国際比較すれば「低位の後発的福祉国家」だったにもかかわらず、世界的な福祉抑制気運の先頭に立ち、直接間接に広範な世界的影響力を示したアメリカの動きをやや広くレーガン主義の文脈の中に位置づけようとしたところにあった。馬場によれば、レーガン主義の文脈はさほど複雑なものではない。理念やレトリックの上では、「きわめて明快で急進的な復古主義つまり反動」である。それはレーガン個人というよりは大衆的復古主義であり、その背景にあったのはジョンソン政権下の2つの戦争、ベトナム敗戦と貧困戦争によって社会が大きな傷を負い、その結果、「アメリカ史上でも珍しい屈折した状況を生み、全体的な意気阻喪と方向喪失」が引き起こされ、人々はそこからの脱却を「保守回帰」に求めたためであった（212〜213頁）

　これが福祉国家化への反動を引き起こした。戦後の福祉政策は公的年金制度（OASDI）の拡充を中心とする老齢化対策と人種平等化（黒人平等化）の2本柱からなるが、このうち後者は年金制度に比べ金額は少ないものの大衆の生活信条や価値観に直接ふれるため、はるかに大きな屈折した抵抗を生んだ。その象徴に祭り上げられたのが、AFDC（寡婦家庭への扶助）の急増による「福祉爆発」であった。これに対する大衆の反ウェルフェア感情の高まりがレーガンの減税政策を支持し、その圧勝という大衆的反動の最大の内因になったというのが馬場説の独自性であろう。

　大統領就任後、レーガンは大幅な減税を実施したが、支出削減には成功しなかった。国防費が増えた一方、非国防費も削減努力にもかかわらず増加した。

第3章　アメリカ資本主義の歴史的特質　225

後者の中心の社会保障費は伸び率こそやや抑制されたが、金額では大幅に増大した。AFDCやフードスタンプなど「偉大な社会」以後急膨張した給付は抑制されたが、最大の年金にほとんど手が付けられず、医療保障や教育補助、家賃補助もかなり増えたためである。年金をはじめこれらの支出の一部は社会に定着し、行政府の裁量によって削減できる余地が小さくなっていたのである。要約すれば、「レーガンの福祉抑制はニューディールの社会保障を維持しながら、『偉大な社会』で拡充した所得支持や新設した社会サーヴィスに削りをかけるもの」だったが、前者は急増、後者は抑制されたため全体の金額は増加した（233頁）。

　財政引き締めに失敗した本質的な原因は「潜在的に分裂した民意」に従ったことだと馬場は言う。レーガンの基盤となった「大衆は政府に対して負担者でもあり受益者でもある。当選前のレーガンは前者を過激に代表したが、就任後は現実政治をとおして後者に直面した」。これに対してレーガンは減税によって負担軽減要求を満たす一方、政府支出を増加し、受益者としての要求にも応え、双方を受け入れた。分裂した民意に従ったため復古自体は完成せず、せいぜいそれまでの傾向に歯止めをかけ、流れを鈍化させた程度に終わった。レーガンの「スタイルは厳格な復古主義だが、実行したのは全面的な大衆宥和」であり、「その宥和の一部に一部の弱者切り捨てという復古主義の匂いを残したのが、彼の財政引き締めだった」（239頁）という簡明な整理をみせた。

　かくてレーガン主義は、一方では、内外2つの戦争でアメリカ国民の受けた傷を癒し、彼らに慰めと励まし、自信を与え、社会を安定化させた。だが反面、それは連邦財政赤字の未曾有の累積と貿易赤字からなる双子の赤字を生み出し、これを基軸国としての経済的・政治的な国際的信認を背景とした、国外からの商品と資金の吸収によって埋めた。だがそれは「基軸国としての信認を食いつぶしつつ、アメリカを最大の債務国と化し、他に基軸国が現れそうにない世界経済に、大きな不安要因を与えることとなった」（245〜246頁）と結ぶ。

　以上の、アメリカの福祉国家化とその反動過程の馬場の整理から学ぶべきものは多い。レーガン期以降、現在までのアメリカの福祉国家の歩みを見ると、馬場の指摘は正鵠を得ていたように思われる。佐藤千登勢氏の整理を借りれば[26]、社会保険（OASDI）については、その後さまざまな改革が試みられたが、「聖域化」し、現在に至っている反面、公的扶助（AFDC）については、80年代以降、

就労インセンティブと就労訓練が強化され、後のクリントン期にはTANF（貧困家庭一時扶助）やEITC(勤労所得税控除)へと衣替えする。その背後には、レーガン期に貧困を個人の問題に帰するアメリカの伝統的な認識が広く定着し、福祉から就労という考え方が超党派で支持されるようになったことがあげられた。もっとも、氏の研究では、アメリカの年金制度は連邦政府の一元的管理のもとに置かれ、普遍性が高く、月額の所得代替率も日欧に比べ遜色ないと評価されている。馬場のアメリカの福祉国家に対する評価はやや低すぎるのかもしれない。この点については今後改めて検討したい。

4.「投機性」国家論

「低位福祉国家性」と並ぶアメリカ資本主義のいまひとつの歴史的特質として、馬場は「投機性」をあげた。この分野での代表作は、社研の全体研究『現代日本社会2　国際比較［1］』（東京大学出版会、1991年）に執筆した「アメリカ資本主義の投機性」であろう。この論文は「試論」と位置づけられているが、最晩年の著作である『宇野理論とアメリカ資本主義』の第11章に再録され、「低位福祉国家」を論じた第9〜10章とともに、「いささかは実証的な緻密さ」をもち、「ここに示されたアメリカ資本主義の歴史的社会像は、今日のアメリカ合衆国を観る視角としても有効」であり、「この間生じた世界的大屈折の主たる動因を予示する脈拍としても意義がある」と自負されている（iii頁）。

（1）「過剰商品化」論

馬場の「投機性論」は、すでにその2年前に発表された「過剰商品化論」のなかで輪郭をほぼ現わしていた（「過剰効率社会というとらえ方」『社会科学研究』第40巻6号、1989年）。さらにさかのぼれば「過剰商品化」という用語は1981年に発表された『現代資本主義の透視』で用いられており、氏が長年にわたって温めてきたテーマのひとつであった。ここではまず、すでにふれた富裕化の帰結が説明される。すなわちそれにより、「社会関係の過剰商品化」「商品経済的分解の過剰進行」がもたらされ、社会を社会として維持するのに不可欠な、馬場のいう「社会原則」を陰で支えていた、家族や近隣関係、慈善事業とか同業組合など、資本主義的原理によらない社会領域が消滅するという関係が

描かれていた（121〜122頁）[27]。これは福祉国家化に代表される国家による「権力的な共同体化」をまねき、この双方によって社会構成員の行動様式が変質、労働規律の弛緩に代表される社会編成の困難が引き起こされたと結論づけた（v〜vi頁）。

この「過剰商品化論」のデッサンは、次の「過剰効率社会というとらえ方」のなかで改めて本格的に展開される。この論文もまた現代資本主義論であり、それを「過剰商品化社会」・「過剰効率社会」・「過剰富裕社会」の三位一体でとらえようとする野心的な試みであった。

なかでも注目すべき点は、過剰商品化がアメリカでもっとも強く現れ（「過剰効率化」は日本で進展）、世界の代表例とされたことであった。資本主義の母国であったヨーロッパでも、労働力に加え土地や資本が商品化したが、そこには抵抗があり、アメリカにおけるほど徹底しなかった。後者では、当初から商品経済化した人々の手で開拓がなされ、フロンティアでは土地の商品化・土地騰貴が広がり、これを前提にいち早く資産の商品化が定着した。これらは『アメリカ農業問題の発生』ですでに論じられていた。また、土地はもとより企業や既に使用した消費財さえも売買される社会慣行が形成されたのだが、最後の点は馬場のアメリカでのガレージセールの経験によるものであろうか[28]。この資産売買の慣行が株式会社制度を早期に普及させ、経済全体に投機性を与えるとともに、多様な証券操作による企業合併と独占形成を連発させる根本原因となった。ここでは、「過剰商品化」が「証券投機」とほぼ同義のものとして用いられている（298頁）。かくてアメリカはその歴史的伝統のゆえに、旧世界を超える過剰商品化社会となったというのが結論である。

最後に、「過剰商品化」が引き起こす問題として、アメリカ社会の現実に即して次の2点が指摘されていることが興味深い。ひとつは前稿から受け継がれた論点であるが、これが「社会原則」を壊し、あるいは成り立たせなくすることから、犯罪の多発などミクロのレベルの社会不安を引き起こした。いまひとつは、「過剰商品化で労使関係を構成」し、労働力を完全に「生産要素」とみなして労働現場を組織した結果、「フォード・システムまではできるけれど、それ以上に生産力を向上させるシステムを作れ」ず、この点では日本の会社主義に劣ったと評価されたことである[29]。過剰商品化の生産力への影響については、次の論文の主要なテーマの一つであった。

（2）「アメリカ資本主義の投機性」

　過剰商品化を証券投機に純化しておさえる一方、宇野弘蔵『経済政策論』におけるアメリカ金融資本の投機性という指摘を正面に据え、「アメリカ資本主義の投機性」を真正面から論じたのが、本節冒頭でふれた東大社研の全体研究論文であった。そこでは投機性の歴史的起源と経済的機能を改めて解明し、当時、内外で普遍的な存在とみられていたアメリカ資本主義の「資本主義としての普遍性の限界」を探ることがそのねらいとなった（『宇野理論とアメリカ資本主義』257頁）。

　馬場はまず、投機性の起源がフロンティアの存在という歴史的地理的特質にあり、植民地時代から繰り返された土地の投機的な売買慣行が株式会社制度の普及により企業売買へ浸透することによって、それが全面化したと論じる。19世紀初頭からの産業株式会社の発展や世紀半ばの鉄道建設と統合、産業トラスト形成期における産業企業の株式会社化など、それぞれの局面における投機的性格が探られた後、その頂点に立つものとして、19世紀末の金融資本成立過程が詳述される。この点で馬場は、宇野政策論におけるアメリカの過小評価ならびに「ドイツ典型論」を批判しつつも、宇野の金融資本成立過程における「証券投機的な独占形成」という把握を高く評価した。USスチール設立の際の巨額の過大資本化により、モルガンらはカーネギーの会社を高価格（過大評価）で買収する一方、自らもプロモーターとして巨額の利益を得た。ここでは「金融業者の金融的利得獲得を動力とする、過大資本化による投機的独占体の論理」が貫いた（272頁）と評価されている。

　続いて、19世紀末以降のアメリカにおける企業買収の4つの波が検討される。買収件数、金額の相対規模（GNP比）で見ると、19世紀末の第1の波を最高に、以後、次第に低下し最近（1970年代〜80年代）になるほど低くなる。また、これらの合併の生産力に対する効果も19世紀末が最大で、最近のものほど低くなると評価される。19世紀末の大規模な合同運動は、巨大な固定資本の必要など生産力の性格に見合った合理的な企業組織を作るものであったのに対し、戦後になると生産的基盤から離れ、とくに最新のM&Aの波では、買収目的は企業拡大や多角化ではなく、企業を清算して利益を得ることに移り、過去の不合理な取引の後始末が多くなった。買収後、株価や収益力は低下する傾向にあり、

投機性はかつての合同運動とは異なり、生産力の発展にとってはむしろマイナスに作用した。馬場はこの期のM&Aを「アメリカ資本主義の末期症状」と辛らつに評した。さらにM&Aのなかでは非公募会社化、すなわち株式会社の衰退へ向かう兆候も看取され、これは株式会社制度による重厚長大産業の発展を基礎として基軸国化したアメリカにとっては、間接的には「アメリカ時代の終わり」を意味するものと断じた（279頁）。

　それにもかかわらず、米政府（米社会の主流的見解）はM&Aを手放しで讃美し、日米構造協議においてはこれを含む自国の取引慣行の正統性を主張したのに対し、日本政府は自己確信を持てず、交渉では一方的に押しまくられ、企業売却や表面的競争を起こすための措置を約束させられたと批判する。馬場によれば、すでにふれたように、M&Aに代表される米資本主義の投機性は19世紀末ならともかく、今日では生産力の発展にとって不適合であり、歴史的正統性を失っている。逆に、日本の取引慣行や企業系列関係は商品経済としての形態的な正統性を持たないが、生産力発展には合理的であり、資本主義の形態的正統性と普遍性を米政府等が主張することは誤りだというのが結論である。

　アメリカが馬場の言う「過剰商品化」傾向を持っていることは疑いないところであろう。たとえば、「ハーバード白熱教室」で日本でも有名になったマイケル・サンデルは、その著書『それをお金で買いますか――市場主義の限界』（鬼澤忍訳、早川書房、2012年）のなかで、「過剰商品化」の現実を明らかにしている。サンデルは、馬場と同様、「市場と市場価値がそれになじまない生活領域へと拡大し」、「いまや生活全体を売買の論理が支配する時代になっていること」（16～17頁）、ほとんどあらゆるものが売買される時代になったことを豊富な実例で示していて興味深い。ただサンデルの議論では、このような傾向が生じたのは冷戦が終焉し、市場が勝利した1980ないし90年代以降のことであり、同時にその問題点としては、不平等の拡大（その痛みが増すこと）と腐敗を招くことがあげられている。過剰商品化の度合いが冷戦崩壊以後高まったことは疑いないとしても、アメリカの歴史的な特質は顧慮されていない。また、投機性を含め、その経済社会に及ぼす影響の指摘も馬場の議論の方がはるかに大きなスケールを持つように思われる。

　スケールの大きな議論のゆえに、正直のところ、筆者には十分に理解ないし評価できない論点が残ったが、一つだけ上げると、近年になるほどM&Aの重

要性が低下し、生産力効果はマイナスなったという評価にはやや疑問が残った。確かに、M&Aの量的比重は低下しているにしても、現在では継続的・日常的に展開されるようになり、アメリカ企業に対するガバナンスの有力な手段となっている。経営者たちはM&Aという市場の圧力のもとで経営を行うことを余儀なくされ、この点からはM&Aの重要性は高まっているように見える。他方、生産力効果という点でも、最近のものほど株価操作の色彩が高まり、生産力的に非合理なものが増えたことは事実としても、金融資本成立期のM&Aでもそのようなものは少なくなかったのではないか。反面、最近のIT関連の技術革新の広がりとともに、新産業の生成・発展につながるようなM&Aが頻発しており、これらは生産力の面からも積極的に評価されてよいように思われる。

5.「アメリカ帝国主義論・覇権論」

1990年代に入ると、馬場は自らのアメリカ資本主義論を総括する試みとして、帝国主義論および覇権論と本格的に取り組んだ。かつての覇権国イギリスとの比較を通じてアメリカの覇権の特質が描かれ、さらに経済社会の歴史的発展過程の再吟味から、米帝国主義に「本質的な破壊性」と「活力ある独善的膨張主義」という性格が与えられた。しかもこれらは金融資本成立等のはるか以前、植民地建設の当初から発現しており、冷戦崩壊後は世界へあふれ出し、当時めざましく進みつつあった経済のグローバル化を推進する原動力となった。ここから「グローバル資本主義」という概念が生まれ、それは馬場のいまひとつの主要な研究テーマである宇野段階論再構築に大きな刺激を与えた。

(1) アメリカ帝国主義・覇権の特質

この分野における最初の成果は1990〜91年に発表された2つの論文、①「アメリカの後退」(『アメリカ研究』第24号、1990年) と②「アメリカの覇権について——『現代日本社会』補遺1」(『社会科学研究』第43巻第4号、1991年)である。論点はかなりオーバーラップするが、まず、馬場はアメリカの覇権の特質として、巨額の国防費に示されるように、イギリスに比べ維持費がきわめて高くついた事実を重視する。原因は「外なる国際情勢…覇を争う敵国の有無」と「内なる覇権国の性格」の差に由来するが、いずれかと言えば、後者を重視

するのが馬場説の特徴である。そこでは、英米ともに自由主義を支配的イデオロギーとしたが、イギリスはそれを柔軟で実利主義的に適用し、自由貿易帝国主義による安上がりの世界支配を目指したのに対し、アメリカはヨリ理念主義的で硬直的に行動、これによる「独善的な過干渉」「過大軍備」が高コストの原因になったとされた。

アメリカの「イデオロギー的硬直性」については、論文②で詳しく展開されている。冷戦の一方の当事者であったソビエトと比べ、アメリカの方が「強イデオロギー国」だったという指摘が示唆に富む。つまり両国とも革命で成立したが、マルクス主義が少数のエリートの教養にとどまったソ連に対し、アメリカの自由主義、民主主義、分権・自治主義、自助主義などのイデオロギーは歴史の中で支配的大衆の生活信条となり、国家統合のために常に強調されたばかりか、その成功とともに国外へ溢出し、外国を同化しようとした。「成功した理想社会」「自信過剰社会」「前進指向型の無反省社会」など印象的な用語によってアメリカ社会が性格付けされ、それが「イデオロギー的硬直性」の基礎に据えられた。

過大な軍備に基づく高い覇権コストの負担は、まず、イギリスよりはるかに短い期間でアメリカの覇権を失わせる原因になりそうだとされる。それが米経済を供給不足に陥らせ、急速な国際的後退をもたらしたためである。レーガン期には双子の赤字により純債務国化するが、馬場によれば、これは「経済機構を利した外からの吸収による生活水準上昇と覇権維持」策であり、アメリカは「略奪的・収奪的覇権国」へ転じたとされる。その代表例が日米貿易摩擦であり、日本の側から見れば、対米貿易黒字と資金供給は「対米経済援助」とやや強引に要約された。これは「レーガン主義の文脈」からの発展である。「構造協議」と絡め論文①がこの点を詳しく論じている。

いまひとつ、過大な軍備に基づくアメリカの覇権は「人類史的には時代遅れになった」ことが強調された。これは論文②の結論であった。アメリカの「過剰軍備性」は、憲法が民兵の必要と武器の保蔵携帯を不可侵の権利として認めた「武装社会」の伝統を反映したものであり、当初はインディアンに、第2次大戦後はソビエトに向けられたが、冷戦終結後も惰性として維持され、軍事的対外干渉を続発させた。これは資源浪費と環境破壊を加速し、地球と人類消滅の可能性すら持ったにもかかわらず、アメリカはフロンティアが存在し、地球

は無限だという錯覚を持ち続けたため、自らの「正義の戦争」を抑制しようと
はしなかったのである。

（2）「グローバル資本主義」論

このように90年代初頭にアメリカ帝国主義・覇権の特質を論じた後、約10年
間にわたって馬場はこのテーマに関してほぼ沈黙を守る。他方で、この10年間
に世界はソビエト崩壊に端を発する政治的・経済的大変動を経験した。経済の
グローバル化がめざましく進展する一方、アメリカは「単独覇権国」となり、
経済的成功と自信回復によって世界への影響力を格段に強めた。馬場は2001年
に刊行された本山美彦編『グローバリズムの衝撃』に寄せた論文「自由化と過
剰富裕化」（『マルクス経済学の活き方』第17章、所収）において、グローバル
化を初めて本格的に取り上げ、それを米帝国主義論と接合しようとした。ほぼ
同じ時期に、馬場は同じ趣旨の論攷を堰を切ったように発表した（『もう一つ
の経済学』13、14章および終章参照）。キイワードとして用いられているのは
冷戦崩壊以降の資本主義を表す「グローバル資本主義」である。

氏はまず、グローバル化を「地球全体のアメリカ化」「地上諸文明のアメリ
カ的文明への、経済的政治的従属・同化の過程」と定義づける。そして宇野段
階論の構図を意識しつつ、これが「第3次産業革命（ME産業とITの爆発的発展）
を物的基盤」、「個の自由の徹底的追求を政策理念」として、アメリカの官民と
その代理たる国際諸機関によって推進されていること、彼らは「一見普遍的な、
自由化や民主化や市場経済化の名のもとに、とりわけアメリカに特徴的な投機
的大企業の、中でも金融業の利害に奉仕している」。その結果、前稿同様、グ
ローバル化は社会と自然を破壊し、人類の存続を危うくするという結論が再び
導かれる（『マルクス経済学の活き方』、366頁）。

筆者には、正直のところ、「グローバル資本主義」という概念は理解しにく
かった。馬場はこれを「地球の隅々まで呑み干そう」としている「一廻り躁状
態化した資本主義」、「われわれの直面する資本主義」という規定を与え、レー
ニンに倣って「資本主義の最高かつ最後の段階」とした。ただし、「レーニン
の主対象は帝国主義列強であり、かつ彼は資本主義は社会主義革命によって終
わると仮定できたが」、馬場の「主対象は特異な覇権国アメリカであり」、「資
本主義はそれが人類を滅亡させた結果としてのみ終焉する」と観察している

（367頁）。また別の個所では、「グローバル資本主義の根底」に「アメリカ社会の特性」があること（370頁）、「アメリカによる同化作用すなわちグローバル資本主義」（380頁）との記述もある。これらをつなぎ合わせると、「グローバル資本主義」とは、90年代に本格的に出現した新たなアメリカ資本主義が自らの特性を世界に広げ、各国をアメリカ化することによって成立した世界の資本主義を指すものと理解すべきであろうか。

　そこで問題は、このアメリカの特性とはなにか、そして、アメリカが目指す世界の同化とはいかなる内容を持つのか、を明らかにすることである。まず特性について、アメリカが自国の意思やルールを他国に押し付ける「覇権国」のみならず、他国の追随や模倣を誘う「範例国」でもありえたと整理し、その基礎にあった高い生産性上昇率、生産力と技術選択、商品経済化の徹底などを経済面の特性としてあげる。なかでも最後の点、つまり、土地売買に起源をもち企業の売買にまで及ぶ証券性・投機性の強さが最大の特性とされ、これが世界に押し付けられていることがグローバリズムの内実と結論付けられる（374頁）。

　続いて再び英米の自由主義の差に立ち戻る。ここではアメリカの通商政策の特殊性が論じられた点が新展開であり、のちにフォローする。行論との関係で重視されるのは、アメリカが他国の内政に対し多面的かつ執拗に干渉、自らの慣行への同化を迫る「観念的同化主義的自由主義」をとり、日欧に対し社会保障や労働保護、自然保護のレベルを自国並みに切り下げるよう働き掛けたことである。その背後には経済成長ならびに資源配分や社会関係の均衡は市場によってもたらされるとする「市場至上主義」があり、さらにさかのぼればそれは「超商品経済」に照応する。アメリカはこれを各国に押し付け、粘着性のある企業体制や社会体制は不純なものとして非難した。その代表例は日本の終身雇用、株式持ち合いであり、これらを修正し、アメリカ的原理に同化させることによって、アメリカの投機業者が日本企業を買収しやすくすることが主たる目的だったと結論付けている（378~379頁）。

（3）「活力ある独善的膨張主義」

　「自由化と過剰富裕化」論文などを書いた後、馬場は「今ひとつ物足りない、自分でもはっきりわからなかった点があり」、「グローバリズムの本家であるアメリカ自身の経済なり社会なりの特質」を「どこでどう摑まえるのかをいっぺ

ん視点をはっきりさせ整理しないといけないという意識」から「アメリカ帝国主義の特質」(『季刊経済理論』第41巻第3号、2004年、『もう一つの経済学』第15章に所収)を書いたと語っている[30]。

　興味深い指摘だが、やや抽象的で真意を理解するのは容易ではない。あえて要約すれば本論文の主要なポイントは、アメリカ史の再吟味を通じて、馬場がアメリカ帝国主義の特質を「本質的な破壊性」に求め、その具体的なあり様を「活力ある独善的膨張主義」と規定したことにあった(『もう一つの経済学』345、356頁)。アメリカ批判の舌鋒の鋭さはますます増した。それは、「アメリカ社会の基層にある非合理的・情動的要素」を積極的に摘出することが必要との視点によるものであった[31]。

　まず「本質的な破壊性」とは、すでに指摘された「軍事殺戮志向」と「世界的な環境破壊・社会破壊・人間退化の加速」を通じて、人類の存続を危険に曝す可能性を指した。重要なのは、その根拠をアメリカが「近代社会」としても特異な「超近代社会」であったことに求めた点であろう。馬場はこれが日本では十分に理解されていないと警鐘を鳴らす。すなわちアメリカは、先住民をほぼ完全に殲滅して広大な「無主」の土地を作り出し、それを移民が大衆的に分割所有し、私有財産化して出来上がった社会であり、白紙に絵を描くように作り出された理想的な近代社会であった。

　このようなアメリカの歴史的特質が「活力ある独善的膨張主義」を生み出した。したがってそれは、金融資本や独占体、多国籍企業の成立のはるか以前、植民地建設の当初から発現していた。端緒は植民地形成時のインディアン掃討による生存権の確保、地理的膨張に求められるが、独立革命以降は建国神話イデオロギーが浸透、「選民思想」に象徴される「独善性」が加わる。膨張に経済的動力を供給したのは、土地を獲得し、有産者化をめざす大量の移民であり、急速な経済成長であった。この大衆の願望、「農民的定着」(「農民的生存権膨張」)に基づく膨張志向が本来の帝国主義時代以前の版図拡大の主因であった。

　以後、膨張圧力は本格的に海外に向かう。アメリカの対外政策は同化主義の傾向が強かったのだが、圏内の諸民族の自立性を許容しないアメリカは安定した帝国は築きえないとされた。第1次大戦とロシア革命の結果、アメリカは資本主義の「基軸国」となるが、大衆にその自覚はなく、国際問題に鈍感な「大衆的野卑性」が発現して、戦債賠償問題の解決を不可能にするなど世界経済を

不安定にした。しかし、第2次大戦後はソ連との冷戦、ソ連の核兵器保有によって、ある程度の寛容性、合理性が示され、アメリカの持つ本質的な恣意性も多少は自粛された。それは「恐怖によって抑制された帝国主義」であった（363頁）。ところがソ連崩壊と保守回帰により上の大衆的野卑性が露骨になり、海外進出にはインディアン退治時代の恣意性が再現する。とくに9.11以後は不条理な虐殺衝動が暴発した。その根底にはアメリカ白人大衆の抑圧された人種差別意識があり、その緩解のため外部殺戮が繰り返されたと結論付けられる。

　ごく単純化すれば、馬場のアメリカ帝国主義論・覇権論は上のように要約できよう。最後の本格的論文である『現代世界経済の構図』「序章」において、これらは「基軸国アメリカの特質」として集大成された。それは、「地理的歴史的特性」「経済的特性」「覇権の特性」の3段からなるが、極めて広範囲にわたる内容が極度に圧縮された表現でつづられており、その理解と要約は容易ではない。最も基礎にあるのは「地理的歴史的特性」であり、アメリカを「断絶的徹底的な近代社会」と性格付け、それを形作った「先住民殲滅」、「土地略奪」をアメリカの「原罪」と規定している点が新しい点であろう。しかも、これが「普遍的近代を代表すると自他ともに認めるアメリカ社会が示す陰」、「非合理的な歪み」の原因であったとしたこと、歪みの中心として、原罪を隠蔽忘却するための「脅迫的成功志向」「成功至上主義」が例示され、さらに、成功の連続によって「自賛史観」や「非白人蔑視」が生まれたという指摘も興味深い。逆に言えば、アメリカン・ドリームや株価資本主義、成功至上主義、フロンティア好み、強いアメリカ好みのすべては「土地収奪社会」に由来すると喝破した。これが馬場の基本認識であったのではないか[32]。

　以上、衝撃力に富む馬場のアメリカ帝国主義論を我流に紹介しながら、ごくささやかなコメントを付した。その対外膨張に関連して、同様な試みをしよう。第1は、アメリカによるグローバル化の動機についてである。馬場は自国の商慣習、なかでも企業売買の慣行を各国に広げ、これに慣れたアメリカの投機的大企業や金融業が現地企業を上回る売買差益を獲得できるようにすることに求めている。その背後には、アメリカ経済の特質を投機性におさえる視点、日米経済摩擦の際にアメリカ側が示した「会社主義」への非難、商法や会計基準などをアメリカ流に改編し自国の投機業者に日本企業を買収しやすくする意図などを氏が看取したことに求められよう。しかし、アメリカ側の意図や要求は資

産売買益の獲得に加え、もう少し幅広く、多面的なものがあったのではないか。日米経済摩擦やTPP で見られたように、市場の開放要求は経済の隅々の分野に及び、証券や保険業のみならず、農業から製造業さらには多様なサービス業まで、きわめて広い分野にわたるそれぞれ独自の要求のいわば無秩序な集合として主張された。アメリカの自由主義が部分的利害の集合体であるというのは馬場の指摘の通りであり、グローバル化に際しても、きわめて多様な個別利害が多様な経路を通じて噴出したと言えるのではないか。

　いまひとつはアメリカの通商政策の評価についてである。馬場は英米の自由貿易政策の相違を論じ、アメリカはかつてのイギリスのような輸入促進的・一方的な関税引き下げではなく、輸出促進的・互恵（相互主義）的政策をとり、第2次大戦後のGATTやWTO体制下でも2国間交渉に固執するなどを指摘した。アメリカを単純に自由貿易の代表とする通説に対して、この指摘はきわめて重要である。だがその結果、第2次大戦後（互恵通商法の制定以降）のアメリカの政策変化や世界貿易の自由化に果たした役割がやや過小評価されることになったのではなかろうか。釈迦に説法だが、アメリカは第2次大戦後の冷戦体制と圧倒的な経済力を背景に、西側世界の再建という政治的動機と経済的には英帝国圏の解体を求めてGATT体制下で貿易自由化に邁進した。確かにアメリカの自由化政策には馬場が指摘するような様々な不透明さがつきまとったが、GATTのラウンドを主宰し、世界的な関税引き下げをリード、ヨーロッパや途上国の復興支援のため一方的な輸入自由化や対米差別の事実上の容認など、寛大な政策をとったことも事実である。馬場の議論ではアメリカの通商政策の歴史的・構造的な特質が重視されるあまり、その戦後における変化が過小評価されたように思われる[33]。

6．馬場段階論におけるアメリカ資本主義

　馬場によるアメリカ資本主義論は、ごく単純化すれば、以上の5つの系譜に整理できるが、これに加えて、氏独自の段階論のなかで論じられた生産力重視のアメリカ論も見落とせない。とくに、氏の「グローバル資本主義段階」において「基軸産業」とされたIT・ME産業は、これまでの議論には本格的に登場しなかったアメリカの生産力の重要な一面を示すものであったから、本章でも

第3章　アメリカ資本主義の歴史的特質　237

無視できないであろう。以下では、馬場段階論に対するきわめて変則的なアプローチであることを認識しつつ、「グローバル資本主義段階」を中心に、そこに示されたアメリカの生産力の内実に焦点を絞って考察したい。

（1）「大衆資本主義段階」と「アメリカ型生産力」

馬場の経済学研究における重要なテーマのひとつは、宇野段階論の再構築による独自の「新三段階論」の提唱にあった。しかし、その試みについて本章では本格的に論じる余裕も能力もないので、他の章とくに工藤論文の参照を願うことにして、必要な論点のみ手短に要約しよう。宇野段階論と異なる馬場段階論の特徴は次の2点に求められよう。ひとつは宇野がロシア革命を重視し、段階論を第1次世界大戦で打ち切ったのに対し、馬場は大戦以後も資本主義はアメリカ中心に発展を続ける一方、ソ連の消滅により世界的な社会主義化の展望は失われたから、宇野が現状分析の課題とした第1次大戦後も段階論の対象としたことにある。いまひとつは、宇野の段階論がイギリス中心史観に立っていたのに対し、馬場はその帝国主義段階以降をアメリカ中心史観に基づくものへと再構成した。20世紀末にアメリカが基軸国化し、世界に自国の慣行をグローバリズムの名のもとで強制するようになったという「世界史像の時間的変化」がその理由としてあげられた。

このような認識のもとで、馬場は宇野段階論の帝国主義段階以降の時期を3つの小段階に括り直す「小段階論」（のちには「新三段階論」）を提起した。すなわち、19世紀末から第1次大戦までは、宇野の時期区分を踏襲して「古典的帝国主義段階」とし、これに続く、ロシア革命から90年代初頭のソ連崩壊までの、アメリカが資本主義内で覇権国化した時期を「大衆資本主義段階」、そして90年代以降（70年代末以降は「助走期」）、アメリカが単独覇権国化した時期を「グローバル資本主義段階」と区分したのである[34]。

まず「大衆資本主義段階」の生産力から。「大衆資本主義段階」とは、資本主義が社会主義の内外における圧力に対抗し、それに制約されながらも自らを維持し、正当性を保ちえた時代であった。資本主義維持の最大の原動力となったのは、経済、イデオロギー、軍事のいずれの面においてもアメリカだった。段階論として図式化すれば、基軸産業は自動車と家電が代表する「大衆的耐久消費財産業」であった。これは第2次産業革命によって生まれた鉄鋼・電機・

石油業など重化学工業を基盤とし、金属加工の発展によって可能となった規格型・部品互換型の大量生産産業、すなわち馬場の「アメリカ型生産力」にほかならなかった。ちなみに、この段階の支配的資本は経営者資本主義、経済政策は福祉政策と成長政策の併存となった。戦後資本主義が豊かな供給条件に恵まれ、順調な経済成長を続ける間は、成長と福祉拡充が両立して、社会主義の圧力を吸収しえた。

　「アメリカ型生産力」についてはすでに第3節で詳しく論じた。巨大な国内市場と豊かな資源の賦存、移民労働力への依存と広大な土地の存在による大量廃棄の可能性という、アメリカ経済社会の歴史的な特質のうえに育まれた労働節約的・資源多消費的な大量生産型の耐久消費財産業、すなわち「アメリカ型生産力」がこの国を生産力的基軸国へと押し上げ、20世紀の大半をアメリカの世紀とした物的基盤だったという議論は、筆者にとってはいわば「導きの糸」であったから、これに異論をはさむ余地は小さい。あえて言えば、「アメリカ型生産力」は「大衆資本主義段階」の「支配的生産力」であったばかりでなく、もう少し長期にわたり現在に至るまで、アメリカの生産力の基盤をなすものと評価されてよいように思われる。事実、馬場自身も、すぐ後でふれる「グローバル資本主義段階」を論じる際に、基軸産業の議論とは別に「基軸国アメリカの特質」として「経済的特性」にふれ、アメリカ型生産力を高成長の原因にあげていた。また、「アメリカ帝国主義の特質」では、「労働節約的・自然（資源・環境）多消費的生産システム形成と技術選択」が投機性と並んで、アメリカの「旺盛な経済活力」の発現とみなされ、「アメリカ帝国主義の基盤としての旺盛な経済発展力を齎」したとされた。さらに進んでそこでは、この特殊アメリカ的産業がアメリカ主導のグローバル化の物的手段を提供したとまで評価されているのである[35]。アメリカ型生産力とITないしME産業との関連はどのようにつけるべきなのであろうか。以上は、段階論の基軸産業に関する筆者の無理解やそれと現状分析との位相のずれに基づくものかもしれないが、なお疑問として残った。

（2）「グローバル資本主義段階」とIT・ME産業

　馬場は90年代初頭のソ連崩壊以降の時代を「グローバル資本主義段階」と規定した。それはアメリカが単独覇権国となり、そのもとでアメリカモデルが世

界中に押し拡げられたグローバリゼーションの時代と定義された。段階規定と
しては、基軸産業はITないしME産業、支配的資本形態は株価資本主義、そし
て経済政策は、当初は企業の自由売買の世界化、投機的利得機会の開拓と整理
された[36]。以下では、この段階の生産力の中心に位置づけられたITないしME
産業について検討しよう。

　まず、これらの産業が「基軸産業」とされた根拠は、製品特性であるIT化と
相俟って、それがアメリカを冷戦の勝者としたこと、企業形態や労使関係を改
めて投機的自由競争に方向づけ、市場至上主義を社会に徹底させる一因となっ
たことにある。再三ふれたように、レーガン期には経済社会の再投機化が起き
たが、ITないしME企業はこの流れに乗った投機的なヴェンチャ・キャピタル
の流入により急成長する一方、金融新商品を族生させ投機を促進、これを全社
会的、全世界的に増幅する、社会的風潮を代表する資本となった[37]。

　ITのいまひとつの重要な役割は、インターネットの商業的利用などを通じ
て、90年代のグローバル（経済）化を際立って加速したことにあった。ITは「情
報や意志の流通を大量迅速安価にし」、政治・経済の両面で、「中枢への情報集
中や意志統一や同化を決定的に容易にした」。軍事戦略や多国籍企業の集権化
（グローバル企業化）、変動相場制下の為替取引量の急膨張（グローバル・トレ
ーディング化）も可能にした[38]。また別の論文では、ITはサッチャー主義・レ
ーガン主義という「臆面ない自由主義」思想を世界的に蔓延させる、いわば思
想的な同化手段（情報発信手段）になったことも指摘されていた[39]。

　ITの資本蓄積に果たす役割に注目しながら、その論理を追おう。まず、母国
であるアメリカにおいてITは「販売効率の上昇」に使われるのが主流であり、
流通費用の削減に資するが、それを用いた企業改善の試みの生産性引き上げ効
果は小さく、社会的な無駄の制度化、資源の浪費や環境破壊につながったのみ
とされた[40]。他方、日本の生産現場中心のIT化、産業ロボットの導入、FMS化
は生産性上昇効果があり、途上国でも同様だと評価される。とくに、発展途上
国の急速な工業発展を促した点がITの効果として重視された。まず、広義の
IT化とされる情報普及の急速化は、マルクスの「資本の文明化作用」を通じて、
よりよい暮らしを求め、会社の規律に従う労働力の供給と陶冶を促進した。具
体例として、テレビの普及が文明国的生活の演示効果を高め、途上国の人々の
意識と行動様式を貨幣取得に誘導したことが指摘された。

同時に、ITは発展途上国への技術移転と労働者階級の成立をかつてより容易、急速にした。ITを応用した生産技術や生産システムの工夫を通じて、生産工程をモジュール化し、熟練度の異なる諸工程に分割・単純化することが可能になった。生産設備を丸ごと移転するような手間暇は不要となり、断片化した工程をそれに適した技能水準を持つ労働者を供給できる国へと分散配置できればよい。IT化による情報収集と企業の意思伝達の加速、工程分割の実現や変化への対応力の増大が、グローバル化のもとで技術移転が急速に進んだ理由であった。

このようなIT化を一助とする低賃金国からの輸入の増大は拡大する国内市場を奪い、しばしばアメリカ製造業の空洞化を促した。アメリカの賃金が生産性の割には高く、国際競争力を失ったことがその原因であった。この結果、製造業雇用の絶対的な減少を伴う第三次産業化が生じたが、馬場はこの現象を先進国に共通した特徴とする一般的な議論を退ける。アメリカに特殊な現象とみなされているように思われるが、その内実は明らかではない。製造業就業者数の絶対的な現象に注目しても、確かにアメリカはいち早く1970年代末をピークに減少の一途をたどったが、わが国でも90年代初頭以降はほぼ絶対的に減少している。馬場は他方で、この現象の意味を、既存の高賃金の切り下げには大きな抵抗があり不可能だから、国民経済的には労働配分を変え、高賃金の製造業雇用を減らし低賃金の対人サービス、外食産業を増やすことによって、全体の平均賃金水準を引き下げようとする点に求めた。これまたアメリカの特質というべきか、判断できない。

こうしてIT化を伴うグローバル化によって、蓄積主体である株価資本主義が蓄積基盤を世界大に広げ、一般的蓄積と本源的蓄積を展開した。その結果、資本が獲得する剰余価値は増大し、利潤率も高めに維持される。それがアメリカを筆頭とする先進国に流入し、過大な需要の維持・株価の上昇を通じて主体を維持するという馬場独自の議論が展開された。とくに途上国での原蓄の重要性を強調するのが馬場説の特徴であった[41]。

以上、馬場の「グローバル資本主義段階」を生産力的基盤とされるIT・ME産業との関連でごく簡単に検討した。論理は難解であり、十分に理解できたわけではないが、この段階における生産力の把握について、いくつかの疑問を上げておこう。

第1点は、「グローバル資本主義段階」の基軸産業に関する疑問である。馬場はこの段階の基軸産業として、初期にはME産業を、後にはIT産業をあげる傾向にあり[42]、また、半導体、ICやコンピュータなどの電子産業を指すME産業を基礎とし、その「製品特性」をIT化とする認識も示している。真意をつかむのは容易ではないが、基本的にITとMEの両産業は同じものと考えられ、単純化すれば、電子産業が基軸産業に位置付けられているように思われる。

定義ないし用語法の問題という面もあるが、IT産業をME産業と同一視し、後者に引き付けて理解することにはやや違和感が残った。IT産業という場合、通常は、米商務省の『デジタルエコノミー』などが示しているとおり、インターネットや電子商取引を展開するのに必要な情報インフラを供給する産業の集合体と定義され、具体的には、電子産業（ハードとソフト）を基礎に、その上層に通信機器・サービス業が配置される構造になっている。ITの方が範囲が広く、製造業以外の多様なサービス業を含む。したがって、IT産業をME産業と同一視すると、ネットワーク部分が軽視され、この新産業を製造業ないし生産技術に偏して、産業の幅をやや狭く理解することにつながる恐れがある。90年代に花開く情報通信革命が何よりもネットワーク革命であったこと、また、当時のバブルの主役が新たに勃興した通信やネット関連企業であったことを考えると、基軸産業はMEなど製造業を基盤としながら、通信やネットなどサービス産業を明示的に取り込んだ、情報通信関連の総合産業として理解した方がよいように思われる[43]。

第2点は、ME・IT産業がアメリカの資本蓄積に果たした役割である。この点での馬場の評価は低く、生産力向上にとってポジティブな効果を持ちえないと断じた点はすでにふれた。その一方、ITはグローバル化とともに、支配的資本である株価資本主義の世界的な蓄積を支える物的基盤となり、非資本主義圏における労働者階級の創出と工業化のめざましい進展、ならびに、これらの地域で生産された低賃金商品のアメリカへの供給を促し、その製造業雇用の絶対的な減少を伴うサービス経済化ないし空洞化を促進したとされる。

確かに、アメリカにおいてITの重要な用途の一つが、「個」に焦点を合わせた販売面での革新にあったことは疑いない。だが、その後の事態の進展を踏まえると、ITの効果をこの点に限定することはやや難しいように思われる。情報ネットワークを生かした開発と製造の連携強化、製造システムやサプライチェ

ーンの革新など、モノづくりの現場近くでITはかなりの生産性効果を上げた。また、経営手法や組織の効率化にも大きく貢献し、リストラの推進、ホワイトカラーの人員削減と生産性引き上げに効果があったことも定説になっている。現在ではIOTやAIの普及など「第4次産業革命」の到来が喧伝されているが、ITをベースとする生産性上昇効果はますます大きくなることが想定される。

むすびに代えて──トランプ政権と馬場のアメリカ論

　2017年1月に「反グローバリズム」や「米国第一主義」のスローガンのもと、「保護主義」「排外主義」的な政策を掲げたトランプ政権が発足した。それから現在までの約2年半、必ずしも首尾一貫していたとは言えないが、大統領は大枠では公約に沿った対外政策を展開し、世界を大きな混乱に陥れた。このような新政権の公約と行動は、前節で取り上げた馬場のグローバル資本主義段階の覇権国アメリカ像とはやや隔たっているように見える。馬場が遺したアメリカ資本主義論は、「反グローバル化」に転じた米社会の現状を理解するのにもはや効力を失ったのであろうか。本章のむすびに代えて、トランプ政権の発足という事態を前に、馬場のアメリカ論の有効性を改めて検証したい。とはいえトランプ時代は始まってから間もなく、また、ディールや思い付きで物事を決める大統領の個性や官僚制度の弱体化とも相まって政策展開は流動的であり、それへの評価も確定しがたい。以下は、この2年半におけるトランプ政権の通商政策の経験をもとにした、ごく暫定的な考察にとどまる。

（1）トランプ政権の通商政策

　まず、トランプ政権の通商政策の展開をごく簡単に跡付けよう[44]。大統領選挙戦中にトランプ候補は貿易赤字は雇用を奪うものとして敵視し、これを生み出した多国間協定と自由貿易を強く非難、赤字の中心である中国、メキシコ、日本等を名指しして強硬な対策を表明した。そして政権が発足すると直ちに、公約通り環太平洋パートナーシップ協定（TPP）から離脱し、北米自由貿易協定（NAFTA）の「近代化」と貿易赤字削減を求めて再交渉を始めた。他方、中国に対する強硬姿勢は北朝鮮への影響力行使を期待してトーンダウンし、日本に対しても協調ムードが醸成された。

かくて発足後1年間の通商政策は「噛まずに吠えた」と評され、それが最大の成果だったと称えられたが、18年に入ると本当に「噛み」始めた。年末に減税策が成立し、また、政権内部から国際協調派が一掃されたことも、これを後押しした。

まず18年1月には中国、韓国の企業を念頭に、太陽光パネルと家庭用大型洗濯機に対し1974年通商法201条による緊急輸入制限（セーフガード）が発動された。ついで3月には、62年通商拡大法232条に基づき、アメリカの安全保障を危うくするとの理由で鉄鋼輸入に25％、アルミ輸入に10％の追加関税をかける方針が発表された。産業保護に加え、関税を脅しに懸案の通商交渉で有利な譲歩を引き出そうとする狙いもあった。が、これは在韓米軍撤退の威嚇と合わせ韓国に対米鉄鋼輸出の数量規制とFTA の再交渉（自動車貿易における対米譲歩など）を呑ませ、ブラジル、アルゼンチンにも数量規制に同意させる成果を上げたものの、政権にとっては十分とは言えなかった。

そこで5月に大統領は、自動車および自動車部品の輸入が米国の安全保障上の脅威になっているかという調査を商務長官に命じたと発表した。当初のプランでは、すべての自動車と部品に25％程度の追加関税を課すことが検討されていた模様である[45]。自動車貿易の規模と各国経済に及ぼす影響の大きさから、関税という脅しは世界の主要な生産国を動揺させ、懸案の交渉相手にアメリカとの2国間交渉を受け入れさせるのに大きく貢献した。

まず、メキシコおよびカナダは前年夏からNAFTAの再交渉を始めていたが、米国の強硬な要求に反発し、交渉は進まなかった。ところが自動車への追加関税検討の発表とメキシコ大統領選の結果を受け、8月末にはメキシコ、9月末にはカナダとそれぞれ2国間協議が合意に達した。懸案だった域内の現地調達率は現行の62.5％から75％へと引き上げられ、その40〜45％は時給16ドル以上の地域で生産することが義務付けられた。さらに、両国からの対米乗用車輸出のうち年間260万台を超えた分はアメリカが追加関税を発動した場合にはその対象となることに合意、さらに、通貨安誘導を防ぐための為替条項も盛り込まれた。このほか、電子商取引や金融サービス、労働・環境・知財権の保護なども合意され、アメリカはNAFTAの「近代化」に成功した。NAFTA発足の際にアメリカは「開かれた地域主義」を標榜したが、新協定では米中心の自動車生産の「要塞」構築とカナダ、メキシコに対するサービスおよび農産物輸出増大の狙いが

露骨に示された。名称をUSMCA（United States-Mexico-Canada Agreement：米国・メキシコ・カナダ協定）へと変えた新協定は、以後の貿易協定のモデルとしてトランプ政権によって称揚されることになった。

ついで、2国間交渉に慎重だったEUと日本も追加関税の圧力に抗しがたく、EUは7月末に米大統領と欧州委員長との首脳会談において自動車を除く工業製品の関税撤廃、米国産の大豆や液化天然ガス（LNG）の対EU輸出拡大に向けて交渉を始めることに合意した。また、日本も9月の日米首脳協議で、事実上のFTAである、モノの貿易自由化を中心とする2国間の「物品貿易協定」（TAG：Trade Agreement on Goods）の締結に向けた交渉開始に合意した。その見返りに、EU、日本とも、協議中は米政府が自動車への追加関税を課さないという約束を獲得した。

このようにトランプ大統領の「ディール」は、先進国（同盟国）に対してはアメリカ市場のもつ決定的な重要性を背景に成果を収めたが、通商交渉の最大の標的である中国には通ぜず、事態は「貿易戦争」と言われるところまでエスカレートした。それは中国との抗争が、たんなる貿易摩擦ではなかったためである。

その契機は18年3月下旬に、大統領が中国の知財権侵害、進出企業に対する強制的な技術移転の事実を認定し、通商法301条に基づいて500億ドル相当の中国製品に対し25％の制裁関税を課すと発表したことにあった。これに対し中国政府もWTOへ提訴し、報復措置を公表する一方、米国の要求に沿って関税引き下げなど市場開放策や外資系企業に対する出資規制の緩和、外資の投資環境の整備、知財権の保護強化策を準備して協議を続けた。その結果、18年央に両国政府は「関税戦争の一時保留」を声明した。ところがトランプ大統領はすぐこれを撤回、7月には制裁関税の第1弾として、産業機械（産業ロボット・電子部品など）を中心に340億ドルの輸入品に25％の追加関税を発動した。中国も同日、米国産の大豆や牛肉、車など340億ドル分の米からの輸入に25％の追加関税を課した。

以後、貿易摩擦は激化の一途をたどる。8月下旬にアメリカは、第2弾として500億ドルの残りの160億ドル分に25％の制裁関税を課し、これに対して中国も米国からの同額の輸入品について同様の措置をとった。激高した大統領は9月下旬には第3段として、中国からの輸入品2000億ドル分、食料品、家具や家

電などに10％の追加関税を課し、19年1月1日以降はこれを25％に引き上げると発表した。中国からの輸入総額（5100億ドル）の半分に追加関税がかけられた計算になる。対する中国政府も米国産の液化天然ガス、木材など600億ドル分に5～10％の追加関税を課した。これで米からの年間輸入額（1500億ドル）の約70％が追加関税の対象となった。さらに、トランプ米大統領は第4弾として、残りすべての中国からの輸入品（約3000億ドル）に25％の追加関税を課す準備があると表明した。しかし18年12月の米中首脳会談を経て貿易交渉が再開され、19年1月に発動予定の関税引き上げはその結果を待って3月初頭まで延期された。

　トランプ政権の要求は当初、対米黒字の削減に傾いていた。知財権侵害についても、アメリカはその是正のための具体的な方策より、対中貿易赤字のうち1000億ドル（のちに2000億ドル）の削減を求めたほどであった。しかし同時に、すでにそこには最先端技術の育成・国産化を目的とする産業政策（「中国製造2025」）の見直し要求も含まれていた。米側は中国政府がこの計画にWTOルールに違反する巨額の補助金を支給したばかりか、さまざまな経路を通じて米国の技術を不当に入手し、ハイテク分野で技術的優位を奪おうとしていると非難した。安全保障に絡む次世代技術の覇権争いという側面が次第に強まったことが、米中貿易摩擦を複雑かつ解決困難にする原因となった。

　通商交渉と並行して、米政府が中国のIT企業に対する圧力を強めたことも米中摩擦のもつこの性格を際立たせた。米国はスマートフォンや通信機器で世界的大企業へ急成長した華為技術（ファーウェイ）や中興通訊（ZTE）が技術情報の中国当局や軍への流出に関与しているのではないかと疑い、さらにZTEがイランへ通信機器を違法に輸出し、かつ米政府に不正な情報を提供したと判断して18年4月に米企業の同社との取引を7年間禁止すると発表した。ZTEはアメリカ製半導体を購入して製品を製造販売していたため破産の危機に直面、罰金の支払いや経営陣の刷新など米政府の要求を全面的に受け入れ、6月には制裁の緩和と事業の再開にこぎつけた。その後、対象はファーウエイへと移り、8月には同社はじめ中国の有力IT企業5社からの政府調達を禁止し、さらに中国への技術漏洩を防ぐ目的で、対米直接投資や対中輸出の管理を強化する2018年国防権限法が制定された。のちにはファーウェイの経営首脳が米政府の要請により、カナダで逮捕された。18年11月にはペンス副大統領が、中国非難の激

越な演説を行って米中関係をさらに緊張させ、「新冷戦の時代」の到来すらさ
さやかれるようになった[46]。

（2）トランプのアメリカと馬場の覇権国家像との距離

　以上の通商政策から見たトランプのアメリカは、馬場が描いた覇権国像とは
やや隔たっているように見える。ごく手短に復習すれば、馬場の描いた覇権国
アメリカは、グローバリゼーションを先導し、GATT・WTOやIMFなどの国際
機関まで動員して自由貿易を広め、政治・軍事・経済・社会のすべての面で世
界のアメリカ化、すなわち、自国の経済運営、社会構造、生活様式、価値観の
世界的拡大に邁進した。馬場によれば、その核心は商慣行、すなわち「投機経
済社会」に由来する資産売買慣行を世界に広げることにあり、これによって自
国の投機的大企業、なかでも金融業、広くは米国資本一般に利益を得させるこ
とにあった。同時に、グローバル化はIT化とともに、米系多国籍企業の生産工
程の分散配置と企業内国際分業、世界的規模での本源的蓄積を通じて利潤率を
引き上げ、アメリカ経済の拡大を支えたという論理も示された。

　ところが、トランプ大統領は「反グローバル化」を唱え、多国間・地域間の
自由貿易を拒否し、世界のほぼすべての国を敵に回して関税を課した。戦後曲
りなりにも尊重されてきた無差別原則は否定され、通商交渉を二国間の枠組み
に誘導、そこではアメリカの力を背景に対米輸出の削減と輸入の増加が強く求
められた。後者は、馬場が別の文脈で明らかにしたように、80年代以降の日米
貿易摩擦の際に米政府がとった政策と同質であった。しかし、トランプ以前の
政権がウルグアイラウンドの進展やWTOの創設などグローバルな関係にも目
配りし、国際協調路線を踏襲、多国間での貿易拡大にも取り組んだのに対し、
トランプ政権は米国第一主義をとって貿易と投資の世界的な縮小をまねいた。
対中国政策も一変し、日米貿易摩擦時をはるかに上回る、全面的な覇権防衛戦
を仕掛けている。約言すれば、トランプ流「反グローバリズム」とは、貿易黒
字と雇用を絶対視し、「自国の保護政策を恫喝材料にして他国に対米自由化を
強制する」（『もう一つの経済学』365頁）など、外への膨張圧力を強める一方、
外から流入するモノとヒト（移民）、企業（中国企業）は米社会に有害である
と断定し、それを遮断すると同時に、自らの行動の自由を確保するため、政策
執行において「国家主権」を強調し、自国にとって不都合な国際機関・協定の

軽視ないし離脱を図るところにあった[47]。

　トランプ政権はまた、馬場が強調する「世界のアメリカ化」という志向を弱めたように思われる。確かに、貿易赤字削減・各国の対米輸入増加のため、外国の法制度をアメリカ化する政策は維持されているが、それを越えて世界的な経済秩序の形成・維持には関心がないように見える。さらに付言すれば、トランプのアメリカが自由、平等、民主主義などのアメリカ的価値観やイデオロギーの優越性を訴え、それを世界に普及させようという伝道師的志向を弱めたことも馬場の世界との距離を示す。ごく最近でこそ、あからさまな対外膨張を繰り返すとして中ロの「修正主義」「共産主義」に対する反発を強めているが、比較的最近まで、トランプ大統領はこの種のイデオロギーとは無縁であった。安全保障を理由とした鉄鋼・アルミや検討中の自動車への追加関税は日欧の「同盟国」を主要な標的とする一方、中ロや北朝鮮の首脳には親近感を示し、関係改善に意欲をみせていた。より根源的に言えば、トランプ大統領はこれらのアメリカ的価値観を否定とまで言わないにせよ、著しく無関心であることを強調して当選したのだから、たとえ、大統領が積極的にこれらの価値観を普及させようとしても実効はなかったであろうが。

　最後に、トランプ候補は選挙戦中から米系企業のメキシコへの投資を雇用の輸出として非難し、国内投資を強制、企業の生産拠点の立地選択に口先介入した。政府によるこの種の企業活動に対する直接的な介入はきわめてまれな出来事であり、関税引き上げによるグローバル・サプライチェーンの混乱とともに、米系（および世界の）企業の事業展開にとって大きな障害となった。馬場の世界ではグローバリゼーションは広くアメリカ資本一般の利益に奉仕するものだったが、トランプの反グローバル化の利益を享受するは鉄鋼・アルミ、自動車産業（ただし企業からの反対は強い）などごく狭い範囲の製造業の労使、とくに労働者に限られ、ITはじめ多くの業種の企業には不利益を及ぼした。

　馬場の描いた覇権国像と一部は重なるが、異なる面も大きい「反グローバル化」へトランプを向かわせた原因はどこに求められるだろうか。基本的には、冷戦崩壊以降の歴代政権によるグローバル化政策が、アメリカの経済社会にさまざまな困難を引き起こしたとみなされたことにあった。

　最初に槍玉に上がったのは移民（とくに不法移民）の増加であった。「移民の国アメリカ」という共通了解のもと歴代政権はその流入に宥和的な政策をと

ったが、それが移民による犯罪やアメリカ人からの仕事の略奪など社会的コストを高めたと考えられた。また、これに伴う人種の多様化、差別撤廃や弱者救済、文化的多元主義の容認の拡大は、近未来における白人のマイノリティ層への転落という危機感にもあおられ、彼らの強い反発を生み出した。

　さらに、グローバル化政策は中国の軍事・経済大国化の主犯とみなされた。米政府は中ロに対していわゆる関与（engagement）政策をとり、馬場の言う軍事的威圧のみならず、ロシアのG7入り、中国のWTO加盟の承認などを通じて、両国をアメリカ中心のグローバルな国際経済体制のなかに編入しようとした。経済成長を促すことにより、民主化と市場経済化の進展を期待したのである[48]。実際、中国はめざましい経済成長に成功し、国内では中間層も生まれたが、彼らは党との親密な関係を通じて致富に成功、アメリカが期待したほど政治経済構造の変革にはつながらなかった。むしろ政府は独自の「中国モデル」の成功に自信をもち、その推進を図る一方、軍備を強化し、「一帯一路」計画を発表、アメリカ中心の世界秩序に挑戦する姿勢を示すと同時に、対米輸出を急増させた。

　これが反グローバル化気運を高めるのに最も重要な役割を果たした。アメリカの多くの有権者は、中国およびメキシコなどからの輸入の増加を製造業雇用急減の主因とみなした。実際、80〜90年代にほぼ安定していた米国の製造業雇用は21世紀にはいると急激な減少に転じ、2000年1月からリーマン・ショック到来（08年1月）までの間に約340万人、それ以後10年1月までの間にはさらに220万人も減り、1150万人へ落ち込んだ。21世紀初頭のほぼ10年間で3分の1の労働者が失われた勘定になる。この間、中国からの輸入はおよそ3倍、約3600億ドルまで増加したのであった。

　中国からの輸入の影響を明らかにしたのは、MITのオーターらのグループによる精緻な研究であった。よく引用される彼らの論文によると、1999年から2011年の間に中国からの輸入によって国内製造業の雇用は関連産業まで含め約100万人（経済全体では240万人）失われ、この間に減少した雇用の20％弱を占めると推計された[49]。この結論はきわめて興味深く、大きな注目を集めたが、しかしそれで製造業雇用減の決定的部分を説明できたとまでは言えないであろう。むしろ一般には、輸入の増大より技術進歩（IT化）に基づく生産性の上昇や国内外の景気変動の影響を重視する説が有力である。*Financial Times*や

*Fortune*など経済誌が注目したBall Universityの研究は、2000〜2010年を対象に、製造業雇用の減少（560万人）の90％近くは生産性上昇によるものとし、貿易の影響は10％程度と結論づけた。この期間に製造業の産出高がめざましく増加し、生産性の上昇率がきわめて高かったことが重視され、ごく一部の労働集約的産業（アパレル・皮革、家具）においてのみ貿易が雇用減退に大きな影響を及ぼしたにとどまった。

　このように輸入増の影響は必ずしも決定的ではなかったのだが、ちょうどこの時期に、NAFTAの発効（1994）、中国のWTO加盟（2001）、中国、メキシコの急成長と輸入の増加、アメリカの貿易赤字の増大などグローバル化に関連した、目に見える出来事が相次いだため、これらと雇用喪失が結び付けられて理解された。TPPの合意に積極的な役割を果たしたヒラリー・クリントン候補でさえ、投票日が近づくにつれ前言を覆し、反自由貿易の姿勢へと傾いたことは記憶に新しい。雇用減の影響は一部の地域と階層の人々に集中した。オーターらの前述の研究の最大の成果は、膨大なデータを基にコミュニティごとに輸入の影響を精査した点にあったが、そこではラストベルトのみならず南部の労働集約的産業そして白人低学歴ブルーカラーに被害が集中した事実が明らかになった。ここでは高賃金の肉体労働は姿を消し、製造業に残った仕事は高度な技術を要するものばかりとなったから、彼らは低賃金のサービス業に職を求めるほかなく、ミドルクラスから転落する恐怖に陥った。現状に絶望した人々は、グローバル化を推進し、自分たちを見捨てた既成の政治家に反発、かつては少なからず労働組合員で、民主党支持者であった人々もトランプに賭けた[50]。このような風潮を背景に、経済再生と雇用確保を強力に煽るトランプ候補の反グローバル化政策が、従来からの分厚い共和党支持者に加え、白人ブルーカラー労働者やその周辺の浮動票、さらには投票したことのない人までを取り込み、大方の予想を覆して氏に勝利をもたらしたことはよく知られている。大統領就任以降も、氏は社会の深刻な分断をいっそう煽ることによって支持固めを図ったから、新たな層への浸透は難しく、それゆえ旧来からの支持層に受ける反グローバル化の強硬策を続々と打ち出したのである。

（3）馬場のアメリカ論の有効性

　「反グローバル化」に転じたトランプのアメリカは、馬場が描いたグローバ

ル資本主義段階の米国とは異なる社会へと変貌してしまったのか、そして、それを理解するうえで氏の議論は有効性を失ったのであろうか。言うまでもなく、馬場にはトランプを直接論じる時間は残されていなかった。それゆえ本章が注目するのは、遺されたアメリカ論のなかにトランプ時代を理解する手掛かりが残されていないか、という点である。きわめて乱暴に結論を先に言えば、「大衆的保守化」と「野卑化」、そして「現代の本源的蓄積」という議論がその手掛かりであるように思われた。

　第1に、馬場がレーガン以降のアメリカ社会を特徴づけた「大衆的保守化」と「野卑化」について。すでにふれたように、氏はレーガン政権の登場、ニューディール以来の福祉国家化の逆転原因を白人多数派の保守化に求め、その基盤に「抑圧された人種差別意識」があったと論じた。すなわち、彼らは「偉大な社会」計画のもとで展開された人種平等化政策と貧困戦争（福祉拡充政策）を黒人への優遇策とみなし、強い違和感をもったが、これらはアメリカの「建前」だから不満は表立っては表明できない。そこで彼らは黒人優遇策の転換、反ウェルフェア政策を含意したレーガンを支持したというのである。馬場によれば、この「抑圧された人種差別意識」に基づく「大衆的保守化」は21世紀に入っても、ブッシュ（子）政権を成立させる基本的な原因として作用し、それがアフガンやイラクでの大量殺戮につながったとされた（『もう一つの経済学』、364頁）。

　「抑圧された人種差別意識」は、トランプ政権の成立にも大きな役割を演じたと言えないだろうか。この政権を生み出し、それを支えている人々の最も目立つ属性は「白人」とくにそのなかでも「男性」と「高齢者」であった。大統領選挙前後の各種の世論調査によると、白人の65％（全国民の5分の2）は大量の移民受け入れに歯止めをかけ、キリスト教の伝統を守り、イスラムの脅威を食い止めようという政治家を支持すると表明していた。また、共和党支持者のなかでは、白人男性の40％以上、なかでもキリスト教徒のほぼ半数が自らは差別されていると感じたという[51]。このように、白人の過半は移民の急増にともなう経済的・文化的脅威に反発し、レーガン以降の保守革命の担い手たち以上の「抑圧された人種差別意識」を抱えていたに違いない。これはレーガン期には黒人に向けられていたが、トランプ期になると、それに加えラティーノ、中東系など非白人のすべてが対象となった。しかも彼らの「人種差別意識」は

排外主義、白人至上主義を公言するトランプ氏の登場によって「抑圧」から解放される。彼らは文化的多元主義、LGBT、同性婚などの容認という潮流への強い拒否感を示したが、これはレーガン期の「白人中間層多数派」が「女性平等化、家庭の変形やアボーションや新たな性風俗や麻薬使用等に対する寛容な態度、宗教離れ、環境保護や企業規制、最低賃金等労働者保護や労働組合支持等、要するに進歩的知識人好みの路線」に反発したという馬場の指摘に重なる。ちなみに、氏はこれが現状に対する不満や反知性主義という点でアメリカの伝統になぞらえると「ポピュリズム」であり、それは怒りの表現と否定形の主張を持ち、レーガン政権の誕生につながったと指摘している（『宇野理論とアメリカ資本主義』217〜9頁）が、まったく同じことがトランプ政権についても言えるであろう。

　これと関連して興味深いのは、馬場が「大衆的保守化」を「文化的には野卑化」と同義のものと規定し、アメリカが国際関係に鈍感になる原因とみなしたことだ。もっとも、「野卑化」の意味を理解するのは容易ではない。馬場がつけた注を見ると、これはアメリカ社会が下品になったこと、「金のためにウソを付くことが珍しくなくなった状況」を指しているように思われる[52]。野卑化とアメリカの対外関係との関連は、1920年代とブッシュ（子）期について論じられているが、とくに前者が示唆に富む。すなわち、第1次大戦とロシア革命の結果、アメリカは「資本主義圏の基軸国」となったが、大衆にはその自覚がなく、経済力に見合った対外政策を支持しなかった。その結果、米政府・議会は私有財産至上主義をナマに追求し、大戦中に同盟国に貸し付けた戦債の回収に固執する。他方、ウィルソン大統領が提唱した国際連盟への加入はアメリカの行動の自由が制約されるとの理由から議会が拒否した。

　20年代の経験はトランプのアメリカに再現される。トランプ政権は自らの経済的利益を一部犠牲にしても、世界の安定に肩入れする方針はとらず、むしろ、自らに不都合な国際協定・国際機関の枠組みからは離れようとしている。20年代に排外主義が高まり、KKKのメンバーがピークを迎えると同時に、1924年には新移民やアジア系に対する移民規制法が成立したことも今日との共通性を示唆している。最近の研究でも、20年代の「孤立主義」はアメリカ・ファーストを求める「独立した国際主義」と評され、トランプ政権とほぼ同質と指摘されている[53]。このように馬場の「大衆的保守化」と「野卑化」の議論は、トラ

ンプのアメリカの深層を考える素材を提供しているように思われる。

第2のキイワードは「現代の本源的蓄積」である。これは、反グローバル化のカギを握った白人ブルーカラー労働者のトランプ支持を分析するツールとなる。この点について、馬場は2つのロジックを示していた。一つは、もともと東部大都市のスラムに住み、ブルーカラーの下層をなす東南欧出身の「新移民」である彼らは、ニューディールの社会改良（ならびに戦後経済の繁栄とアメリカ製造業の成長）によって社会的階梯を上昇するのに成功し、ミドルクラスに仲間入りした結果、社会福祉政策の「受益者」より「負担者」の感覚が強まり、少しずつレーガン支持に回ったというものである。これは、南部白人の共和党支持への転換、インテリ層の権威喪失とともに、ニューディール以降、アメリカ政治を支配し、福祉国家化を推進した「ニューディール連合の崩壊」の一部をなした。

もう一つのロジックは、「本源的蓄積」が展開された結果、米国内の低熟練労働者の雇用が失われ、賃金の一般的な低下が生じたという周知の議論にかかわる。馬場によれば、ITは発展途上国を含む企業内国際分業の展開を可能にし、未熟練労働が担当する生産工程を海外に移転する一方、現地で作られた低コスト商品を米国に輸入することによって利益を増大させた。こうして、製造業の空洞化とその雇用の停滞縮小、低賃金のサービス労働の拡大、いわゆる第三次産業化が起きた。馬場はわざわざこれはアメリカの特殊性であることを付記している。この結果、製造業で職を失った白人ブルーカラー労働者は保守化の波のなかに組み込まれた。

以上の馬場の議論は、技術革新の役割が過小評価されているという難点を除けば、白人ブルーカラー労働者が反グローバル化に転ずる経済的根拠を明らかにしていると言えよう。しかし氏の視野には、彼らが既存の政治秩序に反発し、「反グローバル化」を唱えるポピュリスト政治家の台頭を支えるという関連は入っていなかった。「大衆的保守化」との関連でポピュリズムが指摘されるなど、これにつながる素材はあったのに、なぜ意識がそちらに向かわなかったか。それはまず、馬場が中国の急速な大国化とトランプという大統領としては類を見ない異色な人物の登場、それを支持した米国経済社会の変貌を直接目にする機会がなかったという制約に基づくものであろう。しかし同時に、馬場が資本蓄積の視点からグローバル化を分析し、現代の本源的蓄積によって剰余価値が上

昇し、それがアメリカを中心とする先進国に流入して需要と株価を維持する一方、世界的な経済成長と大衆的富裕化をいっそう促進し、地球環境の破壊から人類の破滅に向かうというロジックを重視したためであろう。

このような些細な問題は存在するが、馬場が明らかにしたグローバル資本主義段階のアメリカ像は、トランプのアメリカを理解する有力なカギを提供している。この2つの時期の間には、グローバル化への取り組みにおいて開きがあった一方、「抑圧された人種差別意識」に基づく「大衆的保守化」と「野卑化」という連続かつ共通する傾向が認められた。それはレーガン期には「小さな政府」へ、ブッシュ（子）期（9.11以後）には中東における「大量殺戮」へ、そしてついにはトランプ政権の成立と「反グローバル化」政策の展開へつながった。いまひとつ、この間のアメリカ主導の「グローバル化」と「本源的蓄積」は、アメリカの単独覇権を危うくする可能性を持った中国の台頭と相まって、米社会に外部から流入する異質なものに対する恐怖と反発を生み出し、トランプ政権を支える役割を果たした[54]。以上は馬場説をごく我流に解釈したものに過ぎないが、トランプのアメリカの深層を理解する上で、氏の議論は今後なお検討されてよい価値をもっているように思われる。

1）「馬場宏二　社会科学を語る」東京大学社会科学研究所『社会科学研究』第45巻第4号、1994年、271頁（以下、「社会科学を語る」と略す）。

2）馬場宏二『もう一つの経済学——批判と好奇心』終章「新三段階論の提唱」、御茶の水書房、2005年、385〜392頁。

3）アンドリュー・E. バーシェイは馬場の叙述について、「文体には活気があり、時にけんか腰であり、レトリックは辛辣である」と評している（山田鋭夫訳『近代日本の社会科学——丸山眞男と宇野弘蔵の射程』NTT出版、2007年、173頁）。

4）「社会科学を語る」258、260〜261頁。

5）馬場宏二『世界経済——基軸と周辺』東大出版会、1973年、359頁。

6）東京大学経済学会『経済学論集』第36巻第1号、1970年、101頁。

7）資本が自由に処理できないという点で、農業問題は「国際通貨問題」と双璧のものとされるという独自の視点が生まれる。ここから、両大戦間期の国際通貨問題に加え、世界貿易・多角決済構造、アメリカの貿易構造についての研究が深められた。

8）以上については、「社会科学を語る」273〜277頁が参考になる。

9）同上、277頁。

10）馬場宏二『宇野理論とアメリカ資本主義』御茶の水書房、2011年、259、283頁。

11）戸塚茂雄「過剰富裕化論の学説史的考察——形成、展開、意義」『宇野理論を現代にどう活かすか』Newsletter、第2期第8号（通巻第20号）Working Paper Series 2-8-5、

2012年9月、http://www.unotheory.org/files/No8/newsletter_2-8-5.pdf　2018年12月
12日確認。

12) 楊井編『世界経済論』東京大学出版会、1961年の刊行の数年後に、ほぼ同じ時期を対象
とし、ほぼ同じ問題意識を共有しながら、各国経済の分析にウエイトを置いた大島清編『世
界経済論』勁草書房、1965年、が出版された。この2冊は両大戦間期の世界経済の研究に
とって必読文献だった。その大島編は、「互恵通商協定…は貿易自由化運動の一環として
推進された」のであり、楊井編がそれを「ブロックの形成あるいはブロックの強化拡大と
みるのは適当ではない」と批評している（372頁）。上の議論は馬場のそれに対する応答で
あったのだろう。

13) 馬場のよき理解者の一人であった三和良一氏は「70年代というのは、やっぱり馬場理論
として転換していって、それが79年ぐらいから、かなりはっきり出てくる」と評価されて
いる（「社会科学を語る」286頁）。

14) この論文は『現代資本主義の透視』東京大学出版会、1981年、第5章に収められたが、
その際、タイトルは「アメリカ型経済文明の衰退」に手直しされている。「終焉」ではや
や強すぎたと思われたのであろうか。

15) 同様の把握は、この論文よりやや早く発表された「現代資本主義の多元理性」（『経済評論』
1979年7月号、『現代資本主義の透視』第3章として所収）にも見られる。

16) 『現代資本主義の透視』169頁。この指摘は含蓄に富むが、その前提として馬場は19世紀
末の重工業化は留保付きながら生産力の「正常な発展の極限」にあったという認識を示し
ている。その根拠は環境や資源に修復不可能な負荷をかけなかったこと、「金融資本が資
本形態の極限」だったことに恐らく求められているように思われるが（172頁）、筆者には
十分に理解できなかった。

17) 馬場宏二『マルクス経済学の活き方』御茶の水書房、2003年、371頁。

18) 馬場『宇野理論とアメリカ資本主義』335頁注12。

19) 戸塚茂雄、前掲、「過剰富裕化論の学説史的考察——形成、展開、意義」

20) 馬場宏二『富裕化と金融資本』ミネルヴァ書房、1986年1頁。バーシェイ『近代日本の
社会科学』171頁でも、馬場は「マルクス主義が経済学体系として生き残るため」に、「『大
衆的富裕化』を基礎とした新しいパラダイムが必要」だと考えていたと述べている。

21) 馬場『現代資本主義の透視』88頁。

22) *Historical Statistics of the US, Millennial Edition*, Vol.3, 3-463, 2006.

23) 加藤栄一・馬場宏二・三和良一編『資本主義はどこに行くのか』東大出版会、2004年、
のちに、前掲、馬場『もう一つの経済学』に所収、引用は同書、312頁。

24) 同上、312頁、333頁。

25) 馬場『宇野理論とアメリカ資本主義』196頁。

26) 佐藤千登勢「格差と貧困」、谷口明丈・須藤功編『現代アメリカ経済史——「問題大国」
の出現』有斐閣、2017年。

27) 馬場自身が認めているとおり、どこから先が「過剰」であるかという限界ないし境目を
明示するのは難しい。その「境目」はロジックからではなく、共同体的な関係を望ましい
ものとする価値判断、つまり倫理から決まるとの理解も示された。馬場「社会科学を語る」
296頁、橋本寿朗氏の発言。

28) 馬場宏二『教育危機の経済学』御茶の水書房、1988年、204〜205頁。

29) 「社会科学を語る」293頁。

第3章　アメリカ資本主義の歴史的特質　255

30）「社会科学を語る（続）」44〜45頁、青森大学『研究紀要』第33巻第1号、2010年。

31）馬場『もう一つの経済学』377頁、注78、古矢旬『アメリカニズム』に対する書評。

32）馬場『宇野理論とアメリカ資本主義』第3章、29頁。

33）アメリカの通商政策については、馬場も参照している佐々木隆雄『アメリカの通商政策』
　　岩波新書、1998年、がきわめて興味深い。

34）馬場による宇野段階論の再構成と自らの段階論の構成については、「宇野理論究極の効用」
　　（『宇野理論とアメリカ資本主義』第3章および12章）、「新三段階論の提唱」（『もう一つの
　　経済学』終章）などによる。注目すべきはかなり早い時期から、馬場が段階論は生産力の
　　発展を基準に組み立てられるべきと認識していたことである。この点からすれば、アメリ
　　カの生産力は質量ともに第1次大戦以前にはすでにヨーロッパをほぼ上回り、世界の生産
　　力的基軸となったこと、さらに、第1次大戦後もこの位置に定着し、指導的先進国として
　　の影響力を発揮し続けたことを重視し、帝国主義段階はドイツ典型ではなく、アメリカを
　　はるかに重視して論ずべきと提起していた。『富裕化と金融資本』iii〜iv頁。

35）馬場『宇野理論とアメリカ資本主義』302〜303頁、『もう一つの経済学』352頁。

36）馬場『もう一つの経済学』322〜323頁。なお、同書に所収の「新三段階論の提唱」（387頁）
　　および「自由化と過剰富裕化」（『マルクス経済学の活き方』366頁）も参照。

37）馬場『宇野理論とアメリカ資本主義』297〜298頁。

38）馬場「資本主義の来し方行く末」（『もう一つの経済学』322〜323頁）。

39）馬場「自由化と過剰富裕化」（『マルクス経済学の活き方』368-9、380頁）。馬場がイン
　　ターネットに具体的に言及しているのは珍しく、ほぼこの論文に限られた。

40）同上、324頁。

41）馬場は「資本の本源的蓄積」を農民に対する暴力的収奪とのみ解するのは矮小化だとして、
　　資本主義確立のためには創出された無産労働者が資本の要求に応じて労働し、労働需給に
　　応じた賃銀で納得するように行動様式を陶冶されることが必要であり、そのための制度的
　　障害を除去することが原蓄の主内容だと注記している（『宇野理論とアメリカ資本主義』
　　340頁）。

42）例えば、「宇野理論究極の効用」ではME産業（『宇野理論とアメリカ資本主義』23頁）、「構
　　図」ではIT産業（同書297頁）、「新三段階論の提唱」では「IT化」（『もう一つの経済学』
　　387頁）と規定されている。

43）馬場宏二・工藤章編『現代世界経済の構図』ミネルヴァ書房、2009年、102頁。

44）トランプ政権の通商政策については、佐々木隆雄法政大学名誉教授から有益な示唆を与
　　えられた。また、木内登英『トランプ貿易戦争――日本を揺るがす米中衝突』日本経済新
　　聞出版社、2018年、事実経過は『日本経済新聞』、*New York Times*などの報道を参照。

45）現在アメリカでは、「乗用目的」の乗用車、SUV、ミニバン、ステーションワゴンなど
　　（HS8703）には2.5％、「貨物輸送目的」のトラック（ピックアップ・トラックを含む）（HS8704）
　　には25％の関税が課せられている。

46）貿易交渉は19年5月初めに決裂し、トランプ大統領は5月10日に第3弾の追加関税を10か
　　ら25％に引き上げた。これに対して中国側も18年9月に5〜10％の追加関税を課したアメ
　　リカからの600億ドル分の輸入品の関税を最高25％まで引き上げた。加えて、アメリカは
　　中国からの残りの輸入品（約3000億ドル）に最大25％の追加関税を課す第4弾の発動手続
　　きを開始すると同時に、ファーウェイ社を「安全保障上懸念のある外国企業」に認定、同
　　社への輸出を禁止した。その後、6月末に開かれた米中首脳会談では交渉再開が合意され、

第4弾の発動は延期、ファーウェイへの制裁も一部緩和された模様である。

47）2018年秋の国連総会演説でトランプ大統領は、国連人権委員会や国際刑事裁判所が自らの権限を乱用し、米国の主権を危うくしていると非難し、「選挙で選ばれず、説明責任もないグローバルな官僚主義に米国の主権が屈服することはない。米国は米国人が統治する」と述べ、「グローバリズムのイデオロギーを拒否し、愛国主義の理念を主張する」と締めくくった。国際的ガバナンスへの反発が「反グローバリゼーション」の含意のひとつであった。https://www.whitehouse.gov/briefings-statements/remarks-president-trump-73rd-session-united-nations-general-assembly-new-york-ny/ 2019.1.4確認。

48）中山俊宏「異形の大統領は世界をどこへ連れていくのか―トランプ外交の世界観」『中央公論』2017年12月号、ウォルター・ラッセル・ミード「顕在化したジャクソニアン」、同上、阿南友亮「中国共産党政権と日本（上）西側の関与政策　限界露呈」『日本経済新聞』2018年5月24日付朝刊「経済教室」。

49）製造業の雇用者数については、米労働省のデータを用いたFREDが便利である（https://fred.stlouisfed.org/series/MANEMP）。その減少の原因については、Michael J. Hicks and Srikant Devaraj, *The Myth and the Reality of Manufacturing in America*, the Center for Business and Economic Research, Ball State University, 2017. (https://conexus.cberdata.org/files/MfgReality.pdf)、David Autor, David Dorn, and Gordon Hanson, "The China Shock: Learning from Labor-Market Adjustment to Large Changes in Trade", *Annual Review of Economics*, Vol. 8, October 2016. (http://chinashock.info/wp-content/uploads/2016/06/ChinaShockARE.pdf) Daron Acemoglu, David Autor, et.al," Import Competition and the Great US Employment Sag of the 2000s", *Journal of Labor Economics*, Vol. 34, Part 2, January 2016, (http://economics.mit.edu/files/11560) いずれも2019.1.4確認。

50）金成隆一『ルポ　トランプ王国――もう一つのアメリカを行く』岩波新書、2017年、J・D・ヴァンス/関根光宏、山田文訳『ヒルビリー・エレジー』光文社、2017年、J・C・ウィリアムズ/山田美明、井上大剛訳『アメリカを動かす「ホワイト・ワーキング・クラス」という人々』集英社、2017年などを参照。

51）マイケル・カジン「アメリカにおけるポピュリズムの歴史――ポピュリズムと政治的深化」（『フォーリンアフェアーズ』日本語版　2016年11月号）、チャールズ・ケニー「トランプを台頭させた白人有権者の文化的恐れ」（同、2018年12月号）。

52）馬場『もう一つの経済学』377頁、注76。

53）Peter Beinart, "Trump Takes His Party Back to the 1920s", *The Atlantic*, Jun 14, 2018. https://www.theatlantic.com/ideas/archive/2018/06/the-death-of-cold-war-conservatism/562811/ 2019.1.4確認。

54）馬場によれば、9.11以後、アメリカは抑圧された人種意識を緩解するために国外に差別の対象を求めた（『もう一つの経済学』364頁）。しかしトランプ期にはポリティカル・コレクトネスが軽視され、国内で差別意識の表出が許される傾向になった。

第4章　社会編成論としての馬場の現代資本主義論
——「外囲」、「周辺」、「外部性」を中心に

小澤健二

はじめに

　馬場宏二が探求した経済学の分野は広範囲におよぶ。しかも、氏の「批判と好奇心」にもとづいて、生涯にわたって経済学の新たな課題を追求し続けた。それゆえに、馬場経済学の射程の体系的な要約は至難である。ただし、経済学研究を志して以降、晩年まで馬場が一貫して追求してきた経済学の主要課題は、世界経済の現状分析であり、それは現代資本主義論でもある。

　馬場が後半生に力を注いだ、新たな構想にもとづく宇野三段階論の再構築も、資本主義経済の現状分析をいかに有効にするかを目的とする。その現代資本主義論は、全ての社会領域を全面的に商品化する資本主義経済は人類にいかに大きな災禍をもたらすか、この認識にもとづく根底的な資本主義批判に貫かれる。

　宇野三段階論の再構築は、帝国主義段階をアメリカ資本主義が主導する三つの小段階に組み直し、それを現状分析に接合、連結するものである。馬場による宇野三段階論の再構築に関する検討は他の論考にゆずるとして、新たな段階論の構築は折々に試みた世界経済の現状分析、あるいは現代資本主義論を提示する際の独自の視点にもとづいている。

　それは、つづめて言えば、「基軸」と「周辺」のキーワードに集約される。馬場は、編著を含めると世界経済論、現代資本主義論に関する多くの著作を執筆しているが、最初の世界経済論に関する著作は『世界経済—基軸と周辺』である[1]。このタイトルに世界経済の現状分析、あるいは現代資本主義論を提示するうえでの独自の視点が見出される。

　「基軸」は、すぐ後に論及するように資本主義的再生産の動力に位置づけられる。これに対し、「周辺」は「基軸」に規定されつつ、資本主義経済の再生

産の一部に位置づけられる限界領域に相当する。産業および経済分野としては、農業・労働市場・局地的産業などに代表される。「基軸」の構成要素が世界経済の動力をなす一方で、農業分野などに代表される「周辺」は、「基軸」が処理できない限界領域・分野に位置づけられる。

ただし、馬場の世界経済論における「周辺」の位置づけ、およびその評価は、1973年の『世界経済—基軸と周辺』の刊行以降も変化を続けている。それは、世界的な資本主義経済の拡大、深化にともなうものである。馬場の世界経済論における「周辺」の変遷は、世界的な資本主義経済の展開、すなわち、グローバル資本主義の深化にともなう主要な経済問題を馬場がいかに認識、把握していたか、これを知る一つの重要な手掛かりをなしている。

もっとも、「周辺」と相関、類似する概念として、馬場は「外囲」、「外部性」にもしばしば言及する。「外囲」は原理論レベルでの資本蓄積メカニズムの限界と関連する資本主義経済を成り立たせる前提条件として措定される。「外部性」は、資本主義経済の外部に位置し、資本蓄積にとって暗黙のうちに当然視される外部的諸条件を含意することが多い。

このように「外囲」、「外部性」は、「周辺」とは相異なる独自の概念として使用される。とするならば、資本主義経済の歴史的限界に着目すると、どのような文脈のなかで「周辺」、「外囲」、「外部性」が使用され、その相互関連性を馬場はいかに理解していたか、このことの整理、検討は、馬場の現代資本主義論を理解、評価するうえからも要請されるはずである。

また、「周辺」、「外囲」、「外部性」は、社会関係および人間類型と密接に関連するものとしても使用される。上記の三概念は、資本が自立的に処理できない人間の生活および社会関係に関係している。馬場は支配的資本の蓄積様式の人間類型、社会関係への影響を重視し、そこにしばしば論及する。むしろ、本文で論及するように、馬場は晩年になるにしたがって、社会編成論を重視する立場から、現代資本主義論を論じている。それは、アメリカ主導のグローバル資本主義を文明史論として把握することと密接に関連している。そして、このことは、「周辺」、「外囲」、「外部性」などを現代資本主義論の分析視点に組み入れる所産でもある。

以上の問題関心にもとづいて、本稿は、世界経済論あるいは現代資本主義論における「周辺」、「外囲」および「外部性」が、馬場の主要著作のなかでいか

に取り上げられ、また、その位置づけ、評価がいかに変遷してきたか、これを社会編成論の視点から追跡、整理することを主要な課題としている。それは、資本主義経済の歴史的限界性を提起し続けた馬場が、グローバル資本主義の拡大、深化の限界、あるいはそれに関わる問題を何処に見出したか、このことを探求し、再確認することでもある。

ただし、上記の三つの概念は馬場にあっても必ずしも充分に整理したうえで使用されているわけではない。また、グローバル資本主義の深化にともなって、馬場逝去以降にも世界経済をめぐる新たな経済問題も生じている。こうした事実に鑑み、世界経済をめぐって新たに生じている問題、および三つの概念の相互関係として残されている若干の問題に関しても、簡単に私見を提示してみたい。

併せて、「周辺」を代表する一分野の農業・食糧問題の変容を最後に取り上げる。とくに後者の食糧問題は、晩年になるにしたがって馬場が重視する現代資本主義論としての社会編成論に密接に関わるものである。アメリカ主導のグローバル資本主義の深化が、世界的な社会編成、人間類型の変容にいかに帰着しつつあるか、この課題への一つの接近として、本稿では最後にこの問題を取り上げる。

上記の課題は、現代資本主義の変容とともに「馬場経済学」の進化の過程を主要著作を通して追跡、整理することを意味する。それは、巷間に必ずしも広く流布されたとは云えない「馬場経済学」を、現時点で要約して少しでも外部に紹介したい、との願望にもとづくものでもある。このため、馬場の主要著作における論述は、なるべくナマのままで本稿では引用している。

I　主要著作にみる馬場の現代資本主義論の分析視点
——「外囲」、「周辺」、「外部性」を中心に

1.『世界経済——基軸と周辺』
——現代資本主義論の分析視点の提示

「基軸」と「周辺」に収斂させる馬場の世界経済の現状分析の枠組みは、1973年に刊行された『世界経済——基軸と周辺』で始めて登場した。同書は、

第一部方法、第二部覚書、第三部両大戦間の貿易、の三部構成をとる。このうち一部で、「基軸」と「周辺」の概念規定、および「世界農業問題」と「国際通貨問題」が世界経済論の焦点をなすことに論及している。「基軸」および「周辺」の概念規定、および「周辺」が世界経済論の焦点といかに関連するか、これを同書の論述に沿って跡づけよう。

（1）「基軸」と「周辺」などの概念規定

「はじめに」で簡単に記したように、「基軸」は資本主義的再生産の動力に位置づけられる。段階論に即すると、「基軸」に相当するのは支配的資本の蓄積である。支配的資本と関連する中心産業（基軸産業）の動態、およびその資本蓄積と密接に関わる金融中枢などの諸要素が「基軸」を構成する。それゆえ、世界経済論の主要課題は、支配的資本の資本蓄積に相当する「基軸」の現状分析でもある。その際に、支配的資本の資本蓄積として「基軸」に何を含めるかが課題となる。宇野三段階論の組み直しによる新段階論も、「基軸」で説く論理を一貫させている[2]。宇野の帝国主義段階をアメリカを中心国として三つの小段階に組み直し、それを現状分析に接合する方法論も、世界経済論における「基軸」を重視する所産である。

これに対し、「基軸」と対をなすキーターㇺの「周辺」は、「基軸」に規定されつつ相対的に独自の軌跡を描きつつ、資本主義経済の再生産の一部に位置づけられる。「周辺」は「基軸」の資本蓄積にともなう、内部矛盾、諸問題が集積する場でもある。このため、世界的な資本主義経済の拡大にともない、「周辺」は変容を続けることになり、「基軸」と「周辺」とは世界経済の現状分析における主体と客体の関係ともなる。

これを新三段階論にもとづくソ連崩壊後のグローバル資本主義段階に即すると、「基軸」はアメリカ資本主義を主導する基軸産業（IT）、支配的資本形態（株価資本主義）、およびそれに対応する経済政策から構成され、グローバル資本主義の深化の動力をなす。これに対して、「周辺」はその態様を絶えず変容し続ける。「基軸」も変容するものの、世界経済の現状分析の対象時期（「現代資本主義論」）に限定すると、アメリカ資本主義を主導する支配的資本が「基軸」をなす点では、馬場説は一貫している。

「基軸」が、変容を続ける「周辺」をいかに包摂するか、そのあり様（ある

いは包摂しうるか否かを含めて）が、世界経済論の主要課題を形成する。馬場の表現によると、「一般に資本主義にとっての「問題」とは、中心部分、すなわち支配的資本の運動から排除された地点に発生する経済政治的な厄介ものの意である」[3]。支配的資本の資本蓄積の諸矛盾、諸問題は「周辺」に表出され、そこに集積される構造と意味されるのである。

　このように、「周辺」は資本蓄積の諸矛盾が外部化される限界部分の集積、すなわち、資本主義経済が自立的に解決できない分野であるとの文脈にもとづいて、世界経済論の焦点を構成することになる。「農業問題」（「世界農業問題」）と「国際通貨問題」が世界経済論の焦点をなす、との馬場の見解の根拠はここに示される。

　前者は、宇野弘蔵の世界経済論の対象を継承するが、後者の「国際通貨問題」は馬場の独自の発案である[4]。この「世界農業問題」と「国際通貨問題」とは相互に関連し、両者は複合的な関係を有している。このうち、「国際通貨問題」は外囲としての国家と直接に関わり、「世界農業問題」は、それぞれの諸国の最も重要な政策対象をなす。このように、世界経済論の焦点をなす「世界農業問題」と「国際通貨問題」は、世界経済と国民経済を接続、連結させる要に位置する。

　このような、「世界農業問題」と「国際通貨問題」が世界経済論の焦点をなすとの認識は、とくに大戦間期の世界経済問題を意識したものである。ただし、第二次大戦以降の世界経済の現状分析に際しても、支配的資本の蓄積を「基軸」とし、「周辺」としては「世界農業問題」をとくに重視する分析視点は継承される。

（2）原理論レベルでの「周辺」、「外囲」、「外部性」などの概念規定

　本書では、「基軸」と「周辺」の概念は原理論レベルの資本蓄積と関わらせて主に論述される。このことが、一つの特徴である。そもそも、馬場は資本主義経済の分析に際して、原理論レベルの資本蓄積の論理を最大限に駆使、活用することに意を注いできた。「基軸」および「周辺」の概念も、原理論ベースの資本蓄積様式に関連する論理を世界経済の現状分析に敷衍して活用する試みとして案出したものであろう。

　そのうえで、主として二部では、「周辺」を「外囲」および「外部性」など

と類似の含意をなす概念としても使用する。それは、第2章「貨幣と恐慌」、第5章「資本と国家」などに示される。「貨幣と恐慌」のなかでは、資本蓄積の破綻を示す恐慌の根拠を資本にとっての外部的存在としての労働力の商品化に求め、それとの関係で、労働力の再生産に関わる「基礎的消費」などを資本にとっての外部性とみなす[5]。

　食料消費に関わる農業は「周辺」を代表する一方で、労働力の再生産に不可欠な食料消費は資本にとっての外部性に位置づけられる。この点で、「周辺」と「外部性」は接続する。この両者の連結性を通して、「外部性」と「周辺」のいずれにとっても、農業が原理論レベルの資本蓄積の自立性との関係で重視される。

　また、国家は「（資本主義的）再生産過程が予想せざるをえない外囲を根拠とする」としている。資本主義的再生産の自立化にとって、国家に代表される「外囲」が前提される。このように原理論レベルにおける資本蓄積との関係で、「外囲」、「外部性」、「周辺」は資本蓄積の自立性に限界を画する、それぞれに重要な含意を有するものである。ただし、三者の相互関連の根拠を説く論理は抽象的レベルにとどまり、十全な理解にはやや困難を残す憾みを免れない。

　原理論レベルの資本蓄積との関係では、馬場は、「周辺」よりも「外部（性）」、「外囲」の概念に言及することが多い。一方、段階論および世界経済の現状分析では、「周辺」の位置づけはより明示的となる。それは、自由主義段階の経済政策としての自由貿易主義（自由貿易政策）に示される。

　第5章「資本と国家」では、自由貿易政策は産業資本の利害の貫徹を意味する政策であり、資本の農業生産処理の手段であるとする。これは、「（労働力）の再生産にとって不可欠な農業生産を、とくに国外の非資本家的要素に委ねることは、原理論によって示唆された外囲＝資本主義の歴史的限界が、農業生産力なる特殊な使用価値的制約を媒介として、具体的に世界経済的関連のなかに発現したものといってよい」との記述に裏付けられる。ここでは、資本蓄積の外部性をなす「周辺」の農業、および農業分野を処理する外囲としての国家、これら二者と資本蓄積との関係が自由主義段階の経済政策の論拠をなすことが明瞭に述べられる。

　馬場は、農業生産力を資本が包摂しえない低位なものとし、それを国家活動の極小化を意味する自由貿易政策で処理することを通して、外囲としての国家

（その機能、役割）も最小限にとどめることができたと論じている[6]。この文脈にもとづいて、「周辺」を代表する農業と外囲としての国家との相互関連の論拠が示される。それは、「周辺」を資本が処理、包摂する際に、外囲としての国家が政策的にその役割を果たす、資本と国家との相互関係でもある。段階論レベルの「周辺」と「外囲」の対応関係は、このように理解しうる。

　以上のように、世界経済の現状分析の枠組みとしての「基軸」、「周辺」の概念は、本書で始めて提示されるものの、それは世界経済の現状分析よりも、原理論レベルの資本蓄積の自立性とその限界、および段階論における「周辺」と「外囲」との関係を抽象的に論じるものである。

（3）現状分析の課題としての「周辺」

　そのことは、第3部を構成する世界経済の現状分析に具体的に示される。第3部は「両大戦間の貿易」のタイトルのもとに、「世界貿易の変貌──多角化とブロック化」および「アメリカの貿易構造と変動」の二論文から構成される[7]。前者では、両大戦間の世界貿易に影響を与えた新たな三つの問題が第一次大戦前との対比で重視されている。それらは、第一次大戦の終了によって、旧体制（第一次大戦前の資本主義体制）の鬼子として処理することのできない、社会主義国ソ連の出現、アメリカの台頭、および植民地における独立の動き、この三つの問題である。

　また、後者の「アメリカの貿易構造と変動」では、アメリカの輸出の基本構造を「伝統的農業輸出を温存しつつ先端的工業輸出をこれに添加し」、それゆえに極めて多様な様相を示すとし、両大戦間期の特殊な輸出構造を有するアメリカの台頭が、世界貿易および国際的な資金循環との関係で世界的な資本主義経済の不安定性を高める重要な条件をなし、1930年代の世界各国における貿易統制、世界経済のブロック化の進展の一因をなしたとする。要するに、農業を輸出産業とするアメリカの貿易構造の特殊性が、1930年代の世界貿易におよぼす影響に注意を喚起している。

　このように両大戦間の世界貿易に関しては、資本主義体制が処理できない問題（ソ連の出現、植民地問題など）を世界経済の主要問題と位置づけ、農業を輸出産業とする両大戦間期のアメリカの台頭（アメリカの貿易構造）が世界貿易および国際的な資金循環のそれぞれの問題と関わって、世界的な資本主義経

済の不安定性を高める重要な条件をなすものとして強調される。

しかし、これらの世界貿易構造の分析を試みた三部の2論文には、「基軸」、「周辺」の概念は、いまだ使用されない。この2論文は、いずれも『世界経済——基軸と周辺』が公刊される以前に発表した論文を、ほとんど手を加えずに同書に転載したものである。

とくに、「世界貿易の変貌—多角化とブロック化」は、1961年に刊行された楊井克巳編『世界経済論』に掲載された、馬場の処女論文でもある。そこでは、資本主義体制が処理できない諸問題を世界経済の重要な経済問題とみなし、中心国として台頭するアメリカの特殊性が重視される[8]、世界経済の現状分析に際して馬場が重視する構図、分析視点がすでに提示されていることに、我々は留意すべきであろう。しかし、「基軸」および「周辺」の概念を、いまだ駆使するにはいたっていない。

2. 『現代資本主義の透視』——現代資本主義の二面性、多元理性（同権化）とアメリカ的工業生産力の強靱性

（1）資本主義の多原理性と「周辺」、「外囲」との関係

『世界経済——基軸と周辺』に次ぐ、馬場の現代資本主義論に関する重要な著作は、1979年に刊行された『現代資本主義の透視』である。同書は、大内説を中心とする国家独占資本主義（現代資本主義）に関する諸説の批判的検討などをふまえ、1970年代末における現代資本主義の特質（資本主義経済の歴史的位置づけ）の提示を主題とする[9]。そこでは、戦後資本主義体制は崩壊過程にあるとみなし、その根拠を資本主義経済の多原理性、およびスタグフレーションに求めている。

このことは、1970年代の現代資本主義を「社会構成の基軸をなした資本主義的関係が原理的に崩壊しつつある過程に他ならない」、との論述に示される。資本の自立性は、労働宥和政策——労働者の組織化の公認と失業救済のための社会保障とを柱とする社会改良政策——によって喪失し、70年代のスタグフレーションの深化がその具体的な現象に位置づけられる。

労働宥和政策は、労使関係の「同権化」と同義であり、社会保障の制度化でもあるが、それは現代資本主義の多原理化を意味する。資本主義の自己規律の

喪失の淵源を、管理通貨制度にもとづくフィスカルポリシーを通した「同権化」に見出し、このことを第二次大戦後の資本主義の戦後体制の崩壊とみなす、との見解である。その後の著作で、資本主義の限界性を画する概念（用語）としてしばしば言及される「社会原則」も、本書で始めて登場する[10]。それは、社会保障制度の制度化は「社会原則」の制度化と同一である、とのコンセプトとして登場するのである。

戦後体制の崩壊は、具体的には、ヴェトナム戦争におけるアメリカの敗北、金ドル交換性の停止によるIMF体制の実質的解体、およびオイルショックの三大事件に集約される。「同権化」と一体化した70年代のスタグフレーションが、戦後体制の崩壊を意味するとの認識であり、そのことが本書による現代資本主義論の要旨でもある。

現代資本主義の多原理性は、「周辺」および「外囲」との関連に照らすと、基軸としての資本の周辺分野の社会原則の制度化を通しての包摂であり。「社会原則」の制度化は外囲に依拠するものである。それが、資本の自立性の喪失および資本主義の崩壊過程をも意味することになる。本書で提示される現代資本主義論は、以上のような認識にもとづいている、と評価しうる。

このなかで、1970年代の世界経済の動向との関係では、「「西」の工業発展は、「南」と「東」を漸次巻き込むことになり、……」[11]、低開発国としての「南」の「西」への開発援助要求が「南北問題」をなし、「西」との関係で「東」は分断され、多様化する。この「南」と「東」の経済問題が世界経済の「周辺」に位置づけられる。ただし、本書は世界経済の現状分析を必ずしも意図しない。それゆえ、「周辺」の内容はごく間接的なものにとどまる。

（2）「基軸」としてのアメリカ型生産力の強靱性

一方で、工業生産力の発展の強靱性や弾力的復元力に馬場は注意を喚起している[12]。それは、第二次大戦後の現代資本主義の物的内実をなすのはアメリカ型生産力だからである。「アメリカ型生産力」をとくに重視し、「（その）帰結がひとまず、経済成長をつうじた資本主義社会の、大衆的富裕化を伴う安定であった」[13]とする。ただし、このアメリカ型生産力（自動車の大衆的な普及に代表される）は、資源浪費＝環境汚染型であるゆえに、人類史的普遍性を有することには疑義を呈している。

このように、本書では、スタグフレーションに帰結する資本主義の自立性の喪失（多原理性）、および大衆富裕化をもたらすアメリカ型生産力の強靭性、この二者が現代資本主義論の特質として同時並列的に論じられる。「資本主義の崩壊過程」、「アメリカ的工業生産力の強靭性」のそれぞれの表現に拘泥すると、一見、矛盾する内容を現代資本主義の特質として、馬場は語っているかにもみえる。

このうち、後者のアメリカ型生産力論の強靭性に即すると、それにもとづく大衆富裕化が強調され、それを制約する条件としての資源・環境の外部性に言及されることに留意すべきであろう。それは、「富裕化はまた、その根底にある生産力の現代資本主義的方向での過剰発展をつうじて、資源や環境といった、直接には自然的な条件からの制約を蒙ることにもなった」[14] からである。「社会原則」の制度化を通して、「周辺」、「外囲」を包摂する一方で、「基軸」にとっての制約条件として、資源、環境などの「外部性」が本書で始めて言及されることになる。

（3）戦後資本主義体制の崩壊

1970年代のIMF体制の崩壊、石油危機、労働規律の弛緩、それらを合体するものとしてのスタグフレーションの深化を、馬場がいかに深刻に受け止めていたかは、そこに戦後資本主義体制の崩壊過程を見出すことに示される。そのような現状認識を、「大内国独資論」を中心に経済学の原理論レベルの批判的検討から裏づけつつ、アメリカ型経済文明の世界化を悲観的に見通している。このことが、本書で展開される現代資本主義論の主要内容をなしている。

「馬場経済学」は、後に取り上げる『新資本主義論』に集大成される。そこでは、固有の「過剰富裕化」論が提唱されるが、それにつながる論述が『現代資本主義の透視』のなかで随所に論述される。それらは、「大衆的富裕化」、資本蓄積にとっての「外部性」をなす「資源・環境」、「社会原則」、および「社会関係の過剰分解」などのキーワードの使用によるものである。それゆえ、1970年代末の馬場の現代資本主義論は、「周辺」、「外囲」、「外部性」のキーワードと関連し、それと関係する「社会原則」、「過剰富裕化」の造語を始めて活用することを一つの特質とすることに注目したい[15]。なかでも、資本の外部に存在する資源、環境が資本蓄積にとっての制約になる、との文明論的な問題が

始めて取り上げられるのである。

3. 『富裕化と金融資本』
――『新資本主義論』への理論的序説

（1）「経済学」のパラダイム転換

『現代資本主義の透視』に次ぐ、主要著作は1986年に刊行された『富裕化と
金融資本』である[16]。馬場は、後に現代資本主義を人類史あるいは文明史のな
かに位置づけ、現代資本主義が生み出した「過剰富裕化」は人類史の危機の臨
界点をなすとの見解を提唱する。このための理論的根拠は、『富裕化と金融資本』
で提示されている。『現代資本主義の透視』では、「過剰富裕化」は大衆的富裕
化と関連して、ごく散発的な言及にとどまった。これに対し、本書では、金融
資本の資本蓄積の弾力性の理論究明を中心的な課題とし、その生産力の発現が、
重要なキータームとしての「過剰富裕化」につながることを理論的に明らかに
する。それを通して、現代資本主義を人類史に位置づける視点が明瞭に提起さ
れるのである。

　その意味で、本書は馬場経済学のなかで重要な地位を占める。そこでは、マ
ルクス経済学のパラダイム転換が提唱され、現代資本主義に内在する最大の問
題は「貧困問題」ではなく、大衆的富裕化にともなう社会問題および環境・資
源問題であるとし、その根拠の体系的な論述がなされるからである。

（2）「金融資本」の蓄積様式の再検討

　本書は、第一部「マルクス経済学と現代」、第二部「金融資本再考」の二部
から構成される。序論の「富裕化の哲学」を含めた第一部で、「過剰富裕化」
が現代資本主義の経済学的課題となった根拠が、主要経済指標にもとづいて具
体的に示される。第二部は、大衆的富裕化を生み出す支配的資本を金融資本と
位置づけ、従来の主要な諸説の批判的検討を通して金融資本の資本蓄積様式が
再検討される。不均等発展、株式会社、金融資本の蓄積様式がそれぞれ主題を
なし、第一部で提起した「過剰富裕化論」を支配的資本の蓄積様式によって裏
付ける試みが展開される。「金融資本再考」を通して、「過剰富裕化論」の理論
的根拠が提示される構成である。

やや具体的に立ち入ると、「金融資本再考」は、宇野弘蔵の帝国主義段階における金融資本の見解（解釈）をレーニン、ヒルファーデングなどと対比した再検討であり、それを通して金融資本の蓄積様式の特質を探る。馬場は、アメリカを中心国に組み替える新段階論を後に提唱するが、その新段階論の前提となる理論的究明は本書によると評価してよい。

ただし、本書の第二部は、それが金融資本論を中心とする諸説の詳細な理論的検討ゆえに、その内容の簡潔な要約は至難である。とくに、株式会社論を中心に資本の商品化をめぐって原理論と段階論との接合に意が払われ、それと金融資本の蓄積様式を関連づける馬場の論理展開の抽象度は高く、それゆえに難解な内容となっている。

そのなかで、馬場が重視する金融資本の蓄積様式の特徴の骨子を示す、二つの論述を紹介しておく。いずれも、金融資本の蓄積機構のなかに長期的強蓄積をもたらしうる（大型好況の可能性）要素が内在するとのものである。両者は、ほぼ同義反復の内容でもある。

その一つは、「資本自身の商品化を可能とする株式会社形態、それをベースとする金融資本は、形態的無概念性と実体的組織性とを有し、その組合せしだいで弾力的な生産力発展を可能とする」との指摘である[17]。もう一つは、「あらゆるものを商品化する資本主義本来の傾向のもとで、資本の商品化の困難性は産業資本の株式会社化によって乗り越えられ、それをベースとする金融資本は強靱であり……」[18] との記述である。

原理論のなかで、資本の商品化をいかに説くかは馬場にとっての重要な理論上の課題であった。それを株式会社によって説きうるとすれば、固定資本の巨大化に対応する資本の商品化、そのための株式会社化は金融資本の資本蓄積様式を規定するものである、と馬場は認識する。それは、金融資本は形態的無概念性ゆえに生産力を高度化しうるとの論理でもある。そのことを根拠に、金融資本による強靱な蓄積が可能となり、「過剰富裕化」が生み出される。そこに、「金融資本」の資本蓄積が「過剰富裕化」につながる理論的な根拠を馬場は求めるのである。

また、金融資本と産業構造との関連に関しては、金融資本の最初の産業的基盤は鉄道＝石炭＝鉄鋼であったが、株式会社のもとでは産業連関の拡大は「石油や電力といった新エネルギー産業や、電気機器や化学、さらには自動車を漸

次取り込み……」、「株式会社にもとづく金融資本は、新産業をつぎつぎに取り込みながら産業構造を複雑化させていく」、とする。これも注目されるべき見解である。現代資本主義の「基軸」をなす支配的資本と産業構造の経済的関連性は、少なくとも宇野経済学派では、従来、取り上げられることはなかった。しかし、金融資本と産業構造の経済的関連は、本来、段階論の重要な課題であり、両者の関連性の理論的根拠に馬場は本書のなかで遡及するのである[19]。

　このように『富裕化と金融資本』は、大衆的な富裕化を生み出す生産力論の視点を主軸に構成され、それゆえに「基軸」の理論的検討を中心的な内容とする。そこでは、繰り返しになるが、高成長を生み出しうる金融資本の資本蓄積の弾力性に重点が置かれる。この結果、「周辺」にはほとんど論及されない。大衆的な富裕化と関連させて、1960年代まで限界資本主義国であった日本を超えて、1980年代に高成長により大衆的富裕化が「東」、およびNICSを中心とする「南」にもおよぶことが本書では予想されている。この「東」および「南」の経済成長の可能性が、本書での「周辺」への唯一の言及とみなしうるのである[20]。

4. 『新資本主義論』における「周辺」、「外囲」、「外部性」

　『富裕化と金融資本』で提示された「過剰富裕化」のキータームをもとに、新たな経済学体系の創出を意図したのが、『新資本主義論』である[21]。本書は、資本主義経済は人類史のごく短期間を占めるにすぎないものの、それは人間社会の有史に決定的に重要な意味を有する、との馬場の歴史観に貫通される。いわば、『新資本主義論』は人類史に立脚する社会編成論でもある。その観点から、原理論レベルの資本蓄積のメカニズムと資本主義の歴史を組み合わせる第Ⅰ部の資本主義の基礎理論、および第二次大戦以降1990年代半ばまでのアメリカに主導される世界経済の現状分析—「過剰富裕化」に帰結する—に相当する第Ⅱ部の現代資本主義概論、このような二部構成をとっている。

　経済学の全体系におよぶ本書の内容は極めて豊富であり、また、現時点から振り返えると再検討すべき論点も含まれる。しかし、ここでは社会編成論として現代資本主義論を提起している側面に焦点を当て、「周辺」、「外囲」、「外部性」が本書ではいかに位置づけ、評価されているか、この点を中心に整理したい。

（1）馬場原理論の特質

　社会編成論としては、第Ⅰ部の資本主義の基礎理論のなかで、資本の価値増加の循環運動を「虚空の輪舞」と表現する資本の本性との関係で、資本主義社会が歴史上唯一の経済本位社会になり、例外的に強力な経済成長社会となる[22]、とされる。この論述が、社会編成論としての馬場の現代資本主義論の要旨である。要するに、資本による再生産過程の掌握は商品関係の徹底であり、それが社会編成論になりうるとの見解であるとも評価しうる。

　馬場の表現に依拠すると、「商品形態による再生産が日常事となれば、……資本主義の確立した社会の圏内でかえってある程度安定した関係が成立するものの、……資本主義圏の外囲においては露骨な破壊はなお続く。……もともと資本による労働者の搾取といわれる現象も、外囲としての労働者階級の生活の資本による破壊に他ならなかった。この破壊が国外にも及んだのである。それが帝国主義となった。しかし、破壊はさらに自然に及んだ。資源浪費と環境破壊がそれである」[23]、となる。

　資本蓄積による再生産は、自立した資本蓄積の圏内では一定条件下では安定した社会関係の創出を可能とする。しかし、資本蓄積の矛盾は資本にとっての外的な存在の労働力に集中して表出され、加えて再生産圏の周辺、外囲に破壊作用をもたらす。このことが、資本主義経済の再生産にともなう資本による社会の再編成につながる、資本主義の基礎理論をなしている。

　このような資本蓄積と外囲との関係は、第六章の景気循環論の資本蓄積の諸相―循環・延長・変容―でも敷衍される。そこでは、資本自身によって自立的に蓄積を無限に進め得る過程として資本蓄積論が論述される。しかし、同時に「外接する非資本主義的諸領域を、商品経済的接触によって時には暴力をも動員して、収奪し、分解し、吸収して、自らの利潤率を引き上げつつ、蓄積圏を外延的にも拡大して行く。それはしばしば自然破壊にもなる。」。この点を、馬場はとくに強調する。

　それは、確立した資本主義圏内での共同体的領域の分解、貿易の効用、および非資本主義圏への資本主義的関係の拡大、この三つを通すことによるものである。このうち、確立した資本主義圏内での共同体的領域の分解は、資本主義諸国内の小農層・職人層・小商人層等の旧中間層の分解と家族の解体の二つに

代表される。

　旧中間層は、分解消滅して資本に生産の場を明け渡すが、それは資本蓄積圏の外延的拡大でもあり、分解され無産化した人口は資本にとって安価な追加労働力にもなる。家族の解体は、家長の賃労働者化に加えて妻が内食やパートタイマーになれば、社会の過剰商品化（家事の空洞化による商品購入での代用など）の促進と、資本のための低賃金労働追加ともなる。こうした文脈を通して、資本蓄積の拡大にともなう資本主義圏内での共同体的領域の分解が促進される。

　貿易の効用に関する論及は、基本的にリカードの比較生産費に依拠している。比較劣位の商品を輸入すれば、輸入品を安価に国産することになる生産性引き上げ効果を有し、貨幣賃金を切り下げ得ることにより剰余価値を高めうる。貿易は、一定の資本主義圏内（国内）の資本蓄積にとっての制約を解消、軽減するものとして、資本蓄積の基礎理論の一部に組み入れられる。

　非資本主義圏への資本主義的関係の拡大は、そこでの「労働力商品化の無理を乗り越えるために、直接的暴力や国家権力が動員され」、しかも、「天然資源の濫掘と環境破壊の促進放置が、時には双方相俟って進む」。非資本主義圏への資本主義的関係の拡大は、「資本にとっては当面低コストと市場が確保でき、高利潤を獲得し得れば良い」、ことになる。この結果、非資本主義圏の現地社会が近代文明に不慣れであればあるほど破壊は極端にひどくなる[24]。

　このように本書のⅠ部の資本主義の基礎理論は、宇野学派の原理論、あるいは原理論での資本蓄積論の領域を超え、資本蓄積の人類史的な意味が強く意識されている。このことが、馬場原理論の一つの特徴をなしている。それは、純粋資本主義の内部に拘泥されずに（あるいはそこに限定せずに）、自立的な資本蓄積にとって制約あるいは限界をなす、資本の外部条件と資本蓄積の拡大との相互関係を資本主義の基礎理論に組み入れねばならないとする、宇野学派の原理論研究に対する馬場の反省であり、問題提起とも読むことができる。

　そのことは、原理論レベルの資本蓄積の論理を段階論（あるいは現状分析）にも活用し、原理論と段階論との接合、融合を図ることにより独自の経済学大系の再構築を意図している、とも評価できる。そして、原理論レベルの資本蓄積のメカニズムを段階論に有効に活用する（資本蓄積のメカニズムを段階論に組み込む）には、資本の自立的蓄積にとっての外部的諸条件、例えば、外囲を

いかに包摂（旧来の共同体的な社会関係の分解・解体を含めて）しうるか、このことを主要課題として提示するのである。

　純粋資本主義のなかでは、循環過程を通して資本は自立的な蓄積メカニズムを有する。しかし、段階論（あるいは現状分析論）における資本蓄積の拡大は、外的存在の労働力の商品化との関係で、資本主義圏内の共同体的領域、国際関係、および非資本主義圏への資本主義的関係の拡大、などを資本蓄積論の対象に組み入れねばならない、このような馬場の認識に立脚している。

　原理論レベルの資本の自立的蓄積メカニズムに、資本蓄積の外延的拡大にともなう資本の外部的諸条件、外囲との関係をあえて組み入れて資本主義の基礎理論を構成した点に、第Ⅰ部の最大の特質を、我々は見出すことができる。

　そのことは、資本の自立的蓄積メカニズムを論じる際に、貨幣制度論を国家を抜きに説きうるか、国際関係をいかに組み入れるか、これらを原理論の重要な論点、あるいは課題として比較的早い時期から馬場が意識していたことと密接に関わるであろう。要するに、資本蓄積と外囲としての国家との関係を原理論にいかに組み入れるかは、馬場にとっては経済学研究を志す当初からの重要な課題をなしたのである[25]。

（2）「周辺」としての地理的障壁の溶解

　第Ⅱ部の現代資本主義概論では、「周辺」、「外部」に関しては、Ⅰ部よりも具体的に遡及される。そこでの現代資本主義の対象時期は、第二次大戦終結から冷戦終結の1989年までの44年間であり、この時期を世界的経済成長期と捉える。そのなかで、「周辺」、「外部」への論及は、第13章「地理的障壁の溶解」を中心としている。本来、「この章の素材は世界経済論の主題として論ずるのが相応しい」[26]と馬場は位置づける。それは支配的資本の蓄積の諸問題は「周辺」に表出し、それが世界経済論の焦点、主題をなすとの年来の認識にもとづくものである。

　ただし、13章の主要論点は、資本主義の版図が今や地球の殆ど全域に及びつつある事実を前提に、「周辺」は資本主義の強靱性との関連で取り上げられる。例えば、「周辺」と関わる地理的障壁の溶解は、A社会主義体制の解体、B南北問題とその消滅、この二つを主要な対象とする。前者では、経済成長の視点から、ソ連、中東欧、中国のそれぞれの経済動向とその特質、後者では南北問題

第4章　社会編成論としての馬場の現代資本主義論　273

の登場とその消滅の経緯のなかで、東アジア、東南アジアが1980年代以降、高
経済成長地域となる諸条件が論じられる。そのうえで、「周辺」を最後の辺境
の資本主義化と関連づける。以下、各々の骨子だけを紹介しておく。

　社会主義の解体では、ソ連、中東欧、中国の順にそれぞれの社会主義体制が
解体する経緯、背景が論及され、このうち、ソ連に関してはブレジネフは同時
期のレーガン以上に徹底的に大衆迎合的だったゆえに18年間の長期政権を掌握
し、そのもとではソ連は過剰富裕化水準には到達しようと意図したが、ついに
到達し得なかった[27] ことが強調される。中東欧圏の工業化に関しては、そこ
そこの成果を挙げ、民衆もそこそこに富裕化したが、この富裕化がマスコミ機
器の普及を含めて、脱露入欧の欲望を掻き立て、欲望が行動を引き起こし、短
時日の内にそこでの旧体制を打破し払拭した、との内容を中心とする。また、
中国に関しては、「中国は独自の軌跡を描きながら、共産党独裁政治を維持し
たまま資本主義化の途に入った。……中国はインドと並んで資本主義の最後の
辺境になったことは明白である」とし、そのうえで、「資本主義化が進めば、
共産党政権の存在理由はますます消滅し、すでに正当性自身危うくなっている。
それは非合理的な民族主義政権として生き残ろうとしているのだろうか。」[28]、
と現時点で振り返っても興味深い指摘がなされる。

　南北問題の消滅では、非工業化地域の存続自体は歴史的与件であるが、そこ
への工業化の波及力が何故かくも強力になったかが問われねばならない、との
論点開示をしたうえで、南北問題の登場とその拡散、およびNICsの台頭の経
緯が整理される。それは、80年代にNICsの中で発展力を保持したのはアジア
の四カ国とともに、さらに中国および他の東アジア、東南アジアの国々が雁行
的発展経路をともなった高成長期に入るとの経緯の紹介でもある。この結果、
「1984年に太平洋を越える貿易が大西洋を越える貿易を上回り、地理上の発見
以来500年近くを経て、環太平洋経済圏が環大西洋経済圏を凌いで世界経済の
主軸になった」[29] とする。ここに、80年代以降の世界経済の高成長と成長地域
の移行を集約させる。

　環太平洋圏の東アジア、東南アジアを短期に経済成長地域にしたのは何故か、
その主要な諸条件も簡潔に整理している。ただし、これに関する論点は、次に
紹介する「現代世界経済の構図」の論述と重複するゆえに、ここでは省略する。

　世界経済論の焦点をなす13章の「周辺」に関わる経済問題は、資本主義経済

による処理、包摂が困難な対象、領域と馬場は認識していたはずである。しかし、『新資本主義論』では、それとは異なる次元および視角から「周辺」を取り上げていることに留意しなければならない。それは、資本主義経済にとっての辺境が経済成長地域に転換することによって、資本主義的な経済体制が人類史の重大な分岐点に到達したとの認識と重なるものである。それまでの資本による包摂、対処が困難な分野、領域から、資本主義経済化にとっての辺境消滅と関連づけるものに、「周辺」を馬場は位置づけるようになったとも評価できるのである。

　このことは、辺境消滅、すなわち、資本主義経済にとっての「地理的障壁の溶解」は、世界最大の人口を擁するかっての人類の二大文明地域、中国、インドが、資本主義の波に曝される事実に集約され、そのことが人類史の最重要の論点となった、と馬場が認識することの帰結でもある。その含意は、「ここには資本主義などとは比較にならない文化が形成され、そのために、桁違いに長い歴史が維持されてきた。その地の資本主義化は、資本主義の側からみれば、地上に残された殆ど最後の辺境の開拓だが、文明史の側から見れば歴史ある文明の最後の拠点が、限りなき欲望解放と工業化のゆえに、資本主義の獰猛な破壊力の餌食になりつつあること……」[30] とされる。このことは、インドにも同様に該当することが繰り返し強調される。

（3）危機の本質としての社会編成論

　このように、資本主義の生産力の強靭さのもとで、資本主義経済の急速な外延的拡大による「地理的障壁の溶解」が、本書での「周辺」の態様であろう。そのうえで、結論の「過剰富裕時代の到来」で、世界的な高経済成長がいかに人類の危機であるかが再度論じられる。それは、地球を覆い尽くす資本主義経済の拡大、その資本蓄積の深化、それによる地球規模の環境・資源、および社会生活に及ぼす破滅的な影響である。地球規模の環境・資源問題は、資本蓄積にともなう「外部性」の問題であり、社会関係、社会生活への破壊性は資本主義経済による社会編成論に関わるものである。

　「外部性」への影響と関わって、『新資本主義論』では「過剰富裕化」を、一人当たり平均所得が5,000ドルを上回る水準、との具体的な基準値まで設定している。この所得水準に達した時に予想される必要農地面積、森林伐採面積、

エネルギーなどの資源使用量の目安も示され、その所得水準による大気汚染、二酸化炭素などの排出による地球環境への巨大な負荷に警鐘が鳴らされる。ただし、これらに関しては、ローマ・クラブ報告『成長の限界』などを通してある程度周知ゆえに、この点には立ち入らない。

　ここでは、地球規模の環境破壊とともに、馬場が「危機の本質」として重視する高経済成長による脱社会化の進行、それに基づく社会生活の破壊性の増大に留意を喚起したい。大衆的過剰富裕時代の脱社会化として、「利那型思考の蔓延」、「価値相対主義の結果としての虚無化」、などに馬場は言及する。その具体的な表象としては、「利那型思考とは過剰効率化や資本主義の投機化の結果、人々がやや広い社会関係やわずか先の未来にさえ関心を失うことである。それ自身社会の摩滅といって良い……」、「本来全く明白な是非善悪の基準にも無関心で、社会はおろか自らの危機さえ正確に認識できない人口の増加」[31]、等々を指摘する。これは、要するに現代資本主義論としての社会編成論でもある。このように資本主義経済の急速な拡大は、資本蓄積の外部条件の諸問題の重大化にとどまらず、人間社会の構成原理に関わる根元的な問題が生じることを強調する。ここに、経済学の領域にとどまらない、社会編成論として現代資本主義論を追求する、「馬場経済学」の特質を見出すことができる。

5. 『現代世界経済の構図』
——「周辺」の新たな位置づけ、辺境の消滅

　本書は、リーマンショック直後の世界経済の構図を提示することを目的に、馬場が主宰したブラウン研究会のメンバーとの共著であり、馬場の事実上の遺作に相当する[32]。馬場は本書の序章を担当し、現代世界経済の全体構図を描き、分析課題も提示した。それは、冷戦終結以降をグローバル資本主義段階と位置づけるとともに、宇野三段階論をアメリカ中心史観による新三段階論に組直すことの提唱でもある。

（1）新三段階論の提唱とアメリカ資本主義の特質

　序章では新三段階論の編成、および基軸国アメリカの特質（アメリカ社会の形成、その建国の経緯にも遡る）に相当のスペースを割いている。アメリカの社会特質は、先住民の絶滅と土地略奪との原罪を負うことをベースに、その歪

みが成功至上主義（成功強迫症）、成功の連続による自賛史観、土地略奪による大衆的有産者化、その帰結としての労使階級が定着しない（ノーブレスオブリッジの不足）なかでの潜在的人種差別、などに特徴づけられると喝破する。

　アメリカの経済的特質は、その社会特質をベースとするものである。それは、広大な資源賦存にもとづく高成長、多様な産業構成による多軸的な産業連関（支配的資本が存在しない）、土地投機と密接に結びつく経済主体（経済活動）の投機性、金融の証券化と株式制度の早期の発展、および企業経営としては証券・株式の売買差益を追求する企業買収（M&A）などを特徴とする。資産・証券売買差益を追求する投機性と企業買収（M&A）を中心とする企業経営の結合が、アメリカの経済的特質として要約される。

　このようなアメリカの社会・経済的特質を背景に、レーガン期以降、新自由主義的な規制緩和にともなう企業買収（M&A）が横行する。グローバル資本主義の中心的目的は、アメリカ的商慣習（株価割安の企業を買収し、リストラを行い、株価を上げて株価差益を得る仕組み）を世界大に広め、このような慣行に慣れたアメリカの企業（業者）に不馴れな現地企業（業者）を上回る利得機会をもたらすもの[33]、とする。基軸国アメリカの経済特質とグローバル資本主義段階の経済動向を上記のように要約したうえで、世界経済の分析課題は、現代経済の構造的特質、時期区分、および資本蓄積の主体と源泉の三つに大別できる[34]、とする。ここでは前二者を省略し、第三の資本蓄積の主体と源泉を「周辺」との関連に限定して、その論述を簡単に整理しておこう。

　まず、グローバル資本主義の基軸産業をIT産業と特定し、IT産業は企業形態や労使関係を投機的な自由競争に方向付けし、市場至上主義を徹底する有力な一因になったとする。そのうえで、蓄積主体は株価資本主義と呼ばれる、短期間最大限利潤を追求する資本であり、それがIT化を伴うグローバル化によって蓄積基盤を世界大に拡げ、一般的蓄積に加えて本源的蓄積をも遂行する[35]。ごく簡単に要約すると、以上が馬場が晩年に提示した現代世界経済の基本構図である。

（2）「再版本源的蓄積」による剰余価値率の引き上げ

　この結果、資本が獲得する剰余価値が増大し、その反映として蓄積の源泉および誘因として利潤率が高めに維持され、対外資本投資による利潤が先進諸国

（特に基軸国アメリカでは経済の需要過大性を維持しつつ）に流入し、擬制価格の発現としての株高をもたらす。この本源的蓄積は、従来の非資本主義圏諸国、特に中国・インドのような大人口国の賃金水準が著しく低位にとどまるうちは継続される。それを、馬場は「再版本源的蓄積」と命名する。

　「再販本源的蓄積」は、ITを基軸産業とする支配的資本が、非資本主義圏へ進出した場合には、直接にもまた国際分業を通して間接的にも、生産性引き上げ効果を持ち剰余価値率を上昇させる。このことを、グローバル資本主義段階の資本蓄積の特質と要約する。このように、「周辺」は「再販本源的蓄積」による剰余価値率の引上げの源泉と新たに位置づけられる。この新たな位置づけにもとづいて、グローバル資本主義段階の現代世界経済の構図が提示されている。

　ここにみるように、グローバル資本主義段階における資本蓄積としては、かっての非資本主義圏諸国への技術移転を迅速かつ容易にする資本輸出、および現地の低賃金労働力の搾取を馬場はとくに重視する。それゆえ、NICs、次いでASEAN諸国、さらに中国やインドの雁行的な工業化を可能とする、迅速な技術移転と労働者階級の成立が何故にかくも早いかが、現代世界経済を分析する主要課題に位置づけられる[36]。

　『現代世界経済の構図』における「周辺」への論及は、馬場の分析課題の提示との関連で、資本蓄積の源泉としての「周辺」の理論的検討にほぼ限定される。そこでは、基軸から「周辺」への技術移転とともに、新たな本源的蓄積の源泉をなす「周辺」の低賃金労働の搾取が重視され、それゆえ、今後のグローバル資本主義の行方にとっては、中国、インドなどの「周辺」の労働力の賃金水準がルイス・ポイントに達するか否かが、当面の焦点をなすことを指摘する[37]。

　『新資本主義論』で「周辺」を地理的障壁の溶解と位置づけたことと対比すると、本書ではグローバル資本主義の一層の進展にともない、IT化による技術移転の迅速化、容易化と関連させ、「周辺」の工業化、低賃金労働の活用、とくにその搾取に重点が置かれる。基軸国を中心とする先進国の剰余価値率の上昇に着目し、低賃金労働を排出する「周辺」は、多国籍企業を中心に基軸国などの資本蓄積の源泉をなす、との認識にもとづいている。

（3）「再版本源的蓄積」にともなう「周辺」の位置づけ

　『新資本主義論』では、「周辺」は地理的障壁の溶解と関連して取り上げられ、

それを代表するのが中国（およびインド）であった。『現代世界経済の構図』の序章でも、「中国経済について若干」との補論が付される。そこでは、改革開放以降の中国の高成長経済を、「外資依存を含むグローバル資本主義下の、共産党主導本源的蓄積過程である」（これは、中国の高経済成長の明暗両面性の結論として提示される）と規定したうえで、中国が世界の工場と化すことで西欧はしばらく恩恵をうけるものの、次第に西欧の脅威になる、とのホブソンの『帝国主義論』の記述が引用される。加えて、「中印ともに本格的な工業国として並び立つことがあるとすると、それは人類のみならず地上の諸生物の破滅である。」とも主張する。『新資本主義論』後の10数年の経緯をふまえ、中国の本格的な資本主義化の人類におよぼす影響に、さらに厳しい見通しが述べられている。

このように、『現代世界経済の構図』では、グローバル資本主義段階における基軸国の資本蓄積との関連から、「周辺」に関する新たな理論的位置づけがなされる。資本主義経済の深化はIT化にもとづく「周辺」の工業化を通して剰余価値率を高めると同時に、ルイス・ポイントの指摘にみるように世界的な資本主義経済の新たな限界を画するもの、と位置づけることが馬場の基本的認識である。

6. その他の著作・論文にみる「周辺」、「外囲」および 社会変容論などへの論及

「周辺」、「外囲」などの概念は、主要著作以外の著作、論文でも取り上げられる。資本蓄積のメカニズムと関連させて、「周辺」、「外囲」の理論的検討に重点を置く主要著作よりも、これ以外に発表される諸論文のなかで、「周辺」、「外囲」、「外部性」がしばしばより具体的に論及される。それゆえ、主要著作以外の論文などで、「周辺」、「外部性」がいかに論及されるか、その際の含意は何か、これに関しても簡単に整理しておく必要がある。

（1）「南北問題序論」

本論文は、1970年代から80年代前半に重要な国際経済問題となった「南北問題」の系譜をたどりつつ、その理論的検討を試みたものである[38]。そこでは、新従属派、宇野派を中心に様々な経済学派による「南北問題」へのアプローチ、

第4章　社会編成論としての馬場の現代資本主義論　279

分析視点を批判すると同時に、「南北問題」の分析にはマルクス経済学の成果がいかに活用しうるかとし、その際の分析課題も提示している。

　「南北問題」は先進諸国の「北」に対して資本主義化の途上にある（あるいは資本主義化にいたらない）低開発諸国の「南」が直面する経済問題である。それゆえ、「周辺」に位置する諸国の経済問題の分析に際して、馬場がいかなる分析視点を重視していたかを理解するうえで、「南北問題序論」は示唆に富んでいる。

　最初に強調されるのは、「南北問題」の経済的分析の複雑さ、困難性である。それは、「「南」が均質な存在ではなく、資本主義化の方向をとりながら特殊な型を示す国、将来資本主義として確立するかどうか不明な国……など、「南」には雑多な（国・地域）が混在している」からである。「南」の社会構造の複雑さゆえに、その解明には、法律学、政治学、社会学、文化人類学などとの協働が必要とされ、経済学としては比較経済史が「南北問題」の分析には有効である、と論述される[39]。

　また、「南」の資本主義化にともなう経済問題には「北悪玉説」をとる新従属派のような外部からではなく[40]、「南」の内部の問題に接近する必要性も指摘する。そして、資本主義化にともなう「南」の内部問題の分析に際しては、後進資本主義諸国の農業問題の分析と資本の原始的蓄積、とくに後者を活用することの重要性を強調している。

　前者に関しては、「後発資本主義論と関連して、経済学はまた、農業問題の分析にも多くの用具を開発してきた」とし、宇野経済学の現状分析論と日本資本主義論争がそれに該当すると評価する。それは、日本資本主義論争が、後発資本主義が先進資本主義と異なる型をとらざるをえない事情を主題とすることによる。「南」の社会は農業を抜きには語れないゆえに、資本主義下の農業問題を分析する方法（日本資本主義論争にみられる）は、「南」の解明にも適用可能である[41]、と馬場は主張する。

　そのうえで、「南」が「北」に接触した際の諸問題は、破壊と綯い交ぜられた特殊な発展を対象とするゆえに、宇野による現状分析の領域に相当するとし、「それこそ無限に複雑な過程の追求になるしかなく、そこには安直な一般論は成立せず」、実証的な地域研究の積み重ねが有益であり、それを経済学の視点から類型論として把握する必要性を強調する。

次に、「南」の資本主義化の諸課題を究明する際の重要な理論的根拠は、資本論の「原始的蓄積」に求められるとし、「原始的蓄積」の「南北問題」分析への適用をとくに重視する。その要旨は、該当する論述のままに記すと次の通りである。

　「南北問題を理解する最大の鍵は『資本論』第一巻、第二十四章にある。……それは資本主義社会の特殊歴史的性格を発生史的に特徴づけることをつうじて、人間社会が資本主義から離脱する可能性とその過程の内容を捉える手掛かりを抽象的に与えているのである。……暴力行使ははじめから国家のもとに掌握されており、その国家の積極的援助をつうじて飛躍的に高い生産力が扶植された」、「原始的蓄積」は巨大かつ徹底的な社会的・文化的変容にほかならない。……その軸心が商品として利用可能な労働力をもつ人間類型の形成である。資本制生産が確立していればそれは商品経済の論理によって自動的に再生産される。」ことになる[42]。

　このように資本論の「原始的蓄積論」のエッセンスを引用して、そこに南北問題の理論的分析の視点を見出している。換言すれば、資本制生産が確立しない後進国にとっては、原蓄過程が資本制的生産関係が成立する人間類型、社会形成の重要な契機をなし、そこに「南北問題」の問題としての核心を馬場は求めている。

　このように「南北問題」の所在を「原始的蓄積」と関連付けることは、「周辺」の核心的な問題を馬場はいかに理解していたかを示唆している。「南」と同様に、資本主義経済に接触し、その破壊作用を被る「周辺」の問題の核心は、新たな社会形成、人間類型の形成に見出される。それは、新従属派の「収奪論」とは相違し、「南」（「周辺」）の無限に複雑な社会構成のなかで「北」との接触を通した資本主義経済化は、商品経済に適合的な社会編成、人間類型の創出に関わる問題である、との認識でもある。

（2）『シリーズ世界経済　I　国際的関連』

　「富裕化と金融資本」の上梓とほぼ時期を同じくして、馬場が主宰する「ブラウン研究会」による『シリーズ世界経済』（I〜Ⅳの４巻からなる）が刊行された。これは、世界経済の現状分析を目的とした企画であり、馬場はシリーズ全体の序論をなす『シリーズ世界経済　I　国際的関連──焦点と回路』の

第4章　社会編成論としての馬場の現代資本主義論　281

第1章「戦後資本主義」などを執筆した[43]。

　そこでは、アメリカを中心に進む1950年代の戦後復興、ヨーロッパの高成長にともなう米欧の時代としての60年代の安定成長（それに日本の高成長も加わった）、60年代までの安定成長が崩壊する70年代、の三つに時期区分し、各々の蓄積基盤を中心とする経済動向の特徴に焦点を当て、戦後資本主義を概括する。

　最初に、蓄積基軸を変型金融資本と表現し、欧米・日本を中心とする安定的な高成長とそれによる社会的富裕化を戦後資本主義の最大の特徴とする一方、70年代は戦後体制の崩壊期と位置づける。これは、『現代資本主義の透視』における現代資本主義論を基本的に踏襲している。

　この序論では、先進資本主義諸国を中心に各種統計数値を駆使して1970年代までの世界的な高成長を実証し、世界経済の現状分析を試みている。と同時に、スタグフレーション、レーガノミックスにみられる大衆的反福祉化、保守化、および途上国の債務問題の発生などにも着目し、1980年代を反動の時代と位置づける。1980年代を新たな資本主義体制の到来とみなす先見的な視点にもとづいて、世界経済の現状分析を試みていることが一つの特徴である。

　そのなかで、「周辺」は第3節「安定成長」、第4節の「戦後体制の崩壊」と関連して論述される。それは、「南北問題の発現と屈折」、および「途上国自体の多極化」として論じるものである。前者では、「第1回UNCTAD直後の1960年代後半には、すでに「南」の結集をのちに困難にする芽が現れていた……、いくつかの途上諸国は、60年代央からいわゆる輸出指向型開発戦略を採用した」とし、途上国の分極化の諸要因に言及する。

　後者の「途上国自体の多極化」では、「産油国は一挙に富裕化した。……もっと注目すべきはNICsの動向である……NICsの発展は全体としてはおおかたの予想外の現象であり、OPECの富裕化とあいまって、途上国を分極化させた。ここから、論点はNICs自体の分極と累積債務との二つに分かれる。……NICsは、1980年にいたる20年間には高度成長期の日本と比肩しうる拡大を示した……」とし、NICsの高成長および累積債務問題が生み出される、諸条件、諸要因を指摘している。

　また、「途上国自体の多極化」との関連で、中国の対外開放路線が開始される1979年を戦後世界経済史の一転機と位置づけ、中国の潜在経済成長力にも注

目する。それは、「総体としての経済規模は中央経済諸国中でソ連に次ぎ、潜在的活力はかなり高い。この国が、東欧諸国の対西側開放を後追いし、さらに抜き去る姿勢を示した。西側にとっても無視していい事態ではない」[44]、とするものである。

このように『シリーズ世界経済』の序論にみる戦後資本主義論としての「周辺」は、蓄積基盤の変質とともにその態様が変容する、その具体的な様相を論述するものである。そこに、世界経済論の焦点をなす「周辺」は、資本主義経済の拡大にともない不断に変容する、との馬場の認識が見出される。

そのなかで、戦後資本主義の高成長が先進諸国を中心に多様な社会変動をもたらしたことを重視することにも留意したい。それは、社会変動論として資本主義論を説く、馬場経済学の特質にもとづいている。そこでの表現によると、「富裕化・都市化・雇用関係の拡大を軸にして」[45]、栄養・衛生・医療の改善による死亡率の低下による高齢化社会の到来とともに、富裕化による生活水準の上昇と同時に、情報・交通機器の普及が人口の都市集中と重なって生活様式の全面的な都市化や高速化を招いた事実が指摘される。

この結果として、「社会変動の進行は、高齢化を含めて、家族規模の縮小や単身世帯の増加や離婚率の上昇といった形をとり、家族関係の変型や脆弱化、などの社会問題として意識される現象を多々生み出した」、ことが強調される。シリーズⅡの『アメリカ』では、馬場はアメリカの社会福祉政策と関連させつつ生活水準を中心に執筆している。これも、家族関係を中心とする社会変動を重視することと関連するものである。

このような社会構造の変化は、1960年代から70年代に様々な社会・政治運動の激発の主要背景をなすものの、この時期の社会・政治運動の挫折が80年代の保守化につながる、との文脈で論述される。アメリカを中心とする80年代の資本主義体制の反動の時代への転換、および中国の潜在的な経済成長力なども示唆され、ここにも馬場の先見性が示されている。

（3）『教育危機の経済学』（1988年）

本書は、1970年代後半から80年代半ばにかけて、折々に馬場が発表した論考、随筆を、『教育危機の経済学』と題して刊行したものである[46]。宇野経済学の方法論に関する論文、および海外留学・調査にともなうアメリカ、中国に関す

る印象記も含むが、高経済成長にもとづく社会富裕化のなかで発生する、日本の様々な社会問題に関する考察を中心に編纂されている。

馬場は、日本経済・社会の最大の特質を「会社主義」に求め、それをキーワード（馬場の造語とも言うべき）とする見解を1980年代には集中的に提示している。このような「会社主義」に関する論考が本書には多数、含まれている。と言うよりも、本書の「あとがき」によると、本書は、「日本会社主義の光と陰」の陰の部分に相当する社会問題[47] を取り上げたものである。『教育危機の経済学』のタイトルも、日本の教育をめぐる諸問題は「会社主義」の陰を代表し、そこに富裕化にともなう日本資本主義の最大の危機を、馬場が見出すことを示している。

馬場によると、日本資本主義の最大の危機は労働力の再生産に関する危機である。それは、高度成長を通して、子供達の教育を中心とする成育環境の変化のなかで子供達の想像力と創造力が枯渇し、労働力の資質の劣化などが生み出される問題である。高度成長にともなう日本社会の富裕化の過程で、「奪われたものは、自然、労働、仲間であり、与えられたものは、物質的豊かさ、大衆娯楽型情報、生きる目的としての受験である。奪われたものはいずれも、人間存在にとって本源的な要素であり、与えられたものは、すべてが無駄で非本質的だとまではいえないが、……しばしば過剰であるゆえに有害であった」[48]、と指摘する。

その結果が、進学率の上昇と日本的画一主義とがあいまった、ペーパーテストの点数主義の偏重、そのもとでのテープレコーダー付きプラモデルの子供達の量産である。それは、回転の速いレコーダーに恵まれた子供達は受験競争に成功し、エリートの道が約束される一方で、プラモデルになり切れない子供は落ちこぼれになり、テープレコーダーの回転速度に応じて子供達は輪切りにされる、教育の現状に対する強い危機感の表明でもある。そうした状況をしだいに当然だと思いこむ外見上の平静が危機の本質である、と馬場は主張する。

日本社会の最大の危機を教育に見出すのは、労働力の再生産に関する危機、すなわち労働力の資質の劣化と同時に、富裕に慣れた子供達の量産は、外来ショックによって日本社会が大きく攪乱された時に、この外来ショックに日本社会は耐えうるか、そのことへの懸念が、その根拠をなしている。

馬場は人間の存在にとって根元的に不可欠な三要素として、自然、労働、仲

間を列挙する。これらは持続的な社会形成とその存続のための三要素である。これらの三要素は、経済成長あるいは資本蓄積との関係では、自然は「外部性」、労働と仲間は「周辺」と密接に対応するものと読み取ることができる。自然が資本蓄積の「外部性」であることは自明である。また、後者の労働と仲間が「周辺」と関わるのは、年少期の労働、仲間は、家族間の協働、共同体的な社会的な諸活動を通して始めて体験、体感しうるものだからである。そのような協働、共同体的な営みは、資本主義的な商品経済が徹底しえない農業を中心とする自営業種の残存によって始めて可能となる。この文脈に照らすと、労働と仲間は「周辺」と分かちがたく結びつく要素と理解しうる。

　それゆえ、馬場にとっての教育を中心とする日本の社会問題、とくに社会変動、労働力の再生産に関わる諸問題は、商品経済の徹底化と並存する社会的な富裕化、および、その「周辺」への浸透による「周辺」の縮小・消滅と密接に関わってくる。それは、高経済成長による資本主義経済の拡大、深化にともなう不可逆的な社会問題として位置づけられる。その意味で、会社主義の陰の部分に相当する社会問題を剔出する本書は、馬場の現代資本主義論が社会構造論、社会変容論と分かち難いがたく結びつくことを示すものである。

＊補遺　初期の著作『アメリカ農業問題の発生』にみる、「周辺」への含意

　馬場の処女論文は、1961年に刊行された揚井克巳編『世界経済論』所収の、両大戦間の世界の「貿易」である。これに加筆し、新たな論文を加えて編纂したものが、さきに示した『世界経済——基軸と周辺』の第3部の「両大戦間の貿易」である。この両大戦間の世界貿易に関する最初の論考に、世界経済論を論じるに際して、「基軸」、「周辺」を重視する端緒が見出されることは、すでに指摘した。

　同様に、周辺部を重視する馬場の認識は、1969年に刊行された最初の単著の『アメリカ農業問題の発生』[49]にも見出される。それは、世界経済におけるアメリカの台頭と関わるものである。

　『アメリカ農業問題の発生』は、1920年代に発生したアメリカ農業問題およびそれに対応する農業政策史の分析を主要課題としている。これを主要課題とするのは、「両大戦間期において、世界農業恐慌の処理が国際通貨体制の維持

第4章　社会編成論としての馬場の現代資本主義論　285

とならんで、世界経済の深刻な構造問題をなしていたこと」、「アメリカ農業は、世界的な農工分業の編成―抽象的にいえば商品生産における農工間への労働配分―においてきわめて重要な地位を占めるものであった」[50]、ことの認識にもとづいている。

　ここに示されるように、馬場は、現代資本主義の成立を第一次大戦期とし、世界的な農業問題と通貨問題が世界経済にとっての困難な問題と位置づけ、それは世界経済の中心国としてのアメリカの台頭と密接に関わるとする。このような問題意識にもとづいて、同書は著述されている。

　両大戦間期に発生したアメリカの農業問題が世界経済論の焦点をなす構造は、1960年代末にも続く、と馬場は理解する。このことは、「アメリカ農業は世界的な農工分業の編成において、きわめて重大な地位を占めるものであった」とし、「現代の世界経済に発生する諸問題のなかに、農業問題が「固い核」として内包され……、農業問題は、通貨問題とあるいは並び、あるいは複合して、世界政治経済の主要な諸局面にかかわり、資本主義の進展にとって大きな障害となりつづけているが、このような世界経済の状況の発生は、第一次大戦にまで遡る」、との記述に示されるとおりである。

　そのうえで、世界経済の諸問題の「固い核」としての農業問題の事例として、EECの統合、イギリスのEEC加盟、ガットのいわゆるケネディ・ラウンド、南北問題、などを列挙する。1920年代の『アメリカ農業問題の発生』は、世界農業問題の重要な一環として世界経済の構造問題を生み出した。しかし、この農業問題は、第2次大戦後の1960年代にも世界経済の「固い核」として存続し、農業分野における貿易交渉の政治局面の困難につながると認識する。

　要するに、資本による処理、包摂が困難な農業に代表される「周辺」は、世界政治経済の主要局面に表出されるとの馬場の見解は、最初の単著に明確に述べられる。このように、「周辺」の概念を使用しないものの、それとほぼ同義の農業が世界経済の中心的な構造問題をなす、との認識にもとづいて『アメリカ農業問題の発生』を学位論文の研究課題に取り上げたと云えるであろう。

　『アメリカ農業問題の発生』では、農業金融と関連させてアメリカ資本主義の特殊性にも言及される。これは、資産として取引される農地売買が投機性に富み、また、商業銀行制度が発展していないアメリカでは、農地取得、取引の資金調達、融資の仕組みが証券化に依存することと関連する。

このことは、先進資本主義地域のヨーロッパにみられない新開国、アメリカの金融システムの固有性である。ここに着目し、馬場は投機的な資産（農地）取引と証券化に特徴づけられる金融システムとの結合を、アメリカ資本主義の特質とみなしている。これは、馬場が晩年になるにしたがって益々強調するアメリカ資本主義の特質に関する認識とほぼ同一である。

このようなアメリカ資本主義の特殊性を、この時期に馬場はどれほど意識していたかは定かではない。ただし、本書のなかで、アメリカに固有な農業金融方式の特質がアメリカの農業問題の所在と関連させて論及されていることには留意したい[51]。

II 残されている若干の論点、課題

Iでは、「周辺」、「外囲」などの概念に焦点を当てて、馬場の現代資本主義論の特質を追跡し、その整理を試みた。晩年の馬場の関心は、宇野段階論の抜本的な見直しによる新三段階論の構築に向けられる。ただし、馬場が提唱する新三段階論に関してもいくつかの検討すべき課題が残され、また、その後のグローバル資本主義の深化のなかで馬場が言及しなかった新たな問題も生じている。以下では、「周辺」、「外囲」、「外部性」の三つの概念に関わる若干の論点、および馬場が言及しなかった「外囲」に関わる経済問題、などを指摘したい。「基軸」と関わる上記の三つの概念の全面的な検討は筆者の能力を超える。それゆえ、簡単な感想の域にとどまらざるをえない。

1. 「周辺」、「外囲」、「外部性」、これら三者の関連
——社会編成論の視点から

馬場は、「周辺」、「外囲」、「外部性」のそれぞれの「概念」（「用語」）の相互関係を必ずしも明確に語っているわけではない。それぞれを、「基軸」との対称関係に位置づけ、資本蓄積によって生じる諸問題、諸矛盾をこれらの概念に集約させている。この点では、三つの概念は共通する。ただし、「周辺」と「外部性」を取り上げる際には、「基軸」をなす資本蓄積にともなう諸矛盾、それによって表出する問題の特質に応じて両者を使い分けるものの、その使用区分

第4章　社会編成論としての馬場の現代資本主義論　287

は必ずしも明確ではない。それは、「周辺」と「外囲」との関係にも該当する。「周辺」の定義が相対的に明示的であるのに対し、「外囲」、「外部性」には両義性をもたせるからである。

　すでに指摘したように、これらの概念の初出の『世界経済——基軸と周辺』では、「周辺」は「基軸」に規定されて相対的に独自の運動を示しつつ資本主義経済の再生産の一部をなすとしている。そこでは、「周辺」は農業・労働市場・局地的産業などに代表され、「基軸」が処理しにくい資本主義の限界領域・分野など、と定義される。

　これに対し、「外囲」、「外部性」の定義はより抽象的なレベルにとどまる。「外囲」は資本の自立的な蓄積の前提をなすと措定され、それは国家との読み替えも可能である。原始的蓄積にみるように、「外囲」は資本主義経済を成立、創出する前提条件をなし、また、「社会原則」を保障、担保する主体とも含意される。それ以外に、「外囲」は資本主義経済を取り巻く周縁部の意味で使用される事例も散見される。

　また、「外部性」は資源・環境に代表される自然に加えて、資本主義経済に隣接しつついまだ資本主義化されていない周縁部としても、しばしば言及される。そのような「外部性」の使用は、そこへの破壊作用を持ちつつ資本主義経済圏に取り込まれる文脈においてである。そのような含意で言及される際には、「外部性」は「周辺」と多分に重複する概念となる。例えば、中国、インドの資本主義経済化は、資本主義にとっての「最後の辺境」の消滅と表現されるが、この「最後の辺境」の消滅は資本による「周辺」の際限のない包摂による周縁部の最後の局面との読み代えも可能である。

　「外部性」を資本主義経済の周縁部として論及する時には、「外部性」は「周辺」だけではなく、「外囲」とも部分的に重なることになる。ただし、「基軸」との関係では、馬場は一般に「外部性」を資源・環境などの自然に代表させ、「外囲」を国家と同一なものとして使用する。そして、過剰富裕化の提唱とともに、「外部性」を資源・環境などの自然に代表させて使用することが多くなる。それは、過剰富裕化が資源枯渇、環境悪化の元凶をなすとの馬場の主張の強まりと軌を一にする。

　「外部性」を自然に代表させ、「外囲」を国家の意味で使用する際には、両者はともに資本にとっての文字通りの外部的存在、あるいは自立的な資本蓄積に

とっての外的な前提条件となる。「外囲」＝国家は、原始的蓄積や「社会原則」に示されるように、資本蓄積を補完する前提条件に措定される。同様に、資源・環境も資本蓄積に不可欠な前提条件をなしている。それぞれに意味、役割を異にするものの、資本蓄積の前提をなす外在的条件としては同一の意味が賦与される。

これに対し、「周辺」は資本蓄積の諸矛盾が集積する限界分野である。要するに、資本が容易には馴致しえない、苦手な領域である。そして、「周辺」を代表する農業にみるように、資本主義経済の拡大・深化は、貿易関係を通した「周辺」の外部化を通して処理、包摂してきた。これにともない、「周辺」の位相も変化し続ける。この文脈に照らすと、世界経済論の焦点をなす「周辺」は、世界的な資本主義経済の拡大・深化と並行して絶えず変容を続けることになる。

このように馬場の著作のなかでも、「周辺」、「外部性」、「外囲」の三者の関係には、依然、不明確な論点が残されている。とくに、「基軸」との関係で絶えず位相を変容する「周辺」と「外部性」との関連は必ずしも明確ではない。また、「周辺」の変容に「外囲」がいかに関わるかも段階論では明らかにされるものの、「グローバル資本主義段階」における両者の関係は不明なままに残される。これは、次にみる辺境の消滅とも関連する問題である。

また、現代資本主義論を社会編成（社会変動論）としても馬場は構想するが、この際にも、社会態様の変容を分析するうえでの有効な概念として「周辺」、「外部性」、「外囲」を使用している。社会変動論に言及する際のキータームとして、これらの概念が「社会原則」との関連でしばしば使用されるからである。この社会編成論の視点にもとづいて、「周辺」、「外囲」などの位置づけに関しても、若干、言及しておこう。

「周辺」を代表する分野は、資本主義経済への馴致が相対的に困難な、歴史的伝統を継承する産業を中心とする。それは、農業に代表される自営業が支配的であり、共同体的な社会関係が残存し、一定の地域性を纏う産業分野でもある。それゆえ、資本主義経済による「周辺」の包摂は、商品経済の浸透、深化による当該分野の伝統的な社会関係の分解、解体をともなっている。資本による「周辺」の包摂、処理は、当該分野の社会関係の変容を不可避とするのである。

また、「外囲」は資本の自立的な蓄積にとって外在的な労働力の再生産、保全にも関わっている。少なくともそのような含意のもとに、「外囲」の概念は「社

会原則」と関連させて使用されている。馬場が使用する「社会原則」は、いずれの歴史的社会もその存続のための労働力の保全—その保全のレベルの高低を問わないとして—を要請する、との認識に立脚する。それゆえ、「社会原則」は当該社会の存続にとっての最小限の社会的規範を意味する。

資本主義成立期の救貧法、その確立期以降の社会保障の制度化は、それぞれ「社会原則」としての政策的措置に該当する。これらの社会制度化を通して、資本蓄積に必要な労働力の保全が担保されてきた。「外囲」以上に、自然に代表される「外部性」は、当該社会の存続に大きな役割を果たすことは自明であろう。人類社会は「外部性」を無視しては成立しえないからである。

現代資本主義論を社会関係の変容あるいは社会変動論に関連づける馬場の問題意識は、晩年になるにしたがって強まっている。それは、「過剰効率化の社会」[52]の論考のなかでの「過剰商品化」の表現にも、あるいは『マルクス経済学の活き方』の論述にも裏づけられる。後者では、社会が成立するための人間の社会関係を経済の仕組みから説くことを経済学の課題として強調することに、端的に示される[53]。

それは、高経済成長による大衆的富裕化が社会関係の無機化、人間類型および社会の劣化に帰結する、との認識にもとづいている。最晩年に、馬場は「ノブレスオブリッジ論」の執筆を構想していた[54]。それは、高経済成長以前の時代にはノブレスが社会の安定化に重要な役割を果たすものの、大衆資本主義のもとではノブレスの社会的役割が消失する、との認識によるものである。そこに、高経済成長が人間の俗化、社会劣化を生み出したことへの馬場の深い失望感が見出される。

以上のように、馬場は現代資本主義論を社会編成論として把握する際に、「周辺」、「外部性」、「外囲」などのキータームに関連づける。しかし、社会編成論との関連で「周辺」、「外囲」などを明確には位置づけているわけではない。後の世代への宿題として残したと理解すべきであろうか。

2. 辺境の消滅と再版本源的蓄積
——「周辺」の変容と関連して

グローバル資本主義段階は、資本主義経済にとっての辺境の消滅ともされる。辺境消滅は、「基軸」と「周辺」との関係にいかなる影響をおよぼすであろうか。

あるいは、「周辺」を定立する積極的意義は何処に求められるだろうか。「馬場経済学」に即すると、このような問題提起をなしうるだろう。それは、グローバル資本主義段階の「再版本源的蓄積」の意味とも関係する[55]。「再版本源的蓄積」は、支配的資本が剰余価値の源泉を何処に求めるかの問題である。「周辺」は、資本蓄積の矛盾の外部的な表出、あるいは、それが集積する分野として位置づけられるが、これは「再版本源的蓄積」の対象とされる中国、インドとの位置づけとは明らかに相違する。

「再版本源的蓄積」は、支配的資本の利潤源泉と関わる資本蓄積様式である。それは、中心国の支配的資本の対外資本投資による低賃金労働力の活用、それによる剰余価値の取得とその本国への環流、およびそれと関わる中心国での低賃金労働者の創出を源泉とする剰余価値の取得、この二重の剰余価値の取得を有機的的に結合させる蓄積様式でもある。そこに、馬場はグローバル資本主義段階の支配的資本の蓄積様式の最大の特質を見出している。

とすれば、グローバル資本主義段階のITを駆使し、技術移転と労働力陶冶をともなう株価資本主義は、「基軸」と「周辺」との統合、あるいは両者の融合を意味するものではなかろうか。馬場が語る最後の辺境の消滅は、「基軸」と「周辺」の対称性の消滅につながるとも理解しうるのである。

馬場が最後に提示した、現代資本主義の構図の分析枠組みによると、さきに指摘したグローバル資本主義段階では、「基軸」と「周辺」が融合し、両者の境界は限りなく消失することになる。これにともない、資本蓄積の内部矛盾の外的表出としての「周辺」は、Ⅲで取り上げるように、1970年代初頭までと比較すると、世界経済論の分析枠組みとしてはさほどの意味を持たなくなる。馬場は、「周辺」をこのように認識、位置づけるようになったと理解してよいだろうか。

むしろ、辺境の消滅によって「基軸」と「周辺」は一体化し、馬場にとっての資本主義経済の諸問題は「外部性」に集約される、と馬場が理解するようになった、とも考えられる。それと並行して、社会編成論が馬場の現代資本主義論のなかで重要な位置を占め、その社会編成論にとって、「周辺」、「外囲」との関係性が強まるようになる。『新資本主義論』の刊行から『現代世界経済の構図』までの、馬場の現代資本主義論に関する分析枠組みとしての「周辺」は、以上のような変遷をたどっているとも考えられる。

Ⅲで取り上げる「農業・食糧問題の変容」は、1970年代初頭までは世界経済の焦点をなした「周辺」を代表する農業の地位が「基軸」との関係で急速に変化していることを示している。また、食料問題とむすびつく「食生活の変容」は、現代資本主義論としての社会編成論と密接に関連することを具体的に示すものでもある。

3. 「外囲」の新たな意義とそれにともなう諸問題

1980年代以降の新自由主義の潮流とも相乗して、アメリカを中心に先進諸国の産業構造は第三次産業の比重の増大にともない、サービス経済化の一途をたどっている。アメリカにみるように、製造業の賃金水準は国際的に極めて高位に維持されつつ、安価な労働力の活用を求める対外的な資本進出、その結果としての安価な物品の大量流入（環流）は、低賃金労働者の大多数をサービス分野で吸収する以外に道はない[56]。

このような産業構造のもとでは、金融経済化にともなう一部の大富裕層の創出をともないつつ、所得格差の大幅な拡大が生じる。要するに、中国、インドなどの低賃金労働力の活用によるグローバル資本主義段階の「再版本源的蓄積」は、先進資本主義諸国での低賃金労働者の大量創出と対応する。その動きは、中心国のアメリカで最も鮮明であるものの、他の先進諸国でも多少の差はあれ同一である。それが、巷間で話題になる「所得格差問題」の核心である。

そのことは、社会不安を醸成し、政治状況の混迷、不安定化につながる。所得格差が海外からの安価な物品の大量流入に起因するゆえに、排外主義的な政治的潮流を生み出し、格差拡大は次第に社会的に容認しえない事態となる。それにともない、「外囲」＝国家の新たな役割が要請される。馬場の、いわゆる「社会原則」の意義が益々重要性を増すことになる。いわゆるポピュリズムの台頭の中で、「社会原則」が外囲によっていかに保障、担保されうるかは、いずれの先進諸国にとっても最大の政治問題となりつつある。

資本蓄積と「外囲」との関係に関する馬場の論述は、資本主義の成立に関わる原始的蓄積を中心に、労働力保全と関連する原論レベルの抽象的な記述にとどまる。同様に、「社会原則」も抽象的に言及され、「社会原則」の「外囲」による担保は自明なことと認識されているかにみえる。それは、資本の自立的蓄

積では対処しえない社会・経済問題との関係で、「社会原則」が論じられることにも示される。

　「外囲」と「周辺」の関係は、馬場にあっては段階論における支配的資本の政策を中心に論及される。その典型例は、すでに紹介した自由主義段階のイギリスの穀物条例の廃止である。また、世界経済論の焦点としての世界農業問題も、1930年代の先進諸国における農業保護政策の成立・確立、すなわち国家主導による農業の存続、保護が問題の核心をなしていた。さらに第二次大戦後の社会保障政策の制度化も、「外囲」による労働力保全の具体例をなしている。

　上記は、いずれも資本主義経済による自立的な解決が困難な「周辺」の、国家主導による政策的な処理でもある。これらは、「社会原則」を「外囲」がいかに担保するかの方策でもある。そのなかで、グローバル資本主義の深化とともに、トランプ大統領の誕生に象徴されるように、アメリカでは政治的な排外主義と相乗する国内産業の保護主義も強まっている。その動きは、イギリス、EUでも「難民問題」と相乗して同様に強まりつつある。このような2010年代後半以降の政治・経済的潮流のなかでは、資本蓄積と外囲との関係があらためて問われざるをえない状況が現出している。

　一方では、国際的な金融経済化をともなうグローバル資本主義の深化にともない、先進資本主義諸国の国家財政はいずれも過重債務に陥っている。同権化にともなう社会保障の制度化は過大な財政支出をともなう。他方で、経済のグローバル化にともなう国境の実質的な形骸化は、法人税を中心とする課税率の引き下げを促進し、国家の財政収入（税収）を減少させる。1980年代以降の新自由主義的改革は、先進諸国を一様に債務国化の罠に陥れているのである[57]。

　新自由主義はグローバル資本主義に最も適合的な政策体系である。それは、市場原理主義のもとに国家の役割の最小化、その形骸化を意味する。しかし、新自由主義はグローバル資本主義が生み出す政治・社会問題には、結局、対応できない。それは、「社会原則」に「外囲」＝「国家」が対応しうる財政的な資金基盤を喪失させ、社会危機を生み出すからである。資本の自立的蓄積では対処しえない、いわゆる「社会原則」に「外囲」が対処すること、ここに資本主義経済が存続する根拠を馬場は求めていた。しかし、グローバル資本主義の深化は、その「外囲」＝国家の存立基盤を剥奪し、馬場が想定しなかった事態を生来させている。

第4章　社会編成論としての馬場の現代資本主義論　293

　馬場は、グローバル資本主義段階の資本蓄積と「外囲」との関連性にはほとんど言及していない。中心国の基軸産業と支配的資本形態に焦点を当て、その世界的な資本主義経済の拡大、深化によってグローバル資本主義段階の資本蓄積を説く論理を一貫させることによるものである。そこでの「社会原則」に関わる諸問題は、すでに指摘したように「外囲」＝国家が対応することを暗黙の前提としている。しかし、「社会原則」に対応する主体としての「外囲」、すなわち国家の財政的基盤自体が喪失しつつあることは間違いない。

　いずれにせよ、「株価資本主義」の深化に付随する社会・政治的諸問題は、馬場没後の最近数年間にさらに重大化している。また、国家の財政基盤は1990年代、2000年代と時期を追って脆弱化し、債務国家化の歯止めは失われている。それゆえ、「社会原則」をめぐってグローバル資本主義段階の資本蓄積と「外囲」との関係が、「債務国家化」の重大化にともなってあらためて問われることになる。この問題は、21世紀の資本主義を展望する最重要な要件をなすのである。

Ⅲ　「周辺」の変容 ──農業・食料問題の変容を中心に

　Ⅰ、Ⅱで論じたように、馬場経済学では「基軸」との関係で「周辺」は変容を続けるものの、それを代表する産業は一貫して農業を想定していた。また、食料消費は労働力の再生産、保全と関わるものの資本蓄積の外部に位置づけられた。それゆえ、農業・食料分野の変容は、「周辺」の位相あるいは「外囲」の役割などに注目すると、グローバル資本主義の一側面を浮き彫りにするものである。

　ただし、1990年代以降、2000年代央までを対象とする世界的な農業・食糧問題の位相に関しては、「世界の食料・農業問題の現段階」としてすでに論じた[58]。2010年代後半の世界の農業問題の構図は、2000年代央までと基本的に同一である。それゆえ、ここでの農業問題の構図の提示は基本的に上記論文の要約の域をでない。それを、直近のデータで補足しつつ、「周辺」の変容の視点から再整理しておこう。とくに「基軸」との関連に留意し、中心国のアメリカ農業の変貌に焦点を当てることにする。

　ただし、馬場が重視する社会編成論との関連では、アメリカの食生活の態様、

食料消費趨勢、およびその世界への波及によりスペースを割く必要がある。食料消費は日々の生活の基礎として社会生活と一体である。馬場は大衆資本主義の特質として、アメリカ的な消費生活の世界への波及力に注目した。大衆資本主義社会は、アメリカ的な消費生活を基底とし、その世界への普及、浸透によって形成、実現されてきた。その波及力の関連として、最近の中国の食料消費趨勢についても簡単に取り上げる。人口規模に加えて、長い歴史的伝統を有する中国の食生活へのアメリカ的な食料消費パターンの浸透力の如何は、アメリカ的な食生活の世界的な波及力をみるうえでの、メルクマールとなりうるからである。

1. 農業問題の変容 ——アメリカを事例に

　第2次大戦前後、あるいは1950年代までは、農業は家族経営（小農）によって営まれ、自営業種的な伝統産業の中心に位置してきた。このことと、農業生産が自然条件の制約を大きく受けることがあいまって、農業は資本主義経済に馴致しない、いわゆる資本にとって「苦手な産業」に位置づけられてきた。それが、農業を「周辺」の代表的な分野にする最大の根拠をなしていた。

　しかし、1950年代半ば以降のアメリカでは、農業は生産性上昇率が最も高い産業に成長する。それは、時期がやや遅れるが、西欧および日本などの他の先進諸国でも同様に該当する事実である。資本主義経済の歴史のなかで、先進諸国の農業の生産性は第2次大戦以降、始めて製造業を大幅に上回るようになった[59]。このような産業としての農業の変貌は、アメリカに即すると、農業革命とも呼称される農業の急速な技術革新によるものである。アメリカ農業の変貌の起動力をなす農業の技術革新は、1950年代以降、西欧諸国、日本にも漸次波及する。

　農業の技術革新は、農業経営の機械化、化学化、および生物分野における様々な技術開発の合体の成果である。機械化は、各種農業機械の大型化・高性能化、化学化は化学肥料・農薬の大量投入、生物面の技術開発は耕種作物の品種および家畜類の種畜改良、などにそれぞれ代表される。

　このうち耕種作物の品種改良はトウモロコシの交雑品種の開発を嚆矢とし、遺伝子組み換え作物（GE）にいたる新品種の開発が中心をなす。家禽・家畜

の集中飼養にともなう急速な生産性の上昇は、化学および生物の各々の分野の技術開発を組み合わせた、その成果の所産である。例えば、家禽・家畜の肥育効率の向上は種畜改良とともに抗生物質の活用や人工栄養素などの飼料への混入に負っている。後者には、肉牛の肥育効率を高め、乳牛の泌乳量を急伸させたホルモン剤の活用も含まれる。

　大型・高性能の機械の農業経営への導入は、耕種部門を中心に経営規模の急激な拡大を促した。農業経営の大型機械化と、農外雇用機会の増大とが相乗して農業従事者は大幅に減少し、そのことが農業生産性の飛躍的な上昇につながった。また、化学化および生物技術面の技術開発は、農産物の各種品目の急速な単収増および家畜の飼養効率の飛躍的な向上を促した。このことも、農業生産性の急上昇に寄与したのである。

　アメリカにおける農業経営の大型機械化にもとづく生産性の上昇は、1980年代半ばをピークとする、と一部では評価された[60]。しかし、農業生産性の正確な計測は困難であるものの（データベースの集計が難しい）、アメリカ農業の生産性は単収増を中心に2000年代にも上昇を続けている。FAOによると、2001～2012年のアメリカ農業の労働生産性の年間平均上昇率は3.4％におよんでいる。これは、1980年代、90年代をさえ上回るものである。以上のことは、他の先進諸国にも該当する。日本を含めた、2001～2012年の先進諸国の農業の生産性上昇率は、途上諸国農業の生産性の上昇率をはるかに凌駕している[61]。

　もっとも、農業生産性の上昇は農業の収益性の向上には必ずしも直結しない。生産性の上昇は農産物価格の引下げ圧力として作用するからである。この結果、2007年以降の農産物価格が急騰した時期にも、農場の実質受取価格の上昇率は農業資材の実質購入価格の上昇率を下回り、農業の交易条件を悪化させている。農業生産性の上昇を可能とする農業機械の大型・高速化などによる設備投資の嵩上げに加えて、各種農業資材の大量投入は農業収益性を低下させる主要な要因である。皮肉なことに、農業の生産性と農業の収益性はトレードオフの関係をなしている。要するに、農業の交易条件の悪化が農場経営の絶えざる規模拡大を促し、「踏み車理論」の罠からの脱却を困難にしている[62]。

　農業収益性の低下は、食料供給システムにおける農業の地位とも密接に関連するものである。市場に出荷される農産物のなかで、食品として家庭で直接に消費されるものの割合は最近30年間に著しく低下した。農産物が食品製造業な

どを迂回して流通する割合が著しく上昇し、それは加工食品類の食品全体の消費に占める割合の上昇などにともなっている。農業は、食品製造業、食品流通業を中心とする食料供給システムのなかのごく一部を占めるにすぎなくなっている。

　このことは、アメリカの食料支出総額に占める農場受取額の割合（農産物の最終販売額の農場への還元率）の低下に端的に示される。その割合は、2010〜2015年に16〜17％である。20年前の1990〜95年の農場受取額の比率は22％であるから、最近20年間に食料供給総額に占める農業生産額の割合は5ポイント以上低下したことになる[63]。

　この事実は、農業生産額が食品製造業の出荷額、食品サービス業の販売額を下回る事実に端的に裏付けられる。2013〜15年の食品製造業の出荷額は農業生産額の1.2〜1.3倍に相当する。外食、中食などを中心とする各種食品サービス業の販売額と比較すると、農業生産額の割合はその3分の1にすぎない[64]。要するに、農業は川上の農業資材分野と食料加工・流通・各種食品サービスなどの川下分野の狭間に位置し、食料供給システムの一次原料を生産する一分節にすぎなくなっている。

　このことは、アメリカ経済に占める農業の地位低下とも同義である。アメリカのGDPに占める農業産出額、就業人口全体に占める農業従事者の割合は、2015年にそれぞれ1.1％強、1.6％にとどまる[65]。産出額、就業人口のいずれでも、農業はアメリカ経済の1％産業にすぎない。これは、アメリカだけに限られない。他の先進諸国でも同様に該当する事実である。

　例えば、2012年にドイツ、フランス、イギリスのGDP、就業人口に占める農業産出額、および農業就業人口の割合は、上記の順にそれぞれ0.6％、1.6％、0.5％、および1.6％、2.5％、1.2％である[66]。西欧諸国のなかで農業の比重が相対的に高いフランスを除くと、ドイツ、イギリスの経済全体に占める農業の比重はアメリカをさらに下回わっている。このように農業の技術革新は農業の生産性を大幅に上昇させ、次にみるような「豊かな食生活」を実現させた。しかし、それは農業生産額のGDPに占める比率の一層の低下に直結する。皮肉なことに、農業の工業化にともなう農業生産性の飛躍的上昇は、川上での農業資材産業、川下での食品製造業および食品サービス業の食料供給に占めるそれぞれの比重の増大と軌を一にしている。

農業生産性の上昇は、効率的な食料供給システム創出の原動力となる一方で、国民経済に占める農業の地位だけでなく、食料供給システムにおける地位の一貫した低下に帰結している。とくに畜産部門では、食肉メーカーが川上から川下までを垂直統合的に組織化し、畜産農場は加工処理向けのたんなる原料供給業者に位置づけられる。それは、製造業での下請け的な部品生産業者としての中小企業の業態と極めて類似するものである。

このような経済全体および食料供給システムに占める農業の地位の著しい低下は、資本による農業の包摂とも表現できる。伝統産業として農業が資本主義経済のなかで大きな比重を占めていたことが、農業が「周辺」を代表する根拠をなした。それゆえ、先進諸国経済に占める農業の地位低下は、「基軸」の対称関係としての「周辺」の意義の変質を意味する。世界の農業生産、農産品貿易に占める先進諸国の比重は増大している。この事実と併せると、先進諸国を中心とする農業の動向は世界経済の焦点とはもはやなりえないことは明らかである。

一方で、辺境の消滅にともない、中国、インドなどの新興諸国の「基軸」に対する位置づけをいかに評価するかは、世界経済の現状分析の大きな課題となっている。その新興諸国の農業は当該諸国だけでなく、「基軸」の資本蓄積にも重要な意義を有している。馬場は、グローバル資本主義段階の「基軸」の資本蓄積の特質を、中国、インドとの関係で「再版本源的蓄積」と規定した。それは、新興諸国では農業が低賃金労働力の供給源をなし、剰余価値率を引き上げる根拠をなすことにもとづいている。

かっては、先進諸国の農業および後進資本主義国が「周辺」の主要対象をなした。これに対し、グローバル資本主義段階では新興諸国の農業分野が排出する労働力が「基軸」の利潤源泉をなしている。それは、先進諸国における農業の地位低下と対照的である。新興諸国の中国、インドなどの農業分野は低賃金労働力の供給源をなし、それゆえに「再版本源的蓄積」の源泉をなす。この結果、馬場の表現を借りると、新興諸国の農業人口がどの時点で「ルイス・ポイント」に達するかが、「基軸」の資本蓄積の限界と結びつくことになる。第二次大戦前から1960年代初頭までの農業に代表される「周辺」が世界経済論の焦点をなしたことと次元を異にして、グローバル資本主義段階の「基軸」の資本蓄積にとって、中国、インドなどの農業部門に新たな位置づけが与えられているのである。

2. 食料消費パターンの変化
——1990年代以降のアメリカ、中国を事例に

　食料の消費動向は経済事象であるものの、社会的諸条件にも強く影響される。それは、食料消費パターンの変化、すなわち食生活の変容は社会の基礎単位の家族構成や家族の役割と密接に関わるからである。馬場は、現代資本主義論を社会編成論として捉え、その根底に家族構成の変化にともなう社会生活に果たす家族の役割の変容、それにともなう社会関係の変質を見出している。それゆえ、食生活の変容は家族の社会生活に果たす役割とも関係して、馬場の現代資本主義論の重要な一課題を構成するはずである。

　各々の地域、国の食生活は、風土条件と一体化する歴史的伝統に特徴づけられる。しかし、以下にみるように、グローバル資本主義の深化は国ごとの食生活の差異を希薄化し、その均質化を促進する。均質な食生活は、伝統的な食生活を有しないアメリカでとくに際立っている。しかし、伝統的な食文化の点では世界を代表する中国でも、高経済成長と並行して食料消費趨勢は急速に変化しつつある。

　この際、資本主義経済のグローバル化のなかで、食生活の変容はいかなる経路によるものか、以下、ここに一つの焦点を当てて検討する。食生活が変容する経路は、その変容を生み出す起動力と関連するからである。この視点にもとづいて、以下、アメリカ、中国の食料消費動向の事例を簡単にみておこう。

（1）アメリカの食料消費動向 ——1990年代以降の特徴

　経済成長および農業生産性の上昇による主要農産物の価格低下などを背景に、第2次大戦後、1970年代前半までにアメリカは、世界で最も「豊かな食生活」を実現した。それは、1人当たり平均カロリー摂取量、および主要食料品の高度な消費水準、とくに牛肉、油脂・脂肪類などの着実な消費増に裏付けられた。しかし、1970年代後半には、「豊かな食生活」の健康に及ぼす悪影響、とくに、「豊かな食生活」を象徴する牛肉の消費増の健康におよぼす懸念が高まり、健康に配慮する食生活志向も強まるようになった。

　それにともない、1人当たり牛肉消費量は減少に転じ、代わってブロイラー、魚肉類の消費増が顕著となる。だが、80年代、90年代を通して、1人当たり平

均カロリー摂取量は増加を続けた。アメリカ人の平均カロリー摂取量は、70年代まで3,200〜3,300カロリーで推移し、90年に3,600カロリー、2000年には4,000カロリーに達した。80年代以降のアメリカ人の平均カロリー摂取量の増加には驚くべきものがある。

　このようなカロリーの過剰摂取は、1990年代後半から2000年代前半に、アメリカの社会問題としての「肥満問題」を生み出した。すでに1988〜94年平均で、肥満人口比率は22.9％を占めたが、2001〜04年には31.4％、さらに2010年代前半には36％にも達している[67]。アメリカ人の3人に1人以上は過度の肥満体質であり、成人病の恐れに晒されている。

　「肥満問題」の原因をなすカロリーの過剰摂取は、主要品目別には油脂・脂肪類および穀類、とくに前者の大幅な消費増に起因する。1980年と2010年の品目別のカロリー摂取構成比を対比すると、1980年には畜産物（牛乳・乳製品を含めた）33％、穀類19.8％、油脂脂肪18.1％であり、野菜・果実・砂糖類などが残りの29.1％を占めた。ところが、2010年にはカロリー摂取源の構成比は、畜産物27.3％、穀類23.3％、脂肪・油脂22.5％である[68]。1980年〜2010年に、穀類および脂肪・油脂のカロリー摂取源の構成比の上昇、とくに後者の伸びが際立っている。

　アメリカの食料消費水準は、全体としては80年代までにほぼ成熟段階に到達した。1980年以降、品目別の主要食料品の1人当たり平均消費量、例えば、畜産物、牛乳・乳製品、野菜、果実にはほとんど変化はない。ただ、脂肪・油脂、穀類の消費量は増加し、主要品目のなかでも細分類した品目ごとの消費代替が顕著である。そこに、1990年代以降のアメリカの食料消費趨勢の特徴を見出すことができる。このことと肥満問題の重大化とは密接に関係する。

　主要品目における細分化した品目ごとの消費代替は、肉類の赤肉から鶏肉への代替が代表的であり、それ以外には、牛乳・乳製品の飲用乳からチーズ、ヨーグルト、甘味料の砂糖からトウモロコシを原料とする異性化糖（これは、80年代からの継続であるが）、脂肪・油脂類におけるマーガリン、バターからサラダ・料理油への、それぞれの消費代替が目立っている[69]。

　以上の主要品目内部の消費代替は、一部には健康重視および価格要因による変化を含んでいる。牛肉から鶏肉への消費代替は、その動きの典型例である。しかし、全体としての消費代替は、より大きくはアメリカの食生活の変容と密

接に結びつくものである。それは、一口で表現すると、外食依存を中心とする食生活の外部化である。アメリカの食料支出に占める外食支出の割合は他の先進諸国と比較しても際立って高く、そのことがアメリカの食生活を特徴づけている。アメリカの食料支出に占める外食支出の割合は、すでに90年までにほぼ40％に達し[70]、2010年にはさらに45％前後に上昇している。その際、外食のなかでは、ファースト・フード向けの支出割合が高いことが特徴である。2009～2010年の二カ年平均の、一般飲食店、ファースト・フードの外食支出全体に占める割合は、前者が39.6％、後者が37.4％と両者はほぼ拮抗する。

　このようにアメリカの食生活のなかで外食、とくにファースト・フードは益々重要な地位を占めている。このことが品目別の食料消費動向に反映される。乳製品のなかでのチーズ、および油脂・脂肪類におけるサラダ油・料理用油の顕著な消費増は、それぞれにファースト・フードを中心とする外食依存の高まりと密接に関連する。外食、とくにファースト・フードの調理は大量の料理用油を要するからである。また、ピザに代表されるようにチーズの使用量が多い料理品目は外食の特徴でもある。

　同時に、家庭の食事でも調理食品、簡便食品を中心に加工食品の消費比重が増大している。このことも、肥満問題の一因をなしている。穀類の消費増は、スナック、シリアル類の消費増に起因する。それを裏付けるのは、家庭食の支出割合を産業別に配分したそれぞれの割合である。家庭での食料支出の30％は食品加工業に帰属し、家庭食の支出の最大割合は食品加工業に吸収される。家庭食の調理・簡便食品への依存の増大は、外食とともに食の外部化の一部を構成する。とくに家庭内でのスナック類の加工食品の過食、要するにスナック類の常食化が「肥満問題」に直接に関わっている。

　肥満問題が取り沙汰されるアメリカの食生活に関しては、肥満人口比率がエスニック別に大きく相違するゆえに、人口動態などの様々な要因の検証も必要とされる。しかし、「肥満問題」の最大の要因が、生活スタイルの変化と密接に関連する食生活に起因することでは、研究者の見解はほぼ一致する。食文化の歴史が浅いアメリカでは、社会生活の変化が食料消費パターンに及ぼす影響はとくに大きいのである。

　それは、アメリカの大衆消費社会が均質な消費選好のもとに成立することとも同義である。アメリカに特有な食品産業の発展を支える社会的土壌に根差す

ものとも換言しうる。他の先進諸国と比べても、アメリカでは食品製造業やファーストフードなどの食品産業の成長が目覚ましく、食品産業の発展がアメリカの食生活の均質化を主導している。

食品製造業は簡便かつ均質な加工食品の開発・普及に市場機会を見出す。また、人口の高い流動性のもとでの大衆社会は、ファースト・フードの成長を支える一因をなしている。この両者が相乗して、アメリカにおける「食の外部化」を促進してきた。それは、「時間と場所を均一化し、此処と彼所、現在と過去との違いをなくす能力」[71] に長けるアメリカ社会の固有性と分かちがたく結びついている。

このようなアメリカ的な食の外部化は、日本を含む先進諸国に限られず、程度の差はあれ途上諸国にも普及、拡大しつつある。それは、食生活の変容を生み出す社会・経済的条件は、グローバル資本主義の深化とともに世界的に拡大することによっている。

（2）中国の食料消費動向

1980年代に引き続き、90年代以降も高経済成長が続く中国でも、食料消費趨勢は急速な変化を続けている。それは、人口当たり平均カロリー摂取量の大幅増に端的に示される。2000〜02年の中国人の平均カロリー摂取量は80年代初頭を20％以上も上回る2,820キロカロリーに達した。さらに2011〜13年には3,100キロカロリーを上回っている[72]。中国の主要品目別の食料消費パターンは、対外開放政策による高経済成長が開始される80年代に、主要穀物を例外として大きな変化を遂げるようになった。主要穀物の1人当たり平均消費量は、80年代初頭までにすでに相当の水準に達していた。この結果、1人当たり穀物消費量は90年にピークに達し、以後、減少に転じている。これに対し、肉類、水産物、果物類の1人当たり平均消費量は、80年代以降、着実に増加を続けている。なかでも、90年代の肉類、卵、水産物の消費増加率は80年代を上回っている。

2000〜10年の主要品目別の消費動向も、品目ごとの変化の減速あるいは加速はあるものの、90年代までと基本的に同一の趨勢を続けている[73]。例えば、2000〜10年に肉類、水産物、料理用油の平均消費量は増加を続けている。そのなかで、肉類、水産物の1人当たり平均消費量の増加率は90年代を下回っている。対照的に、牛乳・乳製品の消費量は大幅に増加している。牛乳・乳製品の

消費統計は90年代に始めて公表されるが、2000年代の牛乳・乳製品の消費増加率は全ての品目のなかでも突出して大きい。2011～13年の直近3ヶ年の肉類、植物油、牛乳・乳製品の1人当たり平均消費量は、2001～03年のそれぞれ1.3倍、1.2倍、3倍に増加している。いずれにせよ、牛乳を中心に畜産物の消費増は主要穀物の消費減の動きとは対照的である[74]。

　以上のように、90年代以降の中国の食料消費費動向は食料消費の高度化に特徴づけられる。それは、1960年代から70年代の日本の高度成長期と基本的に同一の食料の消費趨勢である。ただし、中国の食料消費水準には、所得階層別および都市と農村との間に大きな格差、乖離が存在している。そこに、中国の食料消費動向に影響をおよぼす諸条件を見出すことができる。

　農村住民の主要品目別の1人当たり平均消費水準は、2010年現在、都市住民に大きな遅れをとっている。2010年の農村住民の卵、水産物、牛乳・乳製品の平均消費量は都市住民のそれぞれ、2分1、3分1、5分1の水準にとどまる[75]。同様な消費格差は、農村部と都市部ほどではないが、富裕層と貧困層との間にも見出される。このような都市部と農村部とを中心とする大きな消費格差は、中国の食料消費動向に影響を与える主要な要因、条件を示唆するものでもある。

　最大の要因は、穀物類から畜産物への消費代替にみるように所得要因である。もっとも、これは周知の事実ゆえに、それ以外の要因、条件が問われねばならない。この点で、所得階層間よりも都市部と農村部との間の主要品目別の消費格差がより大きい事実に注目すべきである。それは、都市生活のなかで始めて得られる食料消費機会に関係している。

　容易に想像しうるように、都市では多種多様な食品の入手機会を確保しうる。各種食品の入手は、都市部の大規模量販店に代表される食品流通販売システムを通して始めて可能となる。要するに、1990年代以降に急速に進展する中国における食料の小売・流通業の発展が、都市部の食料消費動向に大きな影響をおよぼしている。

　加えて、都市移住による生活スタイルの変化が食料消費パターンの変化を加速する。とくに、アメリカと同様に調理・簡便食品などの加工食品の消費増、外食依存の高まりは、都市に固有な生活スタイルと密接に結びついている。都市生活では、時間節約的な食生活が選好され、そのことが外食依存の高まり、および調理・簡便食品の消費増を促進する。以上のように、1990年代以降の中

国における急速な都市化（都市住民の急増）、それにともなう中国社会の構造変化、これらが食生活の変容と密接に結びついている。

それは、中国でもアメリカと同様な外食産業および食品製造業を中心に食品産業の急成長と並行するものである。とくに、2000年代以降の中国の食品産業の急成長は刮目すべきものがある。食品製造業の販売額は2004〜2014年に1.1兆元から8.4兆元にほぼ8倍に急増した[76]。食品製造業を中心に食品産業の急成長が、食品流通販売システムの発展と相乗して中国の食料消費パターンの変化を生む起動力をなしている、このように結論づけてよいだろう。

3. 食生活の変容と社会構造の変化
——農産品・食品のサプライチェーンを中心に

アメリカ、中国の事例に示される食生活の変容は、世界的な趨勢でもある。そして、このような食生活の変容を生み出す主要条件、要因は、アメリカ、中国のいずれでもほぼ共通する。このような食生活の変容を、「馬場経済学」の射程に即して考える際には、その変容の経路、および農産品・食品のサプライチェーンとの関連性の検討が必要となる。世界規模の農産品・食品のサプライチェーンの形成、発展は、グローバル資本主義の所産である。また、食生活の変容は、社会構造の変化あるいはそれにともなう生活スタイルの変化と密接に関連するものである。

食生活の変化の経路は、やや単純化すると食料消費パターンの変化を生む起動力、およびそれを受容する生活スタイル、この両者の合体のプロセスである。まず、農産品・食品のサプライチェーンの形成、発展と食生活の変容の経路の関連性を簡単にみておこう。

10数年前の2001年に、アメリカ農務省、経済調査局（ERS）は、「世界の食料消費と食料貿易の構造変化」との報告書を発表した[77]。それは、グローバルな視点からみた、世界の食料消費の変化を生み出す諸条件、要因を、アメリカを中心とする先進諸国および低位、中位、高位に所得区分した途上地域のそれぞれの51ヵ国を対象に、各種統計にもとづいて分析、整理したものである。そこでは、途上地域の51ヶ国の食料消費動向に影響をおよぼす最大の要因は、当該諸国の伝統的な食生活を所与とすると、各々の国ごとの人口動態、所得水準および主要食料品の品目ごとの価格動向としている。この食料消費におよぼす

所得、価格要因の重要性は自明である。それゆえ、この点には立ち入らない[78]。

そのうえで、この論文では途上地域の食料消費の変化におよぼす主要条件を、中国でみた場合と同様に都市化による食料消費パターンへの影響に集約させている。それは、大型量販店に代表される食料品の流通・販売システムの成長が都市住民に多様な食料品の入手を可能にすることによる。これは、農産品・食品の効率的なサプライチェーンの形成、発展と一体でもある。

そして、食料品の流通・販売システムの成長（効率的な農産品・食品のサプライチェーンの発展とほぼ同義）は、農産品・食品の輸送、保管、在庫管理などに関わる技術革新を通して形成、確立される。それに関わる主要な技術革新は、具体的には、コンテナー化と結びついた輸送方法（鉄道、トラック、航空、洋上を一体として連結する貨物輸送）、冷蔵・冷凍保管（温度を正確に維持することによる品質保存を含む）、および包装、野菜・果物のコーテング（食料品の品質劣化を防ぐ様々な技術）などから構成される。

これらの技術革新は、インフラ、制度、情報の整備・拡充を通して実現し、これとの相互関連のなかで生産者、輸送会社、巨大スーパーマーケットチェーン、およびその他の大規模顧客を結びつける精密な在庫管理システムとして発展してきた。こうした輸送、在庫管理の技術革新に支えられた食料品の流通販売システムの成長が、食料消費の変化を生み出す基礎条件をなしている。このことが、同論文の主旨と理解できる[79]。

ただし、そこでは、食品販売システムの成長と生鮮産品などの入手可能性との関連に焦点を当てる結果として、農産品の生産、調達・加工、食品加工分野に関わる技術革新は論及されていない。このため、農産品・食品のサプライチェーンと食生活の変容の経路との関連性に関しては、上記の事実とともに川上から川中の分野を含めた農産品・食品のサプライチェーン全体を構成する諸条件の検討が要請される。

アメリカを中心とする先進諸国の農産品・食品のサプライチェーンでは、第2次大戦以降、時期を追って川上から末端小売までの全分野にわたって、分野、領域ごとに時期を異にしつつも新たな技術革新が進展した。それを代表するのが、農業の技術革新、および食品製造業における数々の調理食品の開発である。それらが合体して、効率的な農産品・食品のサプライチェーンが形成、確立されてきた。それは、新たな食品供給システの創出を意味する。しかし、個々の

分野の技術革新と食生活の変化の経路の関連性の特定化は困難である。それは、食品のサプライチェーンを構成する各々の分野の技術革新は、相互補完の関係をなすからである。また、農畜産物、食品の品目ごとに、その生産、加工、出荷に関わる技術革新が一律ではないことにもよる。それは、畜産物を例にとると、それぞれの畜産品目に応じて供給システムの形成、発展のプロセスが異なることにも明らかである。

　例えば、アメリカでの家禽肉の消費拡大には、雛および飼料の供給、ブロイラーの飼養、家禽肉の加工処理の過程を垂直統合するインテグレーター（インテグレーターは家禽肉の加工処理業者を中心とする）の役割が重要である。これに対し、牛肉の消費には大規模肉牛肥育のフィードロットと牛肉加工処理のパッカーとの垂直統合（さらにはハンバーガーなどのファーストフード業界との事業提携）が大きな役割を果たしている。これらは、畜産分野の飼養・加工・流通を垂直統合するシステムの、食生活の変容経路におよぼす影響の一例である。

　そのなかで、農産品・食品のサプライチェーンの形成と食生活の変容との関係では、食品製造業の役割を重視すべきであろう。新規の加工食品の開発とその普及は、食生活の態様に直接的な影響をおよぼしている。それは、アメリカの食品製造企業が折々に開発してきた新規の加工食品が時々のアメリカの食生活にいかに大きな影響を与えてきたかを俯瞰するだけでも明らかである。様々なシリアルの商品化がアメリカの朝食を一変させたことは、その典型例である。とくに人気を呼ぶ新規の加工食品は、社会的ファッションとしても消費者に受容され、社会心理的要因に支えられてその消費は急速に普及してきた。それだけに、新規の加工食品の開発は生活スタイルの変化とも結びつき、食生活の変容を生む動力をなしている。

　例えば、アメリカの「肥満問題」も、ソフト飲料の過飲とともに「何時でも、何処でも」食べられるスナック類を中心とする加工食品の横溢が直接的な要因をなしている[80]。都市の社会生活では時間節約的な食生活が選好される。それだけに、簡便な加工食品の消費拡大が促進される。それは、アメリカを中心とする先進諸国に限らず、途上地域にも強い波及力を有している。その波及力を担うのが、アメリカを中心とする巨大多国籍食品企業である。1990年代以降の巨大多国籍食品製造業の対外資本進出、それにともなうアメリカ的な食料消費

306

パターンの中国などへの波及力は、そのことの具体例でもある。

　このような文脈に照らすと、農産品・食品のサプライチェーンのなかでも、食生活の変容に大きな影響力を有するのは食品製造業と位置づけてもよい[81]。食品製造業は、消費者の消費嗜好とともに生活スタイルに適合する加工食品の開発・商品化に鎬ぎを削り、そこに企業成長の機会を求める。そして、巨大食品製造会社は、絶えざるM&Aにもとづくブランド商品の入手、取得を企業成長、利潤取得の源泉としている。このことに注目すると、巨大多国籍食品企業は、馬場によるグローバル資本主義段階の基軸の一部にも位置すると評価しうる。

おわりに

　「基軸」と「周辺」を対概念として現代資本主義論の分析枠組を馬場が設定したことに注目し、本稿では「周辺」などに焦点を当てて馬場経済学の射程を考察してきた。この分析枠組みは、「基軸」が資本蓄積の動力をなすのに対し、「周辺」は資本蓄積の内部矛盾が表出される分野であり、それを根拠に、「周辺」は現代資本主義（世界経済）論の焦点をなす、との馬場の認識にもとづいている。一方、馬場は原理論レベルの資本蓄積の限界は「外囲」によって補完されるとし、また、1980年代以降の資本主義経済の拡大、深化にともない、そこに内在する最大の問題を「外部性」に求めるようになった。

　「周辺」、「外囲」、「外部性」は相互に類似する概念であり、三者は共通性を有する。しかし、時々の馬場の著作における三者の、とくに「基軸」との関係における位置づけは充分に整理されているとは云えない。そのなかで、本稿では、馬場の現代資本主義論は次第に社会編成論に重点が移るとし、それは「基軸」と「周辺」との融合にもとづく「周辺」の位相の変容と並行するものとした。このことは、資本主義経済の諸問題が「外部性」に集約されるとの馬場の認識の強まりと軌を一にしている。ただし、グローバル資本主義の深化は、「社会原則」を担保する「外囲」の役割の重要性を高めるものの、「債務国家化」にともなう「外囲」の基盤の脆弱化には、馬場は論及しなかった。このことも、「馬場経済学」の残されている課題として指摘した。

　そのうえで、馬場の現代資本主義論が社会編成論に重点を移すことと関連して、1970年代まで「周辺」を代表していた、「農業・食料問題」の変容を最後

に取り上げた。それは、「農業・食料問題」の変容を、「基軸」と「周辺」との融合との視点にもとづくといかに概括しうるか、との問題関心にもとづいている。そこでは、資本蓄積の外部に位置する食料消費＝労働力の再生産が「基軸」の内部に取り込まれるとし、それはアメリカを起点とする巨大食品会社の事業展開と食生活の変容との関連性の強まりに集約される、との私見を提示した。この含意を要約して、本稿の「おわりに」にしたい。

　1970年代以降、アメリカの食品製造業界ではM&Aが積極的に追求、活用され、それを通して巨大多国籍食品企業は急成長を遂げてきた。M&Aが重視されるのには、ブランド化した多数の加工食品の取得、所有が、巨大食品製造企業の重要な経営戦略をなすことを背景とする。1980年代以降、アメリカではM&Aにともなう株価操作を利潤源泉とする傾向が一様に強まるが、その動きはいち早く食品産業で顕在化した。食品製造業はIT産業とともに「株価資本主義」による利潤追求に奔走する代表的な産業に位置している。この意味で、巨大多国籍食品企業は「基軸」の一部を構成している。

　一方で、資本の外部に位置する、労働力の保全、再生産に関わる食料消費も、食品産業の影響を直接に受けるようになった。それは、グローバルな食料消費の変容の経路と農産品・食品のサプライチェーンの形成、およびその各々の分野の技術革新との相互関係に示される。なかでも、食生活の変容にとって食品製造業が起動力をなすことは、調理・簡便食品などの加工食品の食生活に占める比重の急速な高まりに示される。

　食生活、食習慣は、本来、風土条件にもとづく歴史的伝統を背景に、地域、国ごとに独自の固有性を有している。その固有性が、途上国を含めて希薄化しつつある。とくに、都市部を中心に世界的な食生活の均質化の趨勢が強まっている。それは外食依存の強まり、および簡便・調理食品の食生活に占める比重の高まりに代表される。一口で言えば、「食の外部化」である。そして、巨大多国籍食品企業が食生活の変容の一つの起動力となるなかに、食料分野における「基軸」と「周辺」の一体化を見出すことができる。このことを、本稿ではグローバル資本主義段階の「食料問題」の位相として提示したい。

　食生活は、社会の基礎的な共同体である家族関係の核をなすものである。そのなかで食の外部化は、単身世帯の増加、世帯構成員の減少に代表される家族関係、家族機能の変質と並行する社会生活の個々への分解、社会関係の無機化

と重なるものである。それゆえ、食生活の態様は社会編成論を現代資本主義論として重視する「馬場経済学」の射程と重なり、それを具体的に示すものでもある。この指摘をもって、本稿の「結び」としたい。

1) 『世界経済──基軸と周辺』東京大学出版会、1973年。

2) 新三段階論は、宇野段階論の広義の帝国主義時代を対象にアメリカを中心に（アメリカ中心史観によって）、三つの小段階に再構成するものである。そのなかでグローバル資本主義を、現状分析の対象と位置づける（三つの小段階の全体を現状分析の対象とみなしうる）。宇野段階論の新三段階論への組み直しは、段階論を現状分析としていかに活用するか、との馬場の模索の所産である。

3) 同書14頁。以下の引用については、とくに断らないかぎり、該当する著作の頁数のみを記す。「基軸」と「周辺」の定義を「はじめ」で簡単に指摘した。馬場の表現によって補足すると、「基軸は、……資本主義的再生産の基軸の意味であって、原理的には恐慌論として、歴史的には支配的資本の、なかんづく自由主義段階の産業資本の蓄積過程としてとらえられる。「周辺」はこの基軸部分に規定されて相対的に独自の運動を示しつつ、再生産の一環として位置づけられる部分の意味である。……農業・労働市場・局地的産業、さらに、やや特殊になるが国家といった領域といいうるであろう」（同書、i頁）。ここでは、「外囲」としての国家も「周辺」に含めている。

4) 馬場の表現を借りると、「（労働力商品を根拠とする資本蓄積過程の）内的矛盾の流通面への発現が、現代の世界経済の現実的構造にもう一度媒介されて国際的に具体化したものが、「国際的通貨問題」である（同書、10頁）。ただし、この論理は相当に難解である。

5) 同書、50〜51頁。基礎的消費や部分的不均衡は、馬場の恐慌論では論証不能のものとして説明される。それらは資本主義が使用価値的制約を完全に解消できないことを根拠とし、このことが資本にとっての外部性の制約を重視する認識につながっている。後者の資本にとっての外囲としての国家は、同書の第5章「資本と国家」、137頁参照。

6) このことは、同章における「資本主義の一社会としての 自立性が、実は人間生活の全過程を直接には掌握しないものとしての自立性であり、かかる外的性格を徹底したものとしての自立性であって、それゆえこの自立性は、資本主義がその周辺に外囲を予想し、自らはその外囲を間接的に維持しつつそこへ自らの矛盾をおしつけてはじめて成立するものであった（同書、第5章、143〜144頁）、との馬場の認識にもとづいている。

7) これは、楊井克巳編『世界経済論』東京大学出版会、1961年、第二編第一章「貿易」を書き直し、新たに「アメリカの貿易構造と変動」を加えて、『世界経済──基軸と周辺』の第3部として編集したものである。

8)「両大戦間の世界貿易の変貌」などで示される、両大戦間の世界経済の不安定性が強まる条件として、馬場がとくに重視するのはアメリカの台頭であることに留意する必要がある。

9) 『現代資本主義の透視』東京大学出版会、1981年。資本主義的関係が原理的に崩壊しつつある過程として、「社会は根元的に流動化し、共同体的人間関係の解体と再編成といった……諸現象が時代相を強く彩ることになった（同書、i〜ii頁）、と1970年代末時点での社会の方向性を捉えている。

10) 馬場による社会原則の使い方に関しては、同書、121頁、125頁参照。

第4章　社会編成論としての馬場の現代資本主義論　309

11）同書、67頁。

12）馬場は、大内の国家独占資本主義論を、「大内説は一般に生産関係視点に比して生産力視点が乏しい」と批判し、「金融資本は、産業資本以上に柔軟で合理的でかつ多様な生産力管理組織を形成しうる資本形態として、……最高度の生産力包摂組織たりうるものとしてヨリ強調されるべきであった」（同書、20頁）、とする。この認識が、金融資本には「工業生産力発展にとっての適合性や弾力的復元力がある」、との生産力を重視する馬場の論拠をなしている。

13）同書、127〜129頁。

14）同書、vi頁。

15）『現代資本主義の透視』のなかで、「社会原則」、「過剰富裕化」の用語を始めて使用することになったことについては、後掲『新資本主義論』、33頁、344頁参照。

16）『富裕化と金融資本』ミネルヴァ書房、1986年。

17）同書、142頁。

18）同書、120〜122頁。

19）同書、182〜183頁。帝国主義段階の基軸産業は鉄鋼業を中心とする重工業であることは自明の前提とされるが、現代資本主義における支配的資本（金融資本）と産業構造との理論的関連性を論及する著作、論文は、管見のかぎりでは見あたらない。それゆえ、この点への馬場の論及は貴重である。

20）同書のなかで、大衆的富裕化と関連させて、「社会関係の安定を可能にする人間類型形成といった点を考慮すれば、物的生産力と消費水準とはむしろかなり引き下げられてよい」（同書、15頁）、とする。これは、大衆的な富裕化が社会関係に影響をおよぼす理解の一例である。富裕化が、社会関係の不安定化を招く（あるいは社会関係の安定性を損なう）ような人間類型を生み出すとの認識が示される。後に取り上げる現代資本主義論としての社会変容論との関係で、注目される指摘である。

21）『新資本主義論』名古屋大学出版会、1997年。

22）同書、70〜71頁。

23）同書、94〜95頁。

24）以上の「」の馬場の論述は、同書、140〜143頁。

25）この一例としては、本書では、「厄介なのはメカニズムより方法であろう。つまり問題は原論の世界に国際関係まで持ち込んでいいのか？である。だがこれは一面では、貨幣制度論に国家を持ち込めるか？より、むしろ答え易い。原論の世界に初めから統一的市場があると仮定するのはかえっておかしい。複数の市場圏が出来、それらが裁定取り引きによって次第に統合されると考えたほうが良い。未統合の複数の市場間を世界貨幣が繋ぐのである」（同書、64頁）、との論理でこの課題を整理している。

26）同書、288頁。

27）ブレジネフ政権の大衆迎合的な対応を、「ブレジネフは、改革（フルシチョフの）を停止して官僚を安心させ、大衆に対しては公的権威主義化と同時に私生活レヴェルを自由化し、出来合の消費財を供給して生活を享楽させ、不足する穀物は輸入のツケを残す大衆迎合的だった」（同書、294頁）、とする。

28）同書、297〜298頁。

29）同書、304〜307頁。

30）同書、304〜306頁。

31）同書、340頁。

32）『現代世界経済の構図』ミネルヴァ書房、2009年。

33）同書、13頁。

34）同書、6頁、20頁、28頁。

35）再版本源的蓄積とは、かっての非資本主義圏諸国の低労賃を活用する資本主義的工業化に加えて、その工業製品の輸入の結果、基軸国アメリカを中心に先進資本主義諸国の産業構造としてサービス産業の比重がその労賃水準を低位にとどめつつ高まり、そのことが剰余価値率の上昇要因をなす、ことも意味する（同書、30〜32頁）。

36）その最重要の条件として指摘されるのが、ITを応用した生産技術や生産システムの工夫である（同書、32頁）。生産工程を熟練度の異なる諸工程に分割しそれぞれを単純化すること（モジュール化）、要するに、技術は遙かに単純化され、断片化した範囲の移転ですみ、それは多国籍企業の企業内国際分業の一層の進展とも対応する。そして、迅速な技術移転、国際的な企業内分業（企業活動の国際配置）は基軸産業のIT産業化と対応している。IT化を通して、情報収集と企業意思、伝達の加速化が可能となる。

37）ルイス・ポイントが、「基軸」の資本蓄積、本源的蓄積の限界を画する、との認識でもある。グローバル資本主義段階の「周辺」と関わる資本蓄積の源泉として、ルイス・ポイントに言及するのも、本書における馬場の「周辺」の位置づけに関係している。新たな資本蓄積様式によると剰余価値率の上昇の源泉として、「周辺」の低賃金労働者の搾取とともに、もう一つの分析課題として過大需要経済を維持する入超国のアメリカのドルが信任される条件も重視されている。これについては、ドルが国際通貨として確立すると、そこに多面的な自己強化力が作用する（自己循環）、としている。

38）「南北問題序論」『社会科学研究』35巻1号、1983年。

39）馬場の比較経済史の重視は、「ヨリ早く学ばるべきだったのは、先進国における産業革命史の研究成果である。それが示すところでは、先進工業国でも産業革命期には人口急増や都市集中が起こったが、それと並行して、あるいはむしろその前提として、農業革命と称されるような農業生産力の急発展があった。……農村を都市工業に対して労働力や資金の供給源として機能せしめることを可能とした。すなわち、それは原始的蓄積の中心的源泉であった。人的・組織的要素からいっても、農業開発を企画するような層の形成が工業的発展の前提をなした。これと対比すれば、「南」では農業革命なき人口爆発であった」（同論文、176頁）とし、比較経済史の重要性を論述している。

40）「北」悪玉説に関連しては、「「南」自体は均質でなく、……受け入れ国側の政策的・経済的対応力を検討しない限り、進出側のせいだけで波及効果が乏しいとか破壊的作用だけをもつとか直ちに言えない」（167〜169頁）、と論述される。

41）（日本資本主義）論争は、「後進資本主義が先進国より国家主導型の、中央集権的な発展を示すことを、ある程度つかみかけていた」と馬場は評価する。それは、「後進国として外圧に対抗しつつ、かつ自らも重商主義的政策を展開せざるをえないという二重の意味で大きな国家介入を要する資本主義が、……再び大きな国家介入を必要とする帝国主義段階にすべり込むという歴史的短絡が、軍事的、行政的、経済政策的な国家主導型発展を不可避にした」（172頁）とする文脈で論じられる。

42）同論文、173〜174頁、183〜186頁。

43）『シリーズ世界経済Ⅰ、国際的関連』御茶の水書房、1986年。

44）同書、65〜69頁。

第4章　社会編成論としての馬場の現代資本主義論　311

45）同書、48～50頁。

46）『教育危機の哲学』御茶の水書房、1988年。

47）同書、328～329頁。

48）同書、3～4頁。

49）『アメリカ農業問題の発生』東京大学出版会、1969年。

50）同書、2～4頁。

51）これと関連して、アメリカの農業金融の一つの特徴として、農地抵当金融の比重が相対的に大きく、この農地抵当金融のなかでは、生命保険会社が果たす役割が大きいことが論述される。例えば、「生保が抵当金融の安定的な中枢部分を担当し、銀行は逆に変動性の高い限界的部分を担当。……、最大の項目は「個人その他」であるが、その構成は判然としないが、個人のほかに、抵当会社・不動産会社・投資会社・金融会社等と称される雑金融機関……が一括される」（同書、115頁）。農地取引をめぐる証券化による金融システムは、1916年の連邦土地銀行制度の成立にも見出される。「この制度は、抵当債券を集め、それを根拠としてヨリ一般的市場性をもつ債権を発行し、もって投資家と農民をつなごうとする、すでに局部的に自然発生していた金融方式を大規模化し、それを主たる手段として農民に低利融資を行い、地域格差を是正し、取引慣行の非合理性を除去するもの」（394～400頁）、との記述にも示される。ただし、投機的な資産（農地）取引と抵当会社を媒介した証券化による農地への融資方式、これらが結びつくなかにアメリカ資本主義の特殊性が見出されると本書のなかで明示的に論述されているわけではない。そのような含意を示唆する記述が見出されるのである。

52）「過剰効率社会というとらえ方」『社会科学研究』40巻6号、1989年。

53）例えば、『マルクス経済学の活き方』御茶の水書房、2003年、103～128頁。

54）馬場の「ノブレス・オブリッジ論」は、研究会での発表を予定していた未定稿の「ノブレス・オブリッジ史観」と題するノート（2006年4月、作成）に見出される。

55）馬場は『現代世界経済の構図』では、グローバル資本主義段階における支配的資本の蓄積様式として「再版本源的蓄積」との概念を提示している。本稿は、グローバル資本主義段階の基軸の態様を検討の対象とはしないが、「再版本源的蓄積」は「基軸」と「周辺」との関係の新たな含意を含むので、「基軸」と支配的資本の関係に関わる問題に関して、少し長くなるが言及しておこう。

　　馬場の新三段階論は、冷戦が実質的に終焉する1989年以降をグローバル資本主義段階と位置づける。そこでは、アメリカ中心史観にもとづく「基軸」の新たな態様が資本蓄積の主体とされる。それによると、グローバル資本主義段階の中心国、基軸産業、支配的資本の形態には、アメリカ、IT産業、株価資本主義、これらがそれぞれ相応する。ただ、基軸産業と支配的資本との関係は、馬場の論述に沿うかぎり必ずしも明確ではない。両者の関係に曖昧さが残されている憾みを免れない。

　　それは、グローバル資本主義段階は、「資本形態として特徴づければ、株価資本主義が最も適切であろう。」とする一方で、ITの社会的効用として、「……（IT）は、投機的自由競争に、同調し自らの発展に利用し、そして全社会的、延いては世界的に増幅した、社会的風潮を代表する資本である。」、などの表現に示される。ITが支配的資本の重要な要素をなすものの、基軸産業と支配的資本の関係を截然と区別しない論述が多々みられる。このような問題を含むものの、「株価資本主義は、……IT産業の投機的発展に代表的であった」、「蓄積主体は株価資本主義と呼ばれる、短期間最大限利潤を追求する資本である。」、

などの言及にみるように、蓄積主体としてのIT産業の役割を重視しつつ、株式売買にもとづく短期での最大限の利潤取得を「株価資本主義」と呼んでいる。そこに、馬場はグローバル資本主義段階の蓄積様式の最大の特質を見出している、

　この点では、基軸産業と支配的資本の関係は限りなく接近し、グローバル化の推進に関わるIT技術を駆使する資本の役割がとくに強調される。その根拠は、IT技術が資本進出先への技術移転、労働力陶冶を迅速かつ容易にすることに求められる。要するに、IT化の効用を通して、資本の対外進出が中国、インドなどの低賃金労働力を剰余価値の源泉とし、その剰余価値がアメリカに環流して株価上昇を生み、それによるキャピタルゲインの取得とあいまって株価資本主義を強め、支える構造となる。

　このようなグローバル資本主義段階の資本蓄積の特質を、馬場は「本源的蓄積」、あるいは「再版本源的蓄積」としばしば呼称する。それは、中心国のアメリカでの支配的資本による短期的な最大限の利潤取得と同義でもある。アメリカ以外の先進資本主義諸国の資本蓄積に関しても、EU、日本のそれぞれに固有の特徴にも言及されるものの、基本的には中心国、アメリカの資本蓄積に収斂するとされる。

　そのことは、EU、日本に拠点を置く多国籍企業のIT活用による対外的資本進出、M&Aを主体とするアメリカ的な経営方式の導入、活用に裏づけられる。馬場の最後の現代資本主義論とも言うべき『現代世界経済の構図』の序章では、グローバル資本主義段階の基軸産業と支配的資本形態の関係を、以上のように馬場が理解し、それにもとづいて「本源的蓄積」、「再版本源的蓄積」の用語を使用した、と理解できる。

　繰り返しになるが、「再版本源的蓄積」はIT活用による中国、インドの低賃金労働力の使用にもとづく剰余価値の取得である。そして、低賃金労働力の使用による 安価な製品のアメリカへの大量輸入は製造業の空洞化とともにアメリカの労働者の賃金水準を押し下げ、そのことも剰余価値のもう一つの源泉となる。このようにITを活用した資本の対外進出は、剰余価値の二重の源泉の創出を可能とする。このような趨勢は、馬場が序章を執筆した2009年以降、さらに強まっているかにみえる。それは、アメリカ的な企業経営方式のM&AがEU、日本に限定されることなく、世界全体に広く浸透し、他の先進資本主義諸国におけるアメリカと同様な所得格差の拡大を生み出している事実に裏づけられる。このなかで、馬場が使用する「外囲」および「社会原則」の意義も高まることになる。それは、馬場の論理に従うと、グローバル資本主義段階の「本源的蓄積」、「再版本源的蓄積」の必然的な所産ということになる。

56) 馬場は、アメリカの第三次産業化は経済発展のたんなる自然的な動向ではないとする。アメリカの消費者は世界各地で産出される物品を最廉価で購入する。国産品はそれに対抗できず、入超になる。第三次産業化は、それへの市場対応で、それがまた廉価なサービス労働を供給するとしている（前掲『現代世界経済の構図』、34頁）。

57) この問題を明確に提起しているのは、W.シュトレーク、鈴木直訳『時間かせぎの資本主義』みすず書房、2016年である。

58) 前掲『現代世界経済の構図』、第4章参照。

59) アメリカ農業における全要素生産性の年率平均上昇率は、1910〜1939年には0.4％であるのに対し、1940〜1996年には2％である。また、ガードナーによると、農業生産性の急上昇の起点は、1935〜40年とされる（Bruce L. Gardner, *American Agriculture in the Twentieth Century*, Harvard Univ. Press, 2002, pp46-47）。ただし、農業生産性の正確な計量はデータベースの収集、集計の難しさもあって困難である。

第4章　社会編成論としての馬場の現代資本主義論　313

60）ibid., p.45.

61）FAO, *The State of Food, 2013*, pp.117～123. 2001～2012年の農業生産性の上昇率には
農産物価格動向も影響していることに注意しなければならない。

62）1940年以降の農場の実質受取価格は年率平均1.5％で下落しているのに対し、農場の実質
支払価格の下落率は年率平均0.3％にすぎない（L. Garder, op. cit., p.130～131）。このよう
に農業生産性の急上昇は農産物の実質価格の大幅下落をもたらした。ちなみに、2005年の
穀物の実質国際価格は品目に応じて相違するものの、1950年のほぼ5分1の水準にまで低下
している（USDA-OCE, Early Tables from USDA Agricultural Projections to 2025,
http://www.usda.gov/oce/commodity/projections/）。なお、価格条件が比較的好調な
2010～2013年のアメリカの年間平均農業所得率（純農業所得を農業粗収益で 除した割合）は、
21.6％であり、20年前の1990～1993年の22.3％を下回っている（USDC, *Statistical Abstract*,
の各年次による）。
　　また、「踏み車」理論、いわゆる「トレッド・ミル・セオリー」はコクレンが提唱した
もので、農場経営の規模拡大を絶えず続けねば、当該農場の農場所得は引き下げられるとい
う見解である。これについては、W. W. Cochrane, *The Development of American
Agriculture*, Univ. of Minnesota Press, 1979, pp.389-391.

63）*Statistical Abstract of the US*, 2017, p.570.

64）ibid., p.570.

65）ここでの2015年の農業就業人口は、自営業としての農業従事者の84万4000人と雇用者の
158万人を合計したものである（ibid., pp.404-406）。

66）Eurosta and Agriculture and Rural Development DGなどによる。

67）肥満およびその予備軍は、BMIがそれぞれ30以上、および25～30の者である。正常な
BMHの指標は18.5～24.9である。これらを含めて、肥満人口比率については、*Statistical
Abstract of the U.S*, 2017, p.148. なお、アメリカにおける1人当たりカロリー摂取量は
2004年をピークに減少に転じている。にもかかわらず、肥満人口比率は上昇を続けている。
このことは、統計を含めて、カロリー摂取量と肥満との因果関係の検証が必要なことを示
している。

68）USDA, *Agricultural Statistics*, p.516, ibid., 2016, p.xiii.

69）90～2010年に、サラダ料理油の1人当たり年間平均消費量は11kgから24kgへと2.2倍に
増加した。油脂類の消費増は主としてサラダ料理油の大幅な消費増によっている。

70）外食支出の割合は、第二次大戦以降、一貫して上昇を続けている。それは、アメリカの「豊
かな食生活」の不可欠な一部をなしてきた、と云えよう。

71）ダニエル. J. ブアスティン著、木原武一訳『アメリカ人（下）』河出書房新社、1976年、
9頁。なお、ブアスティンによると、西部の開発や入植によって社会発展したアメリカでは、
人々は絶えず移動を続けており、そのことが携帯可能な食料を必要とした。このことも加
工食品の開発を促進する社会的要因の一つをなしている。

72）FAO STAT.

73）2000～2010年の中国の主要食品の品目別の消費動向を、1980年代以降の趨勢のなかで、
所得階層、地域別に克明に分析した報告書としては、Zhangyue Zhou & Others, *Food
Consumption Trends in China*, April, 2012がある。本稿の中国の食品の品目別消費動
向は、FAO STATによる統計数値および同論文に依拠している。

74）FAO STAT.

75) Zhangyue Zhou & Others, op. cit., p.3.

76) 伊藤優志「中国のフードチェーンを巡る状況（第1回）」『輸入食糧協議会会報』2017年5月、26〜27頁。

77) この報告書は、USDA, ERS, Anita Regmi ed. *Changing Structure of Global Food Consumption and Trade*, 2001, Mayである。価格、所得要因は、品目別消費の価格および所得弾力性の検証を中心とするものである。

78) この際、所得水準が低位な国ほど所得および価格要因の食料消費パターンの変化におよぼす影響は大きい（ibid., pp.38〜39）。

79) このように都市部の食料の入手可能性は食料品の効率的な流通・販売システムに集約され、このことと都市の生活スタイルとが相乗し、食生活の変容が生み出されると考えられる。さきのERSの報告書でも、都市の生活スタイルは主婦（女性）の労働力化率の上昇とあいまって時間節約的な食生活を強めるとし、都市生活における時間節約の志向（時間節約への高い欲求）が食料消費パターンに与える影響をとくに強調している。

　　この結果、先進諸国では健康志向の高付加価値（高品質）食品の需要も増大するものの、それ以上に簡便な加工食品および外食への依存を高めることになる。このような世界の食料消費趨勢に関するERSの報告書の結論は、（1）および（2）の、90年代以降のアメリカおよび中国のそれぞれの食料消費動向、およびそれらに影響を与える諸条件、要因と一致するものである。なお、途上地域の食料消費を変化させる最大の条件は、若年齢人口の都市部への集中に代表される都市化と結びつく人口動態に求められる。また、アメリカを中心とする先進諸国では、社会および経済の構造変化にともなう生活スタイルが食料消費に影響を与える最大の要因をなし、それは食料の主要品目別の消費趨勢とともに、調理・簡便食品の消費増および外食依存の高まりに帰結する。

80) Anita Regmi ed. *op. cit.*, p.70.

81) アメリカを中心とする食品加工業の急成長は、食の絶えざる均一化、均質化を追求するアメリカ社会の特質にも支えられる。そして、加工食品の世界的な消費増はアメリカ的な食慣習の世界への普及、拡大を意味するであろう。加工食品がアメリカの食習慣におよぼす甚大な影響に関するドキュメント書としては、マイケル・モス著、本間徳子訳『フードトラップ』日経BP社、2014年が優れている。

あとがき

　「資本は、儲けて大きくなる以外に目的も意味もない、お化けのような存在であり、このお化けが経済と社会の大部分を支配しているのが資本主義社会である」、として資本主義に対する根底的な批判を続けた馬場宏二氏は、東日本大震災発生の2011年の秋に病没された。馬場氏が主宰した「ブラウン研究会」のメンバーも、氏の病没時には5人となっていた。しかも、有力メンバーの館山豊氏が京都に居住することになったため、現在、実質メンバーは本書執筆の4人にすぎない。

　宇野弘蔵氏は、「世界農業問題」が世界経済の焦点をなすとしたが、馬場宏二氏は1960年代の早い時期に、「世界通貨問題」も世界経済論のもう一つの焦点をなす、との独自の見解を提示していた。世界の通貨体制が変動相場制に移行する直前の、ドル危機が本格化した1960年代末から70年代初頭の時期には、当時の東京大学経済学研究科に在席する院生のなかに馬場説に魅力を感ずる者も多かった。そのようなことを背景に、W. A. Brown Jr., *International Gold Standard, Reinterprited*の購読会を1971年の春に馬場氏に依頼したところ、応諾してくださった。定期購読の会は、輪読した著作の原著者にちなんで「ブラウン研」の名称をとり、購読会終了後も世界経済の研究会として継続することになった。Brownの大著に次いで研究会ではH.W.Arndtの名著、*The Economic Lessons of the Nineteen-Thirties*を取り上げたが、本書は研究会のメンバーによって、馬場氏が留学中の1978年に『世界大不況の教訓』（馬場宏二解題）として、東洋経済新報社から翻訳出版された。定期購読会の開始を起点にとると、ブラウン研究会は馬場氏の病没まで40年間続き、その後の残ったメンバーによる研究会の年数を加えると、ほぼ半世紀近くにおよんでいる。

　ブラウン研究会は、メンバー構成などからすると、ほぼ4つの時期に区分しうる。最初の時期は、ブラウン研として全4巻からなる『シリーズ世界経済Ⅰ～Ⅳ』（御茶の水書房、1986～89年）を刊行した1980年代後半までの15年余である。この時期には、研究会は10人前後のメンバーで構成されていたが、シ

リーズ刊行を契機にシニアのメンバーを中心に3人が辞めることになった。2期は、シリーズ刊行から1990年代半ばすぎの数年間である。個々に事情を異にするが、2人のメンバーが馬場氏の主要著作『新資本主義論』（名古屋大学出版会、1997年）が刊行されるまでに研究会を離れていった。3期は、本書の小林襄治の表現による馬場理論の深化・逍遥の時期であり、馬場氏の病没までの10数年間である。

　ただ、メンバー構成には変化はあったものの、月に一回のペースで進められた研究会の形式、運営は基本的に同じである。それぞれの時期に話題となった世界経済論の著作を取り上げ、その要旨、問題を輪番で報告、問題提起をし、それをめぐって討論するものである。そのなかから、3期の成果として、馬場宏二・工藤章編『現代世界経済の構図』（ミネルヴァ書房、2009年）が刊行された。

　研究会が大きく変貌したのは、当然なことに馬場氏の病没にともなう2011年以後である。この4期のブラウン研は、残された5人のメンバーによる、年に4回前後の研究報告と懇親を兼ねる会となった。京都に館山氏が移住して以降は、年に1回は京都に氏を訪ねて研究会を行い、設定していただいた古刹、京料理を楽しむ機会ともなった。そのなかで、馬場が提起し続けた斬新な経済理論（馬場経済学）を整理、検討し、発信する必要性をメンバー全員が認識するようになっていた。

　ただ、馬場氏が探索、究明した経済学の範囲は広範におよぶゆえに、専門分野を異にする研究会の個々のメンバーによって、「馬場経済学」の整理、検討に際して重視する分野、あるいは視点は異ならざるをえない。このため、その検討、整理を各々の関心に即して自由に行い、可能な範囲でそれぞれの専門分野に馬場理論を活かした世界経済の現状分析の一部を汲み入れることを了解して、各自のメンバーが担当する章の原稿を執筆することになった。

　このような趣旨で執筆した原稿を、外形的な本の体裁として整えたのが本書である。本書刊行の経緯のゆえに、各々の章は他の章と重複した内容を含んでいる。ただし、各章はそれぞれのメンバーの独自の見解ゆえに、重複する内容をあえて整理せずに掲載することにした。「馬場経済学」に対する研究会メンバーの個々の「思い入れ」と理解していただきたい。また、本書は世界経済の現状分析の著作としての体裁をとるために、世界経済の現状について小林襄治

が序章を執筆した。

　末尾になったが、本書の刊行を快諾された御茶の水書房の橋本盛作社長、および編集の実務を担当された平石修氏に厚く謝意を表したい。また、馬場氏の研究を生涯にわたって支えられた京子夫人に、ささやかであるが本書を捧げたい。

2019年5月

執筆者一同

索　引

ABC

BRIC s　23, 38, 42
EU　13, 49
GAFA　46
IMF体制　265, 266
IT化　260, 276
IT産業　17, 39, 46〜47, 70〜71
IT・ME産業　213, 232, 236, 238〜241, 255
NICs　273, 281
NIES（新興工業化経済）　133
OPEC　65, 66, 117

あ

アーント，H.W.　218〜219
アシュレー　185
アメリカ化　192, 198, 232〜233, 246〜247
アメリカ型生産力　206, 211〜215, 238, 264, 265
アメリカ資本主義の投機性・特質　34, 153〜157, 167, 176, 205, 226〜229, 233, 235, 238
アメリカ資本主義論　201, 202, 210, 230, 236, 242
アメリカ中心史観・モデル　82, 127, 155
アメリカ帝国主義論　208, 230, 235
アメリカの原罪　223, 235
アメリカの通商政策　233, 236, 242, 255
アメリカ・ファースト　49, 251

い

イギリス中心史観　82, 127, 147
「偉大な社会」　217, 221〜223, 225

一帯一路　44

遺伝子組み換え作物　294

岩田弘　97, 147, 165, 204

インターネット　17, 239, 241, 255

インテグレーター　305

インフレ目標　15

う

ヴェンチャー企業　18

宇野弘蔵　4, 83, 89, 94, 153, 171〜176, 180〜181, 184〜185, 187, 194, 196, 197, 228

宇野段階論　78, 79, 153, 166, 173, 181〜186, 190, 197, 237, 255, 257, 260, 275
　　　　──における「打切り」　180, 187, 197

宇野理論の歴史化　82, 145, 146〜147, 167〜168

え

エネルギーの消費構造　64, 73

遠藤湘吉　185

お

欧州通貨制度（EMS）　9

オーウェン，ロバート　147, 157

大内力　79, 96, 147, 172, 181, 203〜204

大内理論（国家独占資本主義論）　79, 102〜103, 166, 172, 181, 210, 266

オーター，D.A.　248〜249

大型好況　100, 268

大島清　208, 254

小澤健二　205

か

外囲　111, 258〜265, 286〜289, 292

改革・開放　10, 132

会社　163

会社主義　80, 118〜121, 134〜135, 167, 227, 235, 283

索　　引　321

　　　——論　176, 177

外食（産業）　300〜303

外部性　258〜262, 264, 269, 278, 286〜288

加工食品　63, 295, 302, 305, 307

過剰効率化　227, 289

過剰商品化　226〜229, 271, 289

過剰富裕　206, 215, 216, 227, 232

　　　——化　266, 267, 268, 269, 273, 274, 287

　　　——化論　173, 177

加藤榮一（加藤栄一）　104, 183〜184, 188, 254

加藤段階論　188〜189

金成隆一　256

株価差益　151〜152

株価資本主義　39, 154, 191, 235, 239〜241, 260, 293, 307

株価操作　307

株式会社　89, 91, 151, 228〜229

株式市場　32, 47〜49

柄谷行人　35, 40, 169

カロリーの過剰摂取　299

河村哲二　36, 40

環境破壊　212, 216, 231, 234, 239, 253

関税政策　183〜185, 188

カンティヨン，リシャール　161, 165

簡便食品　300, 302, 307

き

木内登英　255

企業家、経営者　161〜162

企業債務の増加　56, 72

企業買収（M&A）　48, 228〜230, 276, 306, 307

基軸　257〜261, 264, 265, 277, 286〜289, 293, 297, 306

基軸産業　190, 192〜194

「基軸と周辺」　174〜175, 177, 257, 259, 264

技術移転　277

擬制商品　152

北原徹　31

旧中間層　270, 271

救貧法　289

窮乏化・社会主義優越・後進国日本　108, 113, 166

教育危機　120

巨大多国籍食品産業　306, 307

ギルピン，ロバート　25～26

キング，マーヴィン　27

近代思想の批判　137, 160

金・ドル交換性の停止　265

キンドルバーガー，C.P.　25

金本位制　112

金融化資本主義段階　30

金融危機（1997～98日本）　12

金融危機（2008年）　16, 45, 71, 155

金融システム　71

金融資本　92, 94, 114, 126, 191, 192, 267, 268
　　　──の蓄積（様式）　93, 100～102, 166, 168, 267

金融自由化　7

金融肥大化　32, 33, 38～39

く

クリントン，ヒラリー　249

グローバル化　230, 232, 235, 238, 240, 241, 246, 248, 249, 253

グローバル資本主義　180, 192, 258, 259, 292, 298, 301, 303
　　　──段階　3, 33, 40, 69, 148, 167, 180, 194, 230, 232, 233, 236～238, 241, 253, 260,
　　　　　　288, 290, 291, 293, 297

グローバル成長連関　36

け

経営者資本主義　121, 148, 177, 190～191, 214, 238

ケイ，ジョン　28

景気の国際的連動　97

景気の調節政策　101

経済　162

経済学原理論　123, 150

経済学史探索・逍遥　81〜82, 163〜165

経済原則　109, 110

経済成長イデオロギー　157, 167, 169

経済成長率　122

現代資本主義　103〜104, 106, 141〜144, 167

　　──の多原理性　264, 265

こ

小池和男　118

交換様式　35

好況要因の外部化　95, 99

後進資本主義国　297

構造障壁協議（SII）　179, 229, 231

構造論　174, 175, 177, 179

高度大衆消費社会　211, 215

語義探索　145, 158

国際通貨問題　84, 175, 261, 285

国債（政府債務）の増大　56〜57, 72

穀物条例　292

互恵通商協定　208, 209, 254

固定資本の巨大化　71, 90

五味久壽　28

さ

再版本源的蓄積　178, 276, 277, 288〜291, 297

債務国化　292, 293

債務の拡大　54〜55

佐々木隆雄　186, 255

サッチャー（英首相）　7, 13, 130

佐藤千登勢　225, 254

サブプライム・ローン　19〜20

サンデル，マイケル　229

産業革命（一次、二次、三次）　125, 126, 213〜214, 232, 237

産油国国営石油会社　68〜69

し

シェールオイル　66

資源枯渇　287

資源浪費　211, 231, 265, 270

資産運用業者　48

資産商品化　150

資産売買　227, 236, 246

自社株購入　48

市場原理主義批判　25

自助主義　221, 222, 231

指導的先進国　116, 119, 120

自動車産業（市場）　20〜21, 42〜43, 214, 247

支配的資本　182〜184, 186, 187, 190〜194, 210, 214, 238, 241, 258, 260, 261, 267, 269,
277, 290, 293

支配的政策　182〜184, 186, 190, 193, 194

資本＝焦点論　175

資本、資本家　160〜162

資本主義的規律の弛緩・崩壊　115

資本主義的原理　108, 109, 167

資本主義発達史　124, 149

資本の支配力　106

資本の商品化　89, 91, 93

資本の自立性　264, 272

資本の自立的蓄積　271, 291

資本主義の腐朽化　86〜87

資本主義の不純化　114

索　引　325

資本の本源的蓄積（原始的蓄積）　155, 240, 246, 250, 252, 253, 255, 276, 277, 280, 288, 291

市民社会　123

社会改良政策　264

社会科学　158〜159

社会関係の無機化　289, 308

社会原則　108, 110〜111, 112, 138, 167, 226, 227, 265, 266, 287〜289, 292

社会主義国（経済）　5〜6, 131〜133

社会の解体　106, 212, 213, 215

社会編成論　257, 259, 269, 270, 275, 286, 288〜290, 298, 306

自由貿易主義（政策）　262

自由貿易主義（段階）　262

周縁部　287

周辺　257〜264, 269, 272〜278, 281, 284〜294, 306, 307

住宅（不動産）ブーム　14, 16, 19

焦点論　174, 175, 185

「小段階論」　189〜197

小農　294

剰余価値（率）　276, 277, 290

食の外部化　307

食品サービス業　296

食品産業　63

食品製造業　295, 296, 301, 303, 307

食品のサプライチェーン　303〜307

食品流通業　296

食料供給システム　296, 297

食料消費（趨勢）　294, 298, 302

食料品価格　62

食料貿易　62〜63

植民地問題　263

所得格差　291

私利追求　123

新興（工業）国　10, 23, 51, 117, 133

新興諸国　297

人口爆発　57〜58, 72

新資本主義論　81, 120, 167

新自由主義　7

　　──的改革　292

新従属派　278, 280

新段階論　82, 127, 138, 145, 168, 237, 260, 275

新帝国循環　37

信用の抑制　27

人類存続（生存）の危機　202, 215, 216, 232, 234

す

スウィージー，ポール　92

鈴木芳徳　29, 91

スタグフレーション　6, 105, 106, 130〜131, 212, 215, 264, 281

スチュアート，ジェームズ　164, 165

スティグリッツ，ジョセフ・F　25

ストレンジ，スーザン　24

スマホ　44, 46〜47

スミス，アダム　160〜161, 164〜165

せ

「製造強国」　45

製造業雇用　240, 241, 248, 249

世界共和国　36, 40

世界経済論　84, 86, 169, 171〜179, 185, 196〜198

世界史像と時代認識　146〜147

世界資本主義論　39, 97, 204

世界農業問題　204, 260, 261, 292, 293

石油価格　65, 66

石油業界　68

石油ショック　6

石油生産（産油量）　65, 66

石油・電力業の規制緩和・民営化　67

そ

創業利得　93

組織化　111～112

ソロス，ジョージ　24～25

た

ターナー，アデア　27

ダイエットとジョギングの流行　212, 215

耐久消費財　211, 237, 238

大衆資本主義　129, 131, 134, 143～144, 167, 294

　　──段階　148～149

大衆的保守化　250～253

大衆的野卑性　234, 235, 250～253

大衆富裕化　266, 267, 269

武田隆夫　185

多国籍企業　11, 40

脱社会化　216, 275

段階論　34, 35, 39, 86, 116, 124, 137～140, 第2章

　　──の効用　186

ち

チャンドラー，A.D.　121, 162

中国　178, 242～248

　　──経済　42～45

中心国論　175, 182～185, 189, 196, 197

チュルゴ，A.R.J.　161～162, 164～165

超低金利と量的緩和　52～54

地理的障壁の溶解　272, 274, 277

つ

通貨・金融危機（アジア）　22

通商政策　182〜184, 188

て

低位福祉国家　217, 224, 236
低賃金労働者　277, 290, 291, 297
典型論　183, 185
伝統産業　294

と

ドイツ典型論　88, 99, 228
ドイツ統一　13, 14
同権化　220, 264, 265
投資銀行　19〜20
東畑精一　153
ドーア，ロナルド　24
独占停滞説　86, 96
途上国　6, 10, 22, 133
土地収奪（収奪）　214, 221, 235
土地投機　205, 227, 228
戸塚茂雄　77, 205, 254
戸原四郎　98〜99, 187
トランプ，ドナルド　202, 203, 213, 242, 244〜247, 251, 252, 253, 256
トレードオフ　295

な

中川辰洋　161
中山俊宏　256
南北問題　133, 265, 272, 273, 278〜281

に

西側資本主義国　5
日本資本主義論争　279
日本的経営　12

「日本の時代」 8

ニューエコノミー論　17

人間類型　258

ね

ネット・バブル　18

ネットワーク（専門企業の並列・分散）　28

の

農業革命　294

農業（食料）生産　59〜60, 60〜61, 73

農業・食糧問題　259, 307

農業の技術革新　60, 294, 296

農業保護政策　292

農業問題　84, 173〜174, 203, 204, 253, 279, 284〜286, 291, 293, 294

農地取引　286

ノーブレス・オブリッジ（貴族の責務）　221, 276, 289

は

バーシェイ，アンドリュー・E.　253, 254

バーノン，レイモンド　40

ハウンシェル，D.A.　214

パクス・アメリカーナ　40, 141, 194, 195

パクス・ブリタニカ　40, 139〜140, 194, 195

覇権　176

　　——国　16, 25〜26, 34, 40, 44, 52, 69, 127, 230〜233, 237, 238, 242, 246

橋本寿朗　119, 254

パソコン　17, 46〜47

馬場宏二　33〜34, 40, 第1〜4章

馬場段階論　171〜198, 236〜237

馬場理論　78, 107

バブル崩壊（日本）　12

林健久　186

ひ

比較生産費　165, 271

ビジネス・コンフィデンス　218, 219

肥満問題　64, 299, 300, 305

ヒルファディング，ルドルフ　92, 94, 181, 184

ふ

ファースト・フード　300, 301

フィスカル・メカニズム　103

フォークナー　205

不均等発展　88〜89, 98, 267

福祉国家　112, 129, 220〜226

藤塚知義　160

「ふたつの焦点論」　175

「二つの発展段階論」　190, 193〜197

踏み車理論　295

富裕化・過剰富裕（化）　80, 113, 114, 116〜117, 136〜137, 145, 156〜157, 167, 172, 173, 176, 177

ブラウン研究会　3, 78, 80, 218

ブレア（英首相）　15

フロンティア　205, 227, 228, 231, 235

へ

米中貿易戦争　70

ヘゲモニー国家　35, 40

ペティ，サー・ウィリアム　145, 160, 163, 164

ヘリコプター・マネー　27

ペレストロイカ（改革）　10, 132

辺境の消滅　289, 297

変動相場　6

ほ

崩壊期資本主義　80, 103, 105, 166
貿易摩擦　179, 231, 244, 245
ポピュリズム（ポピュリスト）　251, 252, 291
ホブソン，J.A.　86
ポラニー，カール　108, 111

ま

マーチン，ヘンリー　163〜165
マカロック，J.R.　163〜164
マディソン，アンガス　122
マネーサプライの抑制　7

み

緑の革命　60, 61
宮嵜晃臣　37
三和良一　254
民営化　7

め

メジャーズ（大手石油会社）　65〜66, 68

も

モジュラー型オープンアーキテクチャー　39
本山美彦　232
森杲　209
モンクレチアン，アントワーヌ・ド　160

や

楊井克巳　186, 203, 206, 209, 254, 264
矢内原忠雄　153

ゆ

ユーロ（共通通貨）　13
ユーロ危機　49〜50
ユーロ（国際金融）市場　10〜11
ユニコーン企業　45
輸入代替型開発戦略　133

よ

ヨーロッパ市場統合　9, 14
抑圧された人種差別意識　235, 250, 251, 253

ら

ラパヴィツァス，コスタス　29
爛熟期〈資本主義の〉　125〜126
ランデス，D.S.　126

り

リカード　163, 271

る

類型（タイプ）論　88, 175, 182〜185
ルイス・ポイント　277, 278, 297
累積債務問題　11, 281
ルーイス，A.　155
ルクセンブルグ，ローザ　29

れ

レーガノミックス　281
レーガン，ロナルド　7, 130, 224〜226, 231, 239, 250〜253
レーニン　86, 88, 92, 103, 181, 232

ろ

労使関係の弛緩　87

ローズヴェルト，F.D.　220, 221

労働宥和施策　264

著者紹介

小澤健二（おざわ　けんじ）第4章
1941年　生まれ。
1971年　東京大学経済学研究科博士課程修了。
1990年　経済学博士（東京大学）。
現在　日本農業研究所客員研究員、新潟大学名誉教授。
主著
『アメリカ農業の形成と農民運動』日本経済評論社、1990年。
『カナダの農業と農業政策』輸入食料協議会、1999年。
『コメの国際市場』新潟日報事業社、2003年。

小林襄治（こばやし　じょうじ）序章、第1章
1942年　生まれ。
1973年　東京大学大学院経済学研究科博士課程修了。
元　日本証券経済研究所研究員、青山学院大学・専修大学教授。
主著
『カジノ資本主義』（Ｓ．ストレンジ著）岩波現代文庫、2007年。
『山一証券100年史　下』（共著）日本経営史研究所、2011年。
『金融の世界現代史』（国際銀行史研究会編）一色出版、2018年。

工藤　章（くどう　あきら）第2章
1946年　生まれ。
1975年　東京大学大学院経済学研究科博士課程単位取得退学。
現在　東京大学名誉教授。
主著
『20世紀ドイツ資本主義』東京大学出版会、1999年。
『日独経済関係史序説』桜井書店、2011年。
The Japanese and German Economies in the 20th and 21st Centuries, Folkestone:
　　Renaissance Books, 2018.

鈴木直次（すずき　なおつぐ）第3章
1947年　生まれ。
1976年　東京大学大学院経済学研究科博士課程単位取得退学。
1992年　博士（経済学）（東京大学）。
現在　専修大学名誉教授。
主著
『アメリカ社会のなかの日系企業——自動車産業の現地生産』東洋経済新報社、1991年。
『アメリカ産業社会の盛衰』岩波新書、1995年。
『モータリゼーションの世紀』岩波書店、2016年。

現代世界経済——馬場経済学の射程——

2019年10月25日　第1版第1刷発行

著　者　小澤健二

小林襄治

工藤　章

鈴木直次

発 行 者　橋　本　盛　作

発 行 所　株式会社　御茶の水書房

〒113-0033　東京都文京区本郷5-30-20

電話：03-5684-0751

Printed in Japan

印刷・製本／モリモト印刷㈱

ISBN978-4-275-02113-7 C3033

宇野理論とアメリカ資本主義　馬場宏二著　Ａ５判・価格四八〇〇円　五九〇頁

マルクス経済学の活き方——批判と好奇心　馬場宏二著　Ａ５判・価格四二〇〇円　四八〇頁

もう一つの経済学——批判と好奇心　馬場宏二著　Ａ５判・価格三三〇〇円　四一〇頁

経済学古典探索——批判と好奇心　馬場宏二著　Ａ５判・価格三二〇〇円　五〇〇頁

教育危機の経済学　馬場宏二著　Ａ５判・価格三三〇〇円　三三〇頁

埋火（うずめび）——大内力回顧録　（社）生活経済政策研究所編　四六判・価格三三〇〇円　二〇〇頁

『資本論』と私　宇野弘蔵著／櫻井毅解説　Ａ５変・価格二八〇〇円　四一〇頁

経済学史研究の課題　櫻井毅著　四六判・価格三八〇〇円　二八〇頁

類型論の諸問題　山口重克著　Ａ５判・価格二五〇〇円　二〇〇頁

現実経済論の諸問題　山口重克著　Ａ５判・価格二七〇〇円　三六〇頁

現代資本主義のダイナミズム　伊藤誠著　Ａ５判・価格三三〇〇円　三六〇頁

第3版　現代経済の解読——グローバル資本主義と日本経済　編者＝ＳＧＣＩＭ　菊判・価格二三〇〇円　四二〇頁